延喜式祝詞

付❖中臣寿詞

粕谷興紀［注解］

和泉書院

目　次

解説

目次

一「延喜式祝詞」とは何か

『延喜式』の「式」は「律令格式」の「式」であり、「式」は「律令」の施行細則集である。ふつうに「延喜式祝詞」と言うのは、『延喜式』[注1]（全五十巻）の巻第八が「祝詞」の巻であり、二十七篇の祝詞（うち一篇は漢文の「呪」）が収められているものを指して言っている。

そこで、我が国の「式」の歴史を見ると、まず『弘仁式』四十巻が嵯峨天皇の弘仁十一年（八二〇）四月二十二日に奏進された（『本朝法家文書目録』[注2]）。その巻第六に「祝詞」の巻が存した。けれども、その「祝詞」は今は逸文でわずかに伝わっているだけである。

次に『貞観式』二十巻が撰述され、清和天皇の貞観十三年（八七一）八月二十五日に奏進された（『日本三代実録』のその日の条に、その「序」が載せられている）。この『貞観式』には「祝詞」の巻は無かった。無い理由は、『弘仁式』は『弘仁式』として廃止することなく、これに対する訂正・増補の部分だけを集めて編纂し、『弘仁式』と『貞観式』の両者を併用するようにしたためである。そのことは『貞観式』の「序」に「新旧両存、本枝相待。」（「新旧両《ふたつ》ながら存し、本枝相待つ。」）という表現で示されている。従って新たに『貞観式』が撰述され施行されても、『弘仁式』巻第六の「祝詞」が用い続けられているわけである。

次に『延喜式』の編纂が企てられ、醍醐天皇は延喜五年（九〇五）八月に、当時の政府首班の左大臣藤原時平に詔命を下した。編纂が企てられた意図は「併㆓省両式㆒、削㆓成一部㆒」（「両式を併省して、一部に削成する」）ということであった（「延喜式序」）。編纂内部の事情はよくわからないが、完成は遅れに遅れて、漸く延長五年（九二七）十二月二十六日に奏進された（「上㆓延喜格式㆒表」）。「延喜式序」には「凡そ弘仁の旧式に起《はじま》り、延喜の新定に至るまで、前後綴叙《ていじょ》し筆削《ひっさく》甫《はじ》めて就《な》る。すべて五十巻に編み、号《なづ》けて延喜式と曰《い》ふ。」とある。延喜五年の詔命から二十二年の歳月を経ての奏進であった。そして、その施行の太政官符が下されたのは、この奏進より更に四十年後の村上天皇の康保四年（九六七）十月九日のことであった（『別聚符宣抄』「頒㆓下延喜式㆒事」[注3]）。

虎尾俊哉氏は『延喜式』の編纂が「立法事業であるというより、文化事業の性格が強い」と言われ、「律令政治の形式面の整備に心を用いた延喜という時代の特色がよく現われていると見られる。」という。(注4)

右のようにして編纂され施行された『延喜式』の巻第八が「祝詞」の巻である。従って、「祝詞」の巻について言えば、『弘仁式』（全四十巻）の巻第六の「祝詞」が、『延喜式』の施行されるまで百四十七年間にわたって用い続けられていたということになる。

そこで、『弘仁式』巻第六の「祝詞」の巻と『延喜式』巻第八の「祝詞」の巻との関係はいかが、ということが問題となる。

『弘仁式』の「祝詞」が、朱雀天皇朝に明法博士惟宗公方《これむねのきみかた》が著した年中行事書『本朝月令』(注5)（四月から六月までの一巻のみ伝わっている）に七篇（部分のみの引用を含む）引用されて伝えられている。これは分量は少ないが貴重な逸文である。この逸文と『延喜式』の「祝詞」とを対校してみると、わずかに用語・用字の違い、訓漢字を万葉仮名に改めていることなどが知られるが、ほとんど相違がない。『弘仁式』巻第六の「祝詞」の巻が、ほぼそのままに『延喜式』巻第八の「祝詞」の巻に移されていると考えて良さそうである。但し、この六の終りに説くように、明らかに『延喜式』で加増された部分もある。

（注1）『新訂増補国史大系』本による。以下「律令格式」については特に断らない限り、この「大系」本による。
（注2）『続々群書類従　第十六』所収。
（注3）『新訂増補国史大系　27』所収。
（注4）虎尾俊哉氏編『延喜式　上』（集英社、二〇〇〇年五月）「解説」
（注5）清水潔氏編『新校　本朝月令』（皇學館大學神道研究所、平成十四年三月）による。

二　「祝詞」の配列順序

「延喜式祝詞」は祈年祭の祝詞から出雲国造神賀詞まで二十七篇の祝詞を収録しているが、その配列の順序は一年のうちにおいて、祝詞が読まれた祭儀の月日の早いものから順次遅いものへ、また恒例のものを先にし、臨時のものを後にし、恒例のものの後に伊勢大神宮に関するもの九篇（これも恒例のものから臨時のものへと配列）を一くくりにして配列している。

その配列順序と読まれた祭儀の月日とは次のとおりである（上に通し番号を付す）。

(1)	祈年祭	二月四日
(2)	春日祭	二月上申日・十一月上申日
(3)	広瀬大忌祭	四月四日・七月四日
(4)	竜田風神祭	四月四日・七月四日
(5)	平野祭	四月上申日・十一月上申日
(6)	久度古開	四月上申日・十一月上申日
(7)	六月月次	六月十一日・十二月十一日
(8)	大殿祭	六月十二日・十二月十二日
(9)	御門祭	六月十二日・十二月十二日
(10)	六月晦大祓	六月晦日・十二月晦日

⑾　東文忌寸部献横刀時呪　六月晦日・十二月晦日
⑿　鎮火祭　六月吉日・十二月吉日
⒀　道饗祭　六月吉日・十二月吉日
⒁　大嘗祭　十一月中卯日
⒂　鎮御魂斎戸祭　十二月吉日
伊勢大神宮
⒃　二月祈年、六月・十二月月次祭　二月朝使到る日・六月十七日・十二月十七日
⒄　豊受宮　二月朝使到る日・六月十六日・十二月十六日
⒅　四月神衣祭　四月十四日・九月十四日
⒆　六月月次祭　六月十七日・十二月十七日
⒇　九月神嘗祭　九月十七日
(21)　豊受宮同祭　九月十六日
(22)　同神嘗祭　九月十七日
(23)　斎内親王奉入時　臨時
(24)　遷奉大神宮祝詞　臨時
(25)　遷却祟神　臨時
(26)　遣唐使時奉幣　臨時
(27)　出雲国造神賀詞　臨時

三 「のりと」の語義

「のりと」の語義については、賀茂真淵の「詔賜言《ノリタベゴト》」説、本居宣長の「宣説言《ノリトキゴト》」説をはじめとして、以後今日までいろいろな説が出されている（およそ十説ある）。けれども、この問題は既に決着がついているのではないかと私は考えている。

まず「のりと」と「のりとごと」とはどちらが本来的な形かといえば、それは「のりと」である。『萬葉集』(注1)の大伴家持の歌に「中臣《なかとみ》の　太祝詞言《ふとのりとごと》（敷刀能里等其等）　言《い》ひ祓《はら》へ　贖《あか》ふ命《いのち》も　誰《た》がために汝《なれ》」（17四〇三一）とあり、この「祝詞」の「六月晦大祓」（大祓の詞）に「天津祝詞乃太祝詞事乎宣礼《あまつのりとのふとのりとごとをのれ》。」とあるものであるから、「のりとごと」とある方が古く丁寧であると思われるかも知れない。『古事記』(注2)の天石屋戸《あまのいわやと》の段に「布刀詔戸言禱白而」とあり、これを「布刀詔戸《ふとのりと》・言禱白而《ことほきまをして》」と切るか、「布刀詔戸言《ふとのりとごと》・禱白而《ほきまをして》」と切るか問題であるが、私は前者であると考えている。それは同じ『古事記』の仲哀天皇の「気比《けひ》の大神」の条に「言禱白之《ことほきまをししく》」とあり、また「祝詞」のなかでも古い「大殿祭《おおとのほかい》」に「言寿鎮白久《ことほきしづめまをさく》」・「言寿伎鎮奉事能《ことほきしづめまつることの》」とあるからである。それはともかくとして、「のりと」が本来の形であって、後に更に「こと」が付け加わったのである（その理由については後述する）。

「のりと」は「のり・と」という語構成の語である。「のり」は「のる」の連用名詞形（転成名詞）であって、身分の上下なしに使われる語である。この「祝詞」は「式」であるから、天皇が臣下に下される命令として「のる」という場合が多い。その故か、その語源を上の者から下の者への語と解する論者が多いが、そうではないであろう。私は本居宣長の言うように上下の身分関係なしの語であると考える。(注3)具体的な使われ方によるのである。例を挙げれば、

『萬葉集』開巻冒頭の歌である大泊瀬稚武《おおはつせわかたける》天皇の「御製歌」においても、それが天皇に仮託された伝誦歌であっても、「……　この岡《をか》に　菜摘《なつ》ます児《こ》　家告《いへの》らせ（家告閑）　名告《の》らさね（名告紗根）……　我こそば　告《の》らめ（告目）　家《いへ》をも名をも」とある。音仮名の語形でないということはあっても、天皇が乙女子に「家告《の》らせ、名告《の》らさね」と語りかけているわけで、身分の上下関係などはない使われ方である。また『古事記』の履中天皇の段には、墨江中王《すみのえのなかつみこ》の反逆からの天皇の逃走途中でのこととして、次のような記述がある。

大坂の山の口に到り幸《いでま》しし時に、一《ひとり》の女人《をとめ》に遇ひたまひき。その女人の白ししく、「兵《つはもの》を持てる人等《ひとら》、多《さは》にこの山を塞《さ》へたり。当岐麻道《たぎまち》より廻《めぐ》りて越え幸すべし。」しかして、天皇の歌ひたまひしく、

大坂《おほさか》に　遇《あ》ふや女人《をとめ》を　道問《みちと》へば　直《ただ》には告《の》らず（能良受）　当麻道《たぎまち》を告《の》る（能流）（77）

この歌の「のる」の用法なども身分の上下関係なしの使われ方である。故に「のる」は本来身分の上下関係なしに使われる語であったと考えられるのである。ただ、「のる」は現代語で言えば「言う」「告げる」ということになってしまうが、そうではなく、ふつうに口の端《は》にのぼせるようなことではなくて、重要な大切なことを言う・告げる・宣言するという意であることは先学のつとに指摘されていることである。

次に、「のり・と」の「と」は何かということである。このことについては、既にはやく井手淳二郎氏が論じられていて、その説が正鵠を射ていると私は考える。

のりとのと音に就いて考へて見ると、古語のうちにと音の意味のはつきりしないものが多い。而してそれらが総て戸字の仮名であらはしてあるのは一奇である。屎戸《くそと》・詛戸《とごひど》・置戸《おきと》・事戸《ことど》といふのはそれで、詔戸《のりと》も亦その一つである。（原文には傍訓が付されていないが、今引用者が付した。）

と言われ、その一語一語について、出典を挙げ、その意味を考証し、「これらの例によると（略）、このと音は古くは

魔術と深い関係があつたやうに思はれるのである。」、「のりとの語は恐らく宣又は詔の字義よりも、もつと力強い直接的な祈請呪咀の詞若くは術といふ意味であらうと考へられるのである。」と言われた。（注4）この論は簡潔な指摘であるが、正しいと考える。挙げられている一語一語は上代語として分かりやすい語ではないが、それは古層に属する語だからだ、と私は考える。（注5）「と」は呪的な意味あいを添える接尾語的な語であるということである。

以上の「まとめ」として言えば、「のりと」の「のり」はそれだけでも普通でない力ある言葉であるが、それを神に申す場合には神聖な言葉として、「と」という呪的な意味あいを添える言葉を付けることによって、それが神聖な呪詞であることを強調する語となっている、と言ってよいと考える。

更に「のりとごと」という形は、先述したように、「のりと」の語義が「と」ということばの意味が不明になっていったために、それが「言葉であるぞ」との更なる言いそえが必要となって、後に添えられた語であると私は考える。たとえば「被害をこうむる」とか「馬から落馬した」とかいった表現と似通った表現である。

（注1）『新編日本古典文学全集　萬葉集』（小学館）による。以下同じ。

（注2）西宮一民氏編『古事記（修訂版）』（おうふう、平成十二年十一月）による。また、訓読文については同氏校注の『新潮日本古典集成　古事記』（新潮社）による。

（注3）『本居宣長全集　第七巻』（筑摩書房、昭和四十六年四月）所収『大祓詞後釈　下巻』に、「すべて能流《ノル》といふ言は、広くして、上へ申すにも、下へいひ聞すにも、つかふ言なるを、（略）」一四一頁。以下同じ。

（注4）井手淳二郎氏「祝詞訓読考」（『藝文』第九年第一号、大正七年一月、京都文学会）

（注5）このような日本語の古層に属する言葉が後になると分かりにくくなることについては、私も書いたことがある（「ことばの古さ―「屋根」の場合―」〔『金井学園報』第十六号、平成五年五月〕）。

四　「祝詞」の本質と様式――奏上体と宣読体のこと――

『延喜式』の祝詞については「奏上体」と「宣読体」とがあるとして分類されている。奏上体というのは分かりやすい例を挙げれば「御門祭《みかどほかい》」の例を挙げることが出来る。

櫛磐牖《くしいはまど》・豊磐牖命《とよいはまどのみこと》と御名《みな》を申《まを》す事《こと》は、（この二神の神徳〈神としてのはたらき〉を具体的に丁寧に唱えあげ、）豊磐《とよいは》牖命《まどのみこと》・櫛磐牖命《くしいはまどのみこと》と御名《みな》を称《たた》へ辞竟《ごとを》へ奉《まつ》らくと白《まを》す。

これは忌部《いんべ》氏の祝詞であって、この祝詞の前の「大殿祭《おおとのほかい》」の祝詞に続けて、御殿をとり巻く四面の御門に祭られている神々に、直接微声で白（申）し上げる祝詞である。微声で奏上すると特に断っているのは大殿祭と御門祭の祝詞だけなので、その点は特殊であるが、これが「奏上体」の祝詞である。

これに対して「宣読体」の祝詞というのは、「祈年祭《としごいのまつり》」や「六月晦大祓」などである。「祈年祭」の祝詞は、

集《うごな》はり侍《はべ》る神主《かむぬし》・祝部《はふりべら》等、諸《もろもろ》聞《き》き食《たま》へと宣《の》る。神主《かむぬし》・祝部等《はふりべらとも》共に唯《をを》と称《ませ》せ。余《ほか》の宣《の》るといふも此《こ》れに准《なら》へ。

と、開式宣言の詞《ことば》から始まり、注記にあるように以下十二段にわたって終りに「宣《の》る」と宣する毎に参列している神主と祝部らは「をを」と返事をするのである。これは『神祇令義解』に、

其祈年・月次祭者、百官集《レ》二神祇官《ニ》一。中臣《ハ》宣《のレ》二祝詞《ヲ》一。〔謂。宣者、布也。祝者、賛辞也。言以二告レ神祝詞一、宣二聞百官一。故曰レ宣二祝詞一。〕忌部《ハ》班《わかテ》二幣帛《ヲ》一。〔謂。班猶レ頒。其中臣・忌部者、当司及諸司中取用之。〕

とあるように、律令国家祭祀の最も完成した祭儀の姿を示している。即ち、祈年祭（月次祭も）の祝詞は『義解』に言うように「以二告レ神祝詞一、宣二聞百官一。」という祝詞なので、「宣読体」という形をとるが、その実は「神に告《まを》す祝

詞」なのである。これは「祝詞」の本質から言えば二次的（後時的）な祝詞である。従って「のりと」というものは一義的にはすべて「奏上体」のもので「神に申し上げる詞」なのである。よって「祈年祭」の祝詞も、その実は、御名を唱え上げた神（神々）に奏上しながら、参列している者らに宣り聞かせ、祭の趣旨を徹底し班幣するという神祇政策の上から、「宣読体」という形をとるに至ったものである。この神祇官制の「祈年祭」の本源的な姿を示しているのは、『日本書紀』(注)の天智天皇九年（六七〇）三月申戊朔壬午(九日)の条に、

於二山御井傍一、敷二諸神座一、而班二幣帛一。中臣金連宣二祝詞一。

とある祭の姿である。

「祝詞」の本来的・本質的な姿を示すものとして考えられるのは、『古事記』と『日本書紀』の神代巻の天石屋戸《あまのいわやと》の段であろう。天照大御神に天石屋戸から出て来て下さいますようにとの祭儀の模様は、今から千三百年以上も前の祭儀の姿を神話として描いていると考えられるのであるが、その話の中での祝詞に焦点を当てて考えてみると、最も丁寧に描いているのは神代紀の第七段一書3の記述である。

至三於日神、閉二居于天石窟一也。諸神遣二中臣連遠祖興台産霊児天児屋命一、而使レ祈焉。於是、天児屋命、……而広厚称辞祈啓矣。于時、日神聞之曰、「頃者人雖二多請一、未レ有二若此言之麗美一者也。」乃細開二磐戸一而窺之。

この記述においては、諸神《もろかみ》たちが天児屋命《あまのこやねのみこと》に「祈《いの》」らせ、その天児屋命が「広《ひろ》く厚《あつ》く称辞《たたへごと》をへて祈啓《のみまう》」した内容が、「頃者《このごろ》、人多《ひとさは》に請《まう》すと雖《いへど》も、未《いま》だ若此《かく》言《いふこと》の麗美《うるは》しきは有《あ》らず。」とあるように、天石窟に入ってしまわれた日《ひの》神《かみ》（天照大神）に、「早く石窟からお出《で》まし下さいませ」との言葉の麗美《うるわし》さを尽しての「祈請」であったことが分かるのである。そして日神はその言葉の麗美《うるわし》さに感じて磐戸を細めに開《あ》けられた、と物語る。この神話に見るように、祝詞の本質は言葉の麗美（美麗ともいう）さを尽しての「神への祈り」であったのである。

その具体的な姿・形はこの「延喜式祝詞」の一つ一つを見ていただくに優ることはない。「祝詞」には「称辞竟奉」（称《たた》へ辞《ごと》竟《を》へ奉《まつ》る）という言葉が決まり文句として多く用いられているが、これは「ほめたたえる言葉を尽して神を賞讃し申し上げる」の意であって、これが祝詞の最も大切な要素である。そして祝詞が普通の文章と異なるのは、声に発して唱えることによって初めてその呪力（ちから）を発揮することである。いわゆる「言霊《ことだま》」（言葉の持つ霊力）の発揮である。そこで私は祝詞の場合は「文章」と言っても間違いではないが、「詞章」と言う方がよりふさわしいと考える。

「言霊《ことだま》」については、『萬葉集』巻第十三の「柿本朝臣人麻呂歌集の歌に曰《いは》く」として、「言挙《ことあ》げ」と「言霊《ことだま》」の関係が分かる貴重な歌がある（長歌と反歌（三二五三・四））。

葦原《あしはら》の　瑞穂《みづほ》の国は　神《かむ》ながら　言挙《ことあ》げせぬ国　然《しか》れども　言挙げぞ我《あ》がする　言幸《ことさき》く　ま幸《さき》くませと　つつみ
なく　幸《さき》くいまさば　荒磯波《ありそなみ》　ありても見むと　百重波《ももへなみ》　千重波《ちへなみ》にしき　言挙げす我《あれ》は　言挙げす我《あれ》は

反　歌

磯城島《しきしま》の　大和《やまと》の国は　言霊《ことだま》の　助《たす》くる国ぞ　ま幸《さき》くありこそ

また、この歌（長歌と反歌）を踏まえて作歌していると思われる巻第五の山上憶良の「好去好来の歌」に、

神代《かみよ》より　言ひ伝《つ》て来《く》らく　そらみつ　大和《やまと》の国は　皇神《すめかみ》の　厳《いつく》しき国　言霊《ことだま》の　幸《さき》はふ国と　語り継《つ》ぎ　言ひ
継がひけり　今の世の　人もことごと　目《ま》の前《まへ》に　見たり知りたり　……　（八九四）

と、力強く歌われている。昔も今も、この「言霊信仰」によって「祝詞《のりと》」が、より広く言えば祭儀が、成り立っていることは言うまでもない。

なお、『萬葉集』の歌を引いたことに併せて言えば、巻第十八の越中の守《かみ》大伴家持の次の歌、

天平感宝元年閏五月六日より以来《このかた》、小旱《せうかん》を起し、百姓の田畝《でんぼ》稍《やくや》くに凋《しぼ》む色あり。六月朔日に至りて、忽《たちま》ちに雨雲の気《け》を見る。仍《よ》りて作る雲の歌一首　短歌一絶

天皇《すめろき》の　敷きます国の　天《あめ》の下《した》　四方《よも》の道には　馬の爪《つめ》　い尽《つ》くす極《きは》み　船舳《ふなのへ》の　い泊《は》つるまでに　古《いにしへ》よ　今の現《をつつ》に　万調《よろづつき》　奉《まつ》るつかさと　作りたる　その生業《なりはひ》を　雨降らず　日の重《かさ》なれば　植ゑし田も　蒔《ま》きし畑《はたけ》も　朝ごとに　凋《しぼ》み枯《か》れ行《ゆ》く　そを見れば　心を痛み　みどり子《こ》の　乳乞《ちこ》ふがごとく　天《あま》つ水　仰《あふ》ぎてそ待つ　あしひきの　山のたをりに　この見ゆる　天《あま》の白雲《しらくも》　海神《わたつみ》の　沖つ宮辺《みやへ》に　立ち渡り　との曇《ぐも》り合ひて　雨も賜はね

（四一二二）

反歌一首

この見ゆる　雲ほびこりて　との曇り　雨も降らぬか　心足《こころだ》らひに　（四一二三）

右の二首、六月一日の晩頭《ひのぐれ》に、守《かみ》大伴家持作る。

この歌の長歌はまさしく「雨乞いの歌」であるが、上等な祝詞《のりと》であると言ってもいい歌いぶりである。しかも家持はこの歌の前半部（「その生業《なりはひ》を」まで）の発想とその詞句を「祈年祭」の祝詞に依っている。その「伊勢に坐す天照大御神の大前に白」す祝詞である。この祝詞の同じ詞句は太安萬侶の『古事記』序にも利用されている。

御㆓紫宸㆒而徳被㆓馬蹄之所㆒㆑極、
坐㆓玄扈㆒而化照㆓船頭之所㆒㆑逮。（対句）

また前に引いた山上憶良の「好去好来の歌」にも、「神留《かむづ》まり　うしはきいます　諸《もろもろ》の　大御神《おほみかみ》たち」「天《あま》のみ空ゆ　天翔《あまかけ》り　見渡したまひ」などのように祝詞語というべき語が利用されている。また『日本書紀』の神代巻にも「鰭《はたの》広《ひろもの》・鰭狭《はたのさもの》」「毛麁《けのあらもの》・毛和《けのにこもの》」など、祝詞語を漢訳した語句が見える。

これらは前にも引用したように、『神祇令』に「其祈年・月次祭者、百官集二神祇官一。中臣宣二祝詞一。……」と規定されており、また「凡六月・十二月晦日大祓者、……百官男女、聚二集祓所一。中臣宣二祓詞一。……」とあって、祈年祭、月次祭（年に二度）、そして大祓の儀（年に二度）には、山上憶良、大伴家持、太安萬侶、また『日本書紀』の編纂者、それのみならず広く「百官」「百官男女」は、それぞれの祭儀場に参集し、列立し、「祝詞」や「祓詞」を聴いているのである。不参集者は笞五十という法律まであるのであるが（『職制律』「祭祀朝会侍衛条」）、これがどの程度まで施行されたかは定かでない。

「延喜式祝詞」が律令国家祭祀の祝詞であるゆえんである。

（注）『日本古典文学大系　日本書紀　上・下』（岩波書店）による。以下同じ。

五　校訂諸本　〔付〕「小字万葉仮名一覧表」

「延喜式祝詞」（『延喜式』巻第八　祝詞）の古写本のうち、特に重要なものは次の三本である。

①九条家本

②卜部兼永自筆本

③卜部兼右自筆本

また江戸時代に入っての初めての版本として、

④正保四年の刊本

がある。

ここでは本書の校訂に用いた右の四本について解説する。

① 九条家本

九条家に伝わった巻子本で、今日に伝わる『延喜式』巻第八の「祝詞」の巻の最古本である。その筆写年代は詳しくは分からないが、紙背文書から平安時代中期の末頃と考えられている。この本は、現在は東京国立博物館の所蔵で国宝である。本書では京都の稲荷神社（大社）が大正十五年（一九二六）七月に発行した影印本を用いた（その後、この本は「東京国立博物館古典叢刊『九条家本延喜式 二』（思文閣出版、平成二十四年三月）」として出版され、いっそう見易くなった）。

この九条家本は天明八年（一七八八）の京都大火で九条邸が焼けた際、井戸に投げ入れられて焼失を免れたという。巻首から祈年祭の部分の約七十行ほどの破損が特に激しく、巻末の部分にも天部（上部）に少し損傷があるが、その中間部は鮮明である。むしろ、井戸に投げ入れられて、よくこれだけの破損で済んだと思われるぐらいであるが、私は古い時代の巻物の巻き納《おさ》め方の技術（こつ）によると考えている。

この九条家本の筆致（筆づかい）は楷書・行書交《ま》じりの闊達な名筆と言ってよいであろう。言うまでもなく本文は大字・小字を交えてのいわゆる「宣命《せんみよう》書《が》き」であるが、所々傍訓も付されていて、これもまた古体の草仮名・片仮名の姿を示していて貴重である。ただ、大字の部分は丁寧に書写していると考えられるが、小字の万葉仮名の部分は祈年祭の祝詞の途中から依拠本を忠実に書写せず、緊張を解いてその当時（平安時代の中期頃か）の通用字体によって書いているように見られる。ここに「宣命書き」の本文の大字に対しての価値意識と小字の仮名に対しての価値意識についての落差が認められるようである。小字部分の「仮名」（万葉仮名）はやはり「仮りの名、（文字）」という意識によっているると見受けられるのである。それはそれとして「仮名字体史」についての興味のある一面を具体的に示している資（史）料であると考えられるが、古典の書写者としてのあり方としてはいかがかと思われるのである。

②　卜部兼永《うらべのかねなが》自筆本

卜部兼永（応仁元年〔一四六七〕～天文五年〔一五三六〕）は、室町末期の文明年間（一四六九～八七）に吉田神道（唯一宗源神道）を大成した吉田（卜部）兼倶《かねとも》の次男である。岡田荘司氏の詳細な御研究によると、吉田卜部氏はその「家業」（亀卜道の家）とその「家学」（日本紀の家）の伝統を形成し受け継いで来た家である。（注1）兼永は『古事記』や『先代旧事本紀』などの書写者としても知られている。今日に伝わる「延喜式祝詞」の写本として最もの善本と認められ、私も本書の本文校訂の底本として用いた。現在、國學院大學図書館の所蔵である。

この本は袋綴冊子本で、巻末に、

大永三年（一五二三）四月三日書写訖

正三位卜部朝臣兼永

印

と奥書がある。兼永五十六歳の時の書写である。その次紙に、筆太の字で、

右平野三位兼永卿筆也

加修補訖

弘化四（一八四七）丁未歳十一月五日

従三位侍従卜（花押）

とあり、これは『公卿補任』によれば「吉田卜（部）良芳」のことである。この「修補」（補修）の識語の筆と表紙の左上隅に題されている

平野三位兼永卿筆

延　喜　式

という筆は同筆であり、この表題も卜部良芳が修補をほどこした時に冠した題字であることが分かる。

このト部兼永自筆本は初めから終りまで謹直な楷書で書写されていて、いわゆる宣命書きの大字・小字の小字の万葉仮名の体系も、前に見た九条家本とも、次に見るト部兼右自筆本とも異り、三つの写本の中では、最も原本に近い姿を伝えていると思われる善本である。と言っても、いわゆる魯魚の誤りのような誤字もある。現代の漢字字体の別で言っても、旧字体に新字体も混えて書写されており、異体字も少しく見える。

③ **卜部兼右《うらべのかねみぎ》自筆本**

卜部兼右（永正十三年〔一五一六〕〜天正元年〔一五七三〕）は、前の卜部兼永の弟清原宣賢《きよはらののぶかた》の次男で、兼永とは伯《お》父《じ》と甥《おい》の関係にあり、吉田兼倶の孫である。兼右は現在天理図書館に蔵する『日本書紀』（巻第三〜巻第三十）の書写者としても知られる。卜部兼右自筆の「延喜式祝詞」は現在、②の兼永自筆本と同じく國學院大學図書館の所蔵である。

この本も袋綴冊子本で、巻末に、

天文十一年（一五四二）二月廿日以両本見合之　書写了　（花押）

と奥書がある。この「花押」は『国史大辞典14』の「吉田兼右《よしだかねみぎ》」の項（岡田荘司氏執筆）に掲げられている三つの花押のうちの二番目のものと一致する。兼右二十七歳の時の書写である。その次紙に、筆太の別筆で、

　　此一冊唯神院兼右御真筆也
　　殊被加家点者也輙不許他見
　　敢莫出間（門）外矣
　　　元文二年（一七三七）丁巳仲夏日曜
　　　　　　　従三位侍従卜部兼雄

と添書がある。

　この卜部兼右自筆本の本文は②の卜部兼永自筆本とは別系統のものである。小字の万葉仮名の部分を比較すると、九条家本と卜部兼永本との中間的なものということが出来る。すなわち、小字部分について、原本に近いと思われる順にいうと、兼永本→兼右本→九条家本となる。但し、大字部分についてはやはり古いだけに九条家本が古態を保っている。

④　正《しよう》保《ほ》四年版本

　この版本（刊本）は「巻第八　祝詞」の巻のみならず、『延喜式』五十巻の最初の刊本である（但し、この正保版本は巻第十三のみ闕本である）。

　私は神宮文庫所蔵本を使用した。この刊本の「巻第五十　雑式」の終りに、清原賢忠の「跋文」（漢文）がある。その終りに、

正保丁亥夷則中旬日

前給事中清原賢忠　誌

清原　忠賢

（印）（印）

㊟「正保丁亥」は正保四年（一六四七）。「夷則」は陰暦七月の異称。「給事中」は少納言の唐名。

とある。この「跋」によって刊行するに至った経緯が分かる。それによると、大府侍郎職忠（中原職忠）が「獲二卜氏旧本一、定二陶陰一正二魚魯一、且又聚二若干部一、令下二家童一究レ類推レ例知中之所上レ到也。」とあり、基本として卜部系の本を得て用いているようである。「巻第八　祝詞」の巻については確かに卜部系の本を用いていることが分かる。

分かりやすい例を挙げれば、「六月晦大祓」（大祓の詞）の条に、

神議議賜氏我皇《師不読》御孫之命波　（二十二丁ウラ）

とあり、卜部兼永本の同じ箇所に「我皇《師不読(朱)》御孫之命」とあり、卜部兼右本にも「我皇《師不読》御孫之命」とある。また、

天津宮事以氏天津金木乎　（二十三丁ウラ）

とあり、この箇所は卜部兼永本に「天津宮事以弖大中臣《師不読(朱)》天津金木乎」とあり、卜部兼右本にも「天津宮事以弖大中臣《師不読》天津金木乎」とあって、ここは卜部系の「大中臣」の「師不読」説によって本文三字を削ってしまっていることが分かる。また、

気吹戸主止云神尓根国底之国《件五字師不読》ニ気吹放氏牟　（二十五丁オモテ）

とあり、この箇所は卜部兼永本には「気吹戸主止云神、根国底之国尓気吹放弖牟」とあって、「根国底之国」の「根」の右上に朱で合点を付し、その上の欄外に、朱で「件五字師不読」と注記している。同じ箇所、卜部兼右本には

「根国底之国《五字師不読》尓」とある。

以下略するが、「巻第八　祝詞」の巻に限って言えば卜部系の本に依っていることが明らかである。私は祝詞の巻についてしか校訂していないので、全巻については分からないが、祝詞の巻については、前に見た古写本の本文よりも新しく、誤字も目立ち、祝詞そのものについての理解力も劣っているのはやむを得ない。

前に引用した清原賢忠の跋文の一節に、この『延喜式』五十巻（巻第十三を除くので、四十九巻四十九冊）の校讎をしたのは「家童」としか言っていないが、これが立野春節で、正保四年の頃にはまだ二十二歳前後の青年であったことを下條正男氏が明らかにされた。（注2）この下條氏の研究を踏まえて、虎尾氏は、立野春節の功績を次の如く述べておられる。（注3）

延喜式について言えば、校訂の方は割合早くから進んだと言ってよい。近世初頭の正保四年（一六四七）に早くも校訂版本が上梓されているが、この本邦初の、しかも労多き事業を担当したのは、弱冠二十三歳の儒医、立野春節なる人物であった。爾来、今日まで十一種ほどの版本や活字本が世に出たが、その冒頭を飾った彼の功績は実に大きい。

（注1）　岡田荘司氏「吉田卜部氏の成立」・「吉田卜部氏の発展」（同氏著『平安時代の国家と祭祀』続群書類従完成会、平成六年一月、所収）。また『兼倶本宣賢本日本書紀神代巻抄』（続群書類従完成会、昭和五十九年七月）の同氏の「解題」にも詳しく説かれている。

（注2）　下條正男氏「立野春節と延喜式彫版」（『史学研究集録』第六号、一九八一年三月、國學院大學日本史学専攻大学院会）

（注3）　虎尾俊哉氏編『延喜式　上』「はじめに」五〜六頁。

〔付〕校訂諸本の「小字万葉仮名一覧表」

いわゆる「宣命《せんみよう》書《が》き」という表記法によって「延喜式祝詞」も書かれている。従って「祝詞」は主体的に「祝詞《のりと》書《が》き」と言ってもいいようなものであるが、「宣命書き」という用語が熟しているので、それでよいと私は考える。それに祝詞《のりと》は今も生きていて、神社の神職は祭の前にその祭の趣旨にふさわしい内容の、おごそかな祝詞を作文することに腐心している。その場合、「延喜式祝詞」を最良の手本として作文し、その書き方（表記法）も漢字ばかりで大字・小字を交《まじ》え用いて、「奉書《ほうしよ》」（和紙）を七つ折り半に折って毛筆で清書するのである。私はこの務《つと》めを「祝詞書き」（祝詞を作り書くこと）とも言い得ると考えるので、国語学の用語として定着している「宣命書き」の方がよいであろうと考える。

「宣命書き」は、

自立語（実質語）を大字で、付属語（形式語）を小字で交用して書き下すもの。小字は行の右寄せ又は割行に記され、多く音借又は訓借の仮名が用いられる。大字は多く正訓の漢字で記されるが、時に音借字を用いることがある。

（『国語学大辞典』の「宣命書き」の項。〔築島裕氏〕）

とある通りであり、祝詞の表記形式もこの通りである。

「小字」表記は助詞・助動詞および用言の活用語尾を万葉仮名で表記しているのであるが、「延喜式祝詞」の場合は、「神主・祝部等共称ㇾ唯。余宣准ㇾ此」（祈年祭）、「大原野・平岡祭祝詞准ㇾ此」（春日祭）など注意書も、本文の下に小字の割行（二行の割注）で書いている。また、特異なものとして、忌部氏の祝詞である「大殿祭」と「御門祭」の祝詞の場合は「古語云二許止保企一。言二寿詞一、如二今寿觴之詞一。」というような訓読注と説明文も、本文の下に小字の割行で記している（この点、斎部広成撰『古語拾遺』と共通である）。

上の古写本の校訂をしてみて分かることは、本文の大字については異体字（例えば瓱と甕、釼と劔など）や魯魚の誤りなどがあっても、多くはない。けれども小字の万葉仮名の場合には古写本間にあって、使用字母の違い（ゆれ）のあることが、それぞれの仮名の使用頻度が高いこともあり、かなり明瞭に感じ取れる。

ここに、前にも指摘したが、この祝詞本文の大字に対しての価値意識と小字の仮名に対しての価値意識についての違いが認められるようである。仮名はやはり「仮りの名（字）」という意識によっていると認められるのである。その分《ぶん》「ゆれ」が生じるわけである。けれども、忌部氏の祝詞の「大殿祭」と「御門祭」の訓読注「古語云……」（十例）・「俗詞……」（一例）の小字（万葉仮名）については、「ゆれ」がごくわずかである。

次に、九条家本・卜部兼永本・卜部兼右本・正保四年版本の「小字万葉仮名一覧表」を掲げる。

○九条家本　小字万葉仮名一覧表

ア	**「阿**	イ	伊**「伊**	ウ	**「宇**	エ		オ	
カ	可**「可加賀**	キ	岐支伎**「企伎**	ク	久**「久**	ケ	計気介	コ	許己**「許**
ガ	可我**「我可**	ギ	伎支	グ		ゲ		ゴ	己
サ	左佐	シ	志之**「志之**	ス	須**「須**	セ	世	ソ	曾**「蘇**
ザ		ジ	自之	ズ		ゼ		ゾ	曾
タ	多**「多**	チ	知	ツ	都津川	テ	弖天**「弖**	ト	登止**「止登**
ダ		ヂ		ヅ	都	デ	弖	ド	止
ナ	奈	ニ	尓**「尓**	ヌ	奴	ネ		ノ	能乃**「能**
ハ	波**「波**	ヒ	比**「比**	フ	布	ヘ	部閉倍	ホ	**「保**
バ	波八	ビ	備比	ブ	布	ベ	幣	ボ	
マ	麻万末**「麻万**	ミ	美**「美**	ム	牟武	メ	米女売**「女**	モ	母毛
ヤ	夜**「夜**			ユ		江		ヨ	与
ラ	良**「良**	リ	利理	ル	留魯	レ	礼	ロ	**「呂**
ワ		ヰ				ヱ		ヲ	乎

① 各仮名の「を付してのゴシック体の仮名は、「大殿祭」の「古語云」九例と「俗詞」一例に使われている仮名、プラス「御門祭」の「古語云」一例に使われている仮名であることを示す。この二つの祝詞（忌部氏の祝詞）の「古語云」と「俗詞」にのみ使われている仮名は「阿・宇・加・賀・企・蘇・保・夜・呂」の九字である。

② 濁音専用の仮名は「我《ガ》・自《ジ》・備《ビ》・幣《ベ》」の四字である。これは以下四表の資料（古写本・版本）においても同じである。

○卜部兼永本　小字万葉仮名一覧表

ア	カ	ガ	サ	ザ	タ	ダ	ナ	ハ	バ	マ	ヤ	ラ	ワ
「**阿**	可「**可加賀**	我「**我**	左佐		多「**多**		奈	波「**波**	波	万末麻「**麻**	夜「**夜**	良「**良**	
イ	キ	ギ	シ	ジ	チ	ヂ	ニ	ヒ	ビ	ミ		リ	ヰ
伊「**伊**	支岐伎「**企伎**	伎支	志之「**志**	自志	知		仁尓「**尓**	比「**比**	備比	美弥「**美**		利理里	
ウ	ク	グ	ス	ズ	ツ	ヅ	ヌ	フ	ブ	ム	ユ	ル	
「**宇**	久「**久**		須「**須**		都津川		奴	布	布	牟武		留流魯	
エ	ケ	ゲ	セ	ゼ	テ	デ	ネ	ヘ	ベ	メ	江	レ	ヱ
	計気家祁		世		弖天「**弖**	弖天		部閉倍	幣倍	米売「**女**		礼	
オ	コ	ゴ	ソ	ゾ	ト	ド	ノ	ホ	ボ	モ	ヨ	ロ	ヲ
	許己「**許**	己	曾「**蘇**	曾	登止「**止登**	止	能乃「**能**	「**保**		母毛	与	「**呂**	乎

○卜部兼右本　小字万葉仮名一覧表

ア	「阿	イ	伊「伊	ウ	「宇	エ		オ	
カ	可「可伽賀	キ	岐支伎「企伎	ク	久「久	ケ	気計祁	コ	許己「許
ガ	我「我	ギ	伎支	グ		ゲ		ゴ	己
サ	左佐	シ	志之「志	ス	須「須	セ	世	ソ	曾「蘇
ザ		ジ	自志	ズ		ゼ		ゾ	曾
タ	多「多	チ	知	ツ	都津	テ	弖天「弖	ト	登止「止登
ダ		ヂ		ヅ		デ	弖天	ド	止
ナ	奈	ニ	尓「尓	ヌ	奴	ネ		ノ	能乃「能
ハ	波「波	ヒ	比「比	フ	布	ヘ	部閉倍	ホ	「保
バ	波	ビ	備比	ブ	布	ベ	幣倍	ボ	
マ	麻万末「麻	ミ	美「美	ム	牟武	メ	米女売「女	モ	母毛
ヤ	夜「夜			ユ		江		ヨ	与
ラ	良「良	リ	利里理	ル	留流魯	レ	礼	ロ	「呂
ワ		ヰ				ヱ		ヲ	乎

○正保四年版本　小字万葉仮名一覧表

ア	「阿	イ	「伊	ウ	「宇	エ		オ	
カ	可「可加賀	キ	岐支伎「企伎岐	ク	久「久	ケ	気計家	コ	許己「許
ガ	我「我	ギ	伎支	グ		ゲ		ゴ	己
サ	左佐	シ	志之「志	ス	須「須	セ	世	ソ	曾「蘇
ザ		ジ	自志	ズ		ゼ		ゾ	曾
タ	多「多	チ	知	ツ	都津	テ	氐天「氐	ト	登豆止「止登
ダ		ヂ		ヅ		デ	氐天	ド	止
ナ	奈	ニ	尓仁「尓	ヌ	奴	ネ		ノ	能乃「能
ハ	波八「波	ヒ	比「比	フ	布	ヘ	部閉倍	ホ	「保
バ	波	ビ	備比	ブ	布	ベ	幣倍	ボ	
マ	麻万末「麻	ミ	美弥「美	ム	牟武	メ	米売「女	モ	母毛
ヤ	夜「夜			ユ		江		ヨ	与
ラ	良「良	リ	理利里	ル	留流魯	レ	礼	ロ	「呂
ワ		ヰ				ヱ		ヲ	乎

六　宣読体「祝詞」の「宣」の読み方

「祝詞」と「宣命」とに関わる共通の問題として、説を二分して来た問題がある。それは祝詞においては参列者に宣読する祝詞の句である。

集侍神主・祝部等、諸聞食登宣。神主・祝部等共称レ唯。（祈年祭）

集侍親王・諸王・諸臣・百官人等、諸聞食止宣。（六月晦大祓）

また宣命においても、「詔《みことのり》」を参列者はじめ広く国民に宣り聞かせるぞと宣言する句として出て来る。

現御神止大八島国所知天皇大命良麻止詔大命乎、集侍皇子等・王等・百官人等、天下公民、諸聞食止詔。

（『続日本紀』第一詔(注1)（文武天皇即位の宣命））

この「諸聞食登宣」の句を、祝詞の場合はいわば祝詞使（具体的には神祇官の中臣）、宣命の場合は宣命使自身の句として解するか、それとも天皇自身のお言葉と解し、そのように読むか、という問題である。天皇自身のお言葉として解する場合には「諸《もろもろ》聞《き》き食《たま》へと宣《のりたま》（詔）ふ」（「のりたまふ」は「のったまふ」→「のたまふ」と変化した）と訓まねばならないし、天皇のお使いとしての祝詞使や宣命使みずからの言葉と解する場合には「諸《もろもろ》聞《き》き食《たま》へと宣《の》（詔）る」と訓むはずのものである。

この問題が実は古くから混乱して来ているので、本居宣長は『大祓詞後釈　上巻』において、次の如く述べている。

宣は能流《ノル》と訓べし、のたまふと訓るはひがこと也。こゝは中臣のみづから云ことにて、俗言に申聞《シケ》ますといふ意也。此祝詞の中にある宣みな、中臣の此祝詞を、諸《モロモロ》にいひ聞するよし也。神祇令に、中臣宣《ノル》二祓詞《ノヲ》一と見え、同令に、中臣宣《ル》二祝詞《ヲ》一とある。義解に、謂宣者《ハ》布也。祝者《ハ》賛辞也。言以《テ》二告《ル》レ神《ニ》祝詞《ヲ》一、宣《ノリ》二聞《スル》百官一、とあるにて心得べし。凡て天皇の詔勅を宣《ノル》といふなども、詔勅を受たる人の、下へ云聞《ヒカ》すことにて、宣旨宣命などいふ類も、旨《ムネ》を宣《ノ》る、命《ミコト》を宣《ノ》るといふことにて、宣字《ノ》は、そのいひ聞《カ》す人に係《カカ》れる言也。此宣字《ノ》を、あしく心得る人多き故に、今くはしくいへり。(注2)

つまるところ、この宣長の説が正しいわけである（但し、『神祇令』の「中臣宣《ノル》二祓詞一」・「中臣宣《ル》二祝詞一」とあるのは『令』であるから「宣《ノレ》」と命令形で訓むべきである）。

また宣長は『続紀歴朝詔詞解』の「第一詔」（文武天皇即位の宣命）の「諸聞食止詔」の「詔」についても、

詔、これは宣なり。能流《ノル》と訓べし。宣命使のみづからいふ也。詔とは書たれども、天皇の詔ふといふにはあらず。此詔には、宣をもみな詔と書たり。古《ヘ》は凡て、言だに同じければ、字にはかゝはらず、いかにも〳〵通はし書たり。(注3)

と言い、「詔」の字にとらわれてはならないこと、また我が国古代の漢字と国語（日本語）との関わりについても、重要なことを指摘している。

この宣長の「祝詞」と「宣命」についての説（解釈）に対する反論を幾人かの先学が論じられているが、やはり宣長の説が正しいことを簡潔・明快に示されたのは東野治之氏であった。(注4)直接、氏の論に就いて見ていただきたく、ここには再説しない。

ただ、宣命に「のりたまふ」と訓むべき箇所と「のる」と訓むべき箇所のあるのを、次第にその文脈的理解力が乏しくなって誤読するということが、かなり早くから起こって来たように思われる。以下は「祝詞」にしぼって述べる。

前に、「校訂諸本」のところで見た古写本の九条家本の「六月晦大祓」の冒頭（第一行）の訓には「諸聞《キヽ》食《タマヘヨ》止《ト》宣《ノタマフ》」とあり、卜部兼永本には「諸聞食《キヽタマヘヨ》止宣《ノタマフ》」とあり、また卜部兼右本には「諸《モロ〳〵》聞食《キヽタマヘヨ》《キコシメセ》止《ト》《ト》宣《ノタマフ》」とあり、そして正保四年版本には「諸聞食《キヽタマヘヨ》止宣《フ》」とある。これは宣長の取りあげている箇所であるが、正しくは「諸《もろもろ》聞《き》き食《たま》へと宣《の》る」と訓むべきである。ただ宣長は「諸」を上の句に付け、「聞《き》こし食《め》せ」と訓んでいるのは間違いである。

前に見たように、宣長が「こゝは中臣のみづから云ことにて、俗信に申聞《シケ》ますといふ意也。此祝詞の中にある宣みな、中臣の此祝詞を、諸《モロモロ》にいひ聞するよし也。」と言っているが、その通りであって、いわゆる宣読体の祝詞に何度も出てくるこの参列者に「宣り聞かせるぞ」という意の「宣」について、「宣留」とでもあればいいものを一例としてそのように活用語尾を付けたものがないのである。そこにこの「宣」についての訓《よ》みが二説に分かれる原因があった。また『新訂増補国史大系』本の『神祇令』に、「中臣宣《ノタマヘ》二祝詞《ノトコトヲ》一。忌部班《アカテ》二幣帛《ヒヤクヲ》一。」（祈年・月次祭、七八頁）とあり、「中臣宣《ノタマヘ》二祓詞《ノヲ》一。卜部為《ヨ》二解除《ハラヘヲ》一。」（大祓条、八〇頁）と傍訓が付されているのも、この訓みを誤つことの要因となっていると思われる。『令』の条文として、中臣に「宣《ノタマヘ》二祝詞《ノトコトヲ》一」と訓を付すのがおかしいわけで、「宣《の》れ」でいいわけである。すぐ下の忌部には「班《アカテ》二幣帛《ヒヤクヲ》一」と訓を付しているし、卜部に対しても「為《ヨ》二解除《ハラヘヲ》一」と訓を付しているのは正しいわけである。この「宣《ノタマヘ》二祝詞《ノトコトヲ》一」という訓は「祝詞《ノトコト》」という語形を見ても新しいと思われる。新しいと言っても、『観智院本類聚名義抄』に「祝詞〈ノトコト・ハラヘリ（この「リ」は「ヿ《(コト)》」の誤写）〉」（法上）と見えるので、平安時代後期頃の訓ではあろうが。

それでは、この『神祇令』の条文「中臣宣《のレ》二祝詞《のりとヲ》一」・「中臣宣《のレ》二祓詞《はらへのことばヲ》一」との命令に対応する明確な表現（表記）が無いのかと言えば、「延喜式祝詞」の中に一例だけ適例があるのである。

それは「六月晦大祓十二月准レ此」（大祓の詞）の前文・後文を除く本文《ほんぶん》（大字六三四字・小字一九二字、計八二六字）の主要部の次の一節である（訓読文で引用するが、肝腎の箇所については原文も引用する。その場合、割書きは一行とする）。

(天つ罪・国つ罪) ここだくの罪《つみ》出《い》でむ。かく出《い》でば、天《あま》つ宮事《みやごと》以《も》ちて、大中臣《おほなかとみ》天《あま》つ金木《かなき》を本打《もとう》ち切《き》り、末打《すゑう》ち断《た》ちて、千座《ちくら》の置《お》き座《くら》に置《お》き足《た》らはして、天《あま》つ菅《すが》そを本苅《もとか》り断《た》ち、末苅《すゑか》り切《き》りて、八針《やはり》に取《と》り辟《さ》きて、天《あま》つ祝詞《のりと》の太祝詞事《ふとのりとごと》を宣《の》れ (天津祝詞乃太祝詞事乎宣礼)。かくのらば (如此久乃良波)、天《あま》つ神《かみ》は天《あま》の磐門《いはと》を押《お》し披《ひら》きて、天《あま》の八重雲《やへぐも》をいつのち別《わ》きにち別《わ》きて聞《き》こし食《め》さむ。国《くに》つ神《かみ》は高山《たかやま》の末《すゑ》・短山《ひきやま》の末《すゑ》に上《のぼ》り坐《ま》して、高山《たかやま》のいほり・短山《ひきやま》のいほりを撥《か》き別《わ》けて、聞《き》こし食《め》さむ。かく聞《き》こし食《め》してば、皇御孫《すみみま》の命《みこと》の朝庭《みかど》を始《はじ》めて、天《あめ》の下四方《したよも》の国《くに》には、罪《つみ》と云《い》ふ罪《つみ》は在《あ》らじと、……

「大祓の詞」は祝詞の中で最も長篇であり、かつ名文であるが、青木紀元氏が解かれたように二次にわたる増補がなされていると考えられる。(注5) ここに引用した部分はその主要部で、その主語は、冒頭に、

高天《たかま》の原《はら》に神留《かむづま》り坐《ま》す皇親神漏岐《すめむつかむろき》・神漏美《かむろみ》の命以《みこともち》て、……

とあるように、高天原の主宰神である神漏岐の命と神漏美の命である。皇御孫の命に豊葦原の水穂の国を平安に統治せよと委任して天降らせ、いよいよ国家の統治の事を始めようとすると、そこに多くの天《あま》の益人《ますひと》(人民) が生まれ出て来て「天つ罪・国つ罪」といった数多の罪が発生するであろう。そのような数多の罪が発生したならば、「天つ宮事」即ち高天の原の宮殿で執り行なっている「祓え」の方式に則って、「大中臣」は、大中臣というのは大祓の儀を執り行なう中臣を尊んで「大」を冠したものである。その大中臣は二つの神事 (呪術) を執り行なって、「天つ祝詞の太祝詞事を宣れ」即ち高天の原の宮殿での祓えに宣っている祝詞であって、立派な祝詞を宣れよとの命令である。ここに『神祇令』の大祓条に「中臣宣《のレ》二祓詞《ヲ》一」と命じている、その根源が示されているのである。中臣は高天の原の宮殿での方式に則って、祓えをし、天上界の立派な祝詞 (祓詞) を宣るのであるという二段構造をとり、「祓え」の権威づけを行なっているのである。ここに明確に「大中臣」に対して「天津祝詞乃太祝詞事乎宣《の》礼《れ》。」と命じているこ

と（表記していること）に注意しなければならない。更にそれを受けて「如此《か》久乃良波《くのらば》、」と表記していることにも注意しなければならない。『令』の条文を「中臣宣《のレ》二祓詞《ヲ》一」と訓むべきことは明らかで、この「宣」を「のりたまふ→のたまふ」などと訓むことの誤りは明らかである。「中臣宣二祝詞一」の場合も同じである。なお、「天津祝詞乃太祝詞事」というのは即ち「大祓の詞」であって、別の祝詞があるわけではない。（注6）『神祇令』では「中臣宣二祝詞一」（祈年祭・月次祭）と「中臣宣二祓詞一」（大祓条）と別にしているが、「大祓の詞」そのものの中では「祓詞」も「祝詞」の内に含めていることが、ここの表現で明らかである。

また、「かくのらば」以下で、「天つ神」と「国つ神」とが、宣られる「天つ祝詞の太祝詞事」をそれぞれの仕方でよく聞《き》こし食《め》そうと努められる様《さま》を描いているが、そのように祝詞を聞こし食されることによって、

かく聞《き》こし食《め》してば、皇御孫《すめみま》の命《みこと》の朝廷《みかど》を始《はじ》めて、天《あめ》の下四方《したよも》の国《くに》には、罪《つみ》と云《い》ふ罪《つみ》は在《あ》らじと、……

というわけで、祝詞というものは今もそうであるが、祭儀において神前に宣《の》る（奏上する）ことにより、神にお聞き届けいただくことによってその効能が発揮されるものなのである。その祝詞についての基本的な信仰のあり方がここに描かれている。また、ここに描かれているように、祝詞を聞かれる神様も少しでもよく聞き届けてやろうと努められるわけであるから、祝詞を宣る方《ほう》も、神様にお聞き届けいただけるように、明浄正直の心をもって明瞭に宣ることが大切である。

○

前に、「文脈的理解力が乏しくなって誤読するということが、かなり早くから起こって来たように思われる。」と述べたが、「延喜式祝詞」そのものの中にも、平安時代の神祇官の官人の既存の祭祀とその祝詞についての理解力の劣

化を示す祝詞が存在する。

それは「広瀬大忌祭」の祝詞の第四段（終りの段）の「倭国能六御県能山口尓坐皇神等前尓母、……」の祝詞である。この祝詞については、既に本居宣長が『大祓詞後釈　下巻』の後ろに付した「つけそへぶみ」において、次の如く酷評している。

此段殊につたなく、いみしきひがことのみ也。まづ六《ノ》御県《ノ》神社と、処々の山口《ノ》神社とは、皆別所《コト》にして、祈年祭《ノ》詞にも出たるが如し。然るに御県乃《ノ》山口とは何事ぞや。そのうへ所々の山口《ノ》神は、宮材の事につきてこそ、祭り給へ、水のために祭り給ふこと、よしなし。水の御祈には、水分《ミクマリノ》神をこそ祭り給ふ事なれ。又悪風荒水尓不相賜といふことも、御県《ノ》神山口《ノ》神には、似つかぬこと也。又王臣百官人等云々、参出来弖といへるも、心得ず。此祭に、広瀬《ノ》社には、百官人諸の詣る事もあらんか、それすらおぼつかなきを、御県又山口《ノ》神社へのみ百官人等の詣むこと、あるべくもあらず。そも〳〵此大忌祭は、ふるき祭なれば、古き祝詞の有けんを、そははやくうせたりしにや。こゝに載れる祝詞は、考にもいはれたるごとく、とゝのはぬ事共多き中に、此段の、殊にかくのごとくみだりなるを以て思へば、もとより此祭に、御県《ノ》神又山口《ノ》神又水分《ノ》神などをも、祭り給ふこと有しにつきて、此祝詞は、かの祈年祭に、御県坐《ニス》神、山口坐《ニ》神、水分坐《ニ》神と、おの〳〵別に其祝詞のあるを見て、後人《ノ》、其事の意をも弁へず、其三つを混じて、本より古語に闇《クラ》ければ、かくみだりなることを、造りなせるにぞあらん。（注7）……

宣長の言う通りであるが、『延喜式』四時祭上の「大忌祭」の条の料物の条の追加の規定として、「是日以御県六座・山口十四座合祭。其幣物者、……」とある。この祝詞の第四段は本来の大忌祭の祝詞ではなく、この「合祭」によって、後に追加されたものであることが明らかである。それにしても、「六御県能山口尓坐皇神等」などとつないでの表現（作文）は甚だ杜撰である。

（注1）『新日本古典文学大系　続日本紀二』（岩波書店、一九八九年三月）
（注2）『本居宣長全集　第七巻』九三頁。
（注3）（注2）に同じ。一九七頁。
（注4）東野治之氏「書評　小谷博泰著『木簡と宣命の国語学的研究』」（『長屋王家木簡の研究』塙書房、一九九六年十一月、所収）
　また、東野氏も挙げておられるが、喜田新六氏は「宣命の性格について」において、「宣命」に限ってではあるが、「宣命」の全般について、具体的に明解に論じておられる（『令制下の君臣上下の秩序について』皇学館大学出版部、昭和四十七年二月、所収）。
（注5）青木紀元氏「大祓の詞の構造と成立過程」（『祝詞古伝承の研究』国書刊行会、昭和六十年七月、所収）
（注6）青木紀元氏「大祓の詞の『天津祝詞の太祝詞事』」（同右書、所収）
（注7）（注2）に同じ。一六九頁。

七　「祝詞」の詞章の特色

本居宣長は「延喜式祝詞」二十七篇のうちの二篇についてのみ注釈を著している。それは既に「師」賀茂真淵の全篇についての注釈があるからである。真淵は早く『延喜式祝詞解』（注1）五巻を著し（「序」に「延享丙寅（三年）秋九月」とあり、真淵五十歳の年の完成）、また『祝詞考』（注2）上・中・下の三巻を著している（明和五年、真淵七十二歳の時）。

宣長はまず『出雲国造神寿《いずものくにのみやつこのかんよごと》後釈《ごしやく》』（注3）を著し（寛政四年、六十三歳）、ついで『大祓詞《おおはらえのことば》後釈《ごしやく》』（注4）を著している（寛政七年、六十六歳）。共に「後釈」と称しているのは、最初に「考とは、吾師賀茂《ノ》県主真淵《ノ》大人の祝詞考を云、次々みな然り。今其書、頭書までもらさず、悉ぐあぐ。」と断っている通りの注釈の仕方をしているからである。

但し、『大祓詞後釈 下巻』の終りには「つけそへぶみ」として、「大祓の祝詞を解《とけ》ることのついでに、あだしもろ〳〵の祝詞の中にも、思ひよれる事どものあるを、いさゝかこゝにしるしつく。」と断り書を付け、問題点を取り上げ自説を述べている。この中には注目すべき説も多くある。

〇

賀茂真淵は明和六年（一七六九）十月三十日に七十三歳をもって死去したが、その死の五カ月余り前の五月九日付の本居宣長（時に四十歳）に宛てた書簡が伝わっている。(注5)そのかなり長文の書簡の終りの方に、次の如く書いている。

一、我朝の言古歌に残り、古事記その書ながら、歌は句調の限り有て助辞の略あり。記《古事記》も漢字に書しは全からず。たゞ祝詞・宣命に助辞は見ゆてふ事、已いまだいはざる事にて甚感服いたし候。此宣命考出来候はゞ序に書れ候へ。

「たゞ祝詞・宣命に助辞は見ゆてふ事」云々というのは、宣長の「テニヲハ」論のことである。宣長は二十三歳で医学修業のため京都に行き、二十八歳の冬松坂に帰るまで医学を学んでいたが、その間に契沖の歌学にも出合い、契沖を通して「歌道ノマコトノ処」〔五四〕を発見したとして、歌道について自問自答した『排蘆小船《あしわけおぶね》』を著した。けれどもこの著は長く筐底に秘められたままで世に知られることはなかった。(注6)その『排蘆小船』の項目の一つに「テニハ」〔五〇〕と題した論があるのである。勿論、真淵はそれを知らない。従って「此宣命考出来候はゞ序に書れ候へ。」と言われても、後年著した『続紀歴朝詔詞解』(注7)六巻（寛政十一年〔宣長七十歳〕六月十五日に起稿し、翌年の四月二十三日に脱稿した）(注8)には、このことの記載はない。

また『古事記伝』一之巻の「訓法《ヨミザマ》の事」の一項目としても「テニヲハ」論を説いている。(注9)この方が文が簡潔・明快であるので、こちらを次に引用する。

○凡て言は、弖爾袁波《テニヲハ》を以て連接《ツヅク》るものにして、その弖爾袁波《テニヲハ》によりて、言連接《コトツヅキ》のさま〴〵の意も、こまかに分る、わざなり。かくて是《レ》を用るさま、上下相協《アヒカナ》ひて厳《オゴソカ》なる格《サダ》まりしあれば、今古記を古語に訓《ヨ》むにも、これをよく考へて、正《タダ》しくすべきなり。〔然るに漢文には助字こそあれ、弖爾袁波《テニヲハ》にあたる物はなし。助字はたゞ語を助《タス》くるのみにして、弖爾袁波《テニヲハ》の如く、こまかに意を分《カ》つまでには及ばぬものなり。故《レ》助字はなくても、文《ノ》意は聞ゆるなり。……〕

この宣長の「テニヲハ」論を高く評価され、鋭く日本語と中国語（漢文）との対立点を説かれて、それぞれの文体と文学の特色を説かれたのは吉川幸次郎氏であった。(注10)
氏の言われるところを以下に摘記しよう。

日本語の性質は、膠着語にあるといわれる。

膠着語とは何であるか。私の考えによれば、言葉の流れが次に来たるべきものを予想し、予想された次のものにくっつき、流れ込もうとする態勢を、強度にとることである。いいかえれば、連続を以って言語の意欲とすることである。

そうした意欲は、まず、「てにをは」の存在となって現われる。

（中略）

ところで重要なことは、日本語の構文には、これらの「てにをは」が、不可欠であることである。本居宣長は、

……

として、先に挙げた『古事記伝』の「テニヲハ」の条を引かれて、更に、

こうした言語の作り得る文学の特徴の第一は、大へん長いセンテンスを作り得ることである。つまりあとに何かをいいつぐべき際に用いられる特殊な語形、それを意識的に反覆して、いつまでも終止を与えないという技巧である。「万葉」の長歌はみなその例である。

（中略）

こうした日本語とはげしい対立を示すのは、孤立語と呼ばれる中国語である。

（中略）

ところで、かく日本語による文学が、より多くその連続性を利用し、中国語による文学が、より多くその断絶性を利用しつつ、それぞれの文学を作って来たことは、両国の過去の文学が、日本ではより多く情的であり、中国ではより多く知的、乃至は意志的であった原因となり得る。

と説かれ、また稿をあらためて次の如く説かれている。(注11)

またかく日本語が、連続を欲する形態にあることを、より身近かな現象として示すのは、ほかならぬテニヲハの存在である。これまた本居宣長が「古事記伝」なり「排芦小舟《あしわけおぶね》」なりで、早く強調するように、他の国語には乏しく、日本語にのみ顕著な現象であるのを、近ごろの国語学者はあまり強調しないようであるけれども、宣長の強調は、いくら強調されてもよいであろう。(注12)

○

ここで、宣長の指摘した祝詞・宣命の「テニヲハ」のことに戻ることにしよう。

先に見たように、賀茂真淵をして「たゞ祝詞・宣命に助辞は見ゆてふ事、已いまだいはざる事にて甚感服いたし候。」と感心させたのは、宣長が真淵に書簡を送っての返書である。では宣長は祝詞・宣命の助辞（テニヲハ）について、どのような文面のものを送ったのか知りたいところであるが、宣長が真淵に送った書簡そのものは今日一通も残っていないという[注13]（「問目」〈質問書〉は別である）。

祝詞と宣命の「テニヲハ」は、前に見た「宣命書き」（二〇頁）によって書かれているので、明確である。即ち「宣命書き」の大字・小字の書き分けの上で、助詞・助動詞・用言の活用語尾が小字の万葉仮名で書かれているのである（但し、少しく例外はある）。

以下、「祝詞」の詞章について述べる。

「祝詞」の詞章は、先の吉川氏の指摘にあるように「てにをは」によって連なってゆくので、一文（ワン・センテンス）が長い。

祝詞は神に向って、その御神徳（神としてのちから・はたらき）に祈りを込め、その御加護をもとめる言葉なので、おのずと丁寧な良き言葉を連ねてゆくことになる。また、「まつる（祭る）」いう語の語源が、神に喜んでいただくために供え物を「まつる」（今の言葉では「たてまつる」）ということにあることからも分かるように、おのずから供え物の表現が長く、発達していると思われる。勿論、朝廷の祭であることにもよる。今、その具体例を挙げよう（訓読文による）。

御年《みとし》の皇神等《すめかみたち》の前《まへ》に白《まを》さく、皇神等《すめかみたち》の依《よ》さし奉《まつ》らむ奥《おき》つ御年《みとし》を、手肱《たなひぢ》に水沫《みなわ》画《か》き垂《た》れ、向股《むかもも》に泥《ひぢ》画《か》き寄《よ》せて取《と》り作《つく》らむ奥《おき》つ御年《みとし》を、八束穂《やつかほ》のいかし穂《ほ》に皇神等《すめかみたち》の依《よ》さし奉《まつ》らば、初穂《はつほ》をば千穎《ちかび》八百穎《やほかび》に奉《たてまつ》り置《お》きて、瓺《みか》のへ高知《たかし》り、瓺《みか》の腹満《はらみ》て双《なら》べて、汁《しる》にも穎《かび》にも称《たた》へ辞竟《ごとを》へ奉《まつ》らむ。大野《おほの》の原《はら》に生《お》ふる物《もの》は甘菜《あまな》・辛菜《からな》、青海原《あをうなはら》に住《す》む物《もの》は鰭《はた》の広物《ひろもの》・鰭《はた》の狭物《さもの》、奥《おき》つ藻葉《もは》・辺《へ》つ藻葉《もは》に至《いた》るまでに、御服《みそ》は明妙《あかるたへ》・照妙《てるたへ》・和妙《にきたへ》・荒妙《あらたへ》に称《たた》へ辞竟《ごとを》へ奉《まつ》らむ。

……（祈年祭）

右に見るように、「甘菜・辛菜」で野菜を総称する祝詞独特の巧みな表現をしているし、以下同じく海の魚を「鰭《ひれ》」の広狭によって総称する表現、などなど（この種の対句多し）独特の巧みな表現をしている。これなどは祝詞の詞章はセンテンスが長いというものの、そこにこめられている語としては、逆に圧縮された簡潔・明快な表現と言い得るだろう。

また、次のような頭脳的な表現も見える。

進《たてまつ》る幣帛《みてぐら》は、明妙《あかるたへ》・照妙《てるたへ》・和妙《にきたへ》・荒妙《あらたへ》に備《そな》へ奉《まつ》りて、見明《みあ》かす物《もの》と鏡《かがみ》、翫《もてあそ》ぶ物《もの》と玉《たま》、射放《いはな》つ物《もの》と弓矢《ゆみや》、打《う》ち断《た》つ物《もの》と太刀《たち》、馳《は》せ出《い》づる物《もの》と御馬《みま》、御酒《みわ》は瓱《みか》のへ高知《たかし》り、瓱《みか》の腹満《はらみ》て双《なら》べて、……（祟神《たたりがみ》を遷《うつ》し却《や》る）

また、「延喜式祝詞」の最後にある「出雲《いづも》の国造《くにのみやつこ》の神賀詞《かむよごと》」は、出雲国造が朝廷から新任された時、一定の斎《い》み籠《こも》りの斎事をした後、出雲国からの数多くの神宝の献上と共に国造が奏上する御代祝《みよほ》ぎの賀《よ》（寿）詞《ごと》であるが、その第三段は奉献する「神宝」の一つ一つに事寄せて、天皇とその御代を祝福するめでたい詞が連ねられている。なかなか凝った詞章である。

これは奏上する対象が神ではなく天皇であることによって、「のりと」ではなく「よごと」である。私は「のりと」と「よごと」とは本来別であると考えている。前者は神に向って作られた詞章であるし、後者は天皇に対して作られた詞章である。けれども、『延喜式』は律令格式の「式」であるから、「祝詞」という語から外れるものではない。「祝詞」を「のりと」訓むと「神に申す詞」であるが、「祝詞《しゆくし》」という漢語としても解すれば「よごと」も含まれることになる。

（注1）『賀茂真淵全集　第七巻』（続群書類従完成会、昭和五十九年九月）

（注2）右に同じ。

（注3）『本居宣長全集　第七巻』

（注4）右に同じ。

（注5）『本居宣長稿本全集　第二輯』本居清造編（博文館、大正十二年八月）

『賀茂真淵全集　第二十三巻（書簡編）』

この書簡は現在、本居宣長記念館に所蔵。

（注6）『本居宣長全集　第二巻』（大久保正「解題」）

（注7）（注3）に同じ。

（注8）『本居宣長稿本全集　第二輯』本居清造編の考証注記による。七四九～五〇頁。

（注9）『本居宣長全集　第九巻』三七頁。

（注10）吉川幸次郎氏「膠着語の文学」（『国語・国文』昭和二十六年十二月号、後に『吉川幸次郎全集18』昭和四十五年一月に所収）

（注11）吉川幸次郎氏「断絶の文体」（『文体論研究』第六号、昭和四十年六月、『全集18』所収）。この他にも、吉川氏には「国語の長所」（『日本語』昭和十九年五月、『全集18』所収）に、宣長の「テニヲハ」論を引用しての論及がある。

（注12）吉川氏がこのように言われた時代からずっと時が経《た》って、氏が今おられたらこのようには言われないことは当然のことであろうが、私が最近読んだ「てにをは」の重要性を分かりやすく説かれたものに、次のものがある。山崎馨氏著『日本語の泉』「てにをは（1）・（2）」（和泉書院、二〇〇八年二月）

（注13）吉田悦之氏（現、本居宣長記念館館長）の直話の御教示による。

凡例

一　本書は、「延喜式祝詞」（『延喜式』巻第八祝詞）二十七篇と「中臣寿詞」（「天神寿詞」）の本文を校訂し、「校訂本文」（右に片仮名で傍訓を付けた）、「訓読文」、「注解」、そして必要と認めたものについて「考」と「付記」を付けたものである。但し、「中臣寿詞」は「延喜式祝詞」とは別に扱うべきものであるので、「凡例」も、「中臣寿詞」の前に付けることにした。

二　本文について

1　本文（原文）は、卜部兼永本（國學院大學図書館所蔵）を底本とし、九条家本（大正十五年稲荷神社発行の影印本による）、卜部兼右本（國學院大學図書館所蔵）、正保四年版本（神宮文庫所蔵）をもって校訂し、校異を脚注に示した。但し、右の四本をもってしても不審の残るごくわずかの箇所について、賀茂真淵の『祝詞考』（版本）を参看し、校異に加えた。

その略号は次のとおりである。

九条家本　——九
卜部兼永本——永
卜部兼右本——右
正保版本　——版
『祝詞考』——考

2　本文は読みやすさを考え、旧字体を新字体に改めたが、古写本の通行字体についてはそれに依った。

尒（爾）・弖（氐）、など。

また、頻出する字については古写本によって字体を異にするものがあり、その系統を考える上に役立つと考えて、統一しなかった。

剱と釼、甕と瓱など。

3　句読点、中黒（・）、返り点を加えた。

4　本文（原文）に付した傍訓は諸先学の書の恩恵を受けて付したものである。なお、校訂に用いた右の古写本には所々に傍訓が付されているが、本文の成立とは後時の（時代の下る）ものと考えて、注記することをしなかった。但し、それ自体「祝詞」の研究史の一端を示していて貴重であるので、別に考えることにしたい。

5　本文のうち、「如レ此《カク》」と「所レ知《シロシ》」・「所レ聞《キコシ》」・「所レ寄《ヨサシ》」…などには返り点を付したが、返らずに傍訓の通り読んでいただきたい。

三　訓読文について

1　本書において、各「祝詞」の本文（原文）はすべて一括して掲げたが、訓読（と、その後ろの注解）を分割したもののあることをお断りしておく。

「祝詞」には一つの祭（あるいは儀式）で宣られるものでありながら、内部に段分けのある長いものがある。最初の祈年祭の祝詞は前文・後文の間に十もの祝詞が配列されていて、全部で十二段に分けられる。これを訓読文・注解ともに段分けせずに記述すると読みにくくなると考え、分割することにした。これらのものには初めに断り書を付けた。

2　「祝詞」の訓読については、本居宣長が「古《へ》の祝詞を読《ヨミ》申すとても、古《へ》の言をあやまたず、つとめてその読《ヨミ》を正しくして、かりにも後の音便に頽《クヅ》れたる言などをまじへず、清濁《ミリ》などをも厳《オゴソカ》に守りて、ゆめ〳〵なほざりに読《ヨム》べきにあらず。」（『大祓詞後釈』）と述べている。本文をいかに正しく訓《よ》むかは、祝詞研究の基本的な重要なことである。筆者も先学の恩恵を受けながら正確を期したつもりである。ただ、「祝詞」の成立には古いものも新しいものもあり、時代差があると考えられるが、なるたけ統一して訓読することを心がけた。なお、上代特殊仮名遣については、認められるものもあるが、複雑になると考えて、訓読文としては考慮の外においた。注解においては考慮した。

四　注解について

1　注解についても先学の恩恵を被っていることは言うまでもないが、何よりも「分かりやすく」とつとめたつもりである。

2　祝詞の大字は殆ど正訓字であるが、時に借訓字（当て字）も使われている。それらの漢字の「訓《よ》み」を証明するために上代文献を使ったことはもとよりのことであるが、古辞書を使った。中でも『類聚名義抄《るいじゅみょうぎしょう》』を多く使った。

3　注解に引用した『古事記』・『日本書紀』をはじめとする上代文献、『延喜式』をはじめとする律令関係文献などについて、本文を引用した場合に、割行（二行の割注）のあるものが多くあるが、それらについては〔　〕で括《くく》り、また『類聚名義抄』などの古辞書の標出字の下の注については〈　〉で括った。

五　考について

特に必要と思われるもの、また私の考えを特に述べたいと思ったものについてのみ記した。

六　引用文献

本書に引用した文献については、（付）「中臣寿詞」との共通書も多いので、その終りに一括して掲げた。但し、個別に引用した個人の論文等については、その該当箇所に注記したので省いた。

〇　貴重な所蔵本の使用を御許可下さった國學院大學図書館、神宮文庫に対して、深く感謝申し上げます。

延喜式巻第八　神祇八

祝詞

延喜式巻第八　神祇八

祝　詞

凡祭祀祝詞者、御殿・御門等祭、斎部氏祝詞。以外諸祭、中臣氏祝詞。

凡四時諸祭、不レ云二祝詞一者、神部皆依二常例一宣之。其臨時祭祝詞、所司随レ事脩撰、前レ祭進レ官、経二処分一然後行之。

【訓読文】

延喜式巻第八　神祇八

祝詞《のりと》

一 凡《おほよ》そ祭祀《さいし》の祝詞《のりと》は、御殿《おほとの》・御門《みかど》等の祭《まつり》は、斎部氏《いみべうぢ》の祝詞《のりと》。以外《そのほか》の諸《もろもろ》の祭《まつり》は、中臣氏《なかとみうぢ》の祝詞《のりと》。

二 凡《おほよ》そ四時《しじ》の諸《もろもろ》の祭《まつり》に、祝詞《のりと》を云《い》はざるは、神部皆常《かむとももみなつね》の例《ためし》に依《よ》りて宣《の》れ。其《そ》れ臨時《りんじ》の祭《まつり》の祝詞《のりと》は、所《しょ》司事《しこと》の随《まにま》に修撰《しうせん》し、祭《まつり》に前《さき》だちて官《くわん》に進《たてまつ》り、処分《しよぶん》を経《へ》て然《しか》る後《のち》に行《おこ》なへ。

【注解】

一　この一条の言うところは簡単に過ぎて、実態に即していない。「御殿・御門等の祭」というのは、言うとおり斎部氏の読む大殿祭《おおとのほかい》と御門祭《みかどほかい》の祝詞のことである。けれども、それ以外の祭の祝詞は中臣氏の祝詞と言うのは違っていて、鎮火祭《ひしずめのまつり》と道饗祭《みちあえのまつり》は卜部氏の読む祝詞であり、出雲国造《いずものくにのみやつこ》の奏上する神賀詞《かんよごと》があり、また東西《やまとこうちの》文忌寸部《ふみのいみきべ》の唱える漢文の呪もあり、この規定の言うところに合致しない。また伊勢大神宮《いせのおおかみのみや》の祝詞九篇のうち、朝廷からの幣帛使の読む祝詞が六篇、大神宮司の読む祝詞が三篇で、これらはその職掌上から中臣氏が読んだと考えてよいであろう。

二　『延喜式』の巻第一・二に載せられている四時（春夏秋冬）祭の恒例の祭祀の中で、この巻第八に祝詞のあるものもあり、ないものもある。ないものについては、神部《かんとも》が例年宣《の》り来《きた》っているとおりの祝詞を宣れ、との規定である。

また、臨時に執り行なう祭については、神祇官の役人がその祭の趣旨に従って祝詞を作り、祭の行なわれる前に太政官に上進し、太政官の処置を受けて実施せよ、との規定である。

祈年祭《トシゴヒノマツリ》

○「祈年祭の祝詞」は段分けをすると、次のように十二段から成っている。

①前文
②天つ社・国つ社の皇神等に白《もう》す詞
③御年の皇神等に白す詞
④大御巫の祭る皇神等に白す詞
⑤座摩の御巫の祭る皇神等に白す詞
⑥御門の御巫の祭る皇神等に白す詞
⑦生島の御巫の祭る皇神等に白す詞
⑧天照大御神に白す詞
⑨御県の皇神等に白す詞
⑩山の口の皇神等に白す詞
⑪水分の皇神等に白す詞
⑫後文

以上のように、最初に参集している神主・祝部等に宣る詞（前文）があり、次に種々の神々を祭る詞（②〜⑪）が並べられており、最後に幣帛を神々に頒布するについて、神主・祝部等に宣る詞（後文）がある。これ全体で「祈年祭の祝詞」と成っているわけである。長文であるので、「本文」は一括して掲げるが、「訓読文」とその「注解」については、各段ごとに分かって付けることにする。

①集侍《ウゴナハリハベル》神主《カムヌシ》・祝部《ハフリベ》等《ラ》、諸《モロモロ》聞食《キキタマヘ》登《ト》宣《ノル》。

神主《カムヌシ》・祝部《ハフリベ》等《ラ》共称《トモニマヲセ》レ唯《ヲヲト》。余[1]宣《ホカノノルトイフモナラヘ》准レ此《コレニ》。

②高天原《タカマノハラ》[2]仁《ニ》神留坐《カムヅマリマス》皇睦神漏伎命《スメムツカムロキノミコト》・神漏弥命以《カムロミノミコトモチテ》、天社《アマツヤシロ》・国社《クニツヤシロ》登《ト》称辞竟奉《タタヘゴトヲヘマツル》皇神等《スメカミタチ》能《ノ》前《マヘ》尓《ニ》白久《マヲサク》、今年二月《コトシノキサラギ》尓《ニ》御年初将《ミトシハジメム》レ賜《タマハ》登《ト》為而《シテ》、皇御孫命《スメミマノミコトノ》宇豆《ウヅ》能《ノ》幣帛《ミテグラ》乎《ヲ》、朝日《アサヒ》能《ノ》豊逆《トヨサカ》登《ノボリ》尓《ニ》、称辞竟奉《タタヘゴトヲヘマツラ》久《ク》[3]登《ト》宣《ノル》。

③御年《ミトシノ》皇神等《スメカミタチ》能《ノ》前《マヘ》尓《ニ》白久《マヲサク》、皇神等《スメカミタチ》能《ノ》依《ヨ》左《サ》志《シ》奉《マツラ》牟《ム》奥津御《オキツミ》年《トシ》[4]乎《ヲ》、手肱《タナヒヂ》尓《ニ》水沫《ミナワ》画垂《カキタレ》、向股《ムカモモ》尓《ニ》泥《ヒヂ》画寄《カキヨセ》弖《テ》取作《トリツクラ》牟《ム》奥津《オキツ》御年《ミトシ》乎《ヲ》、八束穂《ヤツカホ》能《ノ》伊加[5]志穂《イカシホ》尓《ニ》皇神等《スメカミタチ》能《ノ》依《ヨ》左《サ》[6]志《シ》奉《マツラ》者《バ》、初《ハツ》

1宣—九、ナシ。
2仁—右・版「尓」。
3登—版「豆」。
4乎—永、ナシ。右ニ朱ニテ補入。
5志—九、小字。
6志—九「之」。

穂《ホ》乎《ヲ》波《バ》千《チ》頴《カビ》八《ヤ》百《ホ》頴《カビ》尓《ニ》奉《タテマツリ》置《オキ》弖《テ》、[7]瓱《ミカノ》閉《ヘ》高《タカ》知《シリ》、[8]瓱《ミカノ》腹《ハラ》満《ミテ》双《ナラベ》弖《テ》、汁《シル》尓《ニ》母《モ》頴《カビ》尓《ニ》母《モ》称辞《タタヘゴト》竟《ヲヘ》奉《マツラ》牟《ム》。大《オホ》野《ノ》原《ハラ》尓《ニ》生《オフル》物《モノ》者《ハ》甘《アマ》菜《ナ》・辛《カラ》菜《ナ》、青《アヲ》海《ウナ》原《ハラニ》住《スム》物《モノ》者《ハ》鰭《ハタ》能《ノ》広《ヒロ》物《モノ》・鰭《ハタ》能《ノ》狭《サ》物《モノ》、奥《オキ》津《ツ》藻《モ》[9]葉《ハ》・辺《ヘ》津《ツ》藻《モ》[10]葉《ハ》尓《ニ》至《イタルマ》弖《デ》尓《ニ》、御《ミ》服《ソ》者《ハ》明《アカル》妙《タヘ》・照《テル》妙《タヘ》・和《ニキ》妙《タヘ》・荒《アラ》妙《タヘ》尓《ニ》称辞《タタヘゴト》竟《ヲヘ》奉《マツラ》牟《ム》。御《ミ》年《トシノ》皇《スメ》神《カミ》能《ノ》前《マヘ》尓《ニ》、白馬《シロキウマ》・白猪《シロキヰ》・白鶏《シロキカケ》、種々色物《クサグサノイロノモノ》乎《ヲ》備《ソナヘ》奉《マツリ》[11]弖《テ》、皇御孫命《スメミマノミコト》能《ノ》宇《ウ》豆《ヅ》[12]乃《ノ》幣帛《ミテグラ》乎《ヲ》称辞《タタヘゴト》竟《ヲヘ》奉《マツラ》久《ク》登《ト》宣《ノル》。

④[13]大《オホ》御《ミ》巫《カムナギ》能《ノ》辞《コト》竟《ヲヘ》奉《マツル》皇《スメ》神《カミ》等《タチ》能《ノ》前《マヘ》尓《ニ》白《マヲサ》久《ク》、神《カム》魂《ムスヒ》・高《タカ》御《ミ》

7 瓱—右「甕」。
8 瓱—右「甕」。
9 葉—版「菜」。
10 葉—版「菜」。
11 弖—右「天」。
12 乃—右、小字。
13 大—版、ナシ。

魂《ムスヒ》・生魂《イクムスヒ》・足魂《タルムスヒ》・玉留魂《タマツメムスヒ》・大宮乃売《オホミヤノメ》・大御膳都《オホミケツ》神《カミ》・辞代主《コトシロヌシ》登《ト》御名者《ミナハ》白而《マヲシテ》辞竟奉《コトヲヘマツラク》者《ハ》、皇御孫命《スメミマノミコトノ》御《ミ》世《ヨ》乎《ヲ》手長御世《タナガノミヨ》登《ト》、堅磐《カチハ》尓《ニ》常磐《トキハ》尓《ニ》斎比奉《イハヒマツリ》、茂御世《イカシミヨ》尓《ニ》幸《サキハ》閉《ヘ》奉故《マツルガユヱニ》、皇吾睦神漏伎命《スメラアガムツカムロキノミコト》・神漏弥命《カムロミノミコト》登《ト》、皇御孫《スメミマノ》命《ミコト》能《ノ》宇豆乃幣帛《ウヅノミテグラ》乎《ヲ》称辞竟奉《タタヘゴトヲヘマツラ》[14]久《ク》登《ト》宣《ノル》。

⑤座摩《ヰカスリ》乃《ノ》御巫《ミカムナギ》乃《ノ》[15]辞竟奉《コトヲヘマツル》皇神等《スメカミタチ》能《ノ》前《マヘ》尓《ニ》白久《マヲサク》、生井《イクヰ》・栄《サク》井《ヰ》・津長井《ツナガヰ》・阿須波《アスハ》・婆比支《ハヒキ》登《ト》御名者《ミナハ》白弖《マヲシテ》辞竟《コトヲヘ》奉《マツラク》者《ハ》、皇神《スメカミ》能《ノ》敷坐《シキマス》下都磐根《シタツイハネ》尓《ニ》宮柱《ミヤバシラ》太知立《フトシリタテ》、高天原《タカマノハラ》尓《ニ》

14久登―九「登久」。

15辞―版「称辞」。

千《チ》木《ギ》高《タカ》知《シリ》弖《テ》、皇《スメ》御《ミ》孫《マノ》命《ミコト》乃《ノ》瑞《ミヅ》能《ノ》御《ミ》舎《アラカ》乎《ヲ》仕《ツカヘ》奉《マツリ》弖《テ》、天《アマノ》御《ミ》蔭《カゲ》・日《ヒノ》御《ミ》蔭《カゲ》登《ト》隠《カクレ》坐《マシ》弖《テ》、四《ヨ》方《モノ》国《クニ》乎《ヲ》安《ヤス》国《クニ》登《ト》平《タヒラケ》久《ク》知《シロシ》食《メス》故《ガユエニ》、皇《スメ》御《ミ》孫《マノ》命《ミコト》能《ノ》宇《ウ》豆《ヅ》[16]乃《ノ》幣《ミテ》帛《グラ》乎《ヲ》称《タタヘ》辞《ゴト》竟《ヲヘ》奉《マツラ》久《ク》登《ト》宣《ノル》。

⑥御《ミ》門《カド》[17]能《ノ》御《ミ》巫《カムナギ》[18]能《ノ》辞《コト》竟《ヲヘ》奉《マツル》皇《スメ》神《カミ》等《タチ》[19]能《ノ》前《マヘ》尓《ニ》[20]白《マヲサ》久《ク》、櫛《クシ》磐《イハ》間《マ》門《ドノ》命《ミコト》・豊《トヨ》磐《イハ》間《マ》門命《ドノミコト》登《ト》御《ミ》名《ナ》者《ハ》白《マヲシ》弖《テ》、辞《コト》竟《ヲヘ》奉《マツラク》者《ハ》、四《ヨ》方《モ》能《ノ》御《ミ》門《カド》尓《ニ》湯《ユ》都《ツ》磐《イハ》村《ムラ》能《ノ》如《ゴトク》[21]塞《フサガリ》坐《マシ》弖《テ》、朝《アシタニ》者《ハ》御《ミ》門《カド》開《ヒラキ》奉《マツリ》、夕《ユフヘニ》者《ハ》御《ミ》門《カドヲ》閉《タテ》奉《マツリ》弖《テ》、疎《ウト》夫《ブ》留《ル》物《モノ》能《ノ》自《ヨリ》レ下《シタ》往《ユカ》者《バ》下《シタ》乎《ヲ》守《マモリ》、自《ヨリ》レ上《ウヘ》往《ユカ》者《バ》上《ウヘ》乎《ヲ》守《マモリ》、夜《ヨ》能《ノ》守《マモリ》・日《ヒ》能《ノ》守《マモリ》尓《ニ》守《マモリ》奉《マツル》故《ガユエニ》、[22]皇《スメ》御《ミ》孫《マノ》命《ミコト》

16 乃—九・右、小字。
17 能—右「乃」。
18 能—右「乃」。
19 能—右「乃」。
20 白—永「皇」。
21 塞—永「寒」。
22 皇御—右、コノ間ニ〇ヲ付シ、左傍ニ「御島能」ト注ス。

能《ノ》宇《ウ》豆《ヅ》[23]乃《ノ》幣《ミテ》帛《グラ》乎《ヲ》称辞《タタヘゴト》竟《ヲヘ》奉《マツラ》久《ク》登《ト》宣《ノル》。

⑦生島《イクシマ》能《ノ》御巫《ミカムナギ》能《ノ》辞竟《コトヲヘ》奉《マツル》皇神等《スメカミタチ》能《ノ》前《マヘ》尓《ニ》白《マヲサ》久《ク》、生国《イククニ》・足《タル》国《クニ》登《ト》御名《ミナ》者《ハ》白弖《マヲシテ》、辞竟《コトヲヘ》奉《マツラク》者《ハ》、皇神《スメカミ》能《ノ》敷坐《シキマス》島《シマ》能《ノ》八十《ヤソ》島《シマ》者《ハ》、谷蟆《タニグク》能《ノ》狭度極《サワタルキハミ》、塩沫《シホナワ》能《ノ》留限《トドマルカギリ》、狭国《サキクニ》者《ハ》広《ヒロ》久《ク》、峻国《サガシキクニ》者《ハ》平《タヒラケ》久《ク》、島《シマ》能《ノ》八十《ヤソ》島《シマ》[24]堕《オツル》事《コト》[25]无《ナク》、皇神等《スメカミタチ》能《ノ》依《ヨサ》[26]志《シ》奉故《マツルガユヱニ》、皇御孫命《スメミマノミコト》能《ノ》宇《ウ》豆《ヅ》[27]乃《ノ》幣帛《ミテグラ》乎《ヲ》称辞《タタヘゴト》竟《ヲヘ》奉《マツラ》久《ク》登《ト》宣《ノル》。

⑧辞別《コトワキテ》、伊勢《イセ》尓《ニ》坐《マス》天照《アマテラス》[28]大御神《オホミカミ》能《ノ》[29]大前《オホマヘ》尓《ニ》白《マヲサ》久《ク》、皇神《スメカミ》能《ノ》見《ミ》霽志《ハルカシ》坐《マス》四方国《ヨモノクニ》者《ハ》、天《アメ》能《ノ》壁立極《カキタツキハミ》、国《クニ》能《ノ》退立限《ソキタツカギリ》、青雲《アヲクモ》能《ノ》

23乃—九・右、小字。

24堕—版「墜」。
25无—版「無」。
26志—版「左志」（小字）。

27乃—版、大字。

28大—永・右・版「太」。
29大—永・右・版「太」。

靄極《タナビクキハミ》、白雲《シラクモ》能《ノ》[30]堕《オリ》坐《ヰ》向伏《ムカブス》限《カギリ》、青海原《アヲウナハラ》者《ハ》棹[31]柁《サヲカヂ》不《ズ》レ干《ホサ》、舟[32]艫《フナノヘ》能《ノ》至留《イタリトドマル》極《キハミ》、大海《オホウミ》尓《ニ》舟《フネ》満《ミテ》都都気《ツヅケ》弖《テ》、自《ヨリ》レ陸《クガ》往道《ユクミチ》[33]者《ハ》、荷緒《ニノヲ》縛堅《ユヒカタメ》弖《テ》、磐根《イハネ》・木根《キネ》履《フミ》佐《サ》[34]久《ク》弥《ミ》弖《テ》、馬爪至《ウマノツメノイタリ》留限《トドマルカギリ》、長道《ナガチ》[35]无《ナ》レ間《マ》久《ク》立《タテ》都都気《ツヅケ》弖《テ》、狭国《サキクニ》者《ハ》広《ヒロ》久《ク》、峻《サガシキ》国《クニ》者《ハ》平《タヒラケ》久《ク》、遠国《トホキクニ》者《ハ》八十綱《ヤソツナ》打[36]挂《ウチカケ》弖《テ》引寄《ヒキヨスル》如《ゴトク》レ事《コトノ》、皇[37]大《スメオホ》御神《ミカミ》能《ノ》寄奉《ヨサシマツラ》波《バ》、荷前《ノサキ》者《ハ》皇[38]大御神《スメオホミカミ》能《ノ》[39]大前《オホマヘ》尓《ニ》、如《ゴトク》二横山《ヨコヤマノ》一打積置《ウチツミオキ》弖《テ》、残《ノコリ》乎《ヲ》波《バ》平《タヒラケク》聞看《キコシメサム》。又《マタ》、皇御孫命《スメミマノミコトノ》御世《ミヨ》乎《ヲ》、手長《タナガノ》御世《ミヨ》登《ト》、堅磐《カチハ》尓《ニ》常磐《トキハ》尓《ニ》斎《イハ》比《ヒ》奉《マツリ》、茂御世《イカシミヨ》尓《ニ》幸閉《サキハヘ》

30堕—版「墜」。
31柁—永・右・版「枚」。九八破損。考ニヨル。
32艫—永「臚」。
33者—永、ナシ。
34久—九、小字。
35无—版「無」。
36挂—版「掛」。
37大—版「太」。
38大—版「太」。
39大—右・版「太」。

奉故《マツルガユヱニ》、皇《スメ》吾《アガ》睦《ムツ》神漏伎《カムロキ》・神漏弥命《カムロミノミコト》登《ト》、宇《ウ》事《ジ》物《モノ》頸《ウナ》根《ネ》衝抜弖《ツキヌキテ》、皇《スメ》御《ミ》孫命《マノミコト》能《ノ》宇《ウ》豆《ヅ》[40]乃《ノ》幣帛《ミテグラ》乎《ヲ》称辞《タタヘゴト》竟《ヲヘ》奉《マツラ》久《ク》[41]登《ト》宣《ノル》。

⑨御県尓《ミアガタニ》坐《マス》皇神《スメカミ》等《タチ》[42]乃《ノ》前《マヘ》尓《ニ》白《マヲサ》[43]久《ク》、高市《タケチ》・葛木《カヅラキ》・十市《トヲチ》・志《シ》貴《キ》・山辺《ヤマノヘ》・曾布《ソフ》[44]登《ト》御名《ミナ》者《ハ》白弖《マヲシテ》、此六《コノムツノ》御県《ミアガタ》尓《ニ》生出《オヒイヅル》甘《アマ》菜《ナ》・辛菜《カラナ》乎《ヲ》持《モチ》[45]参来《マキキ》弖《テ》、皇《スメ》御《ミ》孫命《マノミコト》[46]能《ノ》長《ナガ》御《ミ》膳《ケ》[47]能《ノ》遠《トホ》御《ミ》膳《ケ》[48]登《ト》聞食故《キコシメスガユヱニ》、皇《スメ》御《ミ》孫命《マノミコト》[49]能《ノ》宇《ウ》豆《ヅ》[50]乃《ノ》幣帛《ミテグラ》乎《ヲ》称辞《タタヘゴト》竟《ヲヘ》奉《マツラ》久《ク》[51]登《ト》宣《ノル》。

⑩山口《ヤマノクチニ》坐《マス》皇神《スメカミ》等《タチ》[52]能《ノ》前《マヘ》尓《ニ》白《マヲサ》久《ク》、飛鳥《アスカ》・石寸《イハレ》・忍坂《オツサカ》・長谷《ハツセ》・畝火《ウネビ》・耳[53]无《ミミナシ》[54]登《ト》御名《ミナ》者《ハ》白弖《マヲシテ》、遠山《トホヤマ》・近山《チカヤマ》尓《ニ》生《オヒ》

40 乃—九「能」（小字）。版「乃」（大字）。
41 登—九「止」。
42 乃—永・版、ナシ。九・右ニヨル。
43 久—版、ナシ。
44 登—九「止」。
45 参—永、左傍ニ補入。
46 能—右「乃」。
47 能—右「乃」。
48 登—九・右「乃」。永「能」。版ニヨル。
49 能—九・右「乃」。
50 乃—右、小字。
51 登—九「止」。
52 能—九・右「乃」。
53 无—版「無」。
54 登—九「止」。

立留《タテル》大木《オホキ》・小木《ヲキ》乎《ヲ》、本末《モトスヱ》打切《ウチキリ》弖《テ》、持参来《モチマキキ》弖《テ》、皇御《スメミ》[55]孫《マノ》命《ミコト》[56]能《ノ》瑞《ミヅ》[57]能《ノ》御舎《ミアラカ》仕奉《ツカヘマツリ》弖《テ》、天御蔭《アマノミカゲ》・日御蔭《ヒノミカゲ》[58]登《ト》隠坐《カクレマシ》弖《テ》、四《ヨ》方国《モノクニ》乎《ヲ》安国《ヤスクニ》[59]登《ト》平《タヒラケ》久《ク》知食《シロシメ》須《ス》[60]我《ガ》故《ユヱニ》、皇御孫命《スメミマノミコト》[61]能《ノ》宇豆《ウヅ》[62]乃《ノ》幣《ミテ》帛《グラ》乎《ヲ》称辞《タタヘゴト》竟奉《ヲヘマツラ》久《ク》[63]登《ト》宣《ノル》。

⑪水分《ミクマリ》坐《ニマス》皇神等《スメカミタチ》[64]能《ノ》前《マヘ》尓《ニ》白《マヲサ》久《ク》、吉野《ヨシノ》・宇《ウ》[65]陁《ダ》・都《ツ》祁《ゲ》・葛《カヅラ》木《キ》[66]登《ト》御名《ミナ》者《ハ》白《マヲシ》弖《テ》、辞竟奉《コトヲヘマツラク》者《ハ》、皇神等《スメカミタチ》能《ノ》寄志奉《ヨサシマツラ》牟《ム》奥《オキ》都《ツ》御年《ミトシ》[67]乎《ヲ》、八束穂《ヤツカホ》[68]能《ノ》伊加志穂《イカシホ》尓《ニ》寄志奉《ヨサシマツラ》者《バ》、皇神等《スメカミタチ》尓《ニ》初穂《ハツホ》波《ハ》穎《カビ》尓《ニ》[69]毛《モ》汁《シル》[70]母《モ》尓《ニ》、[71]瓱閉《ミカノヘ》高知《タカシリ》、[72]瓱腹《ミカノハラ》満双《ミテナラベ》弖《テ》、称辞竟奉《タタヘゴトヲヘマツリ》

55孫—九、ナシ。
56能—九・右「乃」。
57能—九・右「乃」。
58登—九「止」。
59登—九「止」。
60我—九「可」。
61能—九・右「乃」。
62乃—九・右、小字。
63登—九「止」。
64能—九・右「乃」。
65陁—版「陀」。
66登—九「止」。
67乎—九「牟」。
68能—九・右「乃」。
69毛尓汁—永、「穎」ノ下ニ○ヲ付シ、右傍ニ「毛尓汁」ヲ補入。
70母—九・右「毛」。
71瓱—右「甕」。
72瓱—右「甕」。

弖《テ》、遺《ノコリ》乎《ヲ》波《バ》皇《スメ》御《ミ》孫命《マノミコト》[73]能《ノ》朝《アサ》御《ミ》食《ケ》・夕《ユフ》御《ミ》食《ケ》[74]能《ノ》加《カ》牟《ム》加《カ》比《ヒ》[75]尓《ニ》、

長《ナガ》御《ミ》食《ケ》[76]能《ノ》遠《トホ》御《ミ》食《ケ》[77]登《ト》、赤《アカ》丹《ニノ》穂《ホ》尓《ニ》聞食《キコシメス》故《ガユヱニ》、皇《スメ》御《ミ》孫命《マノミコト》[78]能《ノ》宇《ウ》

豆《ヅ》[79]乃《ノ》幣帛《ミテグラ》称《ヲタタヘ》辞《ゴト》竟《ヲヘ》奉《マツラ》久《ク》[80]登《ト》、諸《モロモロ》聞《キキ》食《タマヘ》[81]宣《トノル》。

⑫辞《コト》別《ワキテ》、忌《イミ》部《ベ》[82]能《ノ》弱《ヨワ》肩《カタ》尓《ニ》太《フト》多《タ》須《ス》支《キ》取《トリ》[83]挂《カケ》弖《テ》、持《モチ》由《ユ》麻《マ》波《ハ》利《リ》

仕《ツカヘ》奉《マツ》礼《レ》留《ル》幣《ミテ》帛《グラ》乎《ヲ》、神《カム》主《ヌシ》・祝《ハフリ》部《ベ》等《ラ》受《ウケ》賜《タマハリ》弖《テ》、事《コト》不《ズ》レ過《アヤマタ》捧《ササゲ》

[84]持奉《モチテタテマツレ》[85]登《ト》宣《ノル》。

73能—九「乃」。
74能—九「乃」。
75尓—九、大字。
76能—九「乃」。
77登—九「止」。
78能—九・右「乃」。
79乃—九・右、小字。
80登—九「止」。
81食宣—版、コノ間ニ「登」（小字）アリ。
82能—九・右「乃」。
83挂—永「桂」。版「掛」。
84持奉—九、ナシ。
85登—九「止」。

【訓読文】〈標題と第一段〈前文〉〉

祈年祭《としごひのまつり》

集《うごな》[一]はり侍《はべ》る神主《かむぬし》[二]・祝《はふり》[三]部等《べら》、諸《もろもろ》[四]聞《き》[五]き食《たま》へと宣《の》る。神主《かむぬし》・祝《はふり》部等《べら》共《とも》に唯《をを》[六]と称《まを》せ。余《ほか》[七]の宣《の》るといふも此《こ》れに准《なら》へ。

【注解】

一　**集はり侍る**――『儀式』大祓儀の条に「大祓処尓参集〔読曰二末為宇古那波礼留一〕」とみえ、九条家本の「集侍」の訓に「ウコナハリハヘル」とある。祭場（まつりのにわ）に参集し整列している、の意。「侍る」はここでは神聖な場に慎み深くへりくだりの状態でいること。

二　**神主**――神祇官の祈年祭において祭る神《かみ》の社《やしろ》の長。

三　**祝部**――官社の神主の下にいる下級の神職。神主とともに幣帛を受けるために参集している。九条家本の「祝部等」の訓に「ハフリヘラ」とある。『観智院本類聚名義抄《るいじゅみょうぎしょう》』に「祝〈ハフリ〉」とある（以下、名義抄と略す）。

四　**諸**――名義抄「諸〈モロ〳〵・ミナ〉」。皆々の意。

五　**聞き食へと宣る**――「食へ」は下二段活用の謙譲の補助動詞の命令形。天皇が主宰して斎行される（朝廷の）祭の祝詞であるから、皆々「聞かせていただけ→承れ・拝聴せよ」の意。九条家本の古訓に「キ、タマヘヨ」とあるが「ヨ」（相手に対する念押しの終助詞）は古くはなし。名義抄に「聞食〈キ、タマフ・キコシメス〉」とある。「宣る」は祝詞においては上の者が下の者に対して、威厳をもって言い聞かせる、宣り聞かせる、の意。九条家本の古訓に「ノタマフ」とあるのは誤りである。通して「（今から宣る祝詞を）皆々拝聴せよとて宣り聞かせる」の意。

六　唯と称せ―「唯」は承知しましたと、謹んで返事をする言葉。神武天皇即位前紀に、返事の言葉として「唯唯」とみえ、熱田本の傍訓に「越〻」とあるので、ワ行の「をを」であると認められる。「をを」は「をー」と長く延ばして発する音（長音）である。

七　余の宣るといふも此れに准へ―祈年祭の祝詞はこの開式宣言を初めとして、最後の「辞別」に至るまで十二段あるが、それぞれの終りは「宣る」と宣する言葉で終っている。その「宣る」と宣する毎に、参列している神主と祝部は称唯（いしょう）せよ、との注記である。四時祭式の祈年祭の条に、「中臣進就レ座宣二祝詞一。毎二一段畢一祝部称レ唯」とあるとおりであるが、「神主」が見えないのはなぜであろうか。

【訓読文】（第二段）

[一]高天《たかま》の原《はら》に[二]神留《かむづま》り坐《ま》す[三]皇睦《すめむつ》[四]神漏伎《かむろき》の命《みこと》・神漏弥《かむろみ》の[五]命《みこと》以《も》ちて、[六]天《あま》つ社《やしろ》・国《くに》つ社《やしろ》と[七]称《たた》へ辞《ごと》竟《を》へ奉《まつ》る[八]皇神《すめかみ》等《たち》の前《まへ》に[九]白《まを》さく、今年《ことし》の二月《きさらぎ》に[一〇]御年初《みとしはじ》め賜《たま》はむとして、[一一]皇御孫《すめみま》の命《みこと》の[一二]うづの幣帛《みてぐら》を、[一三]朝日《あさひ》の豊逆登《とよさかのぼ》りに、[一四]称《たた》へ辞《ごと》竟《を》へ奉《まつ》らくと宣《の》る。

【注解】

一 **高天の原**―「たかまのはら」は「たかあまのはら」の縮約の形。語構成は「たか・あまのはら」で、高みにある天空の広々したところ、の意であるが、古事記・日本書紀また祝詞の言葉では、「天上の神々の世界」で、「葦原の中つ国」、「黄泉《よみ》の国・根《ね》の国・底《そこ》の国」に対する。

二 **神留り坐す**―萬葉集に「海原《うなはら》の　辺《へ》にも沖にも　神留《かむづ》まり（神豆麻利） うしはきいます　諸《もろもろ》の　大御神《おほみかみ》たち」（5八九四）と見える。「かむ」は「かみ」の古形。「坐す」は「あり・をり」の尊敬語で「いらっしゃる・おいでになる」の意。通して、神として留まっておられるの意。

三 **皇睦**―天皇の睦まじい・親しい存在であるの意。下の「神漏伎の命・神漏弥の命」の形容語。『続日本紀』の宣命には「皇親《すめむつ》」（第五詔）とある。

四 **神漏伎の命・神漏弥の命**―「かむろき」の「ろ」は連体助詞で、「の」より古い。本来「き」と「み」はそれぞれ単独で男性と女性を表わす古語であった。「いざなき」と「いざなみ」の「き」と「み」に同じ。但し、単独形では残らず、このように複合語（今の場合は神名）として残った。「古語は複合語に残る」の典型である。「みこと」は尊称。高天の原の神々の世界を主宰している男女一対の皇祖神。

五 **命以ちて**―「みこと」の「み」は尊敬を表わす接頭語。「こと」は言葉で、御言葉・御命令の意となる。ここは「……かむろみのみことの命《みこと》以ちて」とあるべきであるが、「みことの命《みこと》」と言うと音が重複して耳障りになるので、一つの「みこと」に二つの意味を負わせて約しているのである。

六 **天つ社・国つ社**―天つ神を祭る社と国つ神を祭る社。「つ」は連体助詞。「天つ神・国つ神」は漢語では「天神・地祇」という。

七　**称へ辞竟へ奉る**――「たたへごと」はほめたたえる言葉。「をへ」は、萬葉集に「正月《むつき》立ち　春の来《きた》らば　かくしこそ　梅を招《を》きつつ　楽しき終《を》へめ」（5八一五）とあるように、「極め尽す」という意。「奉る」は動詞の下について謙譲の意を添える補助動詞。「……し申し上げる」の意。通して、ほめたたえる言葉を尽して神をお祭り申し上げるの意。この意から、神に供物を献る、お供え申し上げるの意にもなり、祝詞の中では慣用句としても多用されている。

八　**皇神等の前に**――皇神は「すめがみ」と訓まれているが萬葉集に「須売可未」（20四四〇八）と清音。尊貴な神という意であるが、必ずしも天皇や皇室の祭る神に限定されない。ここでは祈年祭の班幣に預る神すべてを指している。「皇神等の前」という言い方は、天皇や神を直接それというのをはばかっていう言い方である。

九　**白さく**――「白す」のク語法で、申し上げることには、の意。名義抄「白〈マウス〉」。奈良時代末期から「まをす」から「まうす」へ転じた。

一〇　**御年初め賜はむ**――「御《み》」は美称の接頭語で、下の語が神聖なもの・ことであるとの意を表わす。「年《とし》」は、萬葉集に「我《わ》が欲《ほ》りし　雨は降り来《き》ぬ　かくしあらば　言挙《ことあ》げせずとも　稔《とし》は栄《さか》えむ」（18四一二四）とあるように、本来稲の稔りをいう。その収穫の周期から年歳をいう語ともなった。ここはその原義での用法で、天皇が米作り（稲作）を始めなさろうとするに当って、の意。天皇を主語としての言い方である。名義抄「稔〈ミノル・トシ、年也・熟也〉」。

一一　**皇御孫の命**――『儀制令集解』に「天子、祭祀所レ称。……古記云、天子祭祀所レ称。謂、祭書将レ記字。謂二之天子一也。辞称二須売弥麻乃美己等一耳也」とある。即ち、祭祀関係の文書では「天子」と書き、口頭で唱える時は「すめみまのみこと」という、という規定である。天照大神の子孫である天皇の意で、代々の皇統を重視した言い方。ここはその時の天皇を指す。

一二　**うづの幣帛**―萬葉集に「天皇朕《すめらわれ》　珍《うづ》（宇頭）の御手《みて》もち　かき撫《な》でそ　ねぎたまふ」（6九七三）とあり、高貴な・尊貴なの意。幣帛は、『和名類聚抄』（二十巻本、以下「和名抄」と略す）に「幣帛　礼記注云幣〈音弊、和名美天久良〉」とある。神に捧げる絹のことであるが、祝詞では神に奉献する供物の総称として用いられている。「みてぐら」の語源は「みて」は天皇の御手《みて》、「くら」は幣帛を奉る台（案）とする説が良い。（注1）

一三　**朝日の豊逆登りに**―朝日が美しく輝き登るその良き時にの意。「逆」は「栄」の当て字。祝詞にも当て字が使われていることがあるから、解釈する場合には注意を要する。「六月月次」の祝詞には「豊栄登」とある。

一四　**称へ辞竟へ奉らくと宣る**―この結びは、「皇神等の前に白さく」というのであるから、「称へ辞竟へ奉らくと白す」であるべきであるが、その神への祝詞を参集者に宣り聞かせるという場での祝詞であるので、「……白すことを、諸聞き食へと宣る」と閉じるのが正確な言い方である。ところが、この祈年祭の祝詞は次々と別の皇神等への祝詞が続くので、煩わしく感じられたために簡略化して、このような結びとしてしまったと考えられる。簡略化してしまっても祝詞は音声による詞章なので、聞く方は論理的な不自然さを感じなかったのであろう。けれども解釈する時は、正確な表現を念頭において解してゆくべきである。

【訓読文】（第三段）

[一]御年《みとし》の皇神等《すめかみたち》の前《まへ》に白《まを》さく、皇神等《すめかみたち》の[二]依《よ》さし奉《まつ》らむ[三]奥《おき》つ御年《みとし》を、[四]手肱《たなひぢ》に[五]水沫《みなわ》[六]画《か》き垂《た》れ、[七]向股《むかもも》に[八]泥画《ひぢか》き寄《よ》せて取《と》り作《つく》らむ奥《おき》つ御年《みとし》を、[九]八束穂《やつかほ》の[一〇]いかし穂《ほ》に皇神等《すめかみたち》の依《よ》さし奉《まつ》らば、[一一]初穂《はつほ》をば[一二]千穎八百穎《ちかびやほかび》に奉《たてまつ》り置《お》きて、[一三]瓱《みか》のへ高知《たかし》り、瓱《みか》の腹満《はらみ》て双《なら》べて、[一四]汁《しる》にも穎《かび》にも[一五]称《たた》へ辞竟《ごとを》へ奉《まつ》らむ。[一六]大野《おほの》の原《はら》に生《お》ふる物《もの》は[一七]甘菜《あまな》・辛菜《からな》、[一八]青海原《あをうなはら》に住《す》む物《もの》は[一九]鰭《はた》の広物《ひろもの》・鰭《はた》の狭物《さもの》、[二〇]奥《おき》つ藻葉《もは》・辺《へ》つ藻葉《もは》に至《いた》るまでに、[二一]御服《みそ》は[二二]明妙《あかるたへ》・照妙《てるたへ》・和妙《にきたへ》・荒妙《あらたへ》に称《たた》へ辞竟《ごとを》へ奉《まつ》らむ。[二三]御年《みとし》の皇神《すめかみ》の前《まへ》に、[二四]白《しろ》き馬《うま》・白《しろ》き猪《ゐ》・白《しろ》き鶏《かけ》、[二五]種々《くさぐさ》の色《いろ》の物《もの》を[二六]備《そな》へ奉《まつ》りて、皇御孫《すめみま》の命《みこと》の[二七]うづの幣帛《みてぐら》を称《たた》へ辞竟《ごとを》へ奉《まつ》らくと宣《の》る。

【注解】

一　**御年の皇神等**――穀物、中でも特に稲の稔りをつかさどる神々をいう。どの社この社の神とは特定せず、ひろく漠然と表現していると考えられる。

二　**依さし奉らむ**――「依さす」は「依（寄）す」に厚い尊敬を表わす「す」という助動詞の付いた形で、お寄せ申し上げられるであろうの意。「む」と未来形であるのは稔りがもたらされるのは秋であるからである。

三　**奥つ御年**――「奥」はオキとも訓まれた。萬葉集「奥津《おきつ》藻《も》之《の》」（2二〇七）は「沖つ藻の」の意。「奥」は空間を表わす語であるが、ここはそれを時間的に転用しているのである。我が国では時間のような観念語の発達は遅れたので、空間を表わす語をもって時間を表わすことが行なわれた。例えば「瞬《またた》く間《ま》」とか「束《つか》の間《ま》」とか「立ち所に」といった語がそれである。時間的に「奥」即ち穀物の中でも遅く実る稲というので、このような表現となった。

四　**手肱**—手《て》の肱。「た」は「て」の古形。「な」は連体助詞。次第に「の」に代っていく。

五　**水沫**—水の泡《あわ》。mi・no・awa→minawa となる。

六　**画き垂れ**—「画き」は「掻《か》き」の当て字、但し同源の語。水田を掻いてポトポトと垂らしの意。

七　**向股**—古事記上に「堅庭者、於㆓向股㆒踏那豆美」とあり、神代紀上に「陥㆑股」とあって私記乙本に「牟加毛々尓フミヌキ」と訓んでいる。「向こう脛《ずね》」という語があるように、股の前に向いている部分、という意。名義抄「股〈モヽ〉」。

八　**泥画き寄せて**—「泥田《どろた》」という語があるように、田の土のこと。ドロドロの田の土を手で掻いて水平になるように整地作業をしている様子をいう。水のたっぷりはられている田植え前の整地作業であろう。「手肱に水沫画き垂れ、向股に泥画き寄せて」は農民の具体的な労働の様を巧みに対句で表現している。祝詞式では農民の米つくりの具体的な労働の姿を述べているのはこの表現だけである。

九　**八束穂**—「束《つか》」は古代の長さの単位で、一握りの指四本の幅をいう。八束穂でそれほど長く立派な稲穂という意。古事記上に「八拳鬚《やつかひげ》」・「十拳剱《とつかつるぎ》」が見える。

一〇　**いかし穂**—「いかし」は勢いが盛んなさま・植物の繁茂のさま・立派でいかめしいさまなどをいう語。ここは形容詞語幹の名詞用法。よく稔った立派な稲穂の意。「八束穂のいかし穂」の「の」は同格の助詞であって、祝詞には多く見える。八束穂であっていかし穂の意。

一一 **初穂**—その年最初に実った稲穂で、神社や朝廷に奉るものについていう。

一二 **千穎八百穎**—和名抄（十巻本）に「穂　穎〈訓二加《か》尾《び》一〉穂也」とあり、名義抄に「穎〈穂也、禾也、カヒ〉」とあり、「カビ→カヒ→カイ」と変化した。たくさんの稲穂の意。

一三 **瓱の腹満て双べて**—「瓱《みか》」の「み」は神・天皇・宮廷のものに対して、敬意を込めていう接頭語。「か」は甕《かめ》のことで、笥《け》（容器類の総称）の交替形。『新撰字鏡』に「瓱〈弥《み》可《か》也〉」とある。神酒を入れる甕《かめ》。「高知り」の「しり」は占有する・領有するの意で、甕の口まで高々と一杯に入れ満たすこと。「瓱の腹」は甕の形が人の腹のように丸くふくれているのでいう。神酒を口まで一杯に入れ満たした甕をいくつも並べ置きての意。

一四 **汁にも穎にも**—汁は初穂を醸《かも》してしぼった汁、即ち酒。酒に醸しても穂のままでもの意。

一五 **称へ辞竟へ奉らむ**—奉りましょう、の意。

一六 **大野の原**—山すそのなだらかな広い傾斜地。ここではそこの畑。

一七 **甘菜・辛菜**—口に甘く感じられる野菜と辛く感じられる野菜。甘・辛で味を二分し、野菜を総称する祝詞独特の巧みな表現。

一八 **青海原**—萬葉集に「阿《あ》乎《を》宇《う》奈《な》波《は》良《ら》」（20四五一四）。青々とした広い海。

一九 **鰭の広物・鰭の狭物**—和名抄に「鰭　文選注云鰭〈音耆、和名波《は》太《た》、俗云二比《ひ》礼《れ》一〉」とある。萬葉集に「鵜川立ち　取らさむ鮎《あゆ》の　しが鰭《はた》（波多）は」（19四一九一）とある。ひれの広い大きな魚・ひれの狭い小さな魚と述べて、大小すべての魚を総称しているのである。

二〇 **奥つ藻葉・辺つ藻葉**—海の沖の方に生える海藻・辺《へ》（海辺）に生える海藻と表現して、すべての海藻を総称しているのである。

二一　**御服**―名義抄に「御服〈ミソ〉」とある。「み」は美称の接頭語。「そ」は衣服・着物。ここは神様のお召しになる着物。

二二　**明妙・照妙・和妙・荒妙に**―「妙《たへ》」は布類の総称。「明妙」は明るい色の織物。「照妙」は絹のように明るく光沢のある織物。「和妙」は柔らかい布地の織物。「荒妙」は麻などのように木の皮の繊維で織った少し荒い布地の織物をいう。但し、ここではそれらの布地（織物）そのものをいうのではなく、それらの布地で作られた着物をいうのである。名義抄に「麁妙服〈アラタヘ〉」とある。「に」は「……に至るまで」の意。

二三　**御年の皇神の前に**―冒頭に「御年の皇神等の前に白さく」とあり、ここに「御年の皇神の前に」とあるのは、御年の皇神等の代表として、古くからの大和朝廷との関連から、大和国の特定の御年の神に対して、特に丁重な扱いがなされるのである。それは四時祭式上の祈年祭の幣帛の条に「御歳社、加二白馬・白猪・白鶏各一一。」とあることによって分かる。その社は、神名式の大和国葛上郡の筆頭にある「鴨都波八重事代主命神社二座〈並、名神大。月次・相嘗・新嘗。〉」とある神であろう。(注2)『令集解』の祈年祭の条の「古記」に、「於二神祇官一。惣祭二天神地祇一。百官々人集。別葛木鴨名為二御年神一。祭日、白猪・白鶏各一口也。」とある（ただ「白馬」がないのは何故であろうか。誤脱か）。

二四　**白き馬・白き猪・白き鶏**―『古語拾遺』に、神祇官の祈年祭において、御歳神にこの三種の白い動物を供えて、豊穣を祈ることについての由縁譚が見える。

二五　**種々の色の物**―この「色」は種類（色目）の意。

二六　**備へ奉りて**―名義抄に「備〈ソナハ《フ》レリ〉」・「供〈ソナフ〉」とあり、「備ふ」と「供ふ」は同語源の語。

[二七] **うづの幣帛を称へ辞竟へ奉らくと宣る**――ここは前に述べたように、「うづの幣帛を称へ辞竟へ奉らくと白すことを諸聞き食へと宣る。」と結ぶべきであるのを簡略化しているのである。以下の各祝詞の結びも同じである。

【訓読文】（第四段）

[一]大御《おほみ》巫《かむなぎ》の[二]辞竟《ことを》へ奉《まつ》る皇神等《すめかみたち》の前《まへ》に白《まを》さく、[三]神魂《かむむすひ》・高御《たかみ》魂《むすひ》・生魂《いくむすひ》・足魂《たるむすひ》・玉留魂《たまつめむすひ》・[四]大宮乃売《おほみやのめ》・[五]大御《おほみ》膳都神《けつかみ》・[六]辞代主《ことしろぬし》と[七]御名《みな》は白《まを》して、[八]辞竟《ことを》へ奉《まつ》らくは、皇御孫《すめみま》の命《みこと》の[九]御世《みよ》を[一〇]手長《たなが》の御世《みよ》と、[一一]堅磐《かちは》に常磐《ときは》に[一二]斎《いは》ひ奉《まつ》り、[一三]茂《いか》し御世《みよ》に[一四]幸《さきは》へ奉《まつ》るが故《ゆゑ》に、[一五]皇吾《すめらあ》が睦神漏伎《むつかむろき》の命《みこと》・神漏弥《かむろみ》の命《みこと》と、皇御孫《すめみま》の命《みこと》のうづの幣帛《みてぐら》を称《たた》へ辞竟《ごとを》へ奉《まつ》らくと宣《の》る。

【注解】

一　**大御巫**――『職員令集解』の「御巫」の条に、「跡云、巫、神奈伎」と見え、新撰字鏡に「巫〈加无奈支〉」とある。また和名抄に「説文云、巫〈無反、和名加牟奈岐〉祝女也」とある。「神和ぎ」で、神に仕え、神の心をなごめる未婚の女性の職である。『延喜式』の臨時祭の条に、「凡御巫・御門巫・生島巫各一人。〔其中宮・東宮唯有㆓

御巫各一人一。」取二庶女堪レ事充レ之。但考選准二散事宮人一。」とあり、また「凡座摩巫、取二都下国造氏童女七歳已上者一充レ之。若及二嫁時一、申二弁官一充替。」ともある。ここは宮中八神殿を祭る御巫なので、「大御巫」と最上の敬語で呼ばれたのである。

二　**辞竟へ奉る**――「称へ辞竟へ奉る」の「称へ」を省略した形である。ここは、お祭り申し上げるの意。

三　**神魂・高御魂・生魂・足魂・玉留魂**――神魂・高御魂については、古事記上に「高御産巣日神、次神産巣日神」とあり、日本書紀には「高皇産霊尊、次神産霊尊。皇産霊、此云二美武須毗《みむすひ》一。」とある。また神名式には「神産日神・高御産日神」とある。産巣日・産霊・産日・魂の表記から帰納される意味は、万物を生成する神霊ということになろう。この祝詞において「魂」と表記しているのは、天皇の体内に宿る神的な霊力を表現しているのであろう。それは「神魂」以下の八神が神祇官西院の八神殿に祭られている宮中の守り神であるからである。以下の「生魂」は生き生きとして生命力のある霊力、「足魂」は満ち足りた霊力、「玉留魂」は神名式に「玉積産日神」とあり、天皇の肉体（玉体）という容器にしっかりと玉（魂）を留めておく霊力という意であろう。

四　**大宮乃売**――後の大殿祭祝詞の「詞別《ことわき》」に、この神の働きを詳しく述べている。大宮即ち天皇のお住まい所の平安をつかさどる女神。

五　**大御膳都神**――天皇のお食事をつかさどる神。

六　**辞代主**――古事記と日本書紀には「事代主神」と表記している。「辞」は「言」であり、萬葉集においても「言」と「事」とは通用して用いられている。これは「言事未分」といわれる言霊《ことだま》信仰による。「知る」は支配する・つかさどるという意であり、言葉を支配する神である。それは萬葉集に「思はぬを　思ふと言はば　真鳥《まとり》住む雲梯《うなで》の杜《もり》の　神し知らさむ」（12三一〇〇）という歌があり、雲梯の杜の神は事代主神であって、この歌に歌われているように、人の言葉の真偽を判定する神でもある。

七　**御名は白して**—祝詞においては、祭る対象である神名をまず明確に宣り上げることは大切なことである。従って、以下の祝詞において、一々神名を唱え上げて、「……と御名は白して」として始めるのである。

八　**辞竟へ奉らくは**—「奉らく」の「く」は用言を体言化する接尾語であり、「ク語法」という。「……するコト」の意を表わす。ここは、お祭り申し上げますことには、の意。

九　**御世**—一人の天皇の統治する期間。治世。

一〇　**手長の御世**—「た」は動詞・形容詞の上につく接頭語。手は当て字。長く続く御世。

一一　**堅磐に常磐に**—九条家本に「堅磐」に「カチハ」、「常磐」に「トキハ」の訓がある。これはkata・iFa→kati-Fa, tökö・iFa→tökiFaと音の縮約した形で、奈良時代の音韻法則に適《かな》っている。磐（岩）に不変性を認め、堅く永久に変わらないことを祈る言葉として表現したもの。永遠に、の意。後に「かきはにときはに」と訓まれるようになるのは、音調の上から「ときは」に引かれた誤り。

一二　**斎ひ奉り**—「斎ふ」は対象が神聖にして大切なものであるから、それが損なわれることのないように守ること。ここの「奉る」は神が天皇に対して、お守り申し上げるという意。

一三　**茂し御世**—充実した盛んなる御世。「いかし穂」とあったように、植物の繁茂した様にもいうので「茂」の字を当てている。

一四　**幸へ奉る**—「幸へ」（下二段）は「幸ふ」（四段）の他動詞形で、幸いをもたらす意。神が天皇に対して、幸いをもたらし申し上げる、の意。

一五　**皇吾が睦神漏伎の命・神漏弥の命と**—「皇吾睦」は萬葉集の「（聖武）天皇賜㆓節度使卿等㆒御歌」（長歌）に

「天皇朕《すめらわれ》」（6九七三）とあり、ここは「天皇吾《すめらあ》が睦《むつ》」（天皇である吾の睦じい）として「神漏伎の命・神漏弥の命」を形容する。この表現には、天皇と神漏伎の命・神漏弥の命との親密な関係が「皇親《すめむつ》」よりも一層丁寧に表現されていると見ることができる。けれども、この文脈ではその実質的な意味を含みつつも、その形容語として使われていると見た方がよいであろう。「と」は「神漏伎の命・神漏弥の命の命《みこと》（御命令）であるとして」の意で、論理的には「……神漏弥の命の命《みこと》と」表現すべきであるが、祝詞としては同語が重なって耳障りであるので、略しているのである。

【訓読文】（第五段）

一座摩《ゐかすり》の御《み》巫《かむなぎ》の辞竟《ことを》へ奉《まつ》る皇神等《すめかみたち》の前《まへ》に白《まを》さく、二生井《いくゐ》・栄井《さくゐ》・津長井《つながゐ》・三阿須波《あすは》・婆比支《はひき》と御名《みな》は白《まを》して、辞竟《ことを》へ奉《まつ》らくは、皇神《すめかみ》の四敷《し》き坐《ま》す五下《した》つ磐根《いはね》に宮柱《みやばしら》太知《ふとし》り立《た》て、六高天《たかま》の原《はら》に千木《ちぎ》高知《たかし》りて、皇御《すめみ》孫《ま》の命《みこと》の七瑞《みづ》の御舎《みあらか》を八仕《つか》へ奉《まつ》りて、九天《あま》の御蔭《みかげ》・日《ひ》の御蔭《みかげ》と隠《かく》れ坐《ま》して、一〇四方《よも》の国《くに》を安国《やすくに》と平《たひ》らけく知《し》ろし食《め》すが故《ゆゑ》に、皇御孫《すめみま》の命《みこと》のうづの幣帛《みてぐら》を称《たた》へ辞竟《ごとを》へ奉《まつ》らくと宣《の》る。

【注解】

一　**座摩の御巫**―「ゐかすり」の「ゐか」は「居処」で天皇のお住まい所、即ち皇居のことであり、「すり」は「知《し》り」の音の転化で、つかさどる・支配するの意である。皇居の土地の守護神である。

二　**生井・栄井・津長井**―神名式には下《した》に「神」が付いているので、井戸の三神である。生井は生き生きとした井戸、栄井は水がこんこんと湧き出る井戸、神名式に「福井神」と表記しているのによれば、人間生活に幸いをもたらす井戸の意によるのであろう。津長井は神名式に「綱長井神」とあるとおり、「つながゐ」で、音の縮約形。即ち、長い綱で汲み上げられる深い井戸で、良い水が得られる井戸を讃えての表現である。以上三神は井戸の神で、皇居選定の第一条件は良い水が豊かに得られる地であったことを思わせる。

三　**阿須波・婆比支**―古事記上にも、「次阿須波神《に》、次波比岐神《に》」と連なって見える神で、神の意味のとらえ難い神である。萬葉集の防人の歌に「庭中《にはなか》の　阿須波《あすは》の神に　小柴《こしば》さし　我《あれ》は斎《いは》はむ　帰り来《く》までに」（20四三五〇）とあり、屋敷神であったことが知られ、その点で座摩神として祭られていることの理由が分かる。

四　**敷き坐す**―「しく」は一面に力を及ぼす、支配する、領有するの意。萬葉集に「天皇《すめろき》の　敷きます国の……」（18四一二二）とある。

五　**下つ磐根に宮柱太知り立て**―地面の下の岩に宮殿の柱を太くどっしりと占め立て、の意。磐根というのは、木や草の根のように、岩が大地にしっかりと食いこんでいるという表現であって、「根《ね》」は接尾語的な語である。

六　**高天の原に千木高知りて**―「千木《ちぎ》」は「比木《ひぎ》」とも言い、屋根の両端に、その傾斜に従ってX字形に交叉して乗せられるものである。その両先端が高天の原、即ち天空を指して斜めにそびえ立つものである。神殿・宮殿の最頂部となるので、最も神聖部とされていた。天空に向って千木を高々と占め立てて、の意。「ちぎ」の「ち」・

「ひぎ」の「ひ」、共に神聖の意を表わす。

七　瑞の御舎―瑞は生命力に満ちた、めでたいしるし。「みあらか」の「み」は美称の接頭語、「あらか」は「在《あ》り処《か》」で、arika→arakaと前後のア母音に同化して「あらか」となったもの。めでたく立派な天皇のお住まい所、即ち御殿。

八　仕へ奉りて―御奉仕する意であるが、ここは御殿をお造り（御造営）申し上げて、の意。

九　天の御蔭・日の御蔭と隠れ坐して―「かげ」は光をさえぎる所の意で、即ち御殿のことである。御殿を天をさえぎる陰、日をさえぎる陰として、その中にお隠れになりまして（お住まいになられまして）、の意。

一〇　四方の国を安国と平らけく知ろし食す―天下四方の国を安らかな国として平穏にお治めになられます、の意。

【訓読文】（第六段）

一御門《みかど》の御《み》巫《かむなぎ》の辞竟《ことを》へ奉《まつ》る皇神等《すめかみたち》の前《まへ》に白《まを》さく、二櫛磐間門《くしいはまど》の命《みこと》・豊磐間門《とよいはまど》の命《みこと》と御名《みな》は白《まを》して、辞竟《ことを》へ奉《まつ》らくは、三四方《よも》の御門《みかど》に四ゆつ磐村《いはむら》の如《ごと》く塞《ふさが》り坐《ま》して、五朝《あした》には御門《みかど》を開《ひら》き奉《まつ》り、夕《ゆふ》へには六御門《みかど》を閉《た》て奉《まつ》りて、七疎《うと》ぶる物《もの》の下《した》より往《ゆ》かば下《した》を守《まも》り、上《うへ》より往《ゆ》かば上《うへ》を守《まも》り、八夜《よ》の守《まも》り・日《ひ》の守《まも》りに守《まも》り奉《まつ》るが故《ゆゑ》に、皇御孫《すめみま》の命《みこと》のうづの幣帛《みてぐら》を称《たた》へ辞竟《ことを》へ奉《まつ》らくと宣《の》る。

【注解】

一　**御門の御巫**―皇居の東西南北四面の御門の守護神を祭る御巫。

二　**櫛磐間門の命・豊磐間門の命**―御門祭《みかどほかひ》祝詞には「櫛磐牖・豊磐牖の命」とある。「櫛」は「奇」の当て字で、霊妙不可思議な力があるということを添える接頭語。「磐」は堅固である意。「間門《まど》」は「牖＝窓」の意と考えられる。「まど」は語源としては「目門《まと》」で、本来家の入口にあって外を見張るという機能を持っていたので、やがて御門の守り神となった。「豊」は威力の豊かに満ちたの意で接頭語とされているのであろう。

三　**四方の御門**―神名式に、「御門巫祭神八座〔並大。月次、新嘗。〕櫛石窓神〔四面門各一座。〕豊石窓神〔四面門各一座。〕」とあるので分かるように、東西南北の御門にそれぞれ一座ずつ、従って対《つい》として祭られていたのである。

四　**ゆつ磐村の如く塞り坐して**―「ゆつ」は「斎《ゆ》つ」で神聖な、「磐村」は岩の群れである。岩の不変性と堅固さとを讃えて言っているのである。「ふさがる」は悪神・悪霊などの流入を防ぎ止めるためにである。

五　**朝には……夕へには……**―「あした」に対して「ゆふへ」と対《つい》で表現されることが多い。萬葉集「朝《あした》には　門《かど》に出《い》で立ち　夕《ゆふへ》には　谷を見渡し」（19四二〇九）、また伊勢の神宮の「朝夕《あしたゆうべ》の大御饌祭《おおみけさい》」のように。奈良時代には「ゆふへ」と清音であった。

六　**御門を閉て奉りて**―門を閉じることを「たつ」と言った。萬葉集に「門《かど》立てて　戸もさし（閇）たるを　いづくゆか　妹が入《い》り来《き》て　夢《いめ》に見えつる」（12三一一七）とある。

七　**疎ぶる物**―「うとぶる」は形容詞「うとし」の動詞形で、上二段活用の連体形。疎略にするの意。「もの」は悪霊・鬼神の類をいう。故に「（御門の）下より往かば下を守り、上より往かば上を守り」と続いてゆくのである。

八　**夜の守り・日の守り**―「よ→よる・ひ→ひる」は対語《ついご》。夜も昼も、つまり一日中守護するという意。夜を先に言うのは、「夜を中心にした時間の区分[注3]」による表現なのであろう。

【訓読文】（第七段）

[一]生島《いくしま》の御巫《みかむなぎ》の辞竟《ことを》へ奉《まつ》る皇神等《すめかみたち》の前《まへ》に白《まを》さく、[二]生国《いくくに》・足国《たるくに》と御名《みな》は白《まを》して、辞竟《ことを》へ奉《まつ》らくは、[三]皇神《すめかみ》の敷《し》き坐《ま》す[四]島《しま》の八十島《やそしま》は、[五]谷蟆《たにぐく》のさ度《わた》る極《きは》み、[六]塩沫《しほなわ》の留《とど》まる限《かぎ》り、[七]狭《さ》き国《くに》は広《ひろ》く、峻《さが》しき国《くに》は平《たひ》らけく、島《しま》の八十島《やそしま》[八]堕《お》つる事無《ことな》く、皇神等《すめかみたち》の依《よ》さし奉《まつ》るが故《ゆゑ》に、皇御孫《すめみま》の命《みこと》のうづの幣帛《みてぐら》を称《たた》へ辞竟《ことを》へ奉《まつ》らくと宣《の》る。

【注解】

一　**生島の御巫**——生島の神を祭る御巫。生島の神というのは下に「生国・足国」とある二神であるが、神名式には「生島神・足島神」とある。我が国は「島国」と言われるように、島が即ち国土となっているので、「生国」とも言い、「生島」とも言うのである。

二　**生国・足国**——生き生きとして生気ある国、満ち足り整った国であるように守っている神、の意。

三　**皇神の敷き坐す**—皇神の領有しておいでになる、の意。

四　**島の八十島**—「の」は連体助詞としての用法で、島であって数多くの島、の意。大嘗祭の後に八十島祭という重儀があり、生島神・足島神を祭った。

五　**谷蟆のさ度る極み**—古事記上に「多迩具久」、萬葉集の山上憶良の歌に「たにぐくの（多尓具久能）さ渡る極《きは》み（佐和多流伎波美）」（5八〇〇）と見える。この祝詞の句を利用しているのである。「たにぐく」は「ひきがえる」のことで、谷でククと鳴くのでいう。「さ度る極み」は「さ」は接頭語、ひきがえるがぴょこんぴょこんと跳び渡っていく地（国）の果てまで、の意。

六　**塩沫の留まる限り**—塩は潮の当て字。萬葉集に「宇治川の　水沫《みなあわ》（水阿和）さかまき」（11二四三〇）とあり、また神代紀上に「皆是潮沫《シホノアワ》凝成者矣」（卜部兼方本の古訓）とある。海水の上に浮かぶ沫（泡）が流れ流れて行ってこれ以上行けないという海の果てまで、の意。

七　**狭き国は広く、峻しき国は平らけく**—「狭《さ》し」は「狭《せ》し」の古形、萬葉集に「天地《あめつち》は　広しといへど　我《あ》がためは　狭《さ》くやなりぬる」（5八九二）とある。仁徳記の歌に「梯立《はしたて》の　倉椅山《くらはしやま》は　佐賀斯《さがし》けど　妹と登れば　佐賀斯くもあらず」（70）とある。神武前紀の卜部兼右本の訓に「其路狭嶮《サクサカシクシテ》、人不㆑得㆓並行《ナミユクコト》㆒。」とある。「さがし」はけわしいの意。

八　**堕つる事無く**—名義抄に「堕〈オツ・オチル〉」とあり、神代紀上に「其涙堕《ヲチテ》而為㆑神。」とある。「无」は名義抄に「无〈音無・或無字・ナシ〉」とあり、音も意味も「無」と同じ。漏れ落ちること無く、の意。萬葉集に「一《ひと》夜《よ》も落ちず　夢《いめ》にし見ゆる」（15三七三八）とある。

【訓読文】（第八段）

[一]辞別《ことわ》きて、伊勢《いせ》に坐《ま》す天照大御神《あまてらすおほみかみ》の[二]大前《おほまへ》に白《まを》さく、皇神《すめかみ》の[三]見霽《みはるか》し坐《ま》す四方《よも》の国《くに》は、[四]天《あめ》の壁立《かきた》つ極《きは》み、[五]国《くに》の退《そ》き立《た》つ限《かぎ》り、[六]青雲《あをくも》の靄《たなび》く極《きは》み、[七]白雲《しらくも》の堕《お》り坐《ゐ》向伏《むかぶ》す限《かぎ》り、[八]青海原《あをうなはら》は棹柁《さをかぢ》干《ほ》さず、[九]舟《ふな》の艫《へ》の至《いた》り留《とど》まる極《きは》み、[一〇]大海《おほうみ》に舟《ふね》満《み》てつづけて、[一一]陸《くが》より往《ゆ》く道《みち》は、[一二]荷《に》の緒《を》縛《ゆ》ひ堅《かた》めて、[一三]磐根《いはね》・木根《きね》履《ふ》みさくみて、[一四]馬《うま》の爪《つめ》の至《いた》り留《とど》まる限《かぎ》り、[一五]長道《ながち》間《ま》無《な》く立《た》てつづけて、[一六]狭《さ》き国《くに》は広《ひろ》く、峻《さが》しき国《くに》は平《たひ》らけく、遠《とほ》き国《くに》は[一七]八十《やそ》綱《つな》打《う》ち挂《か》けて引《ひ》き寄《よ》する事《こと》の如《ごと》く、[一八]皇大御神《すめおほみかみ》の寄《よ》さし奉《まつ》らば、[一九]荷前《のさき》は皇大御神《すめおほみかみ》の大前《おほまへ》に、[二〇]横山《よこやま》の如《ごと》く打《う》ち積《つ》み置《お》きて、[二一]残《のこ》りをば平《たひ》らけく聞《き》こし看《め》さむ。又《また》、皇御孫《すめみま》の命《みこと》の御世《みよ》を、手長《たなが》の御世《みよ》と、堅磐《かちは》に常磐《ときは》に斎《いは》ひ奉《まつ》り、茂《いか》し御世《みよ》に幸《さきは》へ奉《まつ》るが故《ゆゑ》に、皇吾《すめあ》が睦《むつ》神漏伎《かむろき》・神漏弥《かむろみ》の命《みこと》と、[二二]うじ物《もの》頸根《うなね》衝《つ》き抜《ぬ》きて、皇御孫《すめみま》の命《みこと》のうづの幣帛《みてぐら》を称《たた》へ辞竟《ごとを》へ奉《まつ》らくと宣《の》る。

【注解】

一　**辞別きて**——これまで祭って来た神々への祝詞と明確に区別して、の意。以上の祝詞の祭神は神名式に「神祇官西院坐御巫等祭神廿三座〔並大。月次・新嘗。〕」とある神々であった。

二　大前に白さく―天照大御神であるので、特に「大前」と言っている。これより前と後の祝詞では「……の前に白さく」とある。

三　見霽し坐す―九条家本の古訓に「ミハルカシ」とある。名義抄にも「見霽〈ミハルカシ〉」と見える。はるかに見晴らしておいでになるの意。天照大御神を太陽神ととらえているからの表現である。

四　天の壁立つ極み―「壁」は名義抄に「壁〈カベ・カキ〉」とあり、「かき」と訓む。天が周囲に垣のように立っているその果てまで、の意。

五　国の退き立つ限り―九条家本の古訓に「ソキタチ」とある。国土が遠く離れてその際限において立っているその果てまで、の意。萬葉集に「天雲《あまくも》の　そきへの極《きは》み」(19四二四七)と見える。

六　青雲の靄く極み―「靄」は九条家本の古訓に「タナヒク」とあり、名義抄にも「タナヒク」の訓がある。「青雲」がどのような雲をいうのか把握が難しい。漢語としては「高い空」という意味があるが、ここは雲でなければならない。萬葉集に「白雲《しらくも》の　たなびく山を　越えて来《き》にけり」(3二八七)とある。

七　白雲の堕り坐向伏す限り―九条家本の古訓に「オリヰムカフスカキリ」とある。ここはむくむくとした入道雲などがどんと居座《いすわ》って彼方に向かって伏しているその果てまで、の意であろう。萬葉集の山上憶良の歌に「天雲《あまくも》の　向伏《むかぶ》す極《きは》み　たにぐくの　さ渡る極《きは》み」(5八〇〇)とあるのは、この祝詞の句の利用である。

八　棹柁干さず―九条家本の古訓に「サヲカチホサス」とある。「棹」は水底につっぱって船を進める棹。「柁」は船を漕ぎ進める道具で、櫓《ろ》や櫂《かい》をいう。船の棹や柁を乾かすことなく漕ぎに漕いで、の意。

九　舟の艫の至り留まる極み―「舟艫」は九条家本の古訓に「フナノヘ」とある。今日では「舳」を「へ」と訓み船首のこと、「艫」を「とも」と訓み船尾のこととするが、名義抄に「舳〈ヘ・トモ〉」「艫〈トモ・ヘ〉」とあり、共に両義に使っている。ここは「へさき」のこと。舟のへさきが行き着いてしまう海上の果てまで、の意。

一〇 **大海に舟満てつづけて**―大海に舟を満たしつづけて。

一一 **陸より往く道は**―前の「青海原は」(海路)に対して陸路をいう。

一二 **荷の緒縛ひ堅めて**―「荷の緒」は荷をしばりつける紐。ここの荷は何の荷かということが表現されていないが、萬葉集に「東人《あづまと》の　荷前《のさき》の箱の　荷《に》の緒にも　妹《いも》は心に　乗りにけるかも」(2一〇〇)とある歌によってよく分かる。諸国から献る貢ぎ物の初穂の荷を馬の背にしっかりと紐でしばりつけるのである。前の舟も初穂の荷を積んでいる舟である。

一三 **磐根・木根履みさくみて**―「さくむ」は難語であるが、ガツガツと強く踏みしめる意であろう。山道などは今も岩や木の根がさえぎって歩きにくい思いをすることがあるが、そのような山道を岩や木の根をあたかも踏み砕くように、強く踏みしめて行く、の意であろう。萬葉集に「五百重山《いほへやま》　い行《ゆ》きさくみ(割見)　賊守《あたまもる》　筑紫《つくし》に至り」(6九七一)と表記しているのが参考となる。

一四 **馬の爪の至り留まる限り**―貢ぎ物の初穂の荷を負った馬の爪すなわち蹄《ひづめ》が、行き着ける果てまで、の意。

一五 **長道間無く立てつづけて**―長い道程《みちのり》を隙間《すきま》なく立たせ続けて。

一六 **狭き国は広く**―この「狭き国は広く、峻しき国は平らけく、遠き国は八十綱打ち挂けて引き寄する事の如く」という句は、すぐ前の「生島の御巫の祭る皇神等に白す詞」(第七段)の「狭き国は広く、峻しき国は平らけく、島の八十島堕つる事無く」の句に引かれて、いったん成文の後に補われた句であろう。無い方がよい。

一七 **八十綱打ち挂けて引き寄する**―八十綱は数多くの綱(ロープ)の意。「挂」は名義抄に「カク」の訓があり、「掛」は俗字(仏下本)とある。遠くの国には数多《あまた》のロープを打ち挂けて引き寄せるというのは『出雲国風土記』

意宇郡の条の国引き神話を頭においての表現であろう。

一八　**皇大御神の寄さし奉らば**――皇大御神は天照大御神のこと。皇大御神と最高の敬意を込めた表現をしている。天照大御神の見晴るかしておいでになる国土全体から、貢ぎ物としての初穂を天皇にお寄せ申し上げられるならば。

一九　**荷前**――「荷《の》」は「に」の古形。「前《さき》」は先《さき》で最初の意。春日祭祝詞に「四方《よも》の国の献《たてまつ》れる御調《みつき》の荷前《のさき》」とあるように、毎年諸国から奉る貢ぎ物としての初穂、の意。

二〇　**横山の如く打ち積み置きて**――「横山」はなだらかに横たわる山の意で、初穂を神前にたくさん積み奉り置く形容としてふさわしい。

二一　**残りをば平らけく聞こし看さむ**――「聞こし看す」は「聞く」に敬意を表わす動詞語尾「す」が接続し「きかす」となり、その「か」が「こ」(乙類)に転じたものであり、「看す」は「看(見)る」に尊敬の「す」がついた語。神代記の歌謡に「遠々《とほとほ》し　越《こし》の国に　賢《さか》し女《め》を　有りと岐加志《きかし》て　麗《くは》し女《め》を　有りと伎許志《きこし》て」(2)とあり、萬葉集に「桜花《さくらばな》　今盛りなり　難波の海　おしてる宮に　聞こしめす(伎許之売須)なへ」(20四三六一)とある。ここの「きこしめす」は神代紀下に「以㆓吾高天原所御《キコシメス》斎庭之《ユニハノ》穂《イナホ》㆒、亦当㆑御㆓於吾児㆒。」とある古訓と同じ意味で「お食《め》しあがりになる」の意。天照大御神にたくさん奉った荷前の残りを天皇が安らかにお食《め》しあがりになられるであろう、の意。

二二　**うじ物頸根衝き抜きて**――「う」は鵜飼に使う鵜のこと。萬葉集に「水烏」(19四一八九題詞)と表記している。「じもの」は名詞に接して、「……であるもの・……のようなもの」という修飾句をつくる接尾語。あたかも鵜であるような恰好《かっこう》で、頸根《うなね》すなわち首根っこを深く垂れての意で、極めて丁重に拝礼する姿を鵜が首を水面に突き入れて鮎を獲る恰好になぞらえて表現している。

【訓読文】（第九段）

[一]御県《みあがた》に坐《ま》す皇神等《すめかみたち》の前《まへ》に白《まを》さく、[二]高市《たけち》・葛木《かづらき》・十市《とをち》・志貴《しき》・山辺《やまのへ》・曽布《そふ》と[三]御名《みな》は白《まを》して、此《こ》の六《む》つの御県《みあがた》に生《お》ひ出《い》づる甘菜《あまな》・辛菜《からな》を持《も》ち参来《まゐき》て、皇御孫《すめみま》の命《みこと》の[四]長御膳《ながみけ》の遠御膳《とほみけ》と[五]聞《き》こし食《め》すが故《ゆゑ》に、皇御孫《すめみま》の命《みこと》のうづの幣帛《みてぐら》を称《たた》へ辞竟《ごとを》へ奉《まつ》らくと宣《の》る。

【注解】

一　**御県**―「県」を「あがた」と訓むことは、『出雲国風土記』出雲郡に「阿我多社」とあり、神名式に「県神社」と表記していることで明らかである。天皇の召し上がる野菜を栽培した皇室の直轄地。孝徳紀の大化元年八月の条に「倭国六県」と見えるのが、ここの六つの御県。

二　**高市**―高市の御県に坐す皇神が祭られている社は、神名式の大和国、

高市郡　高市御県神社〔名神大、月次・新嘗。〕

とある社である。以下、該当する神名式の社を挙げる。

葛木―葛下郡の葛木御県神社〔大、月次・新嘗。〕

十市―十市郡の十市御県坐神社〔大、月次・新嘗。〕

志貴―城上郡の志貴御県坐神社〔大、月次・新嘗。〕

山辺―山辺郡の山辺御県坐神社〔大、月次・新嘗。〕

曾布―添下郡の添御県坐神社〔大、月次・新嘗。〕

三　**御名は白して**―前の祝詞の例によれば、この句の下に「辞竟へ奉らくは」の句があるべきであるが、省略していると考えて、この句を補って解すべきであろう。

四　**長御膳の遠御膳**―「長」も「遠」も、本来距離についていう語であったが、時間にも転用されて使われるようになった語。ここは長く遠く続く天皇のお食料の意。

五　**聞こし食すが故に**―お召し上がりになられるが故に。

【訓読文】（第十段）

一山《やま》の口《くち》に坐《ま》す皇神等《すめかみたち》の前《まへ》に白《まを》さく、二飛鳥《あすか》・三石寸《いはれ》・四忍坂《おつさか》・五長谷《はつせ》・六畝火《うねび》・七耳无《みみなし》と八御名《みな》は白《まを》して、九遠山《とほやま》・近《ちか》山《やま》に生《お》ひ立《た》てる大木《おほき》・小木《をき》を、一〇本末《もとすゑ》打《う》ち切《き》りて、持《も》ち参来《まゐき》て、皇御孫《すめみま》の命《みこと》の瑞《みづ》の御舎《みあらか》仕《つか》へ奉《まつ》りて、天《あま》の御蔭《みかげ》・日《ひ》の御蔭《みかげ》と隠《かく》れ坐《ま》して、四方《よも》の国《くに》を安国《やすくに》と平《たひ》らけく知《し》ろし食《め》すが故《ゆゑ》に、皇御孫《すめみま》の命《みこと》のうづの幣帛《みてぐら》を称《たた》へ辞竟《ごとを》へ奉《まつ》らくと宣《の》る。

【注解】

一　**山の口**―天皇のお住まいになる宮殿の建築用材を伐り出す山の登り口の意。

二　**飛鳥**―飛鳥の山の口に坐す皇神の祭られている社は、神名式の大和国の、

　高市郡　飛鳥山口坐神社〔大、月次・新嘗。〕

とある社である。「飛鳥」を「あすか」と訓むのは、本来「飛ぶ鳥の　明日香《あすか》」（萬葉集・1七八）のように地名の明日香に係る枕詞であったのを、そのまま地名表記として使うようになったものである。

三　**石寸**―十市郡の石村山口神社〔大、月次・新嘗。〕

九条家本の古訓に「イハレ」とある。萬葉集に「石村《いはれ》之道」（3四二三）とあり、「石寸」は「村」の省文である。「いはれ」は「いはむれ」の音の縮約された形である。

四　**忍坂**―城上郡の忍坂山口坐神社〔大、月次・新嘗。〕

隅田八幡宮蔵の「人物画像鏡銘」に「意紫沙加《おしさか》宮」とあり、音の縮約により「おっさか」となった。神武記の歌謡に「意佐加」（10）、神武紀の「忍坂邑」での歌謡として「於佐箇」（9）とある。共に「おさか」と訓んでいるが、当時の実際の音は「おっさか」であり、促音記号未成立のための「っ」の無表記と考えられる。九条家本の古訓に「オムサカ」とあるムは促音表記であろう。『日本霊異記』上巻、第五の訓注に「徴〈破多牟天〉」とある。

五　**長谷**―城上郡の長谷山口神社〔大、月次・新嘗。〕

「長谷」を「はつせ」と訓むのは萬葉集に「泊瀬《はつせ》乃川」（1七九）・「長谷《はつせ》之河」（13三二二五）・「波都世《はつせ》乃加波」（13三二九九左注）などとあり、本来「長谷《ながたに》の泊瀬《はつせ》」と係る枕詞であった。平安時代には「はつせ」から「はせ」となった。

六　**畝火**―高市郡の畝火山口坐神社〔大、月次・新嘗。〕萬葉集に「橿原の　畝火《うねび》（宇祢備）の宮」（20四四六五）とある。

七　**耳无**―十市郡の耳成山口神社〔大、月次・新嘗。〕萬葉集に「無耳《みみなし》之池」（16三七八八）とある。

八　**御名は白して**―前の祝詞に同じく、下に「辞竟へ奉らくは」の省略された形。

九　**遠山・近山**―「とほやま・ちかやま」と形容詞の語幹に名詞が接続する形の方が古い。後に「遠き山・近き山」のようになる。

一〇　**本末打ち切りて**―大殿祭の祝詞に「今奥山の大峡・小峡に立てる木を、斎部《いみべ》の斎斧《いみをの》を以ちて伐り採りて、本末をば山の神に祭りて、中の間を持ち出で来て」とあるのは、より詳しい叙述であろう。また萬葉集に「とぶさ（鳥総）立て　足柄山《あしがらやま》に　船木伐《ふなぎき》り　木に伐り行《ゆ》きつ　あたら船木を」（3三九一）とある「鳥総」はその木の「末」即ち先端を刺し立てることを言っているのであろう。

【訓読文】（第十一段）

一 水分《みくまり》に坐《ま》す皇神等《すめかみたち》の前《まへ》に白《まを》さく、二 吉野《よしの》・三 宇陁《うだ》・四 都祁《つげ》・五 葛木《かづらき》と御名《みな》は白《まを》して、辞竟《ことを》へ奉《まつ》らくは、皇神《すめかみ》等《たち》の寄《よ》さし奉《まつ》らむ奥《おき》つ御年《みとし》を、八束穂《やつかほ》のいかし穂《ほ》に寄《よ》さし奉《まつ》らば、皇神等《すめかみたち》に初穂《はつほ》は穎《かび》にも汁《しる》にも、瓱《みか》のへ高知《たかし》り、𤭖《みか》の腹満《はらみ》て双《なら》べて、称《たた》へ辞竟《ごとを》へ奉《まつ》りて、遺《のこ》りをば皇御孫《すめみま》の命《みこと》の[六]朝御食《あさみけ》・夕御食《ゆふみけ》のかむかひに、長御食《ながみけ》の遠御食《とほみけ》と、[七]赤丹《あかに》の穂《ほ》に聞《き》こし食《め》すが故《ゆゑ》に、皇御孫《すめみま》の命《みこと》のうづの幣帛《みてぐら》を[八]称《たた》へ辞竟《ごとを》へ奉《まつ》らくと、諸《もろもろ》聞《き》き食《たま》へと宣《の》る。

【注解】

一　**水分**―神代記に「天之水分神〔訓レ分云二久麻理《くまり》一。〕次国之水分神」とあるように、「みくまり」と訓む。m音とb音とは「へみ」（蛇）→「へび」のように交替することがあり、「くまり」→「くばり」と交替し、「くば（配）る」となる。山の分水嶺に祭られる神であり、あちらの谷、こちらの谷へと雨水を配り、その麓から平野部に広がる田に水を分配し、稲を上手に稔らせる働きのある神である。

二　**吉野**―吉野の水分に坐す皇神の祭られている社は、神名式の大和国の

　吉野郡　吉野水分神社〔大、月次・新嘗。〕

とある社である。以下、まず神名式の社を挙げる。『枕草子』に「神は……みこもりの神またをかし。」（二六九段）とある。「みこもり」は「みくまり」が転じたものであり、「御子守」ととらえての興味であろう。

三　**宇陁**―宇陀郡の宇太水分神社〔大、月次・新嘗。〕

四　**都祁**―山辺郡の都祁水分神社〔大、月次・新嘗。〕

五　**葛木**―葛上郡の葛木水分神社〔名神大、月次・新嘗。〕

仁徳記の歌謡に「迦豆良紀《かづらき》」（58）とあり、今「かつらぎ」というが古くは「かづらき」といった。

六　朝御食・夕御食のかむかひに――古くは一日の食事は朝と夕の二度であった。伊勢の神宮では今も「日別朝夕大御饌祭《ひごとあさゆうおおみけさい》（常典御饌《じょうてんみけ》とも）」として、外宮《げくう》の御饌殿《みけでん》から毎日朝と夕の二度の食事が奉られている。「かむかひ」はその食料をいう語であるが、語義をとらえることの難しい語である。『出雲国風土記』島根郡朝酌郷の条に、「朝御《あさみ》饌《け》の勘養《かむかひ》、夕御饌《ゆふみけ》の勘養《かむかひ》に、五つの贄《にへ》の緒《くみ》の処を定め給ひき。」とある。神や天皇の召し上がる食料としての初穂の意であろう。

七　赤丹の穂に聞こし食す――「丹」は赤色の顔料であるので、「赤丹」で赤いでよい。「穂」は「秀《ほ》」で、ここでは「頬《ほほ》」のこと。共に同語源の語。召し上がられる結果として、赤い頬となられるのであるが、このような表現をしている。

八　称へ辞竟へ奉らくと――この下に「白すことを」があるべきであるが、略されている。それは「白さく、『………』と白すことを」で首尾が整うのである。

【訓読文】（第十二段）

一辞別《ことわ》きて、二忌部《いみべ》の三弱肩《よわかた》に四太《ふと》たすき取《と》り挂《か》けて、五持《もち》ちゆまはり仕《つか》へ奉《まつ》れる幣帛《みてぐら》を、神主《かむぬし》・祝部《はふりべ》等《ら》六受《う》け賜《たま》はりて、七事過《ことあやま》たず八捧《ささ》げ持《も》ちて奉《たてまつ》れと宣《の》る。

【注解】

一　**辞別きて**―以上の祝詞とは変わって、神主・祝部等に対する班幣についての命令となるので、「以上の詞と分って」と断りの語を置いているのである。

二　**忌部**―中臣氏と並んで大和朝廷の神祇祭祀に奉仕した氏族。幣帛・祭具の調整を主な職掌とした。この祝詞式の「大殿祭」と「御門祭」の祝詞は忌部氏の読む祝詞である。斎部広成撰の『古語拾遺』によって、その古くからの歴史・職掌がよく分かる。

三　**弱肩に**―弱い肩という意味であるが、神前で敬い恐れ慎んで奉仕する様をいう謙遜の辞。

四　**太たすき取り挂けて**―「太」は太く立派なという意。太襷を掛けるのは神を祭る時や供物・幣帛を調整する時に、袖が触れて粗相をすることのないようにするためである。神代紀下に「使二太玉命一、以二弱肩一被二太手繦一……」とあるのは、この句を用いているのである。

五　**持ちゆまはり**―「持ち」は接頭語化しているが、受け持つという意味をも残している。「ゆまはり」は「いむ・ゆむ」から「いまふ・ゆまふ」と再活用し、更に「ゆまはる」と再活用した語で、時間的な継続性を表わす。斎戒と心身の清浄性を保ち続けて、の意。

六　**受け賜はりて**―受けいただいて。後に「承る」と一語に化する前のもとの形と意味を留めている語。

七　**事過たず**―幣帛を途中で取り違えたり、粗末に扱ってしまうというようなことがなく、の意。

八　**捧げ持ちて奉れ**―「捧げ」は「差《さ》し上《あ》げ」の縮約。幣帛を大切にそれぞれの神社に持ち帰って、丁重に神前に奉れ、の意。ここでも神主・祝部等は「をを」（をー）と返事をする。

（注1）本澤雅史氏「古代における『幣』について」（同氏著『祝詞の研究』弘文堂、平成十八年七月、所収）

（注2）井上光貞氏著『日本古代の王権と祭祀』（東京大学出版会、一九八四年十一月）の笹山晴生氏の「あとがきにかえて」に、早川庄八氏からの教示として、提示されている。西宮秀紀氏「葛木鴨（神社）の名称について」（同氏著『律令国家と神祇祭祀制度の研究』塙書房、二〇〇四年十一月、所収）

（注3）大野晋氏著『日本語の年輪』（新潮文庫、昭和四十一年五月）一九五～二〇〇頁。

【考】〔祈年祭とは〕

「祈年祭」は「としごひのまつり」と訓む。「祈年」は漢語で、『周礼《しゆらい》』の鄭玄注に「祈年、祈二豊年一也。」と見える。「とし」は萬葉集に「我《わ》が欲《ほ》りし　雨は降り来《き》ぬ　かくしあらば　言挙《ことあ》げせずとも　稔《とし》（登思）は栄《さか》えむ」（18四一二四）という大伴家持の歌が見える。この「とし」の意、すなわち「稲の稔り」の意である。その稔りに一年かかるところから「年・歳」の意も生じたと考えられている。名義抄に「稔〈ミノル・トシ……年也熟也〉」とある。「こひ」（四段、köFi）は神に祈る、祈願するの意。萬葉集に「天地《あめつち》の　神を乞《こ》ひ（許比）つつ　我《あれ》待たむ　はや来《き》ませ君　待たば苦しも」（15三六八二）と見える。「天地の神にお祈りしながら」の意である。「恋ひ」（上二段、koFï）とは別語。名義抄に「祈年〈トシコヒ〉」とある。「としごひのまつり」は稲の豊作を祈る祭である。従って我が国（瑞穂の国）では民間において古くから行なわれて来た祭である。けれども、この祝詞は律令体制における国家祭祀としての祈年祭の祝詞であることに注意を要する。更に言えば、この仲春（二月）の祈年祭の祝詞と、季夏（六月）と季冬（十二月）の年二度行なわれた月次《つきなみのまつり》祭の祝詞とがほぼ同一であるのは、月次祭の方が古く、それを律令体制の進展にともなって、新たに祈年祭として大掛かりな国家祭祀として発展させたためである。（注）従って、月次祭は祈年祭に比べて規模は小さいが、その趣旨は同じである。すなわち「としごひのまつり」なのである。

『延喜式』四時祭上の冒頭に、

凡践祚大嘗祭為㆓大祀㆒。祈年・月次・神嘗・新嘗……為㆓中祀㆒。……為㆓小祀㆒。

との、祭祀の大・中・小の順位づけがなされている。また、その祭日は『神祇令』には「仲春祈年祭」「季夏月次祭」「季冬月次祭」としか言っていないが、四時祭式の祭日の条には、

凡祈年祭二月四日。……月次祭六月・十二月十一日。……

とあって、日が定まっている。

また「祈年祭」の祭神については、同じく四時祭式に、

祈年祭神三千一百三十二座

大四百九十二座〔三百四座案上官幣、一百八十八座国司所㆑祭。〕

小二千六百四十座〔四百三十三座案下官幣、二千二百七座国司所㆑祭。〕

とあって（「大」は大社、「小」は小社の別である）、

神祇官祭神七百三十七座

奠《タテマツル》㆓幣《ヲ》案上《ニ》㆒神三百四座

不㆑奠㆓幣案上㆒祈年神四百三十三座

とあり、また

国司祭祈年神二千三百九十五座

大一百八十八座

小二千二百七座

とあって、中央では神祇官において祭がなされ、地方では国司の庁で祭がなされた。

この祈年祭の祭神三千一百三十二座の台帳が『延喜式』巻第九・十の「神名式」（神名帳ともいう）である。

その神祇官での祭について、『令義解』に、

仲春　祈年祭〔謂。祈猶レ禱也。欲レ令二歳灾（災）不レ作《オコラ》、時令順レ度。即於二神祇官一祭之。故曰二祈年一。〕

とあり、また、

其祈年・月次祭者、百官集二神祇官一、中臣宣二祝詞一。〔謂。宣者布也。祝者賛辞也。言以二告レ神祝詞一、宣二聞百官一。故曰レ宣二祝詞一。〕忌部班二幣帛一。〔謂。班猶レ頒。其中臣・忌部者、当司及諸司中取用之。〕

とある。

（注）西山徳氏「祈年祭の研究」（同氏著『神社と祭祀』至文堂、昭和四十年六月、所収。後に『増補上代神道史の研究』国書刊行会、昭和五十八年十一月にも所収）
井上光貞氏著『日本古代の王権と祭祀』（東京大学出版会、一九八四年十一月）「祈年祭」の条。三七頁以下。

春日祭《カスガノマツリ》

天皇《スメラ》我《ガ》大命《オホミコト》尓《ニ》坐《マ》世《セ》、恐《カシコ》岐《キ》鹿島《カシマニ》坐《マス》健御賀豆智命《タケミカヅチノミコト》・香取《カトリニ》坐《マス》伊波比主命《イハヒヌシノミコト》・枚岡《ヒラヲカニ》坐《マス》天之子八根命《アマノコヤネノミコト》・比売神《ヒメガミ》、四《ヨ》柱《ハシラ》[1]能《ノ》皇神等《スメカミタチ》[2]能《ノ》広前《ヒロマヘ》[3]仁《ニ》白久《マヲサク》、[4]大神等《オホカミタチ》[5]能《ノ》乞賜《コハシタマ》比《ヒ》[6]能《ノ》任《マニマ》尓《ニ》、春日《カスガ》[7]能《ノ》三笠山《ミカサノヤマ》[8]能《ノ》下津石根《シタツイハネ》尓《ニ》宮柱広知立《ミヤバシラヒロシリタテ》、高天原《タカマノハラ》尓《ニ》千《チ》木《ギ》高知《タカシリ》弖《テ》、天乃御蔭《アマノミカゲ》・日乃御蔭《ヒノミカゲ》[9]止《ト》定奉《サダメマツリ》弖《テ》、貢《タテマツ》[10]流《ル》神宝《カムダカラ》者《ハ》、御鏡《ミカガミ》・御横刀《ミハカシ》・御弓《ミトラシ》・御桙《ミホコ》・御馬《ミマ》尓《ニ》備奉《ソナヘマツ》[11]理《リ》、

1 能—九「乃」。
2 能—九・右「乃」。
3 仁—九・右「尓」。
4 大—版「太」。
5 能—九・右「乃」。
6 能—九「乃」。
7 能—九・右「乃」。
8 能—九・右「乃」。
9 止—右「登」。
10 流—九「留」。
11 理—九・右「利」。

御《ミ》服《ソ》波《ハ》明《アカル》多《タ》閉《ヘ》・照《テル》多《タ》閉《ヘ》・[12]和《ニキ》多《タ》閉《ヘ》・荒《アラ》多《タ》閉《ヘ》尓《ニ》仕奉《ツカヘマツリ》弖《テ》、四《ヨ》方国《モノクニ》[13]能《ノ》献《タテマツ》礼《レ》留《ル》御《ミ》調《ツキ》[14]能《ノ》荷前《ノサキ》取並《トリナラベ》弖《テ》、青海原《アヲウナハラ》乃《ノ》物《モノ》者《ハ》波《ハ》多《タ》能《ノ》広物《ヒロモノ》・波《ハ》多《タ》能《ノ》狭物《サモノ》・奥藻菜《オキツモハ》・辺藻菜《ヘツモハ》、山《ヤマ》野《ノ》物《ノモノ》者《ハ》甘菜《アマナ》・辛菜《カラナ》尓《ニ》至《イタル》麻《マ》弖《デ》、御《ミ》酒《ワ》者《ハ》甕上《ミカノヘ》高知《タカシリ》、甕腹《ミカノハラ》満並《ミテナラベ》弖《テ》、雑物《クサグサノモノ》乎《ヲ》如《ゴトク》二横山《ヨコヤマノ》一積置《ツミオキ》弖《テ》、神主《カムヌシ》尓《ニ》[15]其《ソレ》官位《ノツカサクラヰ》[16]姓《カバネ》名《ナ》乎《ヲ》定《サダメ》弖《テ》、献《タテマツ》[17]流《ル》宇《ウ》豆《ヅ》乃《ノ》[18]大《オホ》幣帛《ミテグラ》乎《ヲ》、安《ヤス》[19]幣帛《ミテグラ》乃《ノ》足《タル》幣帛《ミテグラ》[20]登《ト》平《タヒラケ》久《ク》安《ヤスラケ》久《ク》[21]聞看《キコシメセ》[22]登《ト》、[23]皇《スメ》大《オホ》御《ミ》神《カミ》等《タチ》乎《ヲ》称辞《タタヘゴト》竟《ヲヘ》奉《マツラ》久《ク》[24]登《ト》白《マヲス》。如《カ》レ此《ク》仕奉《ツカヘマツル》尓《ニ》依《ヨリ》弖《テ》、今《イマ》母《モ》去前《ユクサキ》[25]母《モ》、天皇《スメラ》我《ガ》朝《ミカ》[26]庭《ド》乎《ヲ》平《タヒラケ》久《ク》

12 和—永「知」。左傍ニ朱ニテ「和」ト注ス。
13 能—九「乃」。
14 能—九・右「乃」。
15 其—九・版「某」。
16 姓—九「如」。
17 流—九・右「留」。
18 大—九「太」。
19 帛—永、「幣」ノ下ニ○ヲ付シ、右傍ニ「帛」ヲ書ク。
20 登—九「止」。
21 看—永「者」。版「食者」。
22 登—九「止」。
23 大—版「太」。
24 登—九「止」。
25 母—九・右「毛」。
26 庭—九・右・版「廷」。

安久《ヤスラケク》、足御世《タルミヨ》乃《ノ》茂御世《イカシミヨ》尓《ニ》斎奉利《イハヒマツリ》、常石《トキハ》尓《ニ》堅石《カチハ》尓《ニ》福閉《サキハヘ》
奉利《マツリ》、預而《アヅカリテ》仕奉流《ツカヘマツル》[27]処処《トコロドコロ》・家《イヘ》[28]家王等《イヘノオホキミタチ》・卿等《マヘツキミタチ》乎《ヲ》[29]母《モ》平久《タヒラケク》、
天皇我《スメラガ》朝[30]庭《ミカド》尓《ニ》伊[31]加志《イカシ》夜《ヤ》[32]久《ク》波叡《ハエ》[33]能《ノ》如久《ゴトク》仕奉利《ツカヘマツリ》、佐加叡《サカエ》
志米《シメ》賜《タマヘ》[34]登《ト》、称辞《タタヘゴト》竟《ヲヘ》奉《マツ》良久《ラク》[35]登《ト》白《マヲス》。

大原野《オホハラノ》・[36]平岡《ヒラヲカノ》
[37]祭《マツリノ》祝詞《ノリトモ》准《ナラヘ》レ此《コレニ》。

27 流―九・右「留」。
28 家―永、ナシ。
29 母―九・右「毛」。
30 庭―版「廷」。
31 加―九、小字。
32 久―九、小字。
33 能―九・右「乃」。
34 登―九「止」。
35 登―九「止」。
36 平―版「枚」。
37 祭―九・永「登」。版「等」。

【訓読文】

春日祭《かすがのまつり》

[一]天皇《すめら》が大命《おほみこと》に坐《ま》せ、恐《かしこ》き[二]鹿島《かしま》に坐《ま》す健御賀豆智命《たけみかづちのみこと》・[三]香取《かとり》に坐《ま》す伊波比主命《いはひぬしのみこと》・[四]枚岡《ひらをか》に坐《ま》す天之子八《あまのこや》根命《ねのみこと》・比売神《ひめがみ》、[五]四柱《よはしら》の皇神等《すめかみたち》の[六]広前《ひろまへ》に白《まを》さく、大神等《おほかみたち》の乞《こ》はし賜《たま》ひの[七]任《まにま》に、[八]春日《かすが》の三笠《みかさ》の山《やま》の下《した》つ石根《いはね》に[九]宮柱《みやばしら》広知《ひろし》り立《た》て、高天《たかま》の原《はら》に千木《ちぎ》高知《たかし》りて、[一〇]天《あま》の御蔭《みかげ》・日《ひ》の御蔭《みかげ》と定《さだ》め奉《まつ》りて、[一一]貢《たてまつ》る神宝《かむだから》は、御鏡《みかがみ》・[一二]御横刀《みはかし》・[一三]御弓《みとらし》・[一四]御桙《みほこ》・[一五]御馬《みま》に備《そな》へ奉《まつ》り、御服《みそ》は明《あかる》たへ・照《てる》たへ・和《にき》たへ・荒《あら》たへに仕《つか》へ奉《まつ》りて、四方《よも》の国《くに》の献《たてまつ》れる[一六]御調《みつき》の荷前《のさき》取《と》り並《なら》べて、青海原《あをうなはら》の物《もの》ははたの広物《ひろもの》・はたの狭物《さもの》・奥《おき》つ藻菜《もは》・辺《へ》つ藻菜《もは》、山野《やまの》の物《もの》は甘菜《あまな》・辛菜《からな》に至《いた》るまで、[一七]御酒《みわ》は甕《みか》の上《へ》高知《たかし》り、甕《みか》の腹満《はらみ》て並《なら》べて、雑《くさぐさ》の物《もの》を横山《よこやま》の如《ごと》く積《つ》み置《お》きて、[一八]神主《かむぬし》に其《それ》の官 位《つかさくらゐ》 姓名《かばねな》を定《さだ》めて、献《たてまつ》る[一九]うづの大幣帛《おほみてぐら》を、[二〇]安幣帛《やすみてぐら》の足幣帛《たるみてぐら》と[二一]平《たひ》らけく安《やす》らけく聞《き》こし看《め》せと、[二二]皇大御神等《すめおほみかみたち》を称《たた》へ辞竟《ごとを》へ奉《まつ》らくと[二三]白《まを》す。

[二四]かく仕《つか》へ奉《まつ》るに依《よ》りて、[二五]今《いま》も去《ゆ》く前《さき》も、天皇《すめら》が[二六]朝庭《みかど》を平《たひ》らけく安《やす》らけく、[二七]足《た》る御世《みよ》の茂《いかし》御世《みよ》に[二八]斎《いは》ひ奉《まつ》り、常石《ときは》に堅石《かちは》に[二九]福《さき》はへ奉《まつ》り、[三〇]預《あづ》かりて仕《つか》へ奉《まつ》る[三一]処 処《ところどころ》・家家《いへいへ》の[三二]王 等《おほきみたち》・卿 等《まへつきみたち》をも平《たひ》らけく、

天皇《すめら》が朝庭《みかど》に三三いかしやくはえの如《ごと》く仕《つか》へ奉《まつ》り、三四さかえしめ賜《たま》へと、称《たた》へ辞《ごと》竟《を》へ奉《まつ》らくと白《まを》す。三五大原野《おほはらの》・三六平岡祭《ひらをかのまつりの》三七祝詞《のりとも》此《こ》れに准《なら》へ。

【注解】

一 **天皇が大命に坐せ**―「天皇」を「すめら」と訓むことは、萬葉集に「天皇朕《すめらわれ》　珍《うづ》の御手《みて》もち　かき撫《な》でそ　ねぎたまふ」（6九七三）とある。「大命」はもと「大御言」で、天皇のお言葉・御命令の意。「坐せ」は「坐す」（アリ・ヲリの尊敬語）の已然形で、「坐せば」と「ば」がなくても、そのままで順接の既定条件を示す。已然形で言い放つ語法である。天皇の御命令であるので、の意。下の「広前に白さく」に係る。

二 **鹿島に坐す健御賀豆智命**―神名式の常陸国、鹿島郡の「鹿島神宮〔名神大、月次・新嘗。〕」の祭神。古事記に「建御雷之男神・建御雷神」、日本書紀に「武甕槌神・武甕雷神」とある。「たけ」は勇猛な、「みか」は御厳《ミイカ》の縮約、「づ（つ）」は連体助詞、「ち」は霊威ある神霊の意。国譲り神話に武神として活躍する神。

三 **香取に坐す伊波比主命**―神名式の下総国、香取郡、「香取神宮〔名神大、月次・新嘗。〕」の祭神。神代紀下、第九段一書2に、「天神遣二経津主神・武甕槌神一、使レ平二定葦原中国一。……然後下二撥葦原中国一。是時、斎主神号二斎之大人一。此神今在二于東国擑取《かとり》之地一也。……斎主、此云二伊播毗《いはひ》一。」とある。なお、この訓注に「いはひ」とのみあるのは不審で、「主」が衍であるか、「ぬし」の誤脱かであろう。『古語拾遺』に「経津主神〔……今、下総国香取神是也〕」とある。この神名の「ふつ」は刀剣が物を断ち切る時の「ぷつ」という音からきている擬音語で、刀剣の不思議な威力を神格化した神。前の健御賀豆智命と共に、国譲り神話に武神として活躍する神。但し古事記には出て来ない。

四　枚岡に坐す天之子八根命・比売神—神名式の河内国、河内郡に「枚岡神社四座〔並名神大、月次・相嘗・新嘗。〕」とあり、うちの二座（二神）である。神代記・紀ともに「天児屋命」とあり、『家伝（巻上）』に「天児屋根命」とある。神代紀に「中臣連遠祖天児屋命」・「中臣神」とあるように、中臣氏の祖先神である。中臣《なかとみ》氏は忌《いみ》部《べ》氏と共に大和朝廷の神祇祭祀を担当した氏族である。「比売神」は天之子八根命の后神。

五　四柱の皇神等—ここの柱は神を数える語（助数詞）であるが、古代の祭において、神を招く、即ち神降ろしをする時に、柱を立てて一柱に一神ずつを祭ったことに由来する語であろう。神宮の内宮御正宮《ごしょうぐう》の御床下の「心《しん》の御柱《みはしら》」はその遺存と考えられる。

六　広前—「広《ひろ》」は美称で、神の御前。古くは「大前」で、「広前」は平安時代以後の表現。

七　任に—萬葉集に「天《あめ》へ行《ゆ》かば　汝《な》がまにまに（麻尓麻尓）地《つち》ならば　大君います」（5八〇〇）とある。「……の通りに」の意。「ままに」の古形。

八　春日の三笠の山—「春日」を「かすが」と訓むのは、継体紀歌謡に「はるひの　かすがを過ぎ」（94）とあるように、「かすが」にかかる枕詞の「春日」をそのまま地名に転用したもの。萬葉集に「春日なる　三笠の山に　月の舟出《い》づ　みやびをの　飲む酒坏《さかづき》に　影に見えつつ」（7一二九五）とある。奈良市の春日大社の後方の山。高さ二八三メートル、円錐形で、蓋《きぬがさ》に似るところからこの名がある。神名式、大和国添上郡に「春日祭神四座〔並名神大、月次・新嘗。〕」とある。

九　宮柱広知り立て—祈年祭祝詞には「太知り立て」とあったが、ここに「広知り立て」とあるのは平安時代に入っての新しい表現。「広」も美称であるが、柱には「太」の方がふさわしい。

一〇　**天の御蔭・日の御蔭**―天をさえぎる陰・日（直射日光）をさえぎる陰としての神殿の意。萬葉集に「高知《たかし》るや　天《あめ》の御陰《みかげ》　天知《あめし》るや　日の御陰の　水こそば　常《つね》にあらめ　御井《みゐ》の清水《きよみづ》」（1五二）とある。「天」と「日」とを対《つい》にすることは、今日でも「天日干《てんぴぼ》し」「天日でかわかす」という言葉に生きている。

一一　**貢る神宝**―「貢」は名義抄に「貢〈タテマツル・ミツキ物〉」とある。「神宝」は神に捧げられる財貨。

一二　**御横刀**―景行紀に「其国有㆓佳人㆒。曰㆓御刀媛㆒。〈御刀、此云㆓弥波迦志《みはかし》㆒。〉」とある。「み」は美称の接頭語。「はかし」は「はく」（佩）に尊敬の助動詞「す」の付いた「はかす」の名詞形。腰にお佩きになるものの意から横刀に対する尊称となる。

一三　**御弓**―萬葉集に「みとらし（御執）の　梓《あづさ》の弓の　中弭《なかはず》の　音すなり」（1三）とある。語構成は「みはかし」に同じ。手にお執りになるものの意から弓に対する尊称。

一四　**御桙**―名義抄に「桙〈ホコ〉」とある。神代記に「八千矛神」「夜知富許《やちほこ》の神の命《みこと》は」とある。以上の三つは上代における代表的な武器であるので神聖視され、神宝とされたもの。

一五　**御馬に備へ奉り**―御馬に至るまで欠けるところなく整え申し上げ、の意。「備《そな》ふ」と「供《そな》ふ」は同一語源の語。

一六　**御調**―公の用のために国民が朝廷にたてまつる物品で、租・庸・調の総称。萬葉集に「聞こし食《を》す　四方《よも》の国より　奉る　御調《みつき》の舟は　堀江より　水脈《みを》引《び》きしつつ」（20四三六〇）とある。

一七　**御酒**―「みき」と訓むべきか「みわ」と訓むべきかに問題がある。萬葉集に「泣沢《なきさは》の　神社《もり》に神酒《みわ》（三輪）　据《す》ゑ　祈《いの》れども　我《わ》が大君《おほきみ》は　高日《たかひ》知らしぬ」（2二〇二）とあり、また「味酒《うまさけ》　三輪の山」（1一七）とあるのは、「味酒」が「三輪」にかかる枕詞であるが、「みわ」が神酒をいう語であるのでかけたのである。また『播磨国風土記』宍禾郡に、「伊和村〔本名、神酒〕大神、醸二酒《みわ》此村一。故曰二神酒村《みわむら》一。又云二於和村《おわむら》一。」とある。また和名抄にも「神酒　日本紀私記云神酒〈和語云二美和一〉」とあり、「みき」はない。これに対して「みき」は酒《さけ》に対する尊称ではあるが、古くは神酒としての用法が認められない。「御酒《みき》」の例は萬葉集に「唐国《からくに》に　行《ゆ》き足《た》らはして帰り来《こ》む　ますら健男《たけを》に　御酒《みき》（美伎）奉《たてまつ》る」（19四二六二）と見える。

一八　**神主に其の官位姓名を定めて**―春日祭に神祇官から発遣されて、神主として祝詞を読む使者の具体的な官位姓名が入れられるのである。

一九　**うづの大幣帛**―祈年祭祝詞では「うづの幣帛」であるのに、ここに「大」を冠するのは新しい表現。藤原氏の権勢によるのであろう。

二〇　**安幣帛の足幣帛**―「安」「足」ともに讃えているわけで、受ける神々にとって心安らかで足り整った幣帛という意である。

二一　**平らけく安らけく**―この表現は漢語の「平安」によって生じたものであろう。斉明紀に引用する「伊吉連博徳書」にも、玄宗皇帝の言葉として「日本国天皇、平安以不。」と見える。

二二　**皇大御神等**―春日の祭神四神を指しているのであるが、祈年祭祝詞にあるように、「皇大御神」という最高の敬意を表わす呼称は天照大御神のみに対すべきものである。これもまた、平安時代に入っての藤原氏の威光によるものであろう。

二三　**と白す**―初めの「……四柱の皇神等の広前に白さく」に呼応して、ここで「と白す」と閉じるのである。

二四　**かく仕へ奉るに依りて**―原文「如此」を「かく」と訓む例は、萬葉集に「神代より　かく（如此）にあるらし」（1一三）とある。ここの「かく」は直前に述べたことを指す副詞であって、「このように」と受けるのである。このように大神達にお仕え申し上げますによって、の意。

二五　**今も去く前も**—「去く前」は名義抄に「向後」・「将来」ともに「ユクサキ・ユクスヱ」の訓がある。今もこれから先（将来）も、の意。「去」を「ゆく」と訓むことについては、同じく名義抄に「去来〈ユキ、タル〉」と見える。

二六　**朝庭**—名義抄に「朝〈ミカト〉」の訓があるように、「朝」だけでも朝廷の意味がある。古代においては朝日を迎えて政治を行なったからという。「庭」は祭りの庭で、天子が政務を執る場所の意。「みかど」は祈年祭祝詞に「四方の御門」とあるように、本来皇居の門をいう語であるが、意味が広がって朝廷をも指す語となった。

二七　**足る御世の茂し御世に**—「の」は同格の関係を表わす連体助詞。みちたりた御代であって、しかも繁栄する御代であるように、の意。

二八　**斎ひ奉り**—萬葉集に、藤原太后（光明皇后）の歌として「大船《おほぶね》に　ま梶《かぢ》しじ貫《ぬ》き　この我子《あご》を　唐国《からくに》へ遣《や》る　斎《いは》へ神たち」（19四二四〇）とあり、この「斎ふ」と同じ意味。この歌も春日の神たちへの祈りの歌である。神たちがお守り申し上げ。

二九　**福はへ奉り**—「出雲国造神賀詞」に「いかしの御世にさきはへ（佐伎波閉）奉れ」とある。幸いあらしめ申し上げる、の意。

三〇　**預かりて仕へ奉る**—朝廷の政務に関わってお仕え申し上げている、の意。

三一　**処処・家家の**—王等・卿等の居処が都の中のあちこちに散っているので、あちらこちらのそれらの家々の、の意であろう。

三二　**王等・卿等**—「おほきみたち」は皇族で、男女の別なく用いる尊称。名義抄に「王等〈オホキムダチ〉」とあるのは平安時代の語形を示していると思われる。「まへつきみたち」は「前つ君たち」で、天皇の御前に祇候する高位高官の役人達をいう。名義抄に「卿等〈マチキムタチ〉」とあるのは平安時代の語形を示していると思われる。「卿等」とは公卿《くぎょう》をいうが、公卿とは太政大臣・摂政・関白以下、参議および三位以上の上級官人の総称である。

三三　いかしやくはえの如く仕へ奉り―「いかしやくはえ」が音仮名で書かれているのは、意味が分からない難語となっていたためであろう。「茂《いか》し八桑枝《やくはえ》」と解するのがよい。後に見る「中臣寿詞」の終りに、「天皇朝庭仁茂世仁、八桑枝乃如久立栄奉レ仕留倍支禱事」とあるのと、意味の上でも合致する。繁茂した桑の枝のように元気な勢いをもってお仕え申し上げ、の意。

三四　さかえしめ賜へ―「さかゆ」（下二段）は植物が繁茂すること、更に広く物事が栄えることをいう語。繁栄させてやって下さいませ、の意。

三五　大原野―今の京都市西京区大原野南春日町に鎮座する大原野神社のこと。四時祭式上に、

大原野神四座祭

右料物同二春日祭一。春二月上卯、冬十一月中子日祭レ之。

とあり、祭神四座、春日祭と同じ。祭日は春日祭は「春二月、冬十一月上申日祭レ之。」とあり異る。藤原氏の氏神である。

三六　平岡―今の大阪府東大阪市出雲井町に鎮座する枚岡神社のこと。神名式の、河内国河内郡に「枚岡神社四座〔並名神大、月次・相嘗・新嘗。〕」とあり、四時祭式上に、

平岡神四座祭

右春二月、冬十一月上申日祭レ之。官人一人率二雑色人一、供二奉祭事一。

とある。祭神四座、祭日ともに春日祭と同じ。

三七　**祝詞も此れに准へ**――祝詞もこの春日祭の祝詞に準じて読め、というのである。全く同文というのでないことは、初めの方の文言によって明らかである。

広《ヒロ》瀬《セノ》大《オホ》忌《イミノ》祭《マツリ》

広《ヒロ》瀬《セ》[1]能《ノ》川《カ》合《ハヒ》尓《ニ》称《タタ》辞《ヘゴト》竟《ヲヘ》奉《マツ》[2]流《ル》皇《スメ》神《カミ》[3]能《ノ》御《ミ》名《ナ》乎《ヲ》白《マヲサ》久《ク》、御《ミ》膳《ケ》持《モチ》須《ス》留《ル》若《ワカ》宇《ウ》加《カ》[4]能《ノ》売《メ》[5]能《ノ》命《ミコト》[6]登《ト》御《ミ》名《ナ》者《ハ》白《マヲシ》弖《テ》、此《コノ》皇《スメ》神《カミノ》[7]前《マヘ》尓《ニ》辞《コト》竟《ヲヘ》奉《マツラ》久《ク》、皇《スメ》御《ミ》孫《マノ》命《ミコト》[8]能《ノ》宇《ウ》豆《ヅ》[9]能《ノ》幣《ミテ》帛《グラ》乎《ヲ》[10]令《シメ》二捧《ササゲ》持《モタ》一弖《テ》、王《オホキミ》臣《マヘツキミ》等《タチ》乎《ヲ》[11]為《シ》レ使《ツカヒト》弖《テ》、称《タタ》辞《ヘゴト》竟《ヲヘ》奉《マツラ》久《ク》乎《ヲ》、神《カム》主《ヌシ》・祝《ハフリ》部《ベ》等《ラ》諸《モロモロ》聞《キキ》食《タマヘ》[12]登《ト》宣《ノル》。

奉《タテマツ》[13]流《ル》宇《ウ》豆《ヅ》[14]能《ノ》幣《ミテ》帛《グラ》者《ハ》、御《ミ》服《ソハ》明《アカル》妙《タヘ》・照《テル》妙《タヘ》・和《ニキ》妙《タヘ》・荒《アラ》妙《タヘ》、

1 能―九・右「乃」。
2 流―九・右「留」。
3 能―九・右「乃」。
4 能―九・右「乃」。
5 能―九・右「乃」。
6 登―九「乃」。
7 前―版「御前」。
8 能―九・右「乃」。
9 能―九・右「乃」。
10 令―九「命」。
11 為使弖―永、「乎」ノ下ニ〇ヲ付シ、右傍ニ補入。
12 登―九「止」。
13 流―九・右「留」。
14 能―九・右「乃」（小字）。版「乃」（大字）。

五色物《イツイロノモノ》、楯《タテ》・戈《ホコ》・御馬《ミマ》、御酒《ミワ》者《ハ》[15]瓱《ミカ》[16]能《ノ》閉《ヘ》高知《タカシリ》、[17]瓱《ミカ》[18]能《ノ》腹満双《ハラミテナラベ》弖《テ》、和稲《ニキシネ》・荒稲《アラシネ》尓《ニ》、山《ヤマ》尓《ニ》住物《スムモノ》者《ハ》毛《ケ》[19]能《ノ》和《ニコ》支物《キモノ》・毛《ケ》[20]能《ノ》荒《アラ》支物《キモノ》、大野《オホノ》[21]能《ノ》原《ハラ》尓《ニ》生物《オフルモノ》者《ハ》甘菜《アマナ》・辛菜《カラナ》、青海原《アヲウナハラ》尓《ニ》住物《スムモノ》者《ハ》鰭《ハタ》[22]能《ノ》広《ヒロ》支物《キモノ》・鰭《ハタ》[23]能《ノ》狭《サ》支物《キモノ》、奥津藻《オキツモ》[24]葉《ハ》・辺津《ヘツ》藻《モ》[25]葉《ハ》尓《ニ》至《イタル》万《マ》弖《デ》、置足《オキタラハシ》弖《テ》奉《タテマツラ》久《ク》[26]登《ト》、皇神前《スメカミノマヘ》尓《ニ》白賜《マヲシタマ》部《ヘ》[27]止《ト》宣《ノル》。

如《カ》レ此《ク》奉《タテマツ》留《ル》宇豆《ウヅ》[28]乃《ノ》幣帛《ミテグラ》乎《ヲ》、安幣帛《ヤスミテグラ》[29]能《ノ》足幣帛《タルミテグラ》[30]止《ト》、皇神《スメカミノ》御心《ミココロニ》平《タヒラケ》久《ク》安《ヤスラケ》[31]久《ク》聞食《キコシメシ》弖《テ》、皇御孫命《スメミマノミコト》[32]能《ノ》長御膳《ナガミケ》[33]能《ノ》遠御《トホミ》膳《ケ》[34]登《ト》赤丹《アカニ》[35]能《ノ》穂《ホ》尓《ニ》聞食《キコシメシ》、皇神《スメカミ》[36]能《ノ》御刀代《ミトシロ》乎《ヲ》始《ハジメ》弖《テ》、親王《ミコ》

15 瓱—右「甕」。
16 能—九・右「乃」。
17 瓱—右「甕」。
18 能—九・右「乃」。
19 能—九・右「乃」。
20 能—九・右「乃」。
21 能—九・右「乃」。
22 能—九・右「乃」。
23 能—九・右「乃」。
24 葉—永「茉」。九・右ニヨル。版「菜」。
25 葉—版「菜」。
26 登—九「止」。
27 止—九、ナシ。
28 乃—版、大字。
29 能—九・右「乃」。
30 止—右「登」。
31 久—九、ナシ。
32 能—九・右「乃」。
33 能—九・右「乃」。
34 登—九・右・版「乃」。永「能」。考ニヨル。
35 能—九・右「乃」。
36 能—九・右「乃」。

等《タチ》・王《オホキミ》[37]等《タチ》・臣《マヘツキミ》等《タチ》・天下公民《アメノシタノオホミタカラ》[38]能《ノ》取作《トリツクル》奥津御歳《オキツミトシ》者《ハ》、手肱《タナヒヂ》尓《ニ》水沫《ミナワ》画垂《カキタレ》、向[39]股《ムカモモ》尓《ニ》[40]泥《ヒヂ》画寄《カキヨセ》弖《テ》取《トリ》将《ム》レ作《ツクラ》奥津御歳《オキツミトシ》乎《ヲ》、八束穂《ヤツカホ》尓《ニ》皇神《スメカミ》[41]能《ノ》成《ナシ》幸《サキハヘ》賜《タマハ》者《バ》、初穂《ハツホ》者《ハ》汁《シル》尓《ニ》[42]母《モ》穎《カビ》尓《ニ》[43]母《モ》、千稲《チシネ》・八[44]百稲《ヤホシネ》尓《ニ》引居《ヒキスヱ》弖《テ》、如《ゴトク》二横山《ヨコヤマノ》一打積置《ウチツミオキ》弖《テ》、秋祭《アキノマツリ》尓《ニ》奉《タテマツラ》牟《ム》[45]登《ト》、皇神前《スメカミノマヘ》尓《ニ》白賜《マヲシタマヘ》[46]登《ト》宣《ノル》。

倭国《ヤマトノクニ》[47]能《ノ》六御県《ムツノミアガタ》[48]能《ノ》山口《ヤマノクチ》尓《ニ》坐《マス》皇神等前《スメカミタチノマヘ》尓《ニ》[49]母《モ》、皇御孫命《スメミマノミコト》[50]能《ノ》宇豆《ウヅ》[51]能《ノ》幣帛《ミテグラ》乎《ヲ》、明妙《アカルタヘ》・照妙《テルタヘ》・和妙《ニキタヘ》・荒妙《アラタヘ》、五色物《イツイロノモノ》、楯《タテ》・[52]戈至《ホコニイタル》万《マ》弖《デ》奉《タテマツル》。如《カ》レ此《ク》奉《タテマツラ》者《バ》、皇神等《スメカミタチ》乃《ノ》敷坐《シキマス》[53]山々《ヤマヤマ》乃《ノ》

37 等―版、ナシ。
38 能―九・右「乃」。
39 股―九「般」。
40 泥―九「涅」。
41 能―九・右「乃」。
42 母―九・右「毛」。
43 母―九・右「毛」。
44 百―九・永・右・版「十」。考ハ「千」ノ誤リトス。
45 登―九「止」。
46 登―九「止」。
47 能―九・右「乃」。
48 能―九・右・版「乃」。
49 母―九・右「毛」。
50 能―九・右「乃」。
51 能―九・右・版「乃」。
52 戈至―右、コノ間ニ「尓イ无」トアリ。
53 坐山―版、コノ間ニ「須」(小字)アリ。

自《ヨリ》レ口《クチ》、狭《サ》久《ク》那《ナ》多《ダ》利《リ》尓《ニ》下賜《クダシタマフ》水《ミヅ》乎《ヲ》、甘水《アマキミヅ》[54]登《ト》受而《ウケテ》、天下《アメノシタ》乃《ノ》[55]公民《オホミタカラ》乃《ノ》取作《トリツク》礼《レ》留《ル》奥都御歳《オキツミトシ》乎《ヲ》、悪風《アシキカゼ》・荒水《アラキミヅ》尓《ニ》不《ズ》二相賜《アハセタマハ》一、汝命《ナムチミコト》乃《ノ》成幸《ナシサキ》波《ハ》閉《ヘ》賜《タマハ》者《バ》、初穂《ハツホ》者《ハ》汁《シル》尓《ニ》[56]母《モ》、穎《カビ》尓《ニ》[57]母《モ》、[58]瓱《ミカ》乃《ノ》閉《ヘ》高知《タカシリ》、[59]瓱《ミカノ》腹《ハラ》満《ミテ》双《ナラベ》弖《テ》、如《ゴトク》二横山《ヨコヤマノ》一打《ウチ》[60]満置《ミタシオキ》弖《テ》奉《タテマツラ》牟《ム》[61]登《ト》、王等《オホキミタチ》・臣《マヘツキミ》等《タチ》・百官人等《モモノツカサノヒトドモ》、倭国《ヤマトノクニ》乃《ノ》六御県《ムツノミアガタ》[62]能《ノ》刀祢《トネ》、男女《ヲトコヲミナ》尓《ニ》至《イタル》万《マ》弖《デ》、今年《コトシノ》某月《ソレノツキノ》某日《ソレノヒ》、諸《モロモロ》参《マキ》[63]出《イデ》来《キ》弖《テ》、皇神《スメカミノ》前《マヘ》尓《ニ》宇《ウ》事物《ジモノ》頸根《ウナネ》築抜《ツキヌキ》弖《テ》、朝日《アサヒ》乃《ノ》豊《トヨ》[64]逆《サカ》[65]登《ノボリ》尓《ニ》称辞《タタヘゴト》竟奉《ヲヘマツラ》久《ク》乎《ヲ》、神主《カムヌシ》・祝部等《ハフリベラ》諸聞食《モロモロキキタマヘ》止《ト》宣《ノル》。

54登—九「止」。
55公—永「尓」。九・右・版ニヨル。
56母—九・右「毛」。
57母—九・右「毛」。
58瓱—右「甕」。
59瓱—右「甕」。
60満—版「積」。
61登—九「止」。
62能—九・右「乃」。
63出—九、ナシ。
64逆—版「栄」。
65登—九「祭」。

【訓読文】

広瀬《ひろせ》の大忌《おほいみ》の祭《まつり》

[一]広瀬《ひろせ》の川合《かはひ》に称《たた》へ辞竟《ごとを》へ奉《まつ》る皇神《すめかみ》の御名《みな》を白《まを》さく、[二]御膳《みけ》持《も》ちする若宇加《わかうか》の売《め》の命《みこと》と御名《みな》は白《まを》して、此《こ》の皇神《すめかみ》の前《まへ》に辞竟《ことを》へ奉《まつ》らく、皇御孫《すめみま》の命《みこと》のうづの幣帛《みてぐら》を捧《ささ》げ持《も》たしめて、[三]王《おほきみ》臣《まへつきみたち》等を使《つかひ》として、称《たた》へ辞竟《ごとを》へ奉《まつ》らくを、神主《かむぬし》・祝部《はふりべ》等諸《もろもろ》聞《き》き食《たま》へと宣《の》る。

奉《たてまつ》るうづの幣帛《みてぐら》は、御服《みそ》は明妙《あかるたへ》・照妙《てるたへ》・和妙《にきたへ》・荒妙《あらたへ》、[四]五色《いついろ》の物《もの》、[五]楯《たて》・戈《ほこ》・御馬《みま》、御酒《みわ》は瓱《みか》のへ高知《たかし》り、瓱《みか》の腹満《はらみ》て双《なら》べて、[六]和稲《にきしね》・荒稲《あらしね》に、山《やま》に住《す》む物《もの》は[七]毛《け》の和《にこ》き物《もの》・毛《け》の荒《あら》き物《もの》、大野《おほの》の原《はら》に生《お》ふる物《もの》は甘菜《あまな》・辛菜《からな》、青海原《あをうなはら》に住《す》む物《もの》は[八]鰭《はた》の広《ひろ》き物《もの》・鰭《はた》の狭《さ》き物《もの》、奥《おき》つ藻菜《もは》・辺《へ》つ藻菜《もは》に至《いた》るまで、置《お》き足《た》らはして[九]奉《たてまつ》らくと、皇神《すめかみ》の前《まへ》に[一〇]白《まを》し賜《たま》へと宣《の》る。

かく奉《たてまつ》るうづの幣帛《みてぐら》を、安幣帛《やすみてぐら》の足幣帛《たるみてぐら》と、皇神《すめかみ》の[一一]御心《みこころ》に平《たひ》らけく安《やす》らけく聞《き》こし食《め》して、皇御孫《すめみま》の命《みこと》の長御膳《ながみけ》の遠御膳《とほみけ》と赤丹《あかに》の穂《ほ》に聞《き》こし食《め》し、皇神《すめかみ》の[一二]御刀代《みとしろ》を始《はじ》めて、[一三]親王《みこたち》等・王《おほきみたち》等・[一四]臣《まへつきみたち》等・天《あめ》の下《した》の[一五]公民《おほみたから》の取《と》り作《つく》る奥《おき》つ御歳《みとし》は、手肱《たなひぢ》に水沫《みなわ》画《か》き垂《た》れ、向股《むかもも》に泥《ひぢ》画《か》き寄《よ》せて取《と》り作《つく》らむ奥《おき》つ御《み》歳《とし》を、八束穂《やつかほ》に皇神《すめかみ》の[一六]成《な》し幸《さきは》へ賜《たま》はば、初穂《はつほ》は汁《しる》にも穎《かび》にも、[一七]千稲《ちしね》・八百稲《やほしね》に引《ひ》き居《す》ゑて、横山《よこやま》の如《ごと》く打《う》ち積《つ》み置《お》きて、[一八]秋《あき》の祭《まつり》に奉《たてまつ》らむと、皇神《すめかみ》の前《まへ》に白《まを》し賜《たま》へと宣《の》る。

[一九]倭《やまと》の国《くに》の六《む》つの御県《みあがた》の[二〇]山《やま》の口《くち》に坐《ま》す皇神等《すめかみたち》の前《まへ》にも、皇御孫《すめみま》の命《みこと》のうづの幣帛《みてぐら》を、明妙《あかるたへ》・照妙《てるたへ》・和妙《にきたへ》・荒妙《あらたへ》、五色《いついろ》の物《もの》、楯《たて》・戈《ほこ》に至《いた》るまで奉《たてまつ》る。かく奉《たてまつ》らば、[二一]皇神等《すめかみたち》の敷《し》き坐《ま》す[二二]山々《やまやま》の口《くち》より、[二三]さくなだりに下《くだ》し賜《たま》ふ水《みづ》を、[二四]甘《あま》き水《みづ》と受《う》けて、天《あめ》の下《した》の公民《おほみたから》の取《と》り作《つく》れる奥《おき》つ御歳《みとし》を、[二五]悪《あ》しき風《かぜ》・荒《あら》き水《みづ》に相《あ》はせ賜《たま》はず、[二六]汝命《なむちみこと》の成《な》し幸《さき》はへ賜《たま》はば、初穂《はつほ》は汁《しる》にも穎《かび》にも、瓱《みか》のへ高知《たかし》り、瓱《みか》の腹満《はらみ》て双《なら》べて、横山《よこやま》の如《ごと》く打《う》ち満《み》たし置《お》きて奉《たてまつ》らむと、王等《おほきみたち》・臣等《まへつきみたち》・百《もも》の官《つかさ》の人等《ひとども》、倭《やまと》の国《くに》の六《む》つの御県《みあがた》の[二七]刀祢《とね》、[二八]男女《をとこをみな》に至《いた》るまで、今年《ことし》の[二九]某《それ》の月《つき》の某《それ》の日《ひ》、諸《もろもろ》参出来《まゐでき》て、皇神《すめかみ》の前《まへ》にうじ物頸根築《ものうなねつ》き抜《ぬ》きて、朝日《あさひ》の豊逆登《とよさかのぼ》りに称《たた》へ辞竟《ごとを》へ奉《まつ》らくを、神主《かむぬし》・祝部等《はふりべら》諸《もろもろ》聞《き》き食《たま》へと宣《の》る。

【注解】

一　**広瀬の川合に**――神名式に、「大和国、広瀬郡、広瀬坐和加宇加乃売命神社〔名神大、月次・新嘗。〕」とある社の鎮座する地である。この表現の通り、佐保川・初瀬川・飛鳥川など大和平野を潤す多くの川の会する地、川合いの地である。

二　**御膳持ちする若宇加の売の命**――「御膳」は神に供える食物、即ち神饌。また天皇の召し上がる食料の意。ここでは後者。神代紀上に「保食神、此云二宇気母知能加微《うけもちのかみ》一。」と訓注があり、「うけもち」とは食料を保持する、掌るという意。従って、「みけもちする」で天皇の食料を掌る、という意。若宇加の売の命の「若」は若々しい、「宇加」は神代紀上に「倉稲魂、此云二宇介能美拕磨《うかのみたま》一。」とある「うか」と同じで、稲をはじめとする穀物をいい、「売《め》」は女性である。「うか」は母音交替で「うけ」ともなる。若々しい稲の女神の意であり、稲の生育を掌る女神である。

三　**王臣等**――四時祭式上に、「右二社（広瀬社と竜田社）、差二王臣五位已上各一人一。神祇官六位以下官人各一人充レ使。（卜部各一人、神部各二人相随。）」とあり、「王臣等」の身分がわかる。この三字の訓みを「おほきみたち、まへつきみたち」と訓む読み方があるが、右の規定にあるように、王は一人であるので「おおきみ」と単数に訓む。

四　**五色の物**――四時祭式上の大忌祭の幣物の中の「五色薄絁《うすきぬ》各一丈五尺」がこれに当る。五色とは黄・青・赤・白・黒の五色。

五　**楯・戈・御馬**――右の大忌祭の幣物の中に、「楯一枚・鉄三斤五両・鞍一具……馬一疋」とある。「戈」がないが「鉄」とあるのがその料であろう。下の御県祭と山口祭の幣物の中に「槍鋒一口（料鉄用二社分一）」とある。

六　**和稲・荒稲**――和稲は籾《もみ》をすり去った米。荒稲は穂のままのもの。幣物の中に「米三石・稲十束」とある。「にき」と「あら」とは「和妙・荒妙」と同じく対語。

七　**毛の和き物・毛の荒き物**――名義抄に「和〈ヤハラカナリ・ニコシ〉」とある。毛のやわらかな毛物《けもの》（獣）と毛のかたい毛物の意で、獣を総称する祝詞の語法である。他の祝詞においては「毛のにこ物・毛のあら物」と表現していて、形容詞の語幹「にこ・あら」が体言を修飾している。この点からも、この祝詞が新しいことを示している。ニキとニコは同義語である。

八　鰭の広き物・鰭の狭き物――この表現も、他の祝詞では「ひろ物・さ物」である。このことについて、本居宣長は『大祓詞後釈　下巻』「つけそへぶみ」において、「毛能和支物《ケノニコキモノ》云々、鰭能広支物《ハタノヒロキモノ》云々、」の見出しを掲げ、「この和支《ニコキ》荒支《アラキ》広支《ヒロキ》狭支《サキ》の四《ツ》の支《ノ》字は、後人《ノ》の加へたるか、たとひ本より有とも、ひがこと也。こはかならず、にご物あらものひろものさものといはむこそ、雅言と聞えたれ、支《キ》といふべき言のさまにあらず。故《レ》他《アダシ》祝詞に、此字あるはなし。」と述べている。宣長の言うとおりであるが、私は「後人《ノ》の加へたる」とは考えない。この祝詞は新しく、祝詞としてキズの目立つものと考えている。

九　奉らくと――「奉る」（四段）の未然形に「く」の付いた形で、用言を体言化する、いわゆるク語法である。奉ることでございますと、の意。

一〇　白し賜へと宣る――ここの「賜ふ」は下二段の動詞で、下の者が上の者からものを「いただく」という意を表わす。そこで「白し賜へ」は「白させていただけ」、即ち「奏上せよ」の意となる。「宣る」は神主・祝部等に宣り聞かせる、の意。

一一　御心に平らけく安らけく聞こし食して――前には「聞食」の二字を「きこしたまへ」と訓んで「承れ」の意で使われていたが、ここでは「きこしめす」と訓み、神様の御心に「お聞きとどけになる・受納なさる」の意で使われている。食物を「お召しあがりになる」という用法もある。名義抄にも「聞食〈キ、タマフ・キコシメス〉」の両形が見える。

一二　**御刀代**　御処代《みとしろ》（神有地としての土地）の意かという。「しろ」は「苗代《なわしろ》」の「しろ」と同じで区画のある一定の区域。『続日本紀』の宣命にも「大神宮を始めて諸神たちに御戸代《みとしろ》奉り」（第一三詔）とある。神に捧げる稲をつくるための田。御神田。

一三　**親王等・王等**――『継嗣令』に「凡皇兄弟皇子、皆為㆓親王㆒。女帝子亦同。以外並為㆓諸王㆒。自㆓親王㆒五世、雖㆑得㆓王名㆒、不㆑在㆓皇親之限㆒。」とある。名義抄に「親王等〈ミコ〉」とあるのはタチが落ちていると考えられる。同じく名義抄に「王等〈オホキムダチ〉」とあるのは「おほきみたち」から変化した平安時代の語形である。

一四　**臣等**――「まへつきみたち」は「前つ君たち」で、天皇の御前に伺候する高位高官の侍臣たち。萬葉集に「島山に　照れる橘《たちばな》　うずに刺し　仕へ奉るは　卿大夫《まへつきみ》たち」（19四二七六）とある。卿は三位以上、大夫は四・五位の官人をいう。ちなみに名義抄に「卿等〈マチキムタチ〉」、「諸臣等〈マウチキムタチ〉」とある。

一五　**公民**――崇神記に「人民」とある。国民のこと。和名抄に「人民〈於保无太加良《おほむたから》〉」とあり、名義抄に「人民〈オホムタカラ〉」とある。「おほみたから」からの変化形。

一六　**成し幸へ賜はば**――成育させ幸いをお与え下さいますならば。

一七　**千稲・八百稲**――「八百稲」を九条家本・兼永本・兼右本・版本ともに「八十稲」に作る。祈年祭祝詞に「千穎八百穎」とあり、竜田風神祭祝詞に、「八百稲・千稲」とある。九条家本の古訓に「チチカラヤホチカラ」とあるのによれば「八百稲」の誤写か。「ちしね」・「やほしね」と訓む。九条家本古訓に「ちから」と訓むのは「税」のことである。名義抄に「税〈チカラ〉」とあり、税は民の「ちから」（労力）によって生産されるものであり、古代においては稲の束で納めた。後の伊勢豊受宮神嘗祭祝詞に「懸税千税余五百税」とある。

一八　**秋の祭**――『神祇令』に「孟夏（四月）・孟秋（七月）　大忌祭」とあるが、ここは新嘗祭のこと。

一九　**倭の国の六つの御県**―祈年祭祝詞に見える高市・葛木・十市・志貴・山辺・曾布の六所の御県。即ち天皇に奉る野菜を栽培した皇室の直轄地。

二〇　**山の口に坐す皇神等**―上からの続きで「六つの御県の山の口……」とあるので、ここの山の口に坐す皇神等は、祈年祭祝詞の「山口坐皇神等」とは異ると見なければならない。文意から考えれば、この下の文に「山々の口より、さくなだりに下し賜ふ水を、甘き水と受けて」奥つ御歳を成育させる働きをする皇神等というので、祈年祭の祝詞で言えば水分の神こそふさわしいわけである。祈年祭で祭る山の口の神は宮殿を造営する用材を伐り出す山の口に祭られる神であって、田を潤す水を供給する神ではない。けれども、四時祭式上、大忌祭の条に、「是日以㆓御県六座・山口十四座㆒合祭。」とある。このあたりに、この祝詞の作者ならびに神祇官の役人たちの誤解がありそうである。けれども、これは役人たちの能力の低下を示すであろう。

二一　**皇神等の敷き坐す**―「し（敷）く」、「し（占）む」、「し（治・領）る」は同一語源という。ここは治めていらっしゃるの意。萬葉集に「天皇《すめろき》の　敷きます（敷座）国《くに》と」（2一六七）とある。

二二　**山々の口より**―このような具体的な認識から、前の「山の口に坐す皇神等」を田に水を供給する神と認識して、この作文をしていることがわかる。

二三　**さくなだりに下し賜ふ水を**―「さくなだり」は山から水がどっと落ち、流れくだるさまをいう。「なたり」は今日の「なだれ（雪崩）」の原形で、本来は「地垂《なた》り」即ち、大地の斜面の土砂が一気に崩落することをいう語であっただろう。「下し賜ふ水を」は下される水を、の意。

二四　**甘き水**―『神祇令』の大忌祭の義解に、「謂。広瀬竜田二祭也。欲㆑令㆘山谷水変㆓成甘水㆒。浸㆓潤苗稼㆒。得㆗其全稔㆖。故有㆓此祭㆒也。」とある通りの意味である。但し、漢籍に「甘水」の語が見当らず、よく似た意味の語として「甘雨」がある。『詩経』小雅、甫田に「以御二田祖一、以祈二甘雨一也。」と見え、草木を潤す雨、の意である。また欽明紀十四年の百済からの上表文の中に、「伏待二恩詔一如三春草之仰二甘雨一也。」と見える。

二五　悪しき風・荒き水—稲の豊かな稔りを妨げる暴風と洪水。

二六　汝命—「なむち」の「な」はここでは二人称代名詞。古事記歌謡に「八千矛の神の命や　あが大国主　なこそは男《を》にいませば……」(5)とある。「むち」は神代紀上に「大日孁貴、此云二於保比屢咩能武智《おほひるめのむち》一。」とあるように「貴」にあたる。従って、「なむち」は「尊きあなた様」の意。「汝命」で尊き命《みこと》さま、と若宇加の売の命への呼びかけの語となる。

二七　刀祢—村長・里長など、すべて公事に関わる者の総称。『続日本後紀』の承和七年（八四〇）五月九日の条にも「右大臣藤原朝臣三守率二公卿百官及刀祢等一。於二会昌門前庭一。挙レ哀三日。毎日三度。」とある。

二八　男女—御県で働く男女の農民。

二九　某の月の某の日—名義抄に「某〈ソレ〉」とある。太政官式に「凡大忌・風神二社者、四月、七月四日祭之。」とあるから、四月の祭には「四月四日」、七月の祭には「七月四日」と記したのである。

竜《タツ》田《タノ》風《カゼノ》神《カミノ》祭《マツリ》

竜《タツ》田《タ》尓《ニ》[1]称辞《タタヘゴト》竟《ヲヘ》奉《マツル》皇《スメ》神《カミ》乃《ノ》前《マヘ》尓《ニ》白《マヲサ》久《ク》、志《シ》貴《キ》島《シマ》尓《ニ》大《オホ》八《ヤ》島《シマ》国《グニ》知《シラシ》志《シ》皇《スメ》御《ミ》孫命《マノミコト》乃《ノ》、遠《トホ》御《ミ》膳《ケ》乃《ノ》長《ナガ》御《ミ》膳《ケ》止《ト》、赤《アカ》丹《ニ》乃《ノ》穂《ホ》尓《ニ》聞《キコシ》食《メ》須《ス》五《イツツ》穀《ノタナツ》物《モノ》乎《ヲ》始《ハジメ》弖《テ》、天下《アメノシタ》乃《ノ》[2]公民《オホミタカラ》乃《ノ》作《ツクル》物《モノ》乎《ヲ》、草《クサ》乃《ノ》片《カキ》葉《ハ》尓《ニ》至《イタル》万《マ》弖《デ》不《ズ》レ成《ナサ》、一年《ヒトトセ》二年《フタトセ》尓《ニ》不《ズ》レ在《アラ》、歳《トシ》真《マ》尼《ネ》久《ク》傷《ヤブル》故《ガユヱ》尓《ニ》、百《モモ》[3]能《ノ》物《モノ》知《シリ》人《ビト》等《ドモ》乃《ノ》卜《ウラ》事《ゴト》尓《ニ》出《イデ》牟《ム》神《カミ》乃《ノ》御《ミ》心《ココロ》者《ハ》、此《コノ》神《カミ》[4]止《ト》白《マヲセ》止《ト》負《オホセ》賜《タマヒ》支《キ》。此《コ》乎《ヲ》物《モノ》知《シリ》人《ビト》等《ドモ》乃《ノ》卜《ウラ》事《ゴト》乎《ヲ》[5]以《モチ》弖《テ》卜《ウラヘ》止《ド》[6]母《モ》、出《イヅ》留《ル》神《カミ》乃《ノ》御《ミ》

1 尓称―右、コノ間ニ「坐」（大字）アリ。
2 公―永「尓」。
3 能―九・右「乃」。
4 止―右「登」。
5 乎以―右、コノ間ニ〇ヲ付シ、左傍ニ「出牟イナ」と注ス。
6 母―九・右「毛」。

心《ココロ》[7]母《モ》[8]无《ナシ》止《ト》白《マヲス》止《ト》聞看《キコシメシ》弖《テ》、皇御孫命《スメミマノミコトノ》詔《ノリタマハク》久、神等《カミタチ》乎《ヲ》波《バ》天《アマツ》社《ヤシロ》・国社《クニツヤシロ》止《ト》忘事《ワスルルコト》無《ナ》久《ク》、[9]遺事《ノコルコト》[10]無《ナ》久《ク》、称辞竟奉《タタヘゴトヲヘマツル》止《ト》思志《オモホシ》行《オコナ》波《ハ》須《ス》乎《ヲ》、誰神《イヅレノカミ》曾《ゾ》、天下《アメノシタ》乃《ノ》[11]公民《オホミタカラ》乃《ノ》作作物《ツクルツクリモノ》乎《ヲ》、不《ズ》レ成傷《ナサヤブル》神等《カミタチ》波《ハ》、我御心《ワガミココロ》曾《ゾ》止《ト》[12]悟奉《サトシマツ》礼《レ》止《ト》、宇気比賜《ウケヒタマヒ》支《キ》。[13]是以《ココヲモチテ》、皇御《スメミ》孫命《マノミコトノ》大御夢《オホミイメ》尓《ニ》悟奉《サトシマツラ》久《ク》、天下《アメノシタ》乃《ノ》[14]公民《オホミタカラ》乃《ノ》作作物《ツクルツクリモノ》乎《ヲ》、悪《アシキ》風《カゼ》・荒水《アラキミヅ》尓《ニ》相《アハセ》都《ツ》都《ツ》、不《ズ》レ成傷《ナサヤブル》波《ハ》、我御名者《ワガミナハ》天乃御柱乃《アマノミハシラノ》命《ミコト》・国《クニ》乃《ノ》御柱《ミハシラ》[15]能《ノ》命《ミコト》[16]止《ト》、御名者《ミナハ》悟奉《サトシマツリ》弖《テ》、吾前《アガマヘ》尓《ニ》奉《タテマツラ》牟《ム》幣《ミテ》帛者《グラハ》、御服者《ミソハ》明妙《アカルタヘ》・照妙《テルタヘ》・和妙《ニキタヘ》・荒妙《アラタヘ》、[17]五色《イツイロ》乃《ノ》物《モノ》、

7 母—九・右「毛」。
8 无—版「無」。
9 遺事無久—右、上ノ「久」ノ下ニ○ヲ付シ、右傍ニ四字ヲ補入。
10 無—九「无」。
11 公—永「尓」。
12 悟奉礼止—永、「曾止」ノ下ニ○ヲ付シ、右傍ニ補入。
13 是以—九、下ノ「公民乃」ノマデ十九字、右傍ニ補入。
14 公—永「尓」。
15 能—九・版「乃」。
16 止—九、大字。
17 五—九「吾」。

楯《タテ》・戈《ホコ》・御《ミ》馬《マ》尓《ニ》御《ミ》鞍具《オソヒソナヘ》弖《テ》、品品《シナジナ》乃《ノ》幣帛《ミテグラ》備《ソナヘ》弖《テ》、吾宮《アガミヤ》者《ハ》朝日《アサヒ》乃《ノ》日向処《ヒムカフトコロ》、夕日《ユフヒ》乃《ノ》日隠処《ヒガクルトコロ》乃《ノ》、竜田《タツタ》[18]能《ノ》立野《タチノ》[19]乃《ノ》小野《ヲノ》尓《ニ》、吾宮《アガミヤ》波《ハ》定奉《サダメマツリ》弖《テ》、吾前《アガマヘ》乎《ヲ》称辞《タタヘゴト》竟奉《ヲヘマツラ》者《バ》、天下《アメノシタ》乃《ノ》[20]公民《オホミタカラ》乃《ノ》作作物《ツクルツクリモノ》者《ハ》、五　穀《イツツノタナツモノ》乎《ヲ》始《ハジメ》弖《テ》、草《クサ》[21]能《ノ》片葉《カキハ》尓《ニ》至《イタル》万《マ》弖《デ》、成幸《ナシサキハ》閉《ヘ》奉《マツラ》牟《ム》止《ト》、悟奉《サトシマツリ》支《キ》。是以《ココヲモチテ》、皇神《スメカミ》乃《ノ》辞《コト》教《ヲシヘ》悟《サトシ》奉《マツリ》処《シトコロ》[22]仁《ニ》、宮《ミヤ》柱《バシラ》定奉《サダメマツリ》弖《テ》、此《コ》[23]能《ノ》皇神《スメカミ》[24]能《ノ》前《マヘ》[25]乎《ヲ》称辞《タタヘゴト》竟奉《ヲヘマツル》尓《ニ》、皇御孫命《スメミマノミコト》乃《ノ》宇豆《ウヅ》[26]乃《ノ》幣帛《ミテグラヲ》令《シメ》二捧持《ササゲモタ》一弖《テ》、王　臣《オホキミマヘツキミ》等《タチ》乎《ヲ》為《シ》レ使《ツカヒト》弖《テ》、称辞《タタヘゴト》竟《ヲヘ》奉《マツラ》久《ク》止《ト》、皇神《スメカミ》乃《ノ》前《マヘ》尓《ニ》白賜事《マヲシタマフコト》乎《ヲ》、神主《カムヌシ》・祝部《ハフリベ》等《ラ》諸《モロモロ》聞《キキ》

[18] 能—九「乃」。
[19] 乃—九、破損。永・右・版「尓」。考ニヨル。
[20] 公—永「尓」。
[21] 能—九・版「乃」。
[22] 仁—九「尓」。
[23] 能—九・版「乃」。
[24] 能—九「乃」。
[25] 乎—版「尓」。
[26] 乃—版、大字。

食《タマヘ》[27]止宣《トノル》。

奉《タテマツル》 宇《ウ》豆《ヅ》[28]乃《ノ》幣《ミテ》帛《グラ》者《ハ》、 比《ヒ》古《コ》神《ガミ》尓《ニ》御《ミ》服《ソハ》明《アカル》妙《タヘ》・照《テル》妙《タヘ》・和《ニキ》妙《タヘ》・荒《アラ》妙《タヘ》、 五《イツ》色《イロノ》物《モノ》、 楯《タテ》・戈《ホコ》・御《ミ》馬《マ》尓《ニ》御《ミ》鞍《オソヒ》具《ソナヘ》弖《テ》、 品《シナ》品《ジナ》[29]能《ノ》幣《ミテ》帛《グラ》 献《タテマツリ》、 比《ヒ》売《メ》神《ガミ》尓《ニ》御《ミ》服《ソ》備《ソナヘ》、 金《クガネ》[30]能《ノ》麻《ヲ》笥《ケ》・金《クガネ》[31]能《ノ》[32]椯《タタリ》・金《クガネ》[33]能《ノ》桛《カセ》、 明《アカル》妙《タヘ》・照《テル》妙《タヘ》・和《ニキ》妙《タヘ》・荒《アラ》妙《タヘ》、 五《イツ》色《イロ》[34]能《ノ》物《モノ》、 御《ミ》[35]馬《マ》尓《ニ》御《ミ》鞍《オソヒ》具《ソナヘ》弖《テ》、 雑《クサグサノ》 幣《ミテ》帛《グラ》 奉《タテマツリ》 弖《テ》、 御《ミ》酒《ワ》者《ハ》[36]瓱《ミカ》[37]能《ノ》閉《ヘ》高《タカ》知《シリ》、 [38]瓱《ミカノ》腹《ハラ》満《ミテ》双《ナラベ》弖《テ》、 和《ニキ》稲《シネ》・荒《アラ》稲《シネ》尓《ニ》、 山《ヤマ》尓《ニ》住《スム》[39]物《モノ》者《ハ》毛《ケ》[40]能《ノ》和《ニコ》物《モノ》・[41]毛《ケ》乃《ノ》荒《アラ》[42]物《モノ》、 大《オホ》[43]野《ノノ》原《ハラニ》生《オフル》物《モノ》者《ハ》甘《アマ》菜《ナ》・辛《カラ》菜《ナ》、 青《アヲ》海《ウナ》

27 止―永、ナシ。

28 乃―版、大字。

29 能―九・版「乃」。
30 能―九「乃」。
31 能―九「乃」。
32 椯金―九、右傍ニ補入。

33 能―九「乃」。
34 能―九・右「乃」。

35 馬―九「金」。
36 瓱―右「甕」。
37 能―九「乃」。右「能能」。

38 瓱―右「甕」。
39 物―九、ナシ。
40 能―九・版「乃」。
41 毛―九「己」。
42 物大―永、ナシ。右、「荒」ノ下ニ○ヲ付シ、右傍ニ補入。
43 野―九、ナシ。

原《ハラ》[44]仁《ニ》住《スム》物《モノ》者《ハ》鰭《ハタ》[45]能《ノ》広物《ヒロモノ》・鰭《ハタ》[46]能《ノ》狭物《サモノ》、奥都《オキツ》藻菜《モハ》[47]・辺都《ヘツ》
藻《モ》[48]菜《ハ》尓《ニ》至《イタル》尓《ニ》万弖《マデ》、如《ゴトク》二横山《ヨコヤマノ》一打積置弖《ウチツミオキテ》、奉《タテマツル》此《コノ》宇豆《ウヅ》[49]乃《ノ》幣《ミテ》
帛《グラ》乎《ヲ》、安幣帛《ヤスミテグラ》[50]能《ノ》足幣帛《タルミテグラ》止《ト》、皇神《スメカミ》[51]能《ノ》御心《ミココロ》尓《ニ》平《タヒラケ》久《ク》聞食《キコシメシ》弖《テ》、
天下《アメノシタ》[52]能《ノ》[53]公民《オホミタカラ》[54]能《ノ》作作物《ツクルツクリモノ》乎《ヲ》、悪風《アシキカゼ》・[55]荒水《アラキミヅ》尓《ニ》不《ズ》二相賜《アハセタマハ》一、皇《スメ》
神《カミ》乃《ノ》成幸《ナシサキハ》閉《ヘ》賜者《タマハバ》、初穂《ハツホ》者《ヲバ》[56]瓺《ミカ》[57]能《ノ》閉《ヘ》高知《タカシリ》、[58]瓺腹《ミカノハラ》満《ミテ》双弖《ナラベテ》、
汁《シル》尓《ニ》[59]母《モ》穎《カビ》尓《ニ》[60]母《モ》、八百稲《ヤホシネ》・千稲《チシネ》[61]尓《ニ》引居置弖《ヒキスヱオキテ》、秋祭《アキノマツリ》尓《ニ》奉《タテマツラ》牟《ム》止《ト》、
王《オホキミ》卿《マヘツキミ》等《タチ》・百官《モモノツカサ》[62]能《ノ》人等《ヒトドモ》、倭国六県《ヤマトノクニノムツノアガタ》[63]能《ノ》刀祢《トネ》、男女《ヲトコヲミナ》尓《ニ》
至《イタル》尓《ニ》万弖《マデ》、今年四月《コトシノウヅキ》七月《フミヅキ》者《ニハ》云《イヘ》二今年七月《コトシノフミヅキト》一○諸参集弖《モロモロマキウゴナハリテ》、皇神《スメカミ》[64]能《ノ》前《マヘ》尓《ニ》

44 仁—九・右・版「尓」。
45 能—九・右「乃」。
46 能—九・右「乃」。
47 菜—右「葉」。
48 菜—右「葉」。
49 乃—版、大字。
50 能—九「乃」。
51 能—九「乃」。
52 能—九・右「乃」。
53 公—永「尓」。
54 能—九「乃」。
55 荒—永「芒」。
56 瓺—右「甕」。
57 能—九・右「乃」。
58 瓺—右「甕」。
59 母—九「毛」。
60 母—九「毛」。
61 尓—永、「稲」ノ下ニ○ヲ付シ、右傍ニ補入。
62 能—九「乃」。
63 能—九「乃」。
64 能—九・右「乃」。

宇《ウ》事《ジ》物《モノ》頸《ウナ》根《ネ》築《ツキ》抜《ヌキ》弖《テ》、今日《ケフ》能《ノ》[65]朝日《アサヒ》能《ノ》[66]豊《トヨ》[67]逆《サカ》登《ノボリ》尓《ニ》、称辞竟《タタヘゴトヲヘ》
奉《マツ》[68]流《ル》皇《スメ》御《ミ》孫命《マノミコト》乃《ノ》宇《ウ》豆《ヅ》[69]能《ノ》幣帛《ミテグラ》乎《ヲ》、神主《カムヌシ》・祝部《ハフリベ》等《ラ》被《リ》レ賜《タマハ》
弖《テ》、惰《オコタル》事《コト》[70]無《ナク》奉《タテマツ》礼《レ》[71]登《ト》宣命《ノリタマフミコト》乎《ヲ》、諸《モロモロ》聞《キキ》食《タマヘ》止《ト》宣《ノル》。

65能—九「乃」。
66能—九・右「乃」。
67逆—版「栄」。
68流—九「留」。
69能—九・右「乃」（小字）。版「乃」（大字）。
70無—右「无」。
71登—九「止」。

【訓読文】

[一]竜田《たつた》の風《かぜ》の神《かみ》の祭《まつり》

竜田《たつた》に称《たた》へ辞竟《ごとを》へ奉《まつ》る皇神《すめかみ》の前《まへ》に白《まを》さく、[二]志貴島《しきしま》に[三]大八島国《おほやしまぐに》[四]知《し》らしし[五]皇御孫《すめみま》の命《みこと》の、遠御膳《とほみけ》の長御膳《ながみけ》

と、赤丹《あかに》の穂《ほ》に聞《き》こし食《め》す[六]五《いつ》つの穀物《たなつもの》を始《はじ》めて、天《あめ》の下《した》の公 民《おほみたから》の作《つく》る物《もの》を、[七]草《くさ》の片葉《かきは》に至《いた》るまで成《な》さず、一年二年《ひととせふたとせ》に在《あ》らず、[八]歳《とし》まねく[九]傷《やぶ》るが故《ゆゑ》に、[一〇]百《もも》の物知《ものし》り人等《びとども》の[一一]卜事《うらごと》に出《い》でむ[一二]神《かみ》の御心《みこころ》は、此《こ》の神《かみ》と白《まを》せと[一三]負《おほ》せ賜《たま》ひき。此《こ》を物知《ものし》り人等《びとども》の卜事《うらごと》を以《も》ちて卜《うら》へども、[一四]出《い》づる神《かみ》の御心《みこころ》も无《な》しと白《まを》すと聞《き》こし看《め》して、皇御孫《すめみま》の命《みこと》の詔《の》りたまはく、神等《かみたち》をば天《あま》つ社《やしろ》・国《くに》つ社《やしろ》と忘《わす》るる事無《ことな》く、遺《のこ》る事无《ことな》く、称《たた》へ辞竟《ごとを》へ奉《まつ》ると[一五]思《おも》ほし行《おこな》はすを、[一六]誰《いづ》れの神《かみ》ぞ、天《あめ》の下《した》の公 民《おほみたから》の作《つく》る作《つく》り物《もの》を、成《な》さず傷《やぶ》る神等《かみたち》は、[一七]我《わ》が御心《みこころ》ぞと悟《さと》し奉《まつ》れと、[一八]うけひ賜《たま》ひき。是《ここ》を以《も》ちて、皇御孫《すめみま》の命《みこと》の[一九]大御夢《おほみいめ》に悟《さと》し奉《まつ》らく、天《あめ》の下《した》の公 民《おほみたから》の作《つく》る作《つく》り物《もの》を、悪《あ》しき風《かぜ》・荒《あら》き水《みづ》に相《あ》はせつつ、成《な》さず傷《やぶ》るは、我《わ》が御名《みな》は[二〇]天《あま》の御柱《みはしら》の命《みこと》・国《くに》の御柱《みはしら》の命《みこと》と、御名《みな》は悟《さと》し奉《まつ》りて、吾《あ》が前《まへ》に奉《たてまつ》らむ幣帛《みてぐら》は、御服《みそ》は明妙《あかるたへ》・照妙《てるたへ》・和妙《にきたへ》・荒妙《あらたへ》、五色《いついろ》の物《もの》、楯《たて》・戈《ほこ》・[二一]御馬《みま》に御鞍具《みおそひそな》へて、品品《しなじな》の幣帛備《みてぐらそな》へて、吾《あ》が宮《みや》は[二二]朝日《あさひ》の日向《ひむか》ふ処《ところ》、夕日《ゆふひ》の日隠《ひがく》る処《ところ》の、[二三]竜田《たつた》の立野《たちの》の小野《をの》に、吾《あ》が宮《みや》は定《さだ》め奉《まつ》りて、吾《あ》が前《まへ》を称《たた》へ辞竟《ごとを》へ奉《まつ》らば、天《あめ》の下《した》の公 民《おほみたから》の作《つく》る作《つく》り物《もの》は、五《いつ》つの穀《たなつもの》を始《はじ》めて、草《くさ》の片葉《かきは》に至《いた》るまで、成《な》し幸《さきは》へ奉《まつ》らむと、悟《さと》し奉《まつ》りき。是《ここ》を以《も》ちて、皇神《すめかみ》の辞教《ことをし》へ悟《さと》し奉《まつ》りし処《ところ》に、宮柱定《みやばしらさだ》め奉《まつ》りて、此《こ》の皇神《すめかみ》の前《まへ》を称《たた》へ辞竟《ごとを》へ奉《まつ》るに、皇御孫《すめみま》の命《みこと》のうづの幣帛《みてぐら》を捧《ささ》げ持《も》たしめて、王 臣 等《おほきみまへつきみたち》を使《つか》ひと為《し》て、称《たた》へ辞竟《ごとを》へ奉《まつ》らくと、皇神《すめかみ》の前《まへ》に白《まを》し賜《たま》ふ事《こと》を、神主《かむぬし》・祝部《はふりべら》等 諸《もろもろ》聞《き》き食《たま》へと宣《の》る。

奉《たてまつ》るうづの幣帛《みてぐら》は、[二四]比古神《ひこがみ》に御服《みそ》は明妙《あかるたへ》・照妙《てるたへ》・和妙《にきたへ》・荒妙《あらたへ》、五色《いついろ》の物《もの》、楯《たて》・戈《ほこ》・御馬《みま》に御鞍具《みおそひそな》へて、品品《しなじな》の幣帛《みてぐら》献《たてまつ》り、[二五・二六]比売神《ひめがみ》に御服《みそ》備《そな》へ、[二七]金《くがね》の麻笥《をけ》・[二八]金《くがね》の椯《たたり》・[二九]金《くがね》の桛《かせ》、明妙《あかるたへ》・照妙《てるたへ》・和妙《にきたへ》・荒妙《あらたへ》、五色《いついろ》の物《もの》、御馬《みま》に御鞍具《みおそひそな》へて、雑《くさぐさ》の幣帛《みてぐら》奉《たてまつ》りて、御酒《みわ》は瓱《みか》のへ高知《たかし》り、瓱《みか》の腹満《はらみ》て双《なら》べて、和稲《にきしね》・荒稲《あらしね》に、山《やま》に住《す》む物《もの》は毛《け》の和物《にこもの》・毛《け》の荒物《あらもの》、大野《おほの》の原《はら》に生《お》ふる物《もの》は甘菜《あまな》・辛菜《からな》、青海原《あをうなはら》に住《す》む物《もの》は鰭《はた》の広物《ひろもの》・鰭《はた》の狭物《さもの》、奥《おき》つ藻菜《もは》・辺《へ》つ藻菜《もは》に至《いた》るまでに、横山《よこやま》の如《ごと》く打《う》ち積《つ》み置《お》きて、奉《たてまつ》る此《こ》のうづの幣帛《みてぐら》を、安幣帛《やすみてぐら》の足幣帛《たるみてぐら》と、皇神《すめかみ》の御心《みこころ》に平《たひ》らけく聞《き》こし食《め》して、天《あめ》の下《した》の公民《おほみたから》の作《つく》る作《つく》り物《もの》を、悪《あ》しき風《かぜ》・荒《あら》き水《みづ》に相《あ》はせ賜《たま》はず、皇神《すめかみ》の成《な》し幸《さきは》へ賜《たま》はば、初穂《はつほ》をば瓱《みか》のへ高知《たかし》り、瓱《みか》の腹満《はらみ》て双《なら》べて、汁《しる》にも穎《かび》にも、[三〇]八百稲《やほしね》・千稲《ちしね》に引《ひ》き居《す》ゑ置《お》きて、秋《あき》の祭《まつり》に奉《たてまつ》らむと、王《おほきみ》卿《まへつきみたち》等・百《もも》の官《つかさ》の人《ひと》等《ども》、倭《やまと》の国《くに》の六《む》つの県《あがた》の刀祢《とね》、男女《をとこをみな》に至《いた》るまでに、今年《ことし》の四月《うづき》七月《ふみづき》には今年《ことし》の七月《ふみづき》と云《い》へ。諸《もろもろ》参集《まゐうごな》はりて、皇神《すめかみ》の前《まへ》にうじ物《もの》頸根《うなね》築《つ》き抜《ぬ》きて、今日《けふ》の朝日《あさひ》の豊逆登《とよさかのぼ》りに、称《たた》へ辞《ごと》竟《を》へ奉《まつ》る皇御孫《すめみま》の命《みこと》のうづの幣帛《みてぐら》を、神主《かむぬし》・祝部《はふりべら》等賜《たま》はりて、[三一]惰《おこた》る事無《ことな》く奉《たてまつ》れと宣《の》りたまふ命《みこと》を、諸《もろもろ》聞《き》き食《たま》へと宣《の》る。

【注解】

一　竜田―神名式の大和国、平群郡に、「竜田坐天御柱国御柱神社二座〔並名神大。月次・新嘗。〕」とある社の鎮座する地である。

二　志貴島―大和国磯城郡の地。崇神天皇の都の置かれた地。崇神記に「御真木入日子印恵命、坐二師木水垣宮一、治二天下一也。」とあり、崇神紀に「三年秋九月、遷二都於磯城一。是謂二瑞籬宮一。」とある。欽明紀に「遷二都倭国磯城郡磯城島一。仍号為二磯城島金刺宮一。」とあるが、祝詞の内容からみて、崇神天皇のことと見るべきである。

三　大八島国―日本国の古称。記・紀の国生み神話に「大八島国」（記）、「大八洲国」（紀）と見える。

四　知らしし―「知らす」は「知る」の尊敬語。下の「し」は過去の助動詞。お治めになった、の意。

五　皇御孫の命―皇祖である天照大御神からの皇統を意識していう場合の天皇の称。これに対して、「天皇」は時の天皇をいう。いわば線と点の違いである。「志貴島に大八島国知らしし皇御孫の命」は、志貴島において大八島国（日本）をお治めになった天皇、の意。

六　五つの穀物―和名抄に「穀　周礼注云五穀〈以《い》都《つ》々《つ》乃《の》太《た》奈《な》豆《つ》毛《も》乃《の》〉、禾・稷・菽・麦・稲也」とある。「たな」は「たね（種）」の古形。「たな（種）つ（連体助詞）もの（物）」の意。五穀は漢語であるが、漢籍においても、その内容においては少し差違がある。神代記の大気都比売神の神話では、稲・粟・小豆・麦・大豆の五つを挙げている。神代紀では神話を異にし、「生二五穀一」とあるのみ。

七　草の片葉―大殿祭祝詞に「草乃可伎葉」と書き、大祓詞に「草之垣葉」と書いているから、「くさのかきは」と訓む。草の一枚（片）の葉の意。「草の片葉に至るまで成さず」で、草の一枚の葉に至るまで成育させず、の意。

八　歳まねく―「まねし」は萬葉集に「まねく（真根久）行かば　人知りぬべみ」（2二〇七）とあり、度《たび》重ねての意。『続日本紀』の宣命に、「井上内親王乃魘魅大逆之事、一二遍能味仁不レ在、麻年久《まねく》発覚奴《あらわれぬ》。」（第五四詔）とあり、よく似た句である。「歳まねく」は年数多く続けて、の意。

九　傷る―名義抄に「傷〈ヤブル・ソコナフ〉」とある。神代紀上の卜部兼方筆本の訓に、「仮使、汝治二此国一、多レ所二残傷《ソコナヒヤフル》一。」とあり、「やぶる」と「そこなふ」とは古語としてはよく似た意味をもつ語である。どちらの訓も良いように思われるが、今は九条家本の古訓に「ヤフル」とあるので、この訓を取ることにする。

一〇　百の物知り人等―「百」はひゃく、また数の多いことをいう。ここは多くの、の意。物知り人は博識の人であるが、ここでは占い人。「ども」は接尾語で、人間の複数を示す。敬意をもって遇しない対象について使う。「たち」は敬意をもって遇する場合。今、「子供達《こどもたち》」と言うのは不思議な使い方である。

二　卜事―うらない。萬葉集に「大船《おほぶね》の　津守《つもり》が占《うら》に　告《の》らむとは　まさしに知りて　我《わ》が二人寝《ふたりね》し」（2一〇九）とある。

三　神の御心は、此の神と白せ―この句は少し分かりにくいが、補って訳せば、この祟をなしている神の御心はこの神の御心（意志）によるのだ、ということを卜事によって明らかにして奏上せよ、の意。これとよく似た話は垂仁記にあり、垂仁天皇の御子である本牟智和気《ほむちわけ》の御子が生まれつき口がきけないという話の中で、「布斗摩迩《ふとまに》（太占）に占相《うらなひ》て、いずれの神の心ぞと求めしに、その祟《たたり》は出雲の大神の御心にありき。」とある。

三　負せ賜ひき―名義抄に「負〈オホス〉」とある。人に物を背負わせるという意から、命令を人に背負わせる、課すという意となった。ここでは天皇が仰せ付けになった、の意。

一四　出づる神の御心も无し―卜事に現われて来る神様は全くありません。

一五　思ほし行はすを―「思ほし」は「思ふ」に尊敬の助動詞「す」が付いた形。「行はす」も「行ふ」に同じ「す」

の付いた形。「を」は接続助詞で、「……ので」「……から」と順接にも、「……のに」「……けれども」と逆接にも用いられる。ここは逆接の用法で、お思いになって行なっておられるのに、の意。

一六　**誰れの神ぞ**―名義抄に「誰〈タレ・イツレ〉」とある。いったいどの神様であるのか。

一七　**我が御心ぞと悟し奉れ**―「御心ぞ」というのは自敬表現。「悟」を「さとし」と訓むのは漢字本来の用法からいうと無理がある。名義抄に「悟〈サトル〉」とあるように自動詞の漢字である。「さとす」はこの「さとる」の他動詞形で、名義抄に「諭〈サトス〉」とある漢字の方がふさわしい。諭らせる。教えて分からせる。ここは、はっきりとお諭し申されよ、の意。

一八　**うけひ**―前もって甲と乙との対立した事態を予想し宣言しておき、甲という事態が起これば神意は甲にあり、乙という事態が起これば神意は乙にあると判定して、神意をうかがうという、呪術の一種である。ここでは、祈りをこめて神意（神の御心）をうかがう、という意味に転じている。

一九　**大御夢**―「大御」は神または天皇のことに冠する最大級の接頭語。「夢」は上代語としては「いめ」で、まだ「ゆめ」の語形はなかった。「いめ」は「寝目《いめ》」で、眠っていて見るもののこと。ここでは、天皇のお夢。「うけひ寝」によって神のお告げを受ける話は、神武即位前紀に「是夜《こよひ》、自《みづか》ら祈《うけ》ひて寝《みね》ませり。夢《みゆめ》に天神《あまつかみ》有《ま》して訓《をし》へまつりて曰《のたま》はく、……」など、他にもあり、類型的なものであった。

二〇　**天の御柱の命・国の御柱の命**―風の神の名であるから、竜巻の旋風を天地間の柱に見立てて命名されたものとの説がある。天の御柱の命は下に比古神とあるので男神であり、国の御柱の命は下に比売神とあるので女神である。

二一　**御馬に御鞍具へて**―御鞍は名義抄に「鞍〈クラ・ムマノクラ〉」とある。九条家本の訓に「オホオソヒ」とある。「おそひ」は上からかぶせるものの意で、鞍は馬の背におおいかぶせるものであるところからいう。この訓をとって「みおそひ」と訓む。「みくら」と訓んでもよい。「具」は名義抄に「具〈ソナフ〉」とある。

二二　**朝日の日向ふ処、夕日の日隠る処**—神代記の天孫降臨の条に、「朝日之直刺国、夕日之日照国也。故、此地甚吉地。」とあり、また雄略記の三重の采女の歌に、「纏向《まきむく》の日代の宮は朝日の日照《ひで》る宮夕日の日翔《ひがけ》る宮」(99)とあり、朝日から夕日までを受ける地を良き処として尊んだのである。ここは、朝日が輝かしく直射す地であり、夕日が隠れるまで照り続ける良き地の意。

二三　**竜田の立野の小野**—「竜田」は広い地名であり、その内に「立野」という地名の地があるのである。「小野」の「を」は接頭語。竜田に風の神を祭ったとの初見は、天武紀の四年（六七五）四月癸未（十日）の条に、「小紫美濃王・小錦下佐伯連広足を遣して、風神を竜田の立野に祀《まつ》らしむ。」とある記事である。この記事に続けて、「小錦中間人連大蓋・大山中曾祢連韓犬を遣して、大忌神を広瀬の河曲《かはわ》に祭らしむ。」とあり、同日に祭ったことがわかる。

二四　**比古神**—彦神で、天の御柱の命をさす。

二五　**比売神**—姫神で、国の御柱の命をさす。

二六　**比売神に御服備へ**—「御服備へ」の句が不審であるが、すぐ下の「金の麻笥・金の椯・金の桛」の三つが伊勢大神宮式の「神宝廿一種」の冒頭に挙げられている神宝に準じるもので、これが朝廷から奉られる破格の幣帛であるため、これを強調しようとして、文章に乱れが生じたものと考える。比古神への幣帛の例によれば、「比売神に御服は明妙・照妙・和妙・荒妙、五つ色の物、金の麻笥・金の椯・金の桛、御馬に御鞍具へて」とあるべきである。

二七　**金の麻笥**—「金《くがね》」は萬葉集の山上憶良の歌に、「銀《しろかね》も　金《くがね》も玉《たま》も　なにせむに　優《まさ》れる宝《たから》　子に及《し》かめやも」

（5八〇三）とある。また名義抄に「金〈キム・コガネ〉」「黄金〈コガネ・キカネ〉」とある。本来「きかね」（黄金）から、キ→ク→コと母音交替した形。奈良時代は「くがね」、平安以後は「こがね」。「麻笥」は「桶」の語源。名義抄に「麻〈ヲ・一云アサ〉」・「笥〈ケ〉」とある。績《う》んだ（つむいだ）麻苧を入れる容器（桶）。萬葉集に「娘子《をとめ》らが　麻笥《をけ》に垂れたる　績麻《うみを》なす　長門《ながと》の浦に……」（13三二四三）とあり、その使い方がわかる。「金の麻笥」については、四時祭式上の風神祭の料物の中に、「多多利一枚、麻笥一合、加世比一枚。〔已上三物、並金塗。〕」と見える。

二八　**金の椯**―「椯」の字に九条家本の古訓「タ、リ」とあり、「たたり」に当てている字であることは間違いないが、「むち」などを意味する字であって、「たたり」の意味はない。台の上に棒を立てたもので、糸をよる時に使う道具。『肥前国風土記』基肄郡の条に、「絡垜〈謂二多々利一〉」とあり、和名抄にも「絡垜〈多々理〉」と見える。萬葉集に「娘子《をとめ》らが　績麻《うみを》のたたり　打ち麻掛《そ》け　倦《う》む時なしに　恋《こ》ひ渡るかも」（12二九九〇）とあり、その用法がわかる。『新撰姓氏録』に「多々良公　御間名国主、爾利久牟王之後也。欽明天皇御世、投レ化。献二金多々《たた》利《り》・金乎居《をけ》等一。天皇誉レ之、賜二多々良公姓一也。」（九三五）とあって、「金のたたり」や「金のをけ」は本来珍貴な渡来物であったらしいことがわかる。

二九　**金の桛**―前に見た式の風神祭の条に「加世比」とあったが、「かせ」ともいう。つむいだ糸を巻きかけるH字形の木具。萬葉集に「娘子《をとめ》らが　績麻《うみを》掛くといふ　鹿脊《かせ》の山　時し行《ゆ》ければ　都となりぬ」（6一〇五六）とあり、その使い方がわかる。

三〇　**八百稲・千稲**―広瀬大忌祭祝詞には「千稲・八百稲」とある。たくさんの稲。

三一　**惰る**―九条家本の古訓に「オコタル」とあり、名義抄にも「惰〈オコタル〉」とある。

平《ヒラ》野《ノノ》祭《マツリ》

天皇《スメラ》我《ガ》御命《オホミコト》尓《ニ》坐《マ》[1]世《セ》、今木《イマキ》与《ヨ》利《リ》仕奉来《ツカヘマツリキタレル》[2]流[3]皇[4]大御神《スメオホミカミ》[5]能《ノ》広前《ヒロマヘ》尓《ニ》白給久《マヲシタマハク》、[6]皇大御神《スメオホミカミ》乃《ノ》乞志給《コハシタマヒ》[7]能《ノ》[8]麻尓《マニ》[9]麻尓《マニ》、此所《コノトコロ》[10]能《ノ》底津《ソコツ》石根《イハネ》尓《ニ》宮柱《ミヤバシラ》広敷[11]立《ヒロシキタテ》、高天《タカマ》乃《ノ》原《ハラ》[12]尓《ニ》千木《チギ》高知《タカシリ》弖《テ》、天《アマ》[13]能《ノ》御《ミ》蔭《カゲ》・日《ヒ》[14]能《ノ》御蔭《ミカゲ》[15]登《ト》定奉《サダメマツリ》弖《テ》、神主《カムヌシ》尓《ニ》神祇某官位姓《カムヅカサノソレノツカサクラヰカバネ》名定《ナヲサダメ》弖《テ》、進《タテマツ》[16]流《ル》神財《カムダカラ》波《ハ》、御弓《ミトラシ》・御[17]太刀《ミハカシ》・御鏡《ミカガミ》・鈴《スズ》・衣笠《キヌガサ》・御馬《ミマ》乎《ヲ》引並《ヒキナラベ》弖《テ》、御衣《ミソ》波《ハ》明《アカル》多《タ》閇《ヘ》・[18]照《テル》多《タ》閇《ヘ》・和《ニキ》多《タ》閇《ヘ》・荒《アラ》多《タ》閇《ヘ》尓《ニ》備奉《ソナヘマツ》

1 世—版、ナシ。
2 流—九「留」。
3 皇—九、ナシ。
4 大—九・永・右・版「太」。
5 能—九・右「乃」。
6 大—九・永・右・版「太」。
7 能—九・右・版「乃」。
8 麻尓麻尓—版「任尓」。
9 麻尓—右、二字ノ左ニ・ヲ付シ、左傍ニ「イ无可也」ト注ス。
10 能—九・右「乃」。
11 立—右・版、「立」ノ下ニ「弖」(小字)アリ。
12 尓—永「乃」。
13 能—九・右「乃」。
14 能—九・右「乃」。
15 登—九「止」。
16 流—九「留」。
17 太—九「大」。
18 照多閇—版、ナシ。

利《リ》弖《テ》、四方《ヨモノ》国《クニ》[19]能《ノ》進《タテマツ》礼《レ》[20]流《ル》御《ミ》調《ツキ》[21]能《ノ》荷《ノ》前《サキ》乎《ヲ》取《トリ》並《ナラベ》弖《テ》、御《ミ》酒《ワ》波《ハ》[22]瓺《ミカノ》戸《ヘ》高知《タカシリ》、[23]瓺《ミカノ》腹《ハラ》満《ミテ》並《ナラベ》弖《テ》、山野《ヤマノ》[24]能《ノ》物《モノ》波《ハ》甘菜《アマナ》・辛《カラ》[25]菜《ナ》、[26]青《アヲ》海原《ウナハラ》[27]能《ノ》物《モノ》波《ハ》波《ハ》多《タ》[28]能《ノ》広物《ヒロモノ》・波《ハ》多《タ》[29]能《ノ》狭物《サモノ》、奥《オキ》[30]津《ツ》毛《モ》波《ハ》・辺《ヘ》津《ツ》毛《モ》波《ハ》尓《ニ》至《イタル》[31]麻《マ》弖《デ》、雑物《クサグサノモノ》乎《ヲ》如《ゴトク》二横山《ヨコヤマノ》一置《オキ》高成《タカナシ》弖《テ》、献《タテマツ》[32]流《ル》宇《ウ》豆《ヅ》[33]能《ノ》大幣帛《オホミテグラ》乎《ヲ》、平《タヒラケ》久《ク》所レ聞《キコシメシ》弖《テ》、天皇《スメラ》我《ガ》御《ミ》世《ヨ》乎《ヲ》堅石《カチハ》尓《ニ》常石《トキハ》尓《ニ》斎《イハヒ》奉《マツ》利《リ》、伊《イ》賀《カ》[34]志《シ》御《ミ》世《ヨ》尓《ニ》幸《サキハ》閉《ヘ》奉《マツリ》弖《テ》、万世《ヨロヅヨ》尓《ニ》御坐《オハシ》令《シ》レ在《マサ》米《メ》[35]給《タマヘ》[36]登《ト》、称辞《タタヘゴト》竟《ヲヘ》奉《マツラ》久《ク》[37]登《ト》申《マヲス》。

又申《マタマヲサ》久《ク》、参[38]集《マヰウゴナハリ》弖《テ》仕奉《ツカヘマツ》[39]流《ル》親王等《ミコタチ》・王等《オホキミタチ》・臣等《マヘツキミタチ》・百《モモノ》

19 能―九「乃」。
20 流―九「留」。
21 能―九・右「乃」。
22 瓺―右「甕」。
23 瓺―右「甕」。
24 能―九・右「乃」。
25 菜―九、ナシ。
26 青―九、ナシ。
27 能―九・右・版「乃」。
28 能―版、小字。
29 能―版、小字。
30 津―九・右・ナシ。永「奥」ノ下ニ○ヲ付シ、右傍ニ「津歟」ト注ス。版「都」（大字）。下ノ「辺津」ニヨリ「津」ヲ入ル。
31 麻―版、小字。
32 流―九「留」。
33 能―九・右・版「乃」。
34 志―版、大字。
35 給登―永、「米」ノ下ニ○ヲ付シ、補入。
36 登―九・右「止」。
37 登―九「止」。
38 集―永・右・版、ナシ。九ニヨル。
39 流―九「留」。

官人《ツカサノヒト》等《ドモ》[40][41]母《モ》乎《ヲ》、夜守《ヨノマモリ》・日守《ヒノマモリ》尓《ニ》守給《マモリタマヒ》弖《テ》、天皇《スメラガミ》朝庭《カド》[42]尓《ニ》伊夜《イヤ》高《タカ》尓《ニ》伊夜《イヤ》広《ヒロ》尓《ニ》、伊賀志夜具波江《イカシヤグハエ》如久《ゴトク》立《タチ》栄《サカエ》[43]米《メ》之《シ》、令《シメ》二仕《ツカヘ》奉《マツラ》一給《タマヘ》登《ト》[44]、称辞《タタヘゴト》竟《ヲヘ》奉《マツラ》[止《ト》]久《ク》申《マヲス》。

40 等—九、ナシ。
41 母—九「毛」。
42 庭—版「廷」。
43 米之—九「弖女」。
44 登—九・右「止」。

【訓読文】

平《ひら》野《のの》祭《まつり》

[一] 天皇《すめら》が御命《おほみこと》に坐《ま》せ、今木《いまき》[二]より仕《つか》へ奉《まつ》り来《きた》れる皇大御神《すめおほみかみ》の広前《ひろまへ》に白《まを》[三]し給《たま》はく、皇大御神《すめおほみかみ》の乞《こ》[四]はし給《たま》ひのまにまに、此《こ》の所《ところ》の底《そこ》つ石根《いはね》に宮柱《みやばしら》[五]広敷《ひろし》き立《た》て、高天《たかま》の原《はら》に千木《ちぎ》高知《たかし》りて、天《あま》の御蔭《みかげ》・日《ひ》の御蔭《みかげ》

と定《さだ》め奉《まつ》りて、[六]神主《かむぬし》に神祇《かむづかさ》の某《それ》の官《つかさ》位《くらゐ》姓《かばね》名《な》を定《さだ》めて、[七]進《たてまつ》る神財《かむだから》は、御弓《みとらし》・御太刀《みはかし》・御鏡《みかがみ》・鈴《すず》・[八]衣笠《きぬがさ》・御馬《みま》を引《ひ》き並《なら》べて、御衣《みそ》は明《あかる》たへ・照《てる》たへ・和《にき》たへ・荒《あら》たへに備《そな》へ奉《まつ》りて、四方《よも》の国の進《たてまつ》れる御調《みつき》の荷前《のさき》を取《と》り並《なら》べて、御酒《みわ》は瓺《みか》のへ高知《たかし》り、瓺《みか》の腹満《はらみ》て並《なら》べて、山野《やまの》の物《もの》は甘菜《あまな》・辛菜《からな》、青海原《あをうなはら》の物《もの》ははたの広物《ひろもの》・はたの狭物《さもの》、奥《おき》つもは・辺《へ》つもはに至《いた》るまで、雑《くさぐさ》の物《もの》を横山《よこやま》の如《ごと》く置《お》き[九]高成《たかな》して、献《たてまつ》るうづの大幣帛《おほみてぐら》を、平《たひ》らけく聞《き》こしめして、天皇《すめら》が御世《みよ》を堅石《かちは》に常石《ときは》に斎《いは》ひ奉《まつ》り、いかし御世《みよ》に幸《さきは》へ奉《まつ》りて、[一〇]万世《よろづよ》に御坐在《おはしま》さしめ給《たま》へと、称《たた》へ辞竟《ごとを》へ奉《まつ》らくと申《まを》す。

[一一]又申《またまを》さく、参集《まゐうごな》はりて仕《つか》へ奉《まつ》る親王《みこたち》等・王《おほきみたち》等・臣《まへつきみたち》等・百《もも》の官《つかさ》の人等《ひとども》をも、夜《よ》の守《まも》り・日《ひ》の守《まも》りに守《まも》り給《たま》ひて、天皇《すめら》が朝庭《みかど》に[一二]いや高《たか》にいや広《ひろ》に、いかしやぐはえの如《ごと》く立《た》ち栄《さか》えしめ、仕《つか》へ奉《まつ》らしめ給《たま》へと、称《たた》へ辞竟《ごとを》へ奉《まつ》らくと申《まを》す。

【注解】

一　**天皇が御命に坐せ**――「坐せ」は已然形で言い放つ語法で、「坐せば」の意。天皇の御命令により、あるいは御命令でございますから、の意。

二　**今木より仕へ奉り来れる**―神名式上の山城国葛野郡に「平野祭神四座〔並名神大。月次・新嘗。〕」とあり、四時祭式上に、「平野神四座祭〔今木神、久度神、古開神、相殿比売神。〕」とあって、祭神名四神が見えるが、その主祭神が今木神である。この神は桓武天皇の生母高野新笠《にいかさ》（光仁天皇の皇后）によって祀られていた神である。『続日本紀』の桓武天皇の延暦元年（七八二）十一月丁酉（十九日）の条に、「叙《ス》二田村後宮《ノ》今木大神《ヲ》従四位上《ニ》一。」との記事が見え、これが今木神の初見である。高野新笠は延暦八年（七八九）十二月乙未（二十八日）に皇太后として崩じたが、その薨伝に「其百済遠祖都慕王者、河伯之女、感二日精一而所レ生。皇太后、即其後也。」と見えるように、その祖は百済からの渡来人であり、その渡来の神が新笠によってその後宮に祀られていたのである。「今木」とは「今来」であり、雄略紀や推古紀には「新漢《いまき》」とも書かれているように、古い渡来人に対して新しい渡来人という意である。『類聚三代格』の貞観十四年（八七二）十二月十五日付太政官符「応レ充二正一位平野神社地一町一事」に、「……謹検二旧記一、延暦年中、立二件社一之日、点二定四至一、……」とあるので、延暦年中、おそらくは十三年（七九四）の平安遷都とともに、大和の田村後宮から平野の地へと遷し祀られたのであろう。「今木より」というのは、大和の今木よりお遷し申し上げて来た大御神の広らかな御前に、の意。

三　**白し給はく**―この語形は「白し給ふ」のク語法である。この「まをしたまふ」という語は以下の祝詞の中にも数多くあらわれるが、特殊なものなので、少し詳しく見ておくことにしたい。有坂秀世氏は、

その附属する動詞の主語に対して何ら敬意を表す必要の無い場合に用ゐられた補助動詞「たまふ」は、常に唯「申したまふ」といふ形でのみ現れる、

ことを指摘し、その用法について、

「申したまふ」は「申す」と少しも違はないのである。もつとも、「申したまふ」は「申す」に比すれば遥に

その使用範囲が狭く、専ら神や天皇や皇太子に申し上げる場合、又は上官に申す場合などにのみ限られてゐる。それ故、恐らくは、「申す」がごく一般的な意義を表す語であったのに対し、「申したまふ」は特に鄭重な儀式的な気持を含んだ語（現代語で言へば「言上する」などに相当するもの）ではなかったかと思はれるのである。

と説かれた(注)。祝詞について言えば、奏上者が「白（申）させていただく」即ち「奏上する」という意味で使われている。

この句は「奏上いたしますことには」の意。

四 **乞はし給ひのまにまに**—お求めなさいました通りに。実際には桓武天皇の御意によるのであろうが、神意によることとして敬意を深めているのである。

五 **宮柱広敷き立て**—「広敷き立て」という表現は、この祝詞と次の「久度古開」の祝詞にのみ見える。実態から浮いた新しい表現である。

六 **神主に神祇の某の官位姓名を定めて**—四時祭式の平野神祭の条に「次神主中臣二人進宣二祝詞一」とある。中臣二人とあるのは、一人はこの平野祭の祝詞を「今木神と比売神」の前で読み、もう一人は「久度古開」の祝詞を両神の前で読むのである。

七 **進る神財は**—名義抄に、「進〈タテマツル〉」、「財〈タカラ〉」とある。神財とは神の御宝のこと。

八 **衣笠**—和名抄に「華盖〈岐沼加散〉」とある。天皇や貴人の行列の際、後ろからさしかける絹または織物で張った長い柄《え》のかさ。萬葉集に「ひさかたの　天行《あまゆ》く月を　網《あみ》に刺《さ》し　我《わ》が大君《おほきみ》は　蓋《きぬがさ》にせり」（3二四〇）と歌われている。祝詞の中で、奏る神宝に衣笠の見えるのは、この祝詞と久度古開の祝詞のみである。伊勢大神宮式の大神宮装束の条の筆頭に「蓋二枚」とあり、その詳しい仕様と寸法が見える。

九　**置き高成して**―高々と積んで置いての意。他の祝詞では「置き足らはして」の表現が多い。「置き高成して」は新しい表現である。

一〇　**万世に御坐在さしめ給へ**―万代までも御健在でいらっしゃいますようにおさせ申し上げて下さい、の意。

一一　**又申さく**―この「又」という接続詞はさらに物事を付加する場合の用法である。さらに付け加えて申し上げますことには。「又申さく」もこの祝詞と久度古開の祝詞にのみ見える句。新しく工夫されたものであろう。

一二　**いや高にいや広に**―いよいよ高く、いよいよ広く、家門が繁栄いたしますように、と祈る句。

（注）有坂秀世氏「『金有等麻宇之多麻敝礼』について」（『国語音韻史の研究』三省堂、昭和三十二年十月、所収）

久《ク》度《ド》古《フル》[1]開《アキ》

天《スメ》皇《ラ》我《ガ》御《オホ》命《ミコト》尓《ニ》坐《マ》世《セ》、久《ク》度《ド》・古《フル》[2]開《アキノ》二《フタ》所《トコロ》[3]能《ノ》宮《ミヤ》尓《ニ》[4]之《シ》弖《テ》供《ツカヘ》奉《マツリ》来《キタレ》[5]流《ル》皇《スメ》御《ミ》神《カミ》[6]能《ノ》広《ヒロ》前《マヘ》尓《ニ》白《マヲシ》給《タマハ》久《ク》、皇《スメ》御《ミ》神《カミ》[7]能《ノ》乞《コ》比《ヒ》給《タ》万《マ》比《ヒ》之《シ》任《マニマ》尓《ニ》、此《コノ》所《トコロ》[8]能《ノ》底《ソコ》津《ツ》石《イハ》根《ネ》尓《ニ》宮《ミヤ》柱《バシラ》広《ヒロ》敷《シキ》立《タテ》、高《タ》天《カマ》[9]能《ノ》原《ハラ》仁《ニ》千《チ》木《ギ》高《タカ》知《シリ》弖《テ》、天《アマ》[10]能《ノ》御《ミ》蔭《カゲ》・日《ヒ》[11]能《ノ》御《ミ》蔭《カゲ》止《ト》定《サダメ》奉《マツリ》弖《テ》、神《カム》主《ヌシニ》[12]其《ソレノ》官《ツカサ》位《クラヰ》姓《カバネ》名《ナヲ》定《サダメ》弖《テ》、進《タテマツ》[13]流《ル》神《カム》財《ダカラ》波《ハ》、御《ミ》弓《トラシ》・御《ミ》[14]太《ハ》刀《カシ》・御《ミ》鏡《カガミ》・鈴《スズ》・衣《キヌ》笠《ガサ》・御《ミ》馬《マ》乎《ヲ》引《ヒキ》並《ナラベ》弖《テ》、御《ミ》衣《ソ》波《ハ》明《アカル》多《タ》閇《ヘ》・照《テル》多《タ》閇《ヘ》・和《ニキ》多《タ》閇《ヘ》・荒《アラ》多《タ》閇《ヘ》[15]尓《ニ》

1 開―九・右「開」。版「闢」。（「開」ハ「関」ノ異体字。「関」ハ「闢」ノ俗字）。永ニヨル。
2 開―1ニ同ジ。
3 能―九・右「乃」。
4 之―九、ナシ。
5 流―九「留」。
6 能―九・右「乃」。
7 能―九・右「乃」。
8 能―九「乃」。
9 能―九・右「乃」。
10 能―九「乃」。
11 能―九「乃」。
12 其―九・右・版「某」。
13 流―九「留」。
14 太―九・右「大」。
15 尓―九、ナシ。

備《ソナヘ》奉《マツリ》弖《テ》、四《ヨ》方国《モノクニ》[16]能《ノ》進《タテマツ》礼《レ》留《ル》御《ミ》調《ツキ》[17]能《ノ》荷《ノ》前《サキ》乎《ヲ》取《トリ》並《ナラベ》弖《テ》、御《ミ》酒《ワ》波《ハ》[18]瓱《ミカ》乃《ノ》[19]閉《ヘ》高《タカ》知《シリ》、[20]瓱《ミカ》[21]能《ノ》腹《ハラ》満《ミテ》並《ナラベ》弖《テ》、山《ヤマ》野《ノ》物《モノ》波《ハ》甘《アマ》菜《ナ》・辛《カラ》菜《ナ》、青《アヲ》海《ウナ》原《ハラ》乃《ノ》物《モノ》波《ハ》鰭《ハタ》乃《ノ》広《ヒロ》物《モノ》・鰭《ハタ》[22]乃《ノ》狭《サ》物《モノ》・息《オキ》都《ツ》毛《モ》波《ハ》・辺《ヘ》都《ツ》[23]毛《モ》波《ハ》至《イタル》末《マ》[24]尓《ニ》[25]天《デ》、雑《クサグサノ》物《モノ》乎《ヲ》如《ゴトク》二横《ヨコ》山《ヤマノ》一置《オキ》高《タカ》成《ナシ》弖《テ》、献《タテマツ》[26]流《ル》宇《ウ》豆《ヅ》[27]能《ノ》大《オホ》幣《ミテ》帛《グラ》乎《ヲ》平《タヒラケ》久《ク》所《キコシ》レ聞《メシ》弖《テ》、天《スメ》皇《ラ》我《ガ》御《ミ》世《ヨ》乎《ヲ》堅《カチ》石《ハ》尓《ニ》常《トキ》石《ハ》尓《ニ》斎《イハヒ》奉《マツ》利《リ》、伊《イ》賀《カ》志《シ》御《ミ》世《ヨ》尓《ニ》幸《サキハ》閉《ヘ》奉《マツリ》弖《テ》、万《ヨロヅ》世《ヨ》尓《ニ》御《オハシ》[28]令《シ》レ坐《マサ》[29]米《メ》給《タマヘ》[30]登《ト》、称《タタヘ》辞《ゴト》竟《ヲヘ》奉《マツラ》久《ク》[31]登《ト》申《マヲス》。

又《マタ》申《マヲサ》久《ク》、参《マキ》集《ウゴナハリ》弖《テ》仕《ツカヘ》奉《マツル》親《ミ》王《コ》等《タチ》・[32]王《オホキミ》等《タチ》・臣《マヘツキミ》等《タチ》・百《モモノ》

16能―九・版「乃」。
17能―九・版「乃」。
18瓱―右「甕」。
19閉―九「門」。
20瓱―右「甕」。
21能―九「乃」。
22乃―九、ナシ。
23毛―永、ナシ。九・右・版ニヨル。
24尓―永・版、ナシ。九・右ニヨル。
25天―九「弖」。
26流―九「留」。
27能―九「乃」。版、大字。
28令―九「命」。右傍ニ「令歟」ト注ス。
29米―九「女」。
30登―九「止」。
31登―九「止」。
32王等―永・右、ナシ。

官《ツカサノ》人《ヒト》等《ドモ》乎《ヲ》毛《モ》、夜守《ヨノマモリ》・日守《ヒノマモリ》尓《ニ》守《マモリ》給《タマヒ》弖《テ》、天皇《スメラ》我《ガ》[33]朝庭《ミカド》尓《ニ》[34]弥《イヤ》
高《タカ》尓《ニ》弥《イヤ》広《ヒロ》[35]仁《ニ》、伊《イ》賀《カ》志《シ》夜《ヤ》具《グ》波《ハ》江《エ》[36]能《ノ》如《ゴト》久《ク》立栄《タチサカエ》之《シ》[37]米《メ》、令《シメ》二仕《ツカヘ》
奉《マツラ》一給《タマヘ》[38]登《ト》、称辞《タタヘゴト》竟《ヲヘ》奉《マツ》良《ラ》久《ク》[39]登《ト》[40]申《マヲス》。

33 庭—版「廷」。
34 弥高尓—右、「尓」ノ下ニ○ヲ付シ、右傍ニ補入。
35 仁—九「尓」。
36 能—九「乃」。
37 米之—九・右「女之」。版「弖」。
38 登—九「止」。
39 登—九「止」。
40 申—版「宣」。

【訓読文】

久度古開《くどふるあき》

天皇《すめら》が御命《おほみこと》に坐《ま》せ、久度《くど》・古開《ふるあき》の二所《ふたところ》の宮《みや》にして供《つか》へ奉《まつ》り来《きた》れる皇御神《すめみかみ》の広前《ひろまへ》に白《まを》し給《たま》はく、皇御《すめみ》神《かみ》の乞《こ》ひ給《たま》ひし任《まにま》に、此《こ》の所《ところ》の底《そこ》つ石根《いはね》に宮柱《みやばしら》広敷《ひろし》き立《た》て、高天《たかま》の原《はら》に千木《ちぎ》高知《たかし》りて、天《あま》の御蔭《みかげ》・

日《ひ》の御蔭《みかげ》と定《さだ》め奉《まつ》りて、神主《かむぬし》に其《それ》の官《つかさ》位《くらゐ》姓《かばね》名《な》を定《さだ》めて、進《たてまつ》る神財《かむだから》は、御弓《みとらし》・御太刀《みはかし》・御鏡《みかがみ》・鈴《すず》・衣笠《きぬがさ》・御馬《みま》を引《ひ》き並《なら》べて、御衣《みそ》は明《あかる》たへ・照《てる》たへ・和《にき》たへ・荒《あら》たへに備《そな》へ奉《まつ》りて、四方《よも》の国《くに》の進《たてまつ》れる御調《みつき》の荷前《のさき》を取《と》り並《なら》べて、御酒《みわ》は瓱《みか》のへ高知《たかし》り、瓱《みか》の腹満《はらみ》て並《なら》べて、山野《やまの》の物《もの》は甘菜《あまな》・辛菜《からな》、青海原《あをうなはら》の物《もの》は鰭《はた》の広物《ひろもの》・鰭《はた》の狭物《さもの》・息《おき》つもは・辺《へ》つもはに至《いた》るまで、雑《くさぐさ》の物《もの》を横山《よこやま》の如《ごと》く置《お》き高成《たかな》して、献《たてまつ》るうづの大幣帛《おほみてぐら》を平《たひ》らけく聞《き》こしめして、天皇《すめら》が御世《みよ》を堅石《かちは》に常石《ときは》に斎《いは》ひ奉《まつ》り、いかし御世《みよ》に幸《さき》はへ奉《まつ》りて、万世《よろづよ》に御《おは》し坐《ま》さしめ給《たま》へと、称《たた》へ辞竟《ごとを》へ奉《まつ》らくと申《まを》す。

又申《またまを》さく、参集《まゐうごな》はりて仕《つか》へ奉《まつ》る親王《みこたち》等・王《おほきみたち》等・臣《まへつきみたち》等・百《もも》の官《つかさ》の人等《ひとども》をも、夜《よ》の守《まも》り・日《ひ》の守《まも》りに守《まも》り給《たま》ひて、天皇《すめら》が朝庭《みかど》に弥高《いやたか》に弥広《いやひろ》に、いかしやぐはえの如《ごと》く立《た》ち栄《さか》えしめ、仕《つか》へ奉《まつ》らしめ給《たま》へと、称《たた》へ辞竟《ごとを》へ奉《まつ》らくと申《まを》す。

【注解】

一　**久度・古開の二所の宮にして供へ奉り来れる**―久度・古開は、前の平野祭祝詞のところで見たように、四時祭式上に「平野祭神四座祭〔今木神、久度神、古開神、相殿比売神。〕」とあった平野祭神の二神である。久度の神は神名式の大和国、平群郡に「久度神社」があり、この神の初見は、『続日本紀』の延暦二年（七八三）十二月丁巳（十五日）の条に、「大和国平群郡久度神ヲ、叙二従五位下一為二官社一。」とある記事である。「久度」とは何かといえば、『新撰字鏡』に「竈墺〈竈尾也。久止〉」とあり、『大漢和辞典8』（穴部）に「竈突〈サウトツ〉かまどの煙だし。煙突。」とある。名義抄にも「窠〈クド〉」と見える。竈《かまど》のうしろの煙出しの穴のこと。今日も、竈のことを「おくどさん」と親しみをこめて言うのは、この久度の神への信仰の名残である。本来、大和国平群郡に祀られていた神が、平安遷都に伴い、京の平野神社に祀られることになったらしい。次の古開の神についてはよくわからない。

六月月次《ミナヅキノツキナミ》　十二月《シハス》准《スモナラヘ》レ此《コレニ》。

○この祝詞は「祈年祭の祝詞」とわずかの違いがあるだけで、ほとんど同じなので、「本文」と「訓読文」とは一括して掲げるが「注解」は省略する。

集侍《ウゴナハリハベル》神主《カムヌシ》・祝部《ハフリベ》等《ラ》、諸《モロモロ》聞食《キキタマヘ》[1]登《ト》宣《ノル》。

高天原《タカマノハラ》[2]仁《ニ》神留坐《カムヅマリマス》皇睦《スメムツ》神漏伎命《カムロキノミコト》・神漏弥命《カムロミノミコト》以《モチテ》、天《アマツ》社《ヤシロ》・[3]国社《クニツヤシロ》[4]登《ト》称辞《タタヘゴト》竟《ヲヘ》奉《マツル》皇神等《スメカミタチノ》前《マヘ》尓《ニ》白久《マヲサク》、今年《コトシ》[5]能《ノ》六月月《ミナヅキノツキ》次《ナミノ》幣帛《ミテグラヲ》十二月《シハス》者《ニハ》、云《イヘ》二今年《コトシノ》十二月《シハス》月次幣帛《ノツキナミノミテグラト》一。、明妙《アカルタヘ》・照妙《テルタヘ》・和妙《ニキタヘ》・荒妙《アラタヘニ》備奉《ソナヘマツリ》弖《テ》、朝日《アサヒ》[6]能《ノ》豊栄登《トヨサカノボリ》尓《ニ》、皇御孫命《スメミマノミコト》[7]能《ノ》宇豆《ウヅ》[8]乃《ノ》幣帛《ミテグラ》乎《ヲ》

1登―九「止」。
2仁―九・右・版「尓」。
3国社―九、ナシ。
4登―九「止」。
5能―九・右・版「乃」。
6能―九・右・版「乃」。
7能―九「乃」。
8乃―版、大字。

称辞《タタヘゴト》竟奉《ヲヘマツラ》久《ク》[9]登《ト》宣《ノル》。

大御巫《オホミカムナギ》[10]能《ノ》辞《コト》竟奉《ヲヘマツル》皇神等《スメカミタチ》[11]能《ノ》前《マヘ》尓《ニ》白《マヲサ》久《ク》、[12]神魂《カムムスヒ》・高御魂《タカミムスヒ》・生魂《イクムスヒ》・足魂《タルムスヒ》・玉留魂《タマツメムスヒ》・大宮売《オホミヤノメ》・御膳都神《ミケツカミ》・辞代《コトシロ》主《ヌシ》[13]登《ト》御名《ミナ》者《ハ》白《マヲシ》弖《テ》、辞竟奉《コトヲヘマツラク》者《ハ》、皇御孫命《スメミマノミコト》[14]能《ノ》御世《ミヨ》乎《ヲ》手《タ》長御世《ナガノミヨ》[15]登《ト》、堅磐《カチハ》尓《ニ》常磐《トキハ》尓《ニ》斎《イハ》比《ヒ》奉《マツリ》、茂御世《イカシミヨ》尓《ニ》幸《サキハ》閉《ヘ》奉《マツル》故《ガユエニ》、皇吾睦神漏伎命《スメアガムツカムロキノミコト》・神漏弥命《カムロミノミコト》[16]登《ト》、皇御孫命《スメミマノミコト》[17]能《ノ》宇豆《ウヅ》乃《ノ》幣帛《ミテグラ》乎《ヲ》称辞《タタヘゴト》竟奉《ヲヘマツラ》久《ク》[18]登《ト》宣《ノル》。

座摩《ヰカスリ》[19]能《ノ》御巫《ミカムナギノ》辞《コト》竟奉《ヲヘマツル》皇神等《スメカミタチ》[20]能《ノ》前《マヘ》尓《ニ》白《マヲサ》久《ク》、生井《イクヰ》・栄《サク》

9 登—九「止」。
10 能—九「乃」。
11 能—九「乃」。
12 神魂—版「神御魂」。
13 登—九「止」。
14 能—九・版「乃」。
15 登—九「止」。
16 登—九「止」。
17 能—九・版「乃」。
18 登—九「止」。
19 能—九・版「乃」。
20 能—九・版「乃」。

井《ヰ》・津《ツ》長井《ナガヰ》・阿須波《アスハ》・婆比伎《ハヒキ》[21]登御名《ミナ》者《ハ》白弖《マヲシテ》、辞竟《コトヲヘ》奉《マツラク》者《ハ》[22]、皇神《スメカミ》[23]能敷坐《シキマス》下都磐根《シタツイハネ》尓宮柱《ミヤバシラ》太知立《フトシリタテ》、高天《タカマノ》原《ハラ》[24]仁千木《チギ》高知《タカシリ》弖《テ》、皇御孫命《スメミマノミコトノ》瑞《ミヅ》乃御舎《ミアラカ》仕奉《ツカヘマツリ》弖《テ》、天御《アマノミ》蔭《カゲ》・日御蔭《ヒノミカゲ》[25]登隠坐《カクレマシ》弖《テ》、四方国《ヨモノクニ》乎《ヲ》安国《ヤスクニ》[26]登平《タヒラケ》久《ク》知食《シロシメ》須《ス》故《ユヱニ》、皇御孫命《スメミマノミコトノ》[27]能宇豆乃幣帛《ウヅノミテグラ》乎《ヲ》称辞竟奉《タタヘゴトヲヘマツラ》久《ク》[28]登《ト》宣《ノル》。

御門《ミカドノ》[29]能御巫《ミカムナギノ》[30]能辞竟奉皇神等《コトヲヘマツルスメカミタチ》[31]能前《マヘ》尓白《マヲサ》久《ク》、櫛磐間門《クシイハマドノ》命《ミコト》・豊磐間門命《トヨイハマドノミコト》[32]登御名《ミナ》者《ハ》白弖《マヲシテ》、辞竟奉《コトヲヘマツラク》者《ハ》、四方《ヨモ》[33]能御門《ミカドニ》尓湯都磐村《ユツイハムラ》[34]能如《ゴト》久《ク》塞坐《フサガリマシ》弖《テ》、朝《アシタニ》者《ハ》御門開奉《ミカドヲヒラキマツリ》、夕《ユフヘニ》

21 登―九「止」。
22 者―九、コノ下ニ「皇白弖辞竟奉者」ノ七字アリ。
23 能―九・右「乃」。
24 仁―九・右・版「尓」。
25 登―九「止」。
26 登―九「止」。
27 能―九・右「乃」。
28 登―九「止」。
29 能―九・右・版「乃」。
30 能―九・右「乃」。
31 能―九「乃」。
32 登―九「止」。
33 能―九「乃」。
34 能―九「乃」。

者《ハ》御門《ミカド》閉奉弖《ヲタテマツリテ》、疎《ウト》布《ブ》留《ル》物《モノ》[35]能《ノ》自《ヨリ》レ下往者《シタユカバ》下乎守《シタヲマモリ》、自《ヨリ》レ上往《ウヘユカ》者《バ》[36]上乎守《ウヘヲマモリ》、夜乃守《ヨノマモリ》・日《ヒ》[37]能《ノ》守尓守奉故《マモリニマモリマツルガユエニ》、皇御孫命《スメミマノミコト》[38]能《ノ》宇豆乃幣帛乎《ウヅノミテグラヲ》称辞竟奉久《タタヘゴトヲヘマツラク》[39]登《ト》宣《ノル》。

生島《イクシマ》[40]能《ノ》御巫《ミカムナギ》[41]能《ノ》辞竟奉《コトヲヘマツル》皇神等《スメカミタチ》[42]能《ノ》前尓《マヘニ》白久《マヲサク》、生国《イククニ》・足《タル》国《クニ》[43]登《ト》御名者《ミナハ》白弖《マヲシテ》辞竟奉者《コトヲヘマツラクハ》、皇神《スメカミ》[44]能《ノ》敷坐《シキマス》島《シマ》[45]能《ノ》八十島《ヤソシマ》者《ハ》、谷蟆《タニグク》[46]能《ノ》狭度極《サワタルキハミ》、塩沫乃《シホナワノ》留[47]限《トドマルカギリ》、狭国者《サキクニハ》広久《ヒロク》、嶮《サガシキ》国者《クニハ》平久《タヒラケク》、島《シマ》[48]能《ノ》八十島《ヤソシマ》堕事《オツルコト》[49]无久《ナク》、皇神等寄志奉故《スメカミタチノヨサシマツルガユエニ》、皇御孫命乃《スメミマノミコトノ》宇豆乃幣帛乎《ウヅノミテグラヲ》称辞竟奉久《タタヘゴトヲヘマツラク》[50]登《ト》宣《ノル》。

35 能—九・版「乃」。
36 上—九「止」（大字）。
37 能—九・版「乃」。
38 能—九・版「乃」。
39 登—九「止」。
40 能—九・右・版「乃」。
41 能—九「乃」。
42 能—九・版「乃」。
43 登—九「止」。
44 能—九・版「乃」。
45 能—九・版「乃」。
46 能—九「乃」。永「仁」。右・版ニヨル。
47 限—版、コノ下ニ「利」（小字）アリ。
48 能—九・右・版「乃」。
49 无—版「無」。
50 登—九「止」。

辞別《コトワキテ》、伊勢《イセ》尓《ニ》坐《マス》天照《アマテラス》[51]大御神《オホミカミ》[52]能《ノ》[53]大前《オホマヘ》尓《ニ》白久《マヲサク》、皇神《スメカミ》[54]能《ノ》見《ミ》

霽《ハルカ》[55]志《シ》坐《マス》四方《ヨ》国《モノクニ》者《ハ》、天《アメ》[56]能《ノ》壁立《カキタツキハミ》極、国《クニ》[57]能《ノ》退立限《ソキタツカギリ》、青雲《アヲクモ》[58]能《ノ》

靄《タナビクキハミ》極、白雲《シラクモ》[59]能《ノ》向伏限《ムカブスカギリ》、青海原《アヲウナハラ》者《ハ》棹《サヲ》[60]柁《カヂ》不《ズ》レ干《ホサ》、舟艫《フナノヘ》

[61]能《ノ》至《イタリトドマルキハミ》[62]留極、大海原《オホウナハラ》尓《ニ》舟《フネ》満《ミテ》都《ツ》[63]都《ヅ》気《ケ》弖《テ》、自《ヨリ》レ陸《クガ》往道《ユクミチ》者《ハ》、

荷緒《ニノヲ》結堅《ユヒカタメ》弖《テ》、磐根《イハネ》・木根《キネ》履佐久弥《フミサクミ》弖《テ》、馬爪至留限《ウマノツメノイタリトドマルカギリ》、

長道《ナガチ》[64]无《ナ》レ間《マ》久《ク》立《タテ》都《ツ》都《ヅ》気《ケ》弖《テ》、狭国《サキクニ》者《ハ》広《ヒロ》久《ク》、峻国《サガシキクニ》者《ハ》平《タヒラケ》

久《ク》、遠国《トホキクニ》者《ハ》八十《ヤソ》綱《ツナ》打《ウチ》[65]挂《カケ》弖《テ》引寄《ヒキヨスルゴトク》如レ事《コトノ》、皇《スメ》[66]大御神《オホミカミノ》[67]寄志《ヨサシ》

奉《マツ》良《ラ》[68]波《バ》、荷前《ノサキ》者《ハ》皇《スメ》[69]大御神《オホミカミ》[70]能《ノ》前《マヘ》尓《ニ》、如《ゴトク》二横山《ヨコヤマノ》一打積置《ウチツミオキ》弖《テ》、

51 大—九・永・右・版「太」。
52 能—九・右・版「乃」。
53 大—九・永・右・版「太」。
54 能—九・版「乃」。
55 志—九、ナシ。
56 能—九・版「乃」。
57 能—九・版「乃」。
58 能—九「乃」。
59 能—九・版「乃」。
60 柁—九・永・右・版「枚」。考ニヨル。
61 能—九・版「乃」。
62 留—九・永・右・版、小字。考ニヨル。
63 都—九、ナシ。
64 无—版「無」。
65 挂—永「桂」。版「掛」。
66 大—版「太」。
67 神寄—右、コノ間ニ「能前」アルモ、斜線ニテ消ス。
68 波—九「八」。
69 大—版「太」。
70 能—九・版「乃」。

残《ノコリ》乎《ヲ》波《バ》平《タヒラケク》聞看《キコシメサム》。又《マタ》、皇御孫命《スメミマノミコトノ》御世《ミヨ》乎《ヲ》、[71]手長御世《タナガノミヨ》[72]登《ト》、堅磐《カチハ》尓《ニ》常磐《トキハ》尓《ニ》斎比《イハヒ》奉《マツリ》、茂御世《イカシミヨ》尓《ニ》幸閉《サキハヘ》奉《マツル》故《ガユエニ》、皇吾睦《スメアガムツ》神漏伎命《カムロキノミコト》・神漏弥命《カムロミノミコト》[73]登《ト》、[74]鶍自物《ウジモノ》頸根《ウナネ》衝抜《ツキヌキ》弖《テ》、皇御《スメミ》孫命《マノミコト》[75]能《ノ》宇豆《ウヅ》[76]乃《ノ》幣帛《ミテグラ》乎《ヲ》称辞《タタヘゴト》竟《ヲヘ》奉《マツラ》久《ク》[77]登《ト》宣《ノル》。

御県《ミアガタ》尓《ニ》坐《マス》皇神等《スメカミタチ》[78]能《ノ》前《マヘ》尓《ニ》白《マヲサ》久《ク》、高市《タケチ》・葛木《カヅラキ》・十市《トヲチ》・志貴《シキ》・山辺《ヤマノヘ》・曾布《ソフ》[79]登《ト》御名《ミナ》者《ハ》白《マヲシ》弖《テ》、[80]此六御県《コノムツノミアガタ》尓《ニ》生出《オヒイヅル》甘《アマ》菜《ナ》・辛菜《カラナ》乎《ヲ》持参来《モチマヰリキ》弖《テ》、皇御孫命《スメミマノミコト》[81]能《ノ》長御膳《ナガミケ》[82]能《ノ》遠御膳《トホミケ》[83]登《ト》聞食《キコシメス》故《ガユエニ》、皇御孫命《スメミマノミコト》[84]能《ノ》宇豆《ウヅ》[85]乃《ノ》幣帛《ミテグラ》乎《ヲ》称辞《タタヘゴト》竟《ヲヘ》奉《マツラ》久《ク》[86]登《ト》宣《ノル》。

71 手—九・永・右・版、ナシ。考ニヨル。
72 登—九「止」。
73 登—九「止」。
74 自—右、左傍ニ「白ィ」ト注ス。
75 能—九・版「乃」。
76 乃—版、大字。
77 登—九「止」。
78 能—九・版「乃」。
79 登—九「止」。
80 比六—九、「祡」ト一字ニ書クモ、上欄ニ「二字歟」ト注ス。
81 能—九・版「乃」。
82 能—九・版「乃」。
83 登—九「止」。
84 能—九「乃」。
85 乃—版、大字。
86 登—九「止」。

山[87]能口坐《ヤマノクチニマス》皇神等《スメカミタチ》[88]能前尓白久《ノマヘニマヲサク》、飛鳥《アスカ》・石寸《イハレ》・忍坂《オツサカ》・

長谷《ハツセ》・畝火《ウネビ》・耳[89]无[90]登御名者白弖《ミミナシトミナハマヲシテ》、遠山《トホヤマ》・近山尓生《チカヤマニオヒ》

立[91]流大木《タテルオホキ》・小木乎《ヲキヲ》、本末打切弖《モトスヱウチキリテ》、持参来弖《モチマヰリキテ》、皇御孫《スメミマノ》

命[92]能瑞[93]能御舎仕奉弖《ミコトノミヅノミアラカツカヘマツリテ》、天御蔭《アマノミカゲ》・日御蔭[94]登隠坐弖《ヒノミカゲトカクレマシテ》、四《ヨ》

方国乎安国[95]登平久知食須《モノクニヲヤスクニトタヒラケクシロシメス》我《ガ》故《ユヱニ》、皇御孫命乃宇豆乃幣帛《スメミマノミコトノウヅノミテグラ》

乎《ヲ》称辞《タタヘゴト》竟奉《ヲヘマツラ》久《ク》[96]登《ト》宣《ノル》。

水分坐皇神等[97]能前尓白久《ミクマリニマススメカミタチノマヘニマヲサク》、吉野《ヨシノ》・[98]宇陁《ウダ》・都祁《ツゲ》・葛《カヅラ》

木[99]登御名者白弖《キトミナハマヲシテ》、辞竟奉者《コトヲヘマツラクハ》、皇神等依志奉[100]牟奥都《スメカミタチノヨサシマツラムオキツ》

87 能—九「乃」。
88 能—九・版「乃」。
89 无—版「無」。
90 登—九「止」。
91 流—九「留」。
92 能—九・版「乃」。
93 能—九・右・版「乃」。
94 登—九「止」。
95 登—九「止」。
96 登—九「止」。
97 能—九・右・版「乃」。
98 陁—版「陀」。
99 登—九「止」。
100 牟—版、ナシ。

御年《ミトシ》乎《ヲ》、八束穂《ヤツカホ》[101]能《ノ》伊加志穂《イカシホ》尓《ニ》依志奉者《ヨサシマツラバ》、皇神等《スメカミタチ》尓《ニ》初《ハツ》穂者穎《ホハカビ》尓《ニ》[102]母《モ》汁《シル》尓《ニ》[103]母《モ》、[104]瓱閉高知《ミカノヘタカシリ》、[105]瓱腹満双弖《ミカノハラミテナラベテ》、称辞竟奉弖《タタヘゴトヲヘマツリテ》、遺《ノコリ》[106]乎《ヲ》波《バ》皇御孫命《スメミマノミコト》[107]能《ノ》朝御食《アサミケ》・夕御食《ユフミケ》[108]能《ノ》加牟加比《カムカヒ》[109]尓《ニ》、長御《ナガミ》食《ケ》[110]能《ノ》遠御食《トホミケ》[111]登《ト》、赤丹穂《アカニノホ》尓《ニ》聞食故《キコシメスガユエニ》、皇御孫命《スメミマノミコト》[112]能《ノ》宇豆乃《ウヅノ》幣[113]帛《ミテグラ》乎《ヲ》称辞竟奉《タタヘゴトヲヘマツラ》久《ク》[114]登《ト》、諸《モロモロ》聞食《キキタマヘ》止《ト》宣《ノル》。

辞別《コトワキテ》、忌部《イミベ》[115]能《ノ》弱肩《ヨワカタ》尓《ニ》[116]太襁《フトダスキ》取《トリ》[117]挂《カケ》[118]弖《テ》、持《モチ》由麻波利《ユマハリ》仕奉《ツカヘマツ》礼《レ》留《ル》幣帛《ミテグラ》乎《ヲ》、神主《カムヌシ》・祝部《ハフリベ》等《ラ》受賜《ウケタマハリ》弖《テ》、事《コト》不《ズ》レ過《アヤマタ》捧持《ササゲモチテ》奉《タテマツレ》[119]登宣《トノル》。

101 能―九・版「乃」。
102 母―九「毛」。
103 母―九「毛」。
104 瓱―右「甕」。
105 瓱―右「甕」。
106 乎―九「牟」。
107 能―九・右・版「乃」。
108 能―九・版「乃」。
109 尓―九、大字。
110 能―九・版「乃」。
111 登―九「止」。
112 能―九・右・版「乃」。
113 帛―九「名」。
114 登―九「止」。
115 能―九・版「乃」。
116 太―九・永「大」。
117 挂―永「桂」。版「掛」。
118 弖―右「天」。
119 登―九「止」。

【訓読文】

六月《みなづき》の月次《つきなみ》　十二月《しはす》も此《こ》れに准《なら》へ。

集《うごな》はり侍《はべ》る神主《かむぬし》・祝部《はふりべ》等《ら》、諸《もろもろ》聞き食《たま》へと宣《の》る。

高天《たかま》の原《はら》に神留《かむづま》り坐《ま》す皇睦神漏伎《すめむつかむろき》の命《みこと》・神漏弥《かむろみ》の命《みこと》以《も》ちて、天《あま》つ社《やしろ》・国《くに》つ社《やしろ》と称《たた》へ辞竟《ごとを》へ奉《まつ》る皇神《すめかみ》等《たち》の前《まへ》に白《まを》さく、今年《ことし》の六月《みなづき》の月次《つきなみ》の幣帛《みてぐら》を、十二月《しはす》には、今年《ことし》の十二月《しはす》の月次《つきなみ》の幣帛《みてぐら》と云《い》へ。明妙《あかるたへ》・照妙《てるたへ》・和《にき》妙《たへ》・荒妙《あらたへ》に備《そな》へ奉《まつ》りて、朝日《あさひ》の豊栄登《とよさかのぼ》りに、皇御孫《すめみま》の命《みこと》のうづの幣帛《みてぐら》を称《たた》へ辞竟《ごとを》へ奉《まつ》らくと宣《の》る。

大御《おほみ》巫《かむなぎ》の辞竟《ことを》へ奉《まつ》る皇神等《すめかみたち》の前《まへ》に白《まを》さく、神魂《かむむすひ》・高御魂《たかみむすひ》・生魂《いくむすひ》・足魂《たるむすひ》・玉留魂《たまつめむすひ》・大宮《おほみやの》売《め》・御膳《みけ》都神《つかみ》・辞代主《ことしろぬし》と御名《みな》は白《まを》して、辞竟《ことを》へ奉《まつ》らくは、皇御孫《すめみま》の命《みこと》の御世《みよ》を手長《たなが》の御世《みよ》と、堅磐《かちは》に常磐《ときは》に斎《いは》ひ奉《まつ》り、茂《いか》し御世《みよ》に幸《さきは》へ奉《まつ》るが故《ゆゑ》に、皇吾《すめあ》が睦神漏伎《むつかむろき》の命《みこと》・神漏弥《かむろみ》の命《みこと》と、皇御孫《すめみま》の命《みこと》のうづの幣帛《みてぐら》を称《たた》へ辞竟《ごとを》へ奉《まつ》らくと宣《の》る。

座摩《ゐかすり》の御《み》巫《かむなぎ》の辞竟《ことを》へ奉《まつ》る皇神等《すめかみたち》の前《まへ》に白《まを》さく、生井《いくゐ》・栄井《さくゐ》・津長井《つながゐ》・阿須波《あすは》・婆比伎《はひき》と御名《みな》は白《まを》して、辞竟《ことを》へ奉《まつ》らくは、皇神《すめかみ》の敷《し》き坐《ま》す下《した》つ磐根《いはね》に宮柱《みやばしら》太知《ふとし》り立《た》て、高天《たかま》の原《はら》に千木《ちぎ》高知《たかし》りて、皇御《すめみ》孫《ま》の命《みこと》の瑞《みづ》の御舎《みあらか》仕《つか》へ奉《まつ》りて、天《あま》の御蔭《みかげ》・日《ひ》の御蔭《みかげ》と隠《かく》れ坐《ま》して、四方《よも》の国《くに》を安国《やすくに》と平《たひ》らけく知《し》ろし食《め》す故《ゆゑ》に、皇御孫《すめみま》の命《みこと》のうづの幣帛《みてぐら》を称《たた》へ辞竟《ごとを》へ奉《まつ》らくと宣《の》る。

御門《みかど》の御巫《みかむなぎ》の辞竟《ことを》へ奉《まつ》る皇神等《すめかみたち》の前《まへ》に白《まを》さく、櫛磐間門命《くしいはまどのみこと》・豊磐間門命《とよいはまどのみこと》と御名《みな》は白《まを》して、辞竟《ことを》へ奉《まつ》らくは、四方《よも》の御門《みかど》にゆつ磐村《いはむら》の如《ごと》く塞《ふさ》がり坐《ま》して、朝《あした》には御門《みかど》を開《ひら》き奉《まつ》り、夕《ゆふへ》には御門《みかど》を閉《た》て奉《まつ》りて、疎《うと》ぶる物《もの》の下《した》より往《ゆ》かば下《した》を守《まも》り、上《うへ》より往《ゆ》かば上《うへ》を守《まも》り、夜《よ》の守《まも》り・日《ひ》の守《まも》りに守《まも》り奉《まつ》るが故《ゆゑ》に、皇御孫《すめみま》の命《みこと》のうづの幣帛《みてぐら》を称《たた》へ辞竟《ごとを》へ奉《まつ》らくと宣《の》る。

生島《いくしま》の御巫《みかむなぎ》の辞竟《ことを》へ奉《まつ》る皇神等《すめかみたち》の前《まへ》に白《まを》さく、生国《いくくに》・足国《たるくに》と御名《みな》は白《まを》して辞竟《ことを》へ奉《まつ》らくは、皇神《すめかみ》の敷《し》き坐《ま》す島《しま》の八十島《やそしま》は、谷蟆《たにぐく》のさ度《わた》る極《きは》み、塩沫《しほなわ》の留《とど》まる限《かぎ》り、狭《さ》き国《くに》は広《ひろ》く、嶮《さが》しき国《くに》は平《たひ》らけく、島《しま》の八十島《やそしま》堕《お》つる事《こと》無《な》く、皇神等《すめかみたち》の寄《よ》さし奉《まつ》るが故《ゆゑ》に、皇御孫《すめみま》の命《みこと》のうづの幣帛《みてぐら》を称《たた》へ辞竟《ごとを》へ奉《まつ》らくと宣《の》る。

辞別《ことわ》きて、伊勢《いせ》に坐《ま》す天照大御神《あまてらすおほみかみ》の大前《おほまへ》に白《まを》さく、皇神《すめかみ》の見霽《みはる》かし坐《ま》す四方《よも》の国《くに》は、天《あめ》の壁立《かきた》つ極《きは》み、国《くに》の退《そ》き立《た》つ限《かぎ》り、青雲《あをくも》の靄《たなび》く極《きは》み、白雲《しらくも》の向伏《むかぶ》す限《かぎ》り、青海原《あをうなはら》は棹柁《さをかぢ》干《ほ》さず、舟《ふな》の艫《へ》の至《いた》り留《とど》まる極《きは》み、大海原《おほうなはら》に舟《ふね》満《み》てつづけて、陸《くが》より往《ゆ》く道《みち》は、荷《に》の緒《を》結《ゆ》ひ堅《かた》めて、磐根《いはね》・木根《きね》履《ふ》みさくみて、馬《うま》の爪《つめ》の至《いた》り留《とど》まる限《かぎ》り、長道間《ながちまな》无く立《た》てつづけて、狭《さ》き国《くに》は広《ひろ》く、峻《さが》しき国《くに》は平《たひ》らけく、遠《とほ》き国《くに》は八十綱《やそつな》打《う》ち挂《か》けて引《ひ》き寄《よ》する事《こと》の如《ごと》く、皇大御神《すめおほみかみ》の寄《よ》さし奉《まつ》らば、荷前《のさき》は皇大御神《すめおほみかみ》の前《まへ》に、横山《よこやま》の如《ごと》く打《う》ち積《つ》み置《お》きて、残《のこ》りをば平《たひ》らけく聞《き》こし看《め》さむ。又《また》、皇御孫《すめみま》の命《みこと》の御世《みよ》を、手長《たなが》の御世《みよ》と、堅磐《かちは》に常磐《ときは》に斎《いは》ひ奉《まつ》り、茂《いか》し御世《みよ》に幸《さきは》へ奉《まつ》るが故《ゆゑ》に、皇吾《すめあ》が睦《むつ》神漏伎《かむろき》の命《みこと》・神漏弥《かむろみ》の命《みこと》と、鵜《う》じ物《もの》頸根《うなね》衝《つ》き抜《ぬ》きて、皇御孫《すめみま》の命《みこと》のうづの幣帛《みてぐら》を称《たた》へ辞竟《ごとを》へ奉《まつ》らくと宣《の》る。

御県《みあがた》に坐《ま》す皇神等《すめかみたち》の前《まへ》に白《まを》さく、高市《たけち》・葛木《かづらき》・十市《とをち》・志貴《しき》・山辺《やまのへ》・曾布《そふ》と御名《みな》は白《まを》して、此《こ》の六《む》つの御県《みあがた》に生《お》ひ出《い》づる甘菜《あまな》・辛菜《からな》を持《も》ち参《まゐ》り来《き》て、皇御孫《すめみま》の命《みこと》の長御膳《ながみけ》の遠御膳《とほみけ》と聞《き》こし食《め》すが故《ゆゑ》に、皇御孫《すめみま》の命《みこと》のうづの幣帛《みてぐら》を称《たた》へ辞竟《ごとを》へ奉《まつ》らくと宣《の》る。

山《やま》の口《くち》に坐《ま》す皇神等《すめかみたち》の前《まへ》に白《まを》さく、飛鳥《あすか》・石寸《いはれ》・忍坂《おつさか》・長谷《はつせ》・畝火《うねび》・耳无《みみなし》と御名《みな》は白《まを》して、遠山《とほやま》・近《ちか》山《やま》に生《お》ひ立《た》てる大木《おほき》・小木《をき》を、本末《もとすゑ》打《う》ち切《き》りて、持《も》ち参《まゐ》り来《き》て、皇御孫《すめみま》の命《みこと》の瑞《みづ》の御舎《みあらか》仕《つか》へ奉《まつ》りて、天《あま》の御蔭《みかげ》・日《ひ》の御蔭《みかげ》と隠《かく》れ坐《ま》して、四方《よも》の国《くに》を安国《やすくに》と平《たひ》らけく知《し》ろし食《め》すが故《ゆゑ》に、皇御孫《すめみま》の命《みこと》のうづの幣帛《みてぐら》を称《たた》へ辞竟《ごとを》へ奉《まつ》らくと宣《の》る。

水分《みくまり》に坐《ま》す皇神等《すめかみたち》の前《まへ》に白《まを》さく、吉野《よしの》・宇陀《うだ》・都祁《つげ》・葛木《かづらき》と御名《みな》は白《まを》して、辞竟《ことを》へ奉《まつ》らくは、皇神《すめかみ》等《たち》の依《よ》さし奉《まつ》らむ奥《おき》つ御年《みとし》を、八束穂《やつかほ》のいかし穂《ほ》に依《よ》さし奉《まつ》らば、皇神等《すめかみたち》に初穂《はつほ》は穎《かび》にも汁《しる》にも、瓱《みか》のへ高知《たかし》り、瓱《みか》の腹満《はらみ》て双《なら》べて、称《たた》へ辞竟《ごとを》へ奉《まつ》りて、遺《のこ》りをば皇御孫《すめみま》の命《みこと》の朝御食《あさみけ》・夕御食《ゆふみけ》のかむかひに、長御食《ながみけ》の遠御食《とほみけ》と、赤丹《あかに》の穂《ほ》に聞《き》こし食《め》すが故《ゆゑ》に、皇御孫《すめみま》の命《みこと》のうづの幣帛《みてぐら》を称《たた》へ辞竟《ごとを》へ奉《まつ》らくと、諸《もろもろ》聞《き》き食《たま》へと宣《の》る。

辞別《ことわ》きて、忌部《いみべ》の弱肩《よわかた》に太襁《ふとだすき》取《と》り挂《か》けて、持《も》ちゆまはり仕《つか》へ奉《まつ》れる幣帛《みてぐら》を、神主《かむぬし》・祝部《はふりべ》等《ら》受《う》け賜《たま》はりて、事過《ことあやま》たず捧《ささ》げ持《も》ちて奉《たてまつ》れと宣《の》る。

【考】〔六月と十二月の月次祭〕

「月次」は名義抄に「月次〈ツキナミ〉」とあるように、「つきなみ」と訓む。月毎の、毎月の、の意である。月次祭については、『神祇令』に「季夏（六月）」と「季冬（十二月）」に「月次祭」を執行せよとの規定がある。また、「其祈年・月次祭者、百官集㆓神祇官㆒。中臣宣㆓祝詞㆒。忌部班㆓幣帛㆒。」とあり、朝廷を挙げての重要な祭祀であった。祭日は四時祭式上に「月次祭六月、十二月十一日」とあり、その月次祭の条に、「月次祭奠㆓幣案上㆒神三百四座〔並大。〕社一百九十八所」、さらに「右所㆑祭之神、並同㆓祈年。㆒」とある。

大《オホ》殿《トノ》祭《ホカヒ》

高天原《タカマノハラ》尓《ニ》神留坐《カムヅマリマ》須《ス》皇親神魯企《スメムツカムロキ》・神魯美之命《カムロミノミコト》以《モチ》弖《テ》、皇御孫之命《スメミマノミコト》乎《ヲ》天津高御座《アマツタカミクラ》尓《ニ》坐《マセ》弖《テ》、天津璽《アマツシルシ》乃《ノ》釼《ツルギ》[1]・鏡《カガミ》乎《ヲ》捧持賜《ササゲモチタマヒ》天《テ》[2]、言寿《コトホキ》古語《フルコト》云《ニイフ》二許止保企《コトホキト》一。言《イフハ》二寿詞《ホキコトト》一如《ゴトシ》二今寿鬺《イマノサカホカヒ》[3]之《ノ》詞《コトバノ》一。宣《ノリタマヒ》志《シ》久《ク》、皇我宇都《スメラアガウヅノ》御子皇御孫之命《ミコスメミマノミコト》、此《コノ》能[4]天津高御座《アマツタカミクラ》尓《ニ》坐《マシ》弖《テ》、天津日《アマツヒ》嗣《ツギ》[5]乎《ヲ》万《ヨロヅ》千《チ》秋《アキ》能[6]《ノ》長秋《ナガアキ》尓《ニ》、大八洲豊葦原瑞穂之国《オホヤシマトヨアシハラノミヅホノクニ》乎《ヲ》安国《ヤスクニ》止《ト》平《タヒラ》気《ケ》[7]久《ク》所レ知食《シロシメセ》止[8]《ト》古語《フルコト》云《ニイフ》二志《シ》呂志女須《ロシメスト》一。、言寄奉賜《コトヨサシマツリタマ》比《ヒ》弖《テ》、以《モチ》二天津御《アマツミ》

1 釼―九「鈿」。版「劔」。
2 天―九「弖」。
3 鬺―右・版「觴」。
4 能―九・版「乃」。
5 嗣―九「副」。
6 能―九・版「乃」。
7 気―九、ナシ。
8 止―右「登」。

量《ハカリヲ》一弖《テ》、事問《コトトヒ》之磐根《シイハネ》・[9]木《コ》[10]能《ノ》立《タ》知《チ》・草《クサ》[11]能《ノ》可《カ》[12]岐《キ》葉《ハ》乎《ヲ》毛《モ》言止《コトヤメ》弖《テ》、天降《アマクダ》利《リ》賜《タマ》比《ヒ》[13]志《シ》食国天下《ヲスクニアメノシタ》[14]登《ト》、天津日嗣《アマツヒツギシ》所レ知食《ロシメス》須皇御孫《スメミマ》之《ノ》命《ミコト》[15]能《ノ》御殿《オホトノ》乎《ヲ》、今奥山《イマオクヤマ》[16]能《ノ》大峡《オホカヒ》・[17]小峡《ヲカヒ》尓《ニ》立《タ》留《テル》木《キ》乎《ヲ》、斎《イミ》部《ベ》[18]能《ノ》斎斧《イミヲノ》乎《ヲ》以《モチ》[19]弖《テ》伐《キリ》[20]採《トリ》弖《テ》、本末《モトスエ》乎《ヲ》波《バ》山神《ヤマノカミ》尓《ニ》祭《マツリ》弖《テ》、中間《ナカノマ》乎《ヲ》持《モチ》出来《イデキ》弖《テ》、斎鉏《イミスキ》乎《ヲ》以《モチ》[21]弖《テ》斎柱《イミバシラ》立《タテ》[22]弖《テ》、皇御孫《スメミマ》之《ノ》命《ミコト》乃《ノ》天《アマ》之《ノ》御《ミ》翳《カゲ》・日之御翳《ヒノミカゲ》止《ト》造《ツクリ》奉《マツ》レ仕《ツカヘ》[23]流《ル》礼《レ》瑞之《ミヅノ》[24]御《ミ》殿《アラカ》古語《フルコトニ》云《イフ》二阿《ア》良《ラ》可《カト》一。汝屋船命《ナムチヤフネノミコト》尓《ニ》、天津奇護言《アマツクスシイハヒコト》乎《ヲ》古語《フルコトニ》云《イフ》二伊《イ》波《ハ》比《ヒ》[25]許《コ》[26]登《トト》一。久須志《クスシ》以《モチ》[27]弖《テ》、言寿《コトホキ》鎮白《シヅメマヲサ》久《ク》、此《コ》[28]能《ノ》敷坐大宮地《シキマスオホミヤドコロハ》、底津磐根《ソコツイハネ》[29]能《ノ》極美《キハミ》、下津綱根《シタツツナネ》古語《フルコトニ》、番《ツガヒ》[30]縄《ナハ》之《ノ》類《タグヒ》

9 木能—版、コノ間ニ「根」(大字)アリ。
10 能—九・版「乃」。
11 能—九「乃」。
12 岐—九「伎」。
13 志—九「之」。
14 登—九「止」。
15 能—九・版「乃」。
16 能—九・版「乃」。
17 小—九「山」。
18 能—九「乃」。
19 弖—版、ナシ。
20 採—版「操」。
21 弖—版、ナシ。
22 弖—右「天」。
23 流—九「留」。
24 御—九、ナシ。
25 許—九「己」。
26 登—九「止」。
27 弖—九「天」。
28 能—九・右・版「乃」。
29 能—九・版「乃」。
30 縄—九・永・右・版「鼠」。考ニヨル。

謂《イフ》二之《コレヲ》、綱《ツナ》根《ネト》一。波《ハ》府《フ》虫《ムシ》[31]能《ノ》禍《ワザハヒ》[32]无《ナ》久《ク》、高《タカ》天《マノ》原《ハラ》波《ハ》、青《アヲ》雲《クモ》[33]能《ノ》靄《タナビ》久《ク》極《キハ》美《ミ》、天《アマ》[34]能《ノ》血《チ》垂《ダリ》、飛《トブ》鳥《トリ》[35]能《ノ》禍《ワザハヒ》[36]无《ナ》久《ク》、[37]掘《ホリ》[38]竪《タテ》多《タ》留《ル》柱《ハシラ》・桁《ケタ》・梁《ウツハリ》・戸《ト》・牖《マド》[39]能《ノ》錯《キカ》比《ヒ》古語云《フルコトニイフ》二伎《キ》[40]加《カ》比《ヒト》一。動《ウゴキ》鳴《ナル》事《コト》[41]无《ナ》久《ク》、引《ヒキ》結《ムス》幣《ベ》魯《ル》葛《ツナ》目《メ》[42]能《ノ》緩《ユル》比《ヒ》、取《トリ》葺《フ》計《ケ》[43]魯《ル》草《カヤ》乃《ノ》噪《ソソ》[44]岐《キ》古語云《フルコトニイフ》二[45]蘇《ソ》蘇《ソ》[46]伎《キト》一。[47]无《ナ》久《ク》、御《ミ》床《ユカ》都《ツ》比《ヒ》[48]能《ノ》佐《サ》夜《ヤ》伎《ギ》、夜《ヨ》女《メ》[49]能《ノ》伊《イ》須《ス》須《ス》[50]支《キ》、伊《イ》豆《ヅ》都《ツ》志《シ》[51]伎《キ》事《コト》[52]無《ナ》久《ク》、平《タヒラ》[53]気《ケ》久《ク》安《ヤスラケ》久《ク》奉《マツ》レ護《イハヒ》留《ル》神《カミノ》御《ミ》名《ナ》乎《ヲ》白《マヲサ》久《ク》、屋《ヤ》船《フネ》久《ク》久《クノ》遅《チノ》命《ミコト》是《コハ》木《キノ》霊《ミタマ》也《ナリ》。・屋《ヤ》船《フネ》豊《トヨ》宇《ウ》気《ケ》姫《ビメノ》命《ミコト》[54]登《ト》是《コハ》稲《イネノ》霊《ミタマ》也《ナリ》。俗《ヨノ》詞《コトバニ》宇《ウ》賀《カ》能《ノ》美《ミ》多《タ》麻《マ》。今《イマノ》世《ヨ》、産《ウブ》屋《ヤニ》以《モチテ》二辟《サキ》木《キ》・束《ツカ》稲《シネヲ》一置《オキ》二於戸《トノ》辺《ヘニ》一、[55]乃《マタ》以《モチテ》レ米《コメヲ》散《チラス》二屋《ヤノ》中《ナカニ》一之類《タグヒ》也《ナリ》。御《ミ》名《ナ》乎《ヲ》波《バ》奉《マツ》レ称《タタヘ》利《リ》弖《テ》、皇《スメ》御《ミ》孫《マノ》命《ミコト》[56]能《ノ》御《ミ》世《ヨ》乎《ヲ》、堅《カチ》磐《ハニト》常《キ》磐《ハニ》尓奉《マツ》レ護《イハヒ》利《リ》、五十《イ》

31 能—九・右「乃」。
32 无—版「無」。
33 能—九・版「乃」。
34 能—九・版「乃」。
35 能—九・版「乃」。
36 无—版「無」。
37 掘—九・永・右・版「堀」。
38 竪—九・版「堅」。
39 能—九・版「乃」。
40 加—右「伽」。
41 无—版「無」。
42 能—九「乃」。
43 魯—九「留」。
44 岐—九「伎」。
45 蘇—九「藉」。
46 伎—版「岐」。
47 无—版「無」。
48 能—九「乃」。
49 能—九・右「乃」。
50 支—九・右・版「伎」。
51 伎—九「支」。
52 無—右「无」。
53 気—九、ナシ。
54 登—九「止」。
55 乃—九「弖」。
56 能—九・版「乃」。

橿《カシ》御《ミ》世《ヨ》[57]能《ノ》足《タ》良《ラ》[58]志《シ》御《ミ》世《ヨ》尓《ニ》、田《タ》永《ナガ》[59]能《ノ》御《ミ》世《ヨ》止《ト》奉《マツル》レ福《サキハヘ》尓《ニ》依《ヨリ》弖《テ》、斎《イミ》玉《タマ》作《ツクリ》等《ラ》我《ガ》持《モチ》斎《ユマ》波《ハ》利《リ》、持《モチ》浄《キヨ》[60]麻《マ》波《ハ》利《リ》、造《ツクリ》仕《ツカヘマツ》礼《レ》留《ル》瑞《ミズノ》八《ヤ》尺《サカ》瓊《ニ》[61]能《ノ》御《ミ》[62]吹《フ》支《キ》乃《ノ》五《イ》百《ホ》都《ツ》御《ミ》統《スマル》[63]能《ノ》[64]玉《タマ》尓《ニ》、明《アカル》和《ニキ》幣《テ》古語《フルコトニ》云《イフ》二尓《ニ》伎《キ》弖《テト》一。・曜《テル》和《ニキ》幣《テ》乎《ヲ》付《ツ》気《ケ》弖《テ》、斎《イミ》部《ベノ》宿《スク》祢《ネ》某《ソレガシ》我《ガ》弱《ヨワ》肩《カタ》尓《ニ》太《フト》襁《ダスキ》取《トリ》懸《カケ》弖《テ》、言《コト》寿《ホ》伎《キ》鎮《シヅメ》奉《マツル》事《コト》[65]能《ノ》、漏《モレ》落《オチ》武《ム》事《コト》乎《ヲ》波《バ》、神《カム》直《ナホ》日《ビノ》命《ミコト》・大《オホ》直《ナホ》日《ビノ》命《ミコト》聞《キキ》直《ナホ》志《シ》見《ミ》直《ナホ》[66]志《シ》弖《テ》、[67]平《タヒ》良《ラ》気《ケ》久《ク》[68]安《ヤス》良《ラ》気《ケ》久《ク》所レ知食《シロシメセ》[69]登《ト》白《マヲス》。

詞別白《コトワキテマヲサ》[70]久《ク》、大《オホ》宮《ミヤノ》売《メノ》命《ミコト》[71]登《ト》御《ミ》名《ナ》乎《ヲ》申《マヲス》事《コト》波《ハ》、皇《スメ》御《ミ》孫《マノ》命《ミコト》乃《ノ》同《オナジ》殿《トノ》[72]能《ノ》裏《ウチ》尓《ニ》塞《フサガリ》坐《マシ》弖《テ》、参《マキ》入《リ》罷《マカリ》出《イヅル》人《ヒト》[73]能《ノ》選《エラ》比《ビ》所《シ》レ知《ラ》[74]志《シ》、神《カミ》

57 能―九・右・版「乃」。
58 志―九「之」。
59 能―九「乃」。
60 麻―九「万」。
61 能―九「乃」。
62 吹―九「次」。
63 能―九「乃」。
64 玉―永「王」。
65 能―九「乃」。
66 志―九「之」。
67 平良気久―九「平久」。
68 安良気久―九「安久」。
69 登―九「止」。
70 白―永・版「曰」。
71 登―九「止」。
72 能―九「乃」。
73 能―九「乃」。
74 志―九「之」。

等《タチ》[75]能《ノ》伊《イ》須《ス》呂《ロ》許《コ》比《ビ》阿《ア》礼《レ》比《ビ》坐《マス》乎《ヲ》、言《コト》直《ナホ》[76]志《シ》和《ヤハ》[77]志《シ》古語《フルコトニイフ》云二夜《ヤ》波《ハ》[78]志《シト》一。坐《マシ》弖《テ》、皇《スメ》御《ミ》孫命《マノミコトノ》朝《アシタ》乃《ノ》御《ミ》膳《ケ》・夕《ユフヘ》[79]能《ノ》御《ミ》膳《ケニ》供奉《ツカヘマツ》[80]流《ル》比《ヒ》礼《レ》懸伴緒《カクルトモノ》・[81]襁《タスキ》[82]懸伴緒《カクルトモノ》乎《ヲ》、手《テノ》[83]躓《マガヒ》・足躓《アシノマガヒ》古語《フルコトニイフ》云二麻《マ》我《ガ》比《ヒト》一。不《ズ》レ令《シメ》レ為《ナサ》弖《テ》、親王《ミコタチ》・諸王《オホキミタチ》・諸臣《マヘツキミタチ》・百官人《モモノツカサノヒト》等《ドモ》乎《ヲ》、己《オノガ》乖《ムキ》[84]々《ムキ》不《ズ》レ令《シメ》レ在《アラ》、[85]耶《アシキ》意《ココロ》・穢《キタナキ》心《ココロ》[86]无《ナ》久《ク》、宮《ミヤ》[87]進《スス》米《メ》進《ススメ》、宮《ミヤ》勤《ツトメ》勤《ツトメ》之《シ》[88]米《メ》弖《テ》、咎《トガ》過《アヤマチ》在《アラム》乎《ヲ》波《バ》、見《ミ》直《ナホ》[89]志《シ》聞《キキ》直《ナホシ》坐《マシ》弖《テ》、[90]平《タヒ》良《ラ》気《ケ》久《ク》[91]安《ヤス》良《ラ》気《ケ》久《ク》令《シメ》二仕奉《ツカヘマツラ》一坐《マス》尓《ニ》依《ヨリ》[92]弖《テ》、大《オホ》宮売命《ミヤノメノミコト》止《ト》御《ミ》名《ナ》乎《ヲ》称辞《タタヘゴト》竟奉《ヲヘマツラ》久《ク》[93]登《ト》白《マヲス》。

75 能—九「乃」。
76 志—九「之」。
77 志—九「之」。
78 志—九「之」。
79 能—九・版「乃」。
80 流—九「留」。
81 襁懸伴緒—右、ナシ。
82 懸—九、ナシ。
83 躓—永「躓」。
84 々—九、ナシ。
85 耶—右・版「邪」。
86 无—版「無」。
87 進米進—九・右「進々米」。
88 米—九「女」。
89 志—九「之」。
90 平良気久—九「平久」。
91 安良気久—九「安久」。
92 弖—九「止」。
93 登—九「止」。

【訓読文】

[一]大殿祭《おほとのほかひ》

高天《たかま》の原《はら》に神留《かむづま》り坐《ま》す皇親神魯企《すめむつかむろき》・神魯美《かむろみ》の命《みこと》以《も》ちて、[二]皇御孫《すめみま》の命《みこと》を[三]天《あま》つ高御座《たかみくら》に[四]坐《ま》せて、[五]天《あま》つ璽《しるし》の剱《つるぎ》・鏡《かがみ》を[六]捧《ささ》げ持《も》ち賜《たま》ひて、[七]言寿《ことほ》き[八]古語《ふること》に、ことほきと云《い》ふ。[九]寿詞《ほきこと》と言《い》ふは、今《いま》の寿觴《さかほかひ》の詞《ことば》の如《ごと》し。[一〇]宣《の》りたまひしく、[一一]皇《すめら》我《あ》がうづの御子《みこ》皇御孫《すめみま》の命《みこと》、此《こ》の天《あま》つ高御座《たかみくら》に坐《ま》して、[一二]天《あま》つ日嗣《ひつぎ》を[一三]万千秋《よろづちあき》の長秋《ながあき》に、[一四]大八洲豊葦《おほやしまとよあし》原《はら》の瑞穂《みづほ》の国《くに》を安国《やすくに》と平《たひ》らけく[一五]知《し》ろし食《め》せと、古語《ふること》に、しろしめすと云《い》ふ。[一六]言寄《ことよ》さし奉《まつ》り賜《たま》ひて、[一七]天《あま》つ御《み》量《はかり》を以《も》ちて、[一八]事問《ことと》ひし[一九]磐根《いはね》・木《こ》の立《た》ち・草《くさ》のかき葉《は》をも[二〇]言止《ことや》めて、[二一]天降《あまくだ》り賜《たま》ひし[二二]食《を》す国天《くにあめ》の下《した》と、[二三]天《あま》つ日嗣《ひつぎ》知《し》ろし食《め》す皇御孫《すめみま》の命《みこと》の大殿《おほとの》を、[二四][二五]今奥山《いまおくやま》の大峡《おほかひ》・小峡《をかひ》に立《た》てる木《き》を、[二六]斎部《いみべ》の斎斧《いみをの》を以《も》ちて伐《き》り採《と》りて、[二七]本末《もとすゑ》をば山《やま》の神《かみ》に祭《まつ》りて、中《なか》の間《ま》を持《も》ち出《い》で来《き》て、[二八]斎鉏《いみすき》を以《も》ちて斎柱《いみばしら》立《た》てて、皇御孫《すめみま》の命《みこと》の[二九]天《あま》の御翳《みかげ》・日《ひ》の御翳《みかげ》と造《つく》り仕《つか》へ奉《まつ》れる[三〇]瑞《みづ》の御殿《みあらか》古語《ふること》に、あらかと云《い》ふ。[三一]汝屋船命《なむちやふねのみこと》に、[三二]天《あま》つ奇《くす》し護言《いはひこと》を古語《ふること》に、くすしいはひことと云《い》ふ。以《も》ちて、[三三]言寿《ことほ》き鎮《しづ》め白《まを》さく、此《こ》の[三四]敷《し》き坐《ま》す大宮地《おおみやどころ》は、[三五]底《そこ》つ磐根《いはね》の極《きは》み、[三六]下《した》つ綱根《つなね》、古語《ふること》に、[三七]番縄《つがひなは》の類《たぐひ》、之《これ》を綱根《つなね》と謂《い》ふ。[三八]はふ虫《むし》の禍《わざはひ》无《な》く、[三九]高天《たかま》の原《はら》は、[四〇]青雲《あをくも》の靄《たなび》く極《きは》み、[四一]天《あま》の血垂《ちだり》、

[四二]飛《と》ぶ鳥《とり》の禍《わざはひ》无《な》く、[四三]掘《ほ》り竪《た》てたる柱《はしら》・[四四]桁《けた》・[四五]梁《うつはり》・[四六]戸《と》・[四七]牖《まど》の[四八]錯《きか》ひ古語《ふること》に、きかひと云《い》ふ。動《うご》き鳴《な》る事无《ことな》く、引《ひ》き結《むす》べる[四九]葛目《つなめ》の緩《ゆる》ひ、[五〇]取《と》り葺《ふ》ける草《かや》の噪《そそ》き古語《ふること》に、そそきと云《い》ふ。无《な》く、[五一]御床《みゆか》つひのさやぎ、[五二]夜女《よめ》のいすすき、[五三]いづつしき事無《ことな》く、平《たひ》らけく安《やす》らけく[五四]護《いは》ひ奉《まつ》る神《かみ》の御名《みな》を白《まを》さく、[五五]屋船久久遅命《やふねくくのちのみこと》是《こ》は木《き》の霊《みたま》なり。・[五六]屋船豊宇気姫 命《やふねとようけびめのみこと》と是《こ》は稲《いね》の霊《みたま》なり。俗《よ》の詞《ことば》に、うかのみたま。[五七]今《いま》の世《よ》、産屋《うぶや》に辟木《さきき》・束稲《つかしね》を以《も》ちて戸《と》の辺《へ》に置《お》き、乃米《またこめ》を以《も》ちて屋《や》の中《なか》に散《ち》らす類《たぐひ》なり。[五八]御名《みな》をば称《たた》へ奉《まつ》りて、皇御孫《すめみま》の命《みこと》の御世《みよ》を、堅磐《かちは》に常磐《ときは》に護《いは》ひ奉《まつ》り、[五九]いかし御世《みよ》の足《た》らし御世《みよ》に、[六〇]た永《なが》の御世《みよ》と福《さきは》へ奉《まつ》るに依《よ》りて、[六一]斎玉作等《いみたまつくりら》が[六二]持《も》ち斎《ゆ》まはり、持《も》ち浄《きよ》まはり、[六三]造《つく》り仕《つか》へまつれる[六四]瑞《みづ》の八尺瓊《やさかに》の御吹《みふ》きの五百《いほ》つ御統《みすまる》の玉《たま》に、[六五]明和幣《あかるにきて》古語《ふること》に、にきてと云《い》ふ。・曜和幣《てるにきて》を付《つ》けて、[六六]斎部宿祢《いみべのすくね》 某《それがし》が[六七]弱肩《よわかた》に太襷《ふとだすき》取《と》り懸《か》けて、[六八]言寿《ことほ》き鎮《しづ》め奉《まつ》る事《こと》の、漏《も》れ落《お》ちむ事《こと》をば、[六九]神直日命《かむなほびのみこと》・大直日命《おほなほびのみこと》 聞《き》き直《なほ》し見直《みなほ》して、[七〇]平《たひ》らけく安《やす》らけく知《し》ろし食《め》せと[七一]白《まを》す。[七二]詞別《ことわ》きて白《まを》さく、[七三]大宮売命《おほみやのめのみこと》と[七四]御名《みな》を申《まを》す事《こと》は、皇御孫《すめみま》の命《みこと》の[七五]同《おな》じ殿《との》の裏《うち》に塞《ふさ》がり坐《ま》して、[七六]参入《まゐ》り罷《まか》り出《い》づる人《ひと》の[七七]選《えら》び知《し》らし、神等《かみたち》の[七八]いすろこびあれび坐《ま》すを、[七九]言直《ことなほ》し和《やは》し古語《ふること》に、やはしと云《い》ふ。坐《ま》して、皇御孫《すめみま》の命《みこと》の朝《あした》の御膳《みけ》・夕《ゆふへ》の御膳《みけ》に[八〇]供《つか》へ奉《まつ》る[八一]ひれ懸《か》くる伴《とも》の緒《を》・[八二]襷《たすき》懸《か》くる伴《とも》の緒《を》を、[八三]手《て》の躓《まが》ひ・足《あし》の躓《まが》ひ古語《ふること》に、まがひと云《い》ふ。為《な》さしめずて、親王《みこたち》・諸 王《おほきみたち》・諸 臣《まへつきみたち》・百《もも》の官《つかさ》の人等《ひとども》を、[八四]己《おの》が乖《む》き々《むき》在《あ》ら

しめず、[八五]耶《あ》しき意《こころ》・[八六]穢心《きたなきこころ》無《な》く、[八七]宮進《みやすす》め進《すす》め、宮勤《みやつと》め勤《つと》めしめて、[八八]咎過《とがあやま》ち在《あ》らむをば、見直《みなほ》し聞《き》き直《なほ》し坐《ま》して、平《たひ》らけく安《やす》らけく仕《つか》へ奉《まつ》らしめ坐《ま》すに依《よ》りて、大宮売命《おほみやのめのみこと》と御名《みな》を称《たた》へ辞竟《ごとを》へ奉《まつ》らくと[八九]白《まを》す。

【注解】

一 **大殿祭**―この祝詞式の冒頭の規定に、「凡祭祀祝詞者、御殿・御門等祭、斎部氏祝詞。以外諸祭、中臣氏祝詞。」とあるように、大殿祭と御門祭の祝詞は斎部氏《いみべうじ》が読むことになっている。「大殿祭」は「おほとのほかひ」と訓む。宮内省式に「大殿祭〈此云二於保登能保加比《おほとのほかひ》一〉」と訓注がある。大殿〈御殿〉は天皇のお住まい所である宮殿のことである。「ほかひ」とは、「ほく」という良い結果が出るように祝い言を述べるという語に、反復・継続を表わす「ふ」という接尾語が付いて四段活用の「ほかふ」という動詞となったもので、その連用名詞形である。即ち「おほとのほかひ」とは天皇の御殿が安泰で災いのないようにという祝福の言葉を直接御殿の守り神に述べ祈る祭である。

二 **皇御孫の命**―ここでは皇孫「ににぎのみこと」を指す。古事記によって系譜を示すと、天照大御神《あまてらすおほみかみ》――正勝《まさかつ》吾勝々速日《あかつかちはやひ》天《あめの》忍穂耳命《おしほみみのみこと》――天邇岐志国邇岐志天津日高日子番能邇邇芸命《あめにきしくににきしあまつひこひこほのににぎのみこと》となり、「ににぎのみこと」は天照大御神の孫となる。

三 **天つ高御座**―天上の高い御座。皇孫の地位を示す玉座。萬葉集に「高御座《たかみくら》（多可美久良）天《あま》の日継《ひつぎ》と　天《あめ》の

下《した》　知らしめしける　皇祖《すめろき》の　神の命《みこと》の」（18四〇九八）とある。

四　坐せ―下二段動詞「坐す」の連用形で、坐《すわ》らせるの意の尊敬語。四段の「坐す」に使役の意の加わったもの。

五　天つ璽の劔・鏡―璽は名義抄に「璽〈王印也。ヲシテ〉」とあるように、王・天子の印章の意であるが、証拠としての「しるし」の意に用いたのである。皇位のしるしとしての剣と鏡。斎部氏と神璽の鏡劔との関係については、『神祇令』に「凡践祚之日、中臣奏二天神之寿詞一。忌部上二神璽之鏡劔一。」と規定されている。また持統紀四年（六九〇）正月戊寅朔の記事に、「物部麻呂朝臣樹二大盾一。神祇伯中臣大島朝臣読二天神寿詞一。畢忌部宿祢色夫知奉二上神璽劔鏡於皇后一。皇后即二天皇位一。」と見える。神璽の鏡・剣の奉上は斎部氏の重要な名誉ある職掌であったので、この大殿祭の祝詞にも最初に述べているのである。

六　捧げ持ち賜ひて―主語は皇祖の神様。その神様が捧げ持って、お授けになって、の意。

七　言寿き―言葉で祝福すること。今は「ことほぐ」というが、古くは「ことほく」と清音。「ほく」のみでも、良い結果が出るように祝い言を述べること。

八　古語に、ことほきと云ふ―古語は古い言葉の意で、昔から伝えられている言葉である。「言寿」の二字を「ことほき」と訓むとの訓読注である。この訓読注のほかに説明の注もある。これらの注が差し挟まれているのが、この斎部氏の祝詞の特徴である。これと同様の注が斎部広成撰の『古語拾遺』（大同二年〈八〇七〉二月十三日の奥付あり）にも見える。その古語拾遺に「殿祭祝詞。〈其祝詞文在二於別巻一。〉次、祭二宮門一。〈其祝詞、亦在二於別巻一。〉」とあり、これによると、古語拾遺一巻のほかに「別巻」があり、その別巻に大殿祭と御門祭の祝詞が収載されていたことが分かる。その祝詞がそのまま『弘仁式』の祝詞の巻に採録され、さらに『延喜式』の祝詞ともなって今に伝わっているのである。すなわち、この大殿祭と御門祭の祝詞に差し挟まれている注は斎部広成の書いたものと推定される。

九　**寿詞と言ふは、今の寿觴の詞の如し**——觴の字は名義抄に「觴〈俗、觴字。サカツキ〉」と見え、觴の俗字である。觴の字も「觴〈サカヅキ〉」と見える。觴の字は本来「酒を勧める」の意から「さかづき」の意にもなったもの。「さかほかひ」とは酒宴をして祝い言を述べること。神功紀十三年二月癸酉（十七日）の条に、「皇太后、太子に宴《とよのあかり》したまふ。皇太后、觴《みさかづき》を挙《ささ》げて太子に寿《さかほかひ》したまふ。」とある。

一〇　**宣りたまひしく**——「宣りたまひき」のク語法。回想の助動詞「き」のク語法は「しく」となる。萬葉集に「住《すみ》吉《のえ》の　名児《なご》の浜辺《はまへ》に　馬立てて　玉拾《ひり》ひしく　常《つね》忘らえず」（7一一五三）とある。「玉拾ひしく」とは「玉を拾ったことが」という意である。ここは「仰せなさったことには」となり、以下その内容が括弧《かっこ》「　」に入り、「と言寄さし奉り賜ひて」と受ける。このような構文は『続日本紀』の宣命にも、「屢《しばしば》詔《のりたまひしく》志久、『……能仕奉《よくつかへまつ》利助奉礼《りたすけまつれ》』止詔伎《とのりたまひき》。」（第一七詔）と見える。

一一　**皇我がうづの御子**——「皇《すめら》」は最高の主権者の意で、その皇《すめら》たる我が尊い御子である皇御孫の命と続いてゆく。この「皇我がうづの御子」と「皇御孫の命」とは同格である。

一二　**天つ日嗣**——天つ神（天照大御神）の霊位を受け継ぐこと。天皇の位をいう。持統紀二年（六八八）十一月の条に、「奉レ誄二皇祖等之騰極《ヒツギ》次第一。礼也。古云二日嗣《ひつぎ》一也」と見え、古事記序文に「帝皇日継」と見える。また神代記の大国主神の国譲りの条に「唯僕住所者、如二天神御子之天津日継《アマツヒツギ》所レ知之登陁流天之御巣一而」とある。

一三　**万千秋の長秋に**——神代記に「豊葦原之千秋長五百秋之水穂国《ちあきながいほあきのみづほのくに》」、神代紀下に「葦原千五百秋之瑞穂国《ちいほあきのみづほのくに》」とあり、「秋」は「瑞穂」にかかる縁語として用いられている。「万千秋」という表現も、実数としての「万」とか「千」とかいうよりも永遠という意に近い。それほどに長い歳月という意で「長秋」と言い替え強調しているのである。

上の「天津日嗣を」を受けて「万千秋の長秋に知ろし食して」という意である。

一四　大八洲豊葦原の瑞穂の国―我が国をほめたたえる古称を記・紀の知識によって重ねたもの。すなわち「大八洲（島）の国」、「豊葦原の国」、「瑞穂の国」。瑞穂を上の葦原と連接して、葦の穂と解する説があるが、この国名の讃称としては「瑞々しい稲穂の茂る国」の意。

一五　知ろし食せ―「知ろ（ら）す」は「しる」の尊敬語で、お治めになる意。さらに、厚い尊敬の意を添える「めす」の付いた語。萬葉集に「天の下　知らしめしけむ　天皇《すめろき》の」（1二九）とある。名義抄に「知食〈シロシメス〉」とある。この本文「所知食」の読み方として、下の注に「古語云二志呂志女須一」とあるのは、斎部広成の時代に既に古語との意識が存したことを示す。「所知食」の所は「しろす」という敬語を示すための助字。

一六　言寄さし奉り賜ひて―「言寄さす」は「言寄す」（下二段）の尊敬語で、「ご委任になる」の意。「奉り」は皇御孫の命に対する敬語で、「賜ふ」は神魯企・神魯美の命に対する敬語である。ご委任申し上げなさいまして、の意。

一七　天つ御量を以ちて―「天つ御量」という語はこの祝詞とは一体の関係にある『古語拾遺』に、「天《あま》つ御《み》量《はかり》〈大小の斤《はかり》の雑《くさぐさ》の器《うつはもの》等《ら》の名なり〉」を以て大峡《おほかひ》・小峡《をかひ》の材《き》を伐《き》りて、瑞殿《みづのみあらか》（訓注を略す）を造り、……」とあり、この意味で解したいところだが、この祝詞の文脈では合わず、やはり「祟神《たたりがみ》を遷《うつ》し却《や》る」祝詞の「諸《もろもろ》の神等《かみたち》皆量《みなはか》り申《まを》さく」、「更《さら》に量《はか》り給《たま》ひて」の意でしか解しようがない。即ち「天上の神様の御計慮によって」と解すべきであろう。

一八　事問ひし―「事問ふ」の「事」は「言」の意であるが、萬葉集においても「事」と「言」とは通用して用いられている例がある。いわゆる「言事未分」の現象で、「言《ことば》」で言ったことは「事《こと》」として実現するという言霊《ことだま》信仰による。ものを言う・話をする、の意。

一九　**磐根・木の立ち・草のかき葉**―「磐」は大きくどっしりした石・いわお、で「根」は接尾語的な用法であるが、磐も草や木のように大地にしっかりと「根」をすえているからの表現である。「木の立ち」は「木」を「こ」と訓むのは「き」の古形で、立っている木のこと。「草のかき葉」は『常陸国風土記』香島郡の条に「石根・木立・草乃片葉」とあり、片々たる葉の意。

二〇　**言止めて**―「止め」は下二段活用の「止む」の連用形で、「止む」（四段）の他動詞形。ものを言うのをやめさせるの意。天孫降臨の前の葦原中国の荒ぶる状態をいう慣用句である。神代紀の第九段一書6に、「高皇産霊尊、八十諸神に勅して曰はく、『葦原中国は、磐根《いはね》・木株《このもと》・草葉《くさのかきは》も、猶能《なほよ》く言語《ものい》ふ。夜は熛火《ほほ》の若《もころ》に喧響《おとな》ひ、昼は五月蠅如《さばへな》す沸《わ》き騰《あが》る』と、云云。」とある。萬葉集に「言《こと》問《と》はぬ　木すら春咲き　秋付《づ》けば　黄葉《もみち》散らくは　常《つね》をなみこそ」（19四一六一）とあり、草木は言問わぬのが常態なのに、そうでなかったと強調しているのである。

二一　**天降り賜ひし**―主語は皇孫邇邇杵尊で、天降りなさった、の意。

二二　**食す国天の下**―「食《を》す」は食べる・飲むの尊敬語。「食す国」は、地方の支配者が天皇への服属の儀礼として酒食を供進し、天皇がそれを召し上がることによって、その地方を支配し治める、という古代の統治権のあり方を言う語であった。（注1）そこから「お治めになる国」という意味が生じた。古事記に「詔二月読命一、『汝命者、所レ知《しらせ》二夜之《よるの》食国《をすくに》一矣。』、事依也。」とあり、また萬葉集に、大宰の帥《そち》大伴旅人の歌として「やすみしし　我《わ》が大君《おほきみ》の　食《を》す国《くに》は　大和《やまと》もここも　同じとそ思ふ」（6九五六）とある。「天の下」は漢語「天下」の和訳語。ここは「天の下」の世界、即ちこの地上世界。上の句からの文脈として言えば、皇孫が天降りなさった瑞穂の国を代々お治めなさる天下（地上世界）として、の意。

二三　**天つ日嗣知ろし食す皇御孫の命の大殿**―皇位を継いでおられる天皇のお住まい所の御殿。名義抄に「御殿〈オホトノ〉」とある。

二四　**今**―この「今」は少し唐突の感があるが、現実に大殿祭を斎行している「今」であるとの意識を喚起するために置かれた語。

二五　**奥山の大峡・小峡に立てる木を**―和名抄に「峡、山間陜処也。〈俗云山乃加比〉」とある。峡は山と山との谷間をいう。宮殿の建築用材となるような良材の檜や杉は谷間・はざまに生育するものである。大小の峡谷に立っている木を「伐り採りて」と係る。『古語拾遺』に「大峡・小峡の材《き》を伐《き》りて、瑞殿《みづのみあらか》（訓注を略す）を造り」とある。

二六　**斎部の斎斧を以ちて**―斎部が忌み清めた斧をもって。「斎む」は神聖で触れてはならないものにする、の意。名義抄に「斧〈ヲノ、一云ヨキ〉」とある。

二七　**本末をば山の神に祭りて**―萬葉集に「とぶさ（鳥総）立て　足柄山に　船木《ふなぎ》伐《き》り　木に伐り行《ゆ》きつ　あたら船木を」（3三九一）とあり、木を伐った先端の梢（鳥総）を切株の上に刺し立て、山の神に奉る風習があったことが、この祝詞の具体的表現によって分かる。今もこの風習は伝わっている。

二八　**斎鉏を以ちて斎柱立てて**―忌み清めた鉏。鉏は今の言葉でいえばスコップで、スコップで大地に穴を掘り、そこに忌み清めた神聖な柱を建てるのである。すなわち掘立《ほつた》て柱《ばしら》である。『古語拾遺』に、「天富命《あめのとみのみこと》〔太玉命が孫《うまご》なり。〕をして、手置帆負《たおきほおひ》・彦狭知《ひこさしり》の二《ふた》はしらの神が孫を率《ゐ》て、斎斧《いみをの》・斎鉏《いみすき》を以て、始めて山の材《き》を採りて、正《み》殿《あらか》を構《つく》り立てしむ。」と見える。

二九　**天の御翳・日の御翳**―前の祈年祭祝詞に「天の御蔭・日の御蔭」とあったのと同じ。「翳」は音エイで、「おおう・かげる・かざす」などの意味がある。名義抄に「翳〈オホフ・クラシ・カクル・マブシ〉」などの訓がある。漢語「翳日《エイジツ》」は「日光を覆いさえぎる」（『大字源』）の意で、ここも、その意で「かげ」の意に用いたものであろう。

三〇　**瑞の御殿**―瑞瑞しくめでたい御殿。

三一　**汝屋船命**―「汝」は九条家本古訓に「ナムチ」とある。名義抄（図書寮本）に「ナムヂノ」とある。ノは助詞。奈良時代には「なむち」と清音で、平安時代に「なむぢ」と濁音化した。呼びかける相手を尊敬・親愛して呼ぶ語である。「屋船命」の屋《や》は家のことであり、船は水上を行く乗物であると同時に、大きな容器をもいう語。酒《さか》船《ぶね》・湯船《ゆぶね》・水船《みずぶね》など、今日も使われている語もある。屋船命は家そのものの守り神である。ここの文脈では、「瑞の御殿」すなわち「あなた様・屋船の命の神様」と、宮殿をそのまま神とあがめて屋船の命と呼びかけているのである。宮殿を神格化したもので、精霊《せいれい》崇拝と言われるものである。

三二　**天つ奇し護言**―「天つ」は天上界の、の意。「つ」は連体助詞。下に「古語にくすしいはひことと云ふ」との注がある。「奇し」は霊妙な・神秘なの意。「護言《いはひこと》」は吉事を求めてとなえるめでたい祈りの言葉。「いはふ」に「護」という漢字を当てているのは、萬葉集に「大船《おほぶね》に　ま梶《かぢ》しじ貫《ぬ》き　この我子《あご》を　唐国《からくに》へ遣《や》る　斎《いは》へ神たち」（19四二四〇）という藤原太后（光明皇后）の歌があるように、「斎《いは》ふ」に神が人の幸いを守（護）るという意味があるためであろう。「天つ奇し護言」で、天上界の霊妙な幸いを求める祈りの言葉、の意。

三三　**言寿き鎮め白さく**―「天つ奇し護言」によって、宮殿の守り神たる屋船命が平安に鎮まりますように御心をお鎮めして申し上げますことには、の意。「白さく」はク語法で、この結びは、「平らけく安らけく知ろし食せと白す。」になる。

三四　**敷き坐す大宮地**―「敷《し》く」は「治《し》る」と同語根で、一定地域を治める・支配するの意。大宮地は宮殿のある所。萬葉集に「ももしきの　大宮所《おほみやどころ》　見れば悲しも」（一二九）とある。

三五　**底つ磐根の極み**―地の底にある大きな岩の果てまで。少し誇張した表現であるが、具体的には掘立て柱を立てる礎石のある所までというので、宮殿の最下部を言っているのである。

三六　**下つ綱根**―建物の下部の柱と横木を結び固めてある綱。綱根とあるのは藤づるなど、本来根をもって地にくいこんでいた綱であることによるであろう。

三七　**番縄**―「番」を「つがふ」と訓むことについては、『大日本古文書二』の天平九年（七三七）「但馬国正税帳」に、「番匠丁」とあり、「番」に「都我不《つがふ》」（別筆）の訓がある。「つがふ」は「継ぎ合ふ」の縮約で、二つのものが一組になる、の意がある。私の子供の頃、農村では二組の稲藁《いなわら》（二十本ほどずつ）の先端どうしを結び合わせて、それぞれ縄にない、「つがいなわ」と言って薪などを括《くく》るのに用いていた。

三八　**はふ虫の禍无く**―地面を這《は》う虫、すなわち上の「下つ綱根」を食い破ったり巣食ったりして、建物の下部を揺るがせてしまうようなことをする害虫の災禍がなく、の意。

三九　**高天の原は**―天空に向かっては、の意。

四〇　**青雲の靄く極み**―青雲のたなびく空の果てまで。祝詞独特の誇張した表現であるが、具体的には宮殿の上空を指して言っているのである。

四一　**天の血垂**―この句は前の「下つ綱根」と対句になっているので、「天の血垂に」の意となり、建物の最上部の箇所をいう表現である。青木紀元氏は『古事記上』に「於二高天原一氷椽多迦斯理此四字以レ音。而居。」・「於二高天原一氷木多迦斯理多迦斯理四字以レ音。而、治賜者、……」とあって、「氷椽」と「氷木」とは同じで「ヒギ」と訓むべきこと、「椽」

は「たりき」（垂木）のことであるから、「血垂」は「ちだり」と訓んで「ちぎ」のことであると考定した。（注2）「ひぎ」は「ちぎ」とも言うし、「椽」は名義抄に「椽〈タルキ〉」とあって、この説は正しいであろう。『新撰字鏡』に「榑〈介太又太利木也〉」とある。「たりき→たるき」と変化したのであろう。「ちぎ」は宮殿の左右両端にあり、天空に向かってX字形に交叉したものであり、「ち」（霊威をあらわす語）プラス「木」で、宮殿の最も神聖な箇所である。

四二　**飛ぶ鳥の禍无く**——空を飛ぶ鳥、特に猛禽類（ワシやタカ・トビなど）が獲物を捕らえてきて千木に止まり、その血や汚物などを垂らして、神聖なるべき千木を汚すなどという災がなく、の意であろう。上の「血垂」などという用字も、このようなことを連想しての用字ではなかろうか。

○この箇所は次のように対句の構文となっている。

大宮地は　——底つ磐根の極み——下つ綱根——はふ虫の禍无く、
高天の原は——青雲の靄く極み——天の血垂——飛ぶ鳥の禍无く、

四三　**掘り竪てたる柱**——「竪」は兼永本・兼右本によっているが、九条家本・版本は「堅」となっている。但し、九条家本古訓は「ホリタテ」とある。「竪」は名義抄に「竪〈タツ〉」とあり、「堅」は「堅〈カタシ〉」とある。「竪」をとる。「掘り竪てたる柱」で「掘立《ほった》て柱《ばしら》」のことである。

四四　**桁**——『新撰字鏡』に「桁構〈二字、介太又太奈〉」（舎宅章）とあり、また和名抄にも「桁〈計太〉」とあり、名義抄にも「桁〈ケタ・ナケシ〉」とある。直立の柱と柱の先端をつないで、棟木に平行の方向に水平に置かれ、垂木や梁《はり》を支えるもの。

四五　**梁**——『新訳華厳経音義私記』に「橋梁〈上波之・下宇都波利〉」とあり、『新撰字鏡』にも「樑〈宇豆波利〉」とある。名義抄に「梁〈ウツハリ〉」とあり、「ハ」に清点があるので、平安時代までは「うつはり」と言った。今は「うつばり」という。棟を受ける横木。

四六　戸—家の出入口や窓などにたてるもので、古くは引き戸ではなく開き戸が普通であった。萬葉集に「誰《たれ》そこの　屋《や》の戸押《とお》そぶる　新嘗《にふなみ》に　我《わ》が背《せ》を遣《や》りて　斎《いは》ふこの戸を」（14三四六〇）とある。

四七　牖—和名抄に「窓　説文云在レ屋曰レ窓〈末止〉在レ墻曰レ牖」とあり、「牖」は垣根・土塀のまどをいう字であるが、ここでは窓の意で使われている。本来「目門《まと》」で、家の内から外を見ることと、通風・採光の機能を持つ小さい口であった。

四八　錯ひ動き鳴る事無く—「錯ひ」は名義抄に「錯〈スル・マジハル・キカフ・ヤスリ・コスリ〉」と見える。交わっているものに食い違いができる、の意で、木材の接合部（継目）がこすれ合って、ギシギシ・ギイギイと動き鳴るような凶々《まがまが》しいことがなく、の意。凶々しいとはいかにも災いをよびそうな不吉な感じをいう。

四九　葛目の緩ひ—「葛目」は結んである綱の結び目のこと。「葛」と書いているのは古くは葛《くず》のつるを使っていたことを示すものである。聖武天皇の御生母（藤原宮子）の諡《おくりな》は「千尋葛藤《ちひろのふぢ》高知天宮姫之尊」（『続日本紀』天平勝宝六年八月の条）である。名義抄に「縄〈ナハ・ツナ〉」と見える。藤づるなどは今も使っている。「緩ふ」は『図書寮本類聚名義抄』に「挺緩〈トキ・ユルフ列〉」とあり、「フ」に清点があるので、古くは「ゆるふ」と言っていた。綱目が緩ぶと建物にガタが来る。

五〇　取り葺ける草の噪き無く—「葺」は名義抄に「葺〈フク〉」と見える。「草」はここでは屋根を葺く草なので「かや」と訓む。「茅葺《かやぶ》きの屋根」が今日もある。すすき・ちがや・すげなど。萬葉集に「我《わ》が背子は　仮廬《かりいほ》作らす　草《かや》なくは　小松が下《もと》の　草《くさ》を刈らさね」（1一一）とある。「噪」は下《した》に「古語に、そそきと云ふ」との注がある。名義抄に「噪〈鳥群鳴也。サハカシ〉」とあり、「そそく」の訓はないが、ここでは強風などによって、屋根に葺いてある茅《かや》がそそけること。そのような忌まわしいことがないように、の意。

五一　御床つひのさやぎ―「つ」は連体助詞。「ひ」は神霊・精霊の意。「さやぎ」は萬葉集に「笹《ささ》の葉は　み山もさやに　さやげども　我《あれ》は妹《いも》思ふ　別《わか》れ来《き》ぬれば」（2―一三三）とあるように、ざわざわと鳴ること。御床の霊が不気味な音をたてることである。下の「いづつしき事無く」へ係ってゆく。

五二　夜女のいすすき―「夜女」を「夜目」の意とし、夜の暗闇の中で幻覚を見ることと解して来たが、「女（me）」と「目（më）」は上代特殊仮名遣の仮名違いとなる。しかも、この詞章の流れから考えると、いずれも住人の側において起ることではなくて、屋そのものにおいて起る良くないことを次々と挙げているので、この語もその方向で考えねばならない。この「夜女」は方言にあるように鼠《ねずみ》のことだと考える。「いすすき」は鼠がチョロチョロと走りまわって、住人に恐怖心を与えることと解する。『物類称呼』（岩波文庫）に、

鼠　ねずみ○関西にて。よめ又よめが君といふ　上野にて。夜《よる》のもの又よめ又おふく又むすめなといふ　東国にもよめとよぶ所多し　（下略）

とある。

五三　いづつしき事無く―「いづつし」は「稜威《いつ》〱《いつ》し」の約で、いかにも恐ろしい、という意。この語は上の「御床つひのさやぎ」も受ける。そのような人に恐怖心を与えるようなことがなく、の意。

五四　護ひ奉る神―天皇のお住い所の御殿が平安であるようにお護り申し上げている神、の意。ここでも、上の「天つ奇し護言」と同じく、「斎ひ」に「護」の字を用いている。

五五　屋船久久遅命―古事記上に「次生㆓木神、名久々能遅《くくのち》命。㆒」とあり、神代紀上にも「木神等号㆓句句廼馳《くくのち》。㆒」とあ

る。「くく」は茎のこと、「の」は助詞、「ち」は霊威、精霊を表わす。下に「是は木の霊なり。」と注があるように、木の精霊である。家には多くの木材を使うから、木の神を祭るのである。

五六　屋船豊宇気姫命―古事記上に「次和久産巣日《わくむすひ》神。此神之子、謂二豊宇気毘売《とようけびめ》神一。」とある。また神代紀上に「飢時生児、号二倉稲魂命一。……倉稲魂、此云二宇介能美挖磨《うかのみたま》一。」とある。下の注に「是は稲の霊なり。俗の詞に、うかのみたま。」とあるように、「豊宇気姫命」は豊穣な稲の女神の意である。「豊宇気姫」も「うかのみたま」も、本来稲魂《いなだま》であり、食料としての稲の神であるが、「屋船豊宇気姫命」としては、家には屋根や壁代として、また縄など多くの稲藁《いなわら》を使ったので、家の神として祭ったのであろう。

上に「屋船命」とのみあったのは、実はこの「屋船久久遅命」と「屋船豊宇気姫命」とを併せて称したものである。

五七　今の世、産屋に辟木・束稲を以ちて、戸の辺に置き、乃米を以ちて屋の中に散らす類なり―「今の世」というのは『古語拾遺』の撰者斎部広成の時点での「今」であって、その点で、この大殿祭の祝詞の作成された時点での内容とはいささかの乖離があると思われる。「産屋」とは出産のための建物で、ムラ共同体の共用の建物であっただろう。「辟木」の辟《ハク》は「さく・ひきさく」の意で、割木である。「束稲」は束ねた稲である。それらを「戸の辺に置」くというのは、産屋に邪気が入らないための呪術である。また米を家の中に散らすというのは散米すなわち「うちまき」のことで、これも邪気を払うための呪術である。これらは斎部広成の当時に行なわれていた宗教習俗であろう。

五八　御名をば称へ奉りて―祝詞において神名を申すことは、その神徳を称賛することになる。

五九　いかし御世の足らし御世―「いかし」は「五十《い》橿《かし》」と当て字しており、また祈年祭祝詞に「茂《いか》し御世」とあったように、草木がよく繁茂しているさまで、繁栄している御世の意である。「足らし御世」は満ち足りた御世の意。両句を結んでいる連体助詞「の」は同格の関係を示して、「いかし御世であって足らし御世」の意。

六〇　た永の御世と福へ奉る―「田永」と表記しているのは当て字で、祈年祭祝詞には「手長の御世」とあった。「手」も当て字。この「た」は接頭語である。「福へ奉る」の「福」を「さきはひ」と訓むのは、名義抄に「福〈サイハヒ〉」とある。平安時代にはイ音便化していたのである。「さきはへ」は「さきはふ」（四段）の他動詞（下二段）で、幸いあらしめるの意。

六一　斎玉作―忌み清めて玉を作る人の意。『古語拾遺』に、

又、天富命《あめのとみのみこと》をして、斎部《いみべ》の諸氏《もろうぢ》を率《ゐ》て、種々《くさぐさ》の神宝《かむだから》、鏡・玉・矛《ほこ》・盾《たて》・木綿《ゆふ》・麻《をら》等を作らしむ。櫛明《くしあかる》玉命《たまのみこと》が孫は、御祈玉《みほきたま》〔古語に、美保伎玉《みほきたま》といふ。言ふこころは祈禱《ほき》なり。〕を造る。其の裔《すゑ》、今出雲《いづも》国に在り。年毎《としごとに》調物《みつきもの》と共に其の玉を貢進《たてまつ》る。

とある。玉造温泉はその遺称地である。また『延喜式』臨時祭の条に、

凡出雲国所レ進御富岐玉六十連。〔三時大殿祭料卅六連。臨時廿四連。〕毎年十月以前令ニ意宇郡神戸玉作氏造備一。差レ使進上。

と見える。

六二　持ち斎まはり、持ち浄まはり―「持ち」はともに接頭語であるが、かすかに「うけもって」という意が残っているように思われる。祈年祭祝詞の「辞別」に、「持由麻波利仕奉礼留幣帛」とあった。心身ともに忌み清めての意。

六三　造り仕へまつれる―造って貢進するところの、意。

六四　**瑞の八尺瓊の御吹きの五百つ御統の玉**—古事記上に「八尺勾璁之五百津之美須麻流之珠《やさかのまがたまのいほつのみすまるのたま》」とある。「瑞の」は瑞々しく美しい、の意。「八尺瓊」は八尺という実数ではなく、長く大きいことをいうための修飾語。「瓊」は神代紀上の「天之瓊矛」の訓注に「瓊、玉也。此云レ努《ぬ》。」とあり、また名義抄に「瓊〈赤玉。タマキ〉」とある。「に」は「ぬ」の母音交替形である。「御吹きの……玉」というのは、吹いて作るガラス玉のことである。しかしそれは前に見た『古語拾遺』の「御祈玉《みほきたま》」のことであり、臨時祭式の「御富岐玉《みほきたま》」のことであって、少し紛らわしい。「五百津」は神代紀に「五百箇《いほつ》」と表記しているように、「一つ・二つ」で、これも実数ではなく、数が多いことをいう。「御統の玉」は「すまる」は「すばる」の古形で、名義抄に「揔〈スベテ・スバル、亦総合也・結也〉」とあるように、ばらばらの玉を緒ですべつらねた玉のことである。この御統の玉を斎部が御殿の四隅に懸けるのである。

六五　**明和幣・曜和幣を付けて**—下に「和幣」の訓注があるが、神代紀上にも「和幣、此云二尼枳底《にきて》一。」と訓注が見える。明るい色の柔らかい布と光沢のある柔らかい布（ともに絹布であろう）で、供え物であるが、それを「御統の玉」に付けるのである。

六六　**斎部宿祢某**—斎（忌）部氏は天武天皇八年（六七九）正月に、忌部首《おびと》首《こびと》が「連《むらじ》」の姓《かばね》を賜い、更に十三年（六八四）十月の「八色《やくさ》の姓」の制定により、十二月に「宿祢《すくね》」姓を賜わった。「真人《まひと》」「朝臣《あそみ》」に次ぐ第三位の姓である。「忌部」を「斎部」に改めたのは『日本逸史』によれば、桓武天皇の延暦二十二年（八〇三）三月のことである。「某」は名義抄に「某甲〈ソレカシ〉」とあり、これは「それがし」で、だれそれの意味である。祝詞を読む時には実際の名前を入れて読む。

六七　**弱肩に太襷取り懸けて**—祈年祭祝詞に既出。（八七頁）

六八　**言寿き鎮め奉る事の、漏れ落ちむ事をば**──このようにして言寿ぎをし、屋船命を斎い鎮め奉ることにおいて、もし遺漏な事がありましたならば、それを、の意。

六九　**神直日命・大直日命**──古事記上のみそきの条に、「次為レ直二其禍《まが》一而所レ成神名、神直毗神。〔毗字以レ音。下效レ此。〕次大直毗神。」とあるように、「直日」は「禍」（曲）を正しく直き方に直す霊妙な力のある神である。「神」と「大」とは、それぞれ「神々しく」・「大いなる」という接頭語。

七〇　**平らけく安らけく知ろし食せ**──屋船命は平穏に安らかにこの祭事をお受け下さいませ、の意。

七一　**と白す**──上の「汝屋船命に、天つ奇し護言を以ちて、言寿き鎮め白さく」の結びである。

七二　**詞別きて白さく**──ここからは上の祝詞に付随して祭られる大宮売命に申す詞であるので、「詞を改めて申し上げますことには」と文を起こしているのである。

七三　**大宮売命**──『古語拾遺』に、「令三大宮売神侍二於御前一。〔是、太玉命、久志備《くしび》所レ生神。如下今世内侍善言・美詞、和二君臣間一、令中宸襟悦懌上也。〕」とあり、その出生が忌部氏の祖神である太玉命にかかること、またその働きがよくわかり、この詞別《ことわき》の内容と一致していることがわかる。大宮すなわち皇居の平安を守る女神である。神祇官西院に大御巫の祭る神八座のうちの一神である。

七四　**御名を申す事は**──祝詞の中で神名を申すことは、すなわちその神徳を讃えることになる。

七五　**同じ殿の裏に塞がり坐して**──内裏に悪《あ》しき人や悪霊を入れないように塞っておられるのである。

七六　**参入り罷り出づる人**──宮中という尊い所に参入する人、すなわち参内する人と、「罷り出づ」すなわち退出する人。

七七　**選び知らし**──人品の善《よ》し悪《あ》しの選択をつかさどられ、の意。

七八　いすろこびあれび坐すを—本文に「伊須呂許比阿礼比坐乎」とあるので、「あれび」から、その上も「いすろこび」と濁音に訓む。すぐ上の「選比所知志」も「選び」と「比」を濁音の仮名として用いている。「いすろこび」は上代文献において、ここにしか出て来ない孤語であって解釈の難しい語である。下の「あれび」と並立するような意味の語であることは間違いないので、騒ぎ立てるとか、さざめくとかいう意味の語ではなかろうか。「あれび」は「あらぶ」（上二段）の転で、あばれるの意。

七九　言直し和し坐して—言葉で良い方へ直し、やわらげる、即ち懐柔すること。萬葉集に「ちはやぶる　神を言向《ことむ》け　まつろはぬ　人をも和《やは》し　掃《は》き清め　仕《つか》へ奉《まつ》りて」（20四四六五）とある。名義抄に「和〈ヤハシヌ〉」とある。

八〇　供へ奉る—名義抄に「供〈タテマツル・ソナフ・ツカマツル〉」とある。「つかまつる」は「つかへまつる」の縮約形。お仕え申し上げるの意。

八一　ひれ懸くる伴の緒—「ひれ」は天武紀十一年（六八二）三月の条に「亦膳夫・采女等之手繦・肩巾〈肩巾、此云二比例《ひれ》一〉並莫レ服。」と見える。采女《うねめ》が装身具として首から左右に垂らす布である。和名抄に「領巾〈日本紀私記云比礼〉婦人項上餝也」とある。その「ひれ」を肩（首）から懸けて仕えるのであるが、その長さについては縫殿寮式に「領巾四条料、紗三丈六尺、〈別九尺〉」とあり、薄絹の九尺のものとあるので、大体の長さが分かる。「伴の緒」というのは、古事記の天孫降臨の条に「五伴緒」と見えるが、一定の職種に従事する一まとまりの部民をいう。ここは「ひれ」をかけて天皇の陪膳（お給仕）や更衣（お召しかえ）にお仕えする采女のことである。采女については、『後宮職員令』に「其貢二采女一者、郡少領以上姉妹及女、形容端正者、皆申二中務省一奏聞。」と見え、その年齢については同令に「皆限二年卅以下十三以上一。」とある。

八二　**襁懸くる伴の緒**―名義抄に「襁褓〈ムツキ・タスキ〉」とある。古事記の天石屋戸の段に「天宇受売命、手《たすき》二次《に》繫《かけ》天香山之天之日影一而、」とある。ここは前項に引用した天武紀に「膳夫《かしはで》」とあったように、この襁を肩から懸けて天皇の御膳の調理にあたる男性である。『職員令』の大膳職条に「膳部《かしはで》一百六十人」と見える。

八三　**手の躓ひ・足の躓ひ**―「躓《チ》」は「古語云二麻《ま》我《が》比《ひ》一」との訓注があるが、名義抄に「躓〈ツマヅク〉」とある。「まがひ」はあやまちや失敗の意である。手の過ちや足の過ちがなさしめずというのは、上からの文脈でいえば、御膳《おぜん》を手から落としたり、つまずいて取り落としたりというようなことであろう。

八四　**己が乖き々在らしめず**―萬葉集に「延《は》ふ蔦《つた》の　己《おの》が向き向き」（9一八〇四）とある。蔦は秋に紅葉するぶどう科の蔓性落葉樹であるが、その蔓があちらこちらへと別れて延びていくことから、「己が向き向き」にかかる枕詞となっている。そのように、宮廷人をして自分勝手なことをさせないように、の意。乖については名義抄に「乖〈ソムク・タガフ〉」とある。

八五　**耶しき意**―『干禄字書』に「耶邪〈上通下正〉」と見え、「耶」は邪の通用字体である。名義抄には「邪〈アシ〉」とあるが、耶に「あし」の訓はない。同じく名義抄に「意〈ココロ〉」とある。悪い心・よこしまな心の意である。

八六　**穢心**―『続日本紀』の宣命に「穢《キタナキ》岐奴《ヤツコ》」（第二八詔）とあり、同じく宣命に「岐《キ》多《タ》奈《ナ》久《ク》悪《アシキ》奴《ヤツコ》止母《ドモ》」（第四三詔）とあるので、「きたなきこころ」と訓む。「穢《きたな》し」は「清《きよ》し」の反意語である。宣命のこの語の用例によれば、この文脈でも「朝庭《ミカド》乎傾《ヲカタブケ》動《ウゴカサ》武《ム》」としたり、「乱《ミダル》二国家《アメノシタ》一」ような重大なことについて言っていると解される。

八七　**宮進め進め、宮勤め勤めしめて**―上に挙げた親王以下百官人等に至るまでの宮廷人をして、ひたすら宮仕えに励み勤めさせて、の意。主語は大宮売命である。

八八　**咎過ち**—名義抄に「咎〈トガ〉」とあり、「過〈アヤマル（マの右傍にツ、左傍にリとある）〉」とある。「とが」は他からとがめだて（指弾）されるような不用意な行為であり、「あやまち」は為損《しそこ》ない・過失である。

八九　**と白す**—この句は最初の「詞別きて白さく」に呼応する結びの句である。

（注1）　岡田精司氏「大化前代の服属儀礼と新嘗—食国（ヲスクニ）の背景—」（『古代王権の祭祀と神話』塙書房、昭和四十五年四月、所収）

（注2）　青木紀元氏「天の血垂」（『祝詞古伝承の研究』国書刊行会、昭和六十年七月、所収）

御《ミ》門《カド》祭《ホカヒ》

櫛磐牖《クシイハマド》・豊磐牖命《トヨイハマドノミコト》[1]登《ト》御名《ミナ》乎《ヲ》申事《マヲスコト》波《ハ》、四方《ヨモ》内外《ノウチトノ》御門《ミカド》尓《ニ》、如《ゴト》二湯津磐村《ユツイハムラノ》一久《ク》塞坐《フサガリマシ》弖《テ》、四方《ヨモ》・四角《ヨスミ》与《ヨ》利《リ》疎備《ウトビ》荒備《アラビ》来武《キタラム》天[2]能《アマノ》麻我都比《マガツヒ》[3]登《ト》[4]云《イフ》神[5]能《カミノ》言武《イハム》悪事《マガコト》尓《ニ》古語[6]云《フルコトニイフ》二[7]麻《マ》相《アヒ》麻自《マジ》、許利《コリ》[8]我許登《ガコトト》一。相口[10]会賜事《アヒクチアヘタマフコト》[11]无久《ナク》、自《ヨリ》レ上往《ウヘユカ》波《バ》上護《ウヘヲマモ》利《リ》、自《ヨリ》レ下往《シタユカ》波《バ》下護《シタヲマモ》利《リ》、待防掃[12]却《マチフセキハラヒヤリ》、言排坐《イヒソケマシ》弖《テ》、朝《アシタニ》波《ハ》開《ヒラキ》レ門《カドヲ》、夕《ユフヘニ》波《ハ》閉《タテ》レ門《カドヲ》弖《テ》、参入罷出人名《マヰリマカリイヅルヒトノナ》乎《ヲ》[13]問所《トヒシ》レ知《ラ》[14]志《シ》、咎過在《トガアヤマチアラム》乎《ヲ》波《バ》、神直《カムナホ》備《ビ》

1 登―九「止」。
2 能―九「乃」。
3 登―九「止」。
4 云―版、小字。
5 能―九・右・版「乃」。
6 云―永・右・版、ナシ。
7 麻―九「万」。
8 我―九「可」。
9 口―九、小字。
10 会―右、左傍ニ「食イナ」ト注ス。
11 无―版「無」。
12 却―永・版「切」。
13 問―永「門」。
14 志―九「之」。

大直《オホナホ》備《ビ》尓《ニ》見《ミ》直《ナホシ》聞《キキ》直《ナホシ》坐《マシ》弖《テ》、15平《タヒ》良《ラ》気《ケ》久《ク》16安《ヤス》良《ラ》気《ケ》久《ク》令《シメ》レ奉《マツラ》レ仕《ツカヘ》賜《タマフ》故《ガユヱ》尓《ニ》、豊磐牖命《トヨイハマドノミコト》・櫛磐牖命《クシイハマドノミコト》17登《ト》御名《ミナ》乎《ヲ》称辞竟《タタヘゴトヲヘ》奉《マツラ》久《ク》18登《ト》白《マヲス》。

15平良気久─九「平久」。
16安良気久─九「安久」。永、ナシ。
17登─九「止」。
18登─九・右「止」。

【訓読文】

一 御門祭《みかどほかひ》

二 櫛磐牖《くしいはまど》・豊磐牖 命《とよいはまどのみこと》と三御名《みな》を申《まを》す事《こと》は、四四方《よも》の内外《うちと》の御門《みかど》に、ゆつ磐村《いはむら》の如《ごと》く塞《ふさ》がり坐《ま》して、五四方《よも》・四角《よすみ》より六疎《うと》び荒《あら》び来《きた》らむ七天《あま》のまがつひと云《い》ふ神《かみ》の言《い》はむ八悪事《まがこと》に古語《ふること》に、まがことと云《い》ふ。九相《あ》ひまじこり、一〇相《あ》ひ口会《くちあ》へ一一賜《たま》ふ事無《ことな》く、一二上《うへ》より往《ゆ》かば上《うへ》を護《まも》り、下《した》より往《ゆ》かば下《した》を護《まも》り、一三待《ま》ち防《ふせ》き掃《はら》ひ却《や》り、一四言《い》ひ排《そ》け坐《ま》して、一五朝《あした》には門《かど》を開《ひら》き、夕《ゆふへ》には門《かど》を閉《た》てて、参入《まゐ》り罷《まか》り出《い》づる人《ひと》の名《な》を問《と》ひ知《し》らし、咎過《とがあやま》ち在《あ》らむをば、一六神直《かむなほ》び大直《おほなほ》びに見直《みなほ》し聞《き》き直《なほ》し坐《ま》して、平《たひ》らけく安《やす》らけく仕《つか》へ奉《まつ》らしめ賜《たま》ふが故《ゆゑ》に、豊磐《とよいは》牖《まどのみこと》命・櫛磐牖《くしいはまどのみこと》命と御名《みな》を称《たた》へ辞竟《ごとを》へ奉《まつ》らくと白《まを》す。

【注解】

一　**御門祭**――大殿祭の訓みに準じて「みかどほかひ」と訓む。大殿をとり囲む内外の御門の守衛神に申す祝詞である。但し、この祝詞は直接神名を申すことから始まることからも分かるように、大殿祭の祝詞の延長として宣られる祝詞であって、独立した祝詞として宣られた祝詞ではない。

二　**櫛磐牖・豊磐牖命**――祈年祭祝詞の御門《みかど》の御巫の祭る神に白す祝詞には、「櫛磐間門命・豊磐間門命」とあった。「牖」は名義抄に「牖〈マド〉」とある。『論語』雍也篇に「伯牛有㆑疾。子問㆑之。自㆑牖執㆓其手㆒。……」とあり、「壁の窓」であるという。

三　**御名を申す事は**――お名前を申し上げてお祭り致しますことは、の意。

四　**四方の内外の御門**――皇居は二重の塀で囲まれていて、四方すなわち東西南北にそれぞれ御門があるので、内外の御門というのである。神名式に「御門巫祭神八座〔並大。月次・新嘗。〕櫛石窓神〔四面門各一座。〕豊石窓神〔四面門各一座。〕」とある。これによると、内の塀の四面に各一座ずつ祭られていたと考えられる。というのは『延喜式』の大殿祭の条に、「御巫一人進㆓承明門㆒散㆓米酒㆒」という注記が見えるからである。

五　**四方・四角**—四方は東西南北、四角はその間の四隅である。これで皇居の周囲を洩らすところなく含めた表現となる。

六　**疎び荒び来らむ**—「疎ぶ」（上二段）は形容詞「疎し」の動詞形。疎略な振舞いをする。「荒ぶ」（上二段）は荒々しい振舞いをする。そのように振舞ってやって来るであろう、の意。

七　**天のまがつひと云ふ神**—古事記上の伊耶那伎大神の竺紫《つくし》の日向の橘の小門の阿波岐原での禊《みそき》の条に、「中つ瀬に堕《お》ちかづきて滌《すす》きたまふ時に成りませる神」として八十禍津日神《やそまがつひのかみ》と大禍津日神《おほまがつひのかみ》とが成ったといい、「この二神は、その穢《けが》れ繁《しげ》き国（黄泉の国）に到りましし時に、汗垢《けがれ》によりて成りましし神ぞ。」とある。そして「次に、その禍《まが》を直さむとして成りませる神の名は、神直毘神《かむなほびのかみ》。次に、大直毘神《おほなほびのかみ》。」とある。また、同じく古事記下の允恭天皇の氏姓正定の条に、「天皇、天《あめ》の下《した》の氏々名々《うぢうぢなな》の人等の氏姓《うぢかばね》の忤《たが》ひ過《あやま》てるを愁《うれ》へたまひて、味白檮《あまかし》の言八《ことや》十禍津日《そまがつひ》の前《さき》に、くか瓮《へ》を居《す》ゑて、天の下の八十友《やそとも》の緒《を》の氏姓を定めたまひき。」とある。これらの話によって分かるように、「天のまがつひ」の「まが」は汗垢《けがれ》や虚言すなわち曲事《まが》（言）をいい、「つ」は連体助詞、「ひ」はその霊力をいう。それを直す霊力が「直び」である。

八　**悪事**—下《した》に「古語云二万可許登《まがこと》一」とあるので、「まがこと」と訓む。悪事すなわち禍言で、不正・害悪・災いをなす悪い言葉である。

九　**相ひまじこり**—「まじこり」の「まじ」を「まじなふ」「まじもの」の「まじ」と解する説があるが、アクセント違いにより不可。「交《ま》じ凝《こ》り」で、相手の言う禍言に引き込まれ同意してぐるになってしまうこと。

一〇　**相ひ口会へ**—相手の言う禍言と同じことを相手に合わせて言ってしまうことであって、「相ひまじこり相ひ口会へ」することは結局一つことである。「合へ」は「合ふ」（四段）の他動詞形で下二段活用である。

一一 **賜ふ事无く**―上の「相ひまじこり相ひ口会へ」することは皇居に出入りする百官人等のことであるが、そのようなことをなさしめないように守るのは、御門の神なので、そのようなことを「為さしめ給う事なく」との表現となる。

一二 **上より往かば上を護り、下より往かば下を護り**―御門の上・下より侵入しようとしたらというのであるから、ここは悪霊などを考えての表現である。

一三 **待ち防き掃ひ却り**―待ち受けて防いで、追い払い、の意。この句のように、動詞を次々と重ねて、その展開の速かなことを表現するのも、巧まざる上代文の一表現。

一四 **言ひ排け坐して**―言葉で言い負かせ撃退なさいまして、の意。「排《そ》け」(下二段)は「そく」(四段)の他動詞形。

一五 **朝には門を開き、夕には門を閉てて**―「あした」と「ゆふへ」は対語。萬葉集に「……朝《あした》には　門《かど》に出《い》で立ち　夕《ゆふへ》には　谷を見渡し……」(19四二〇九)とある。門を閉じる(締《し》める)ことを「たつ」という。萬葉集に「門《かど》立てて　戸もさしたるを　いづくゆか　妹が入《い》り来《き》て　夢《いめ》に見えつる」(12三一一七)とある。

一六 **神直び大直びに見直し聞き直し坐して**―前の「天のまがつひ」のところで引用した古事記の「その禍《まが》を直さむとして成りませる神の名は、神直毗神。次に、大直毗神。」とある神名の知識によって作文しているが、ここはこの両神の力によってというのではなく、主語は御門の神であるから、御門の神の「直び」のお力によって、ということである。そのお力によって、良い方へ見直し聞き直し下さいまして、というのである。

六月《ミナヅキノ》晦《ツゴモリノ》大[1]祓《オホハラヘ》　[2]十二月《シハスモ》准《ナラヘ》レ此《コレニ》。

集侍《ウゴナハリハベル》親王《ミコタチ》・諸王《オホキミタチ》・諸臣《マヘツキミタチ》・百官人等《モモノツカサノヒトドモ》、諸《モロモロ》聞食《キキタマヘ》止《ト》宣《ノル》。

天皇《スメラガミ》朝[3]庭《カド》尓《ニ》仕奉《ツカヘマツ》留《ル》比礼《ヒレ》[4]挂《カクル》伴男《トモノヲ》・手繦《タスキ》[5]挂《カクル》伴男《トモノヲ》・靫負《ユキオフ》伴男《トモノヲ》・[6]釼佩《タチハク》伴男《トモノヲ》、伴男《トモノヲ》[7]能《ノ》八十《ヤソ》伴男《トモノヲ》乎《ヲ》始《ハジメ》弖《テ》、官官《ツカサツカサ》尓《ニ》仕《ツカヘ》奉《マツ》留《ル》人等《ヒトドモ》[8]能《ノ》過犯《アヤマチヲカシ》[9]家《ケ》牟《ム》雑々罪《クサグサノツミ》乎《ヲ》、今年《コトシノ》六月晦《ミナヅキノツゴモリ》之《ノ》大祓《オホハラヘ》尓《ニ》、祓給《ハラヘタマ》比《ヒ》清給《キヨメタマフ》事《コト》乎《ヲ》、諸《モロモロ》聞食《キキタマヘ》止《ト》宣《ノル》。

1祓—九・永・右「秡」。版「祓」。『干禄字書』ニ「秡祓……上俗下正」トアリ。以下、正字ヲ採ル。
2十二月准此—九、ナシ。
3庭—版「廷」。
4挂—永「桂」。
5挂—永「桂」。
6釼—版「劔」。
7能—九、右「乃」。
8能—九・版「乃」。
9家—九・右「計」。

高天《タカマノ》[10]原《ハラ》尓《ニ》神留坐《カムヅマリマス》皇親《スメムツ》神漏《カムロ》[11]岐《キ》・神漏美《カムロミ》乃《ノ》命以《ミコトモチ》弖《テ》、八《ヤ》百《ホ》万《ヨロヅノ》神等《カミタチ》乎《ヲ》神集[12]集《カムツドヘツドヘ》賜《タマ》比《ヒ》、神議議《カムハカリハカリ》賜《タマヒ》弖《テ》、[13]我皇御孫《アガスメミマ》之《ノ》命《ミコト》波《ハ》豊葦原《トヨアシハラ》乃《ノ》水穂《ミヅホ》之《ノ》国《クニ》乎《ヲ》、安国《ヤスクニ》止《ト》平《タヒラケ》久《ク》[14]所《シロ》レ知食《シメセ》止《ト》事《コト》依奉[15]岐《ヨサシマツリキ》。如《カ》レ此《ク》依《ヨサ》[16]志奉《シマツリ》[17]志《シ》国中《クヌチ》尓《ニ》荒振神等《アラブルカミタチ》乎《ヲ》波《バ》、神[18]問《カムトハ》志《シ》尓《ニ》[19]問《トハ》志賜《シタマヒ》、神掃掃賜《カムハラヒハラヒタマ》比《ヒ》弖《テ》、語問《コトトヒ》[20]志磐根《シイハネ》・樹立《コノタチ》・草之垣葉《クサノカキハ》乎《ヲ》毛《モ》語止《コトヤメ》弖《テ》、天之磐座放《アマノイハクラハナチ》、天之八重雲《アマノヤヘグモ》乎《ヲ》伊《イ》[21]頭《ツ》乃《ノ》千別《チワキ》尓《ニ》[22]千《チ》別《ワキ》弖《テ》、天降《アマクダシ》依《ヨ》左《サ》[23]志《シ》奉《マツリ》支《キ》。如《カ》レ此[24]久《ク》依《ヨ》左《サ》[25]志《シ》奉《マツリ》[26]志《シ》四方《ヨモ》之《ノ》国中《クニナカ》[27]登《ト》、大倭日高見《オホヤマトヒタカミ》之《ノ》国《クニ》乎《ヲ》安国《ヤスクニ》[28]止《ト》定奉《サダメマツリ》弖《テ》、下津磐根《シタツイハネ》尓《ニ》宮柱《ミヤバシラ》[29]太《フト》

10 原—九「皇」。
11 岐—九「伎」。
12 集—永、ナシ。
13 我—永・版ハ右傍ニ、右ハ左傍ニ、「師不読」ノ注記アリ。
14 所知—永・右・版「知所」。九ニヨル。
15 岐—九「伎」。
16 志—九「之」。
17 志—九「之」。
18 問志—九「問之」。
19 問志尓—九、右傍ニ補入。
20 志—九「之」。
21 頭—九「豆」。右、左傍ニ「豆ィ」ト注ス。
22 千別弖—永、ナシ。
23 志—九「之」。
24 久—九「尓」。
25 志—九「之」。
26 志—九「之」。
27 登—九・右「尓」。
28 止—右、ナシ。
29 太—九・永「大」。

敷立《シキタテ》、高天原《タカマノハラ》尓《ニ》千木《チギ》高知《タカシリ》弖《テ》、皇御孫之命《スメミマノミコト》乃《ノ》美頭《ミヅ》乃《ノ》御《ミ》舎仕奉《アラカツカヘマツリ》弖《テ》、天之御蔭《アマノミカゲ》・日之御蔭《ヒノミカゲ》止《ト》隠坐《カクレマシ》弖《テ》、安国《ヤスクニ》止《ト》[30]平《タヒラ》気《ケ》久《ク》所《シ》レ知《ロ》食《シメサ》武《ム》国中《クヌチ》尓《ニ》、成出《ナリイデ》武《ム》天之益人等《アマノマスヒトラ》我《ガ》過《アヤマチ》[31]犯《ヲカサ》牟《ム》雑《クサ》々罪事《グサノツミゴト》波《ハ》、天津罪《アマツツミ》止《ト》畔放《アハナチ》・溝埋《ミゾウミ》・樋放《ヒハナチ》・頻蒔《シキマキ》・串《クシ》刺《サシ》・生剝《イキハギ》・逆剝《サカハギ》・屎戸《クソト》、許《コ》[32]々《コ》[33]太《ダ》久《ク》乃《ノ》罪《ツミ》乎《ヲ》天津罪《アマツツミ》止《ト》法別《ノリワ》[34]気《ケ》弖《テ》、国津罪《クニツツミ》[35]止《ト》生膚断《イキハダタチ》・死膚断《シニハダタチ》・白人《シロヒト》・胡久《コク》美《ミ》・己母犯罪《オノガハハヲカスツミ》・己子犯罪《オノガコヲカスツミ》・母《ハハト》与《ト》レ子《コ》犯罪《ヲカスツミ》・子《コト》与《ト》レ母《ハハ》犯罪《ヲカスツミ》・畜犯罪《ケモノヲカスツミ》・昆虫《ハフムシ》乃《ノ》災《ワザハヒ》・高津神《タカツカミ》乃《ノ》災《ワザハヒ》・高津鳥《タカツトリ》

30 平気久—九「平久」。

31 犯牟—九「犯計武」。永・版「犯家牟」。右「犯気牟」。イズレモ時制ニ合ワナイノデ、「犯牟」ト訂正スル。

32 々—永、ナシ。

33 太—版「大」。

34 気—九、ナシ。

35 止—永・版「止八」。右「止波」。九ニヨル。

災《ワザハヒ》・畜仆《ケモノタフ》[36]志《シ》蠱物為《マジモノスル》罪《ツミ》、許々[37]太久《ココダク》乃《ノ》罪出《ツミイデ》武《ム》。如レ此《カク》出波《イデバ》、天津《アマツ》[38]宮事《ミヤゴト》以弖《モチテ》、[39]大中臣《オホナカトミ》天津金木《アマツカナキ》乎《ヲ》本打切《モトウチキリ》、末打断弖《スヱウチタチテ》、千座置座《チクラノオキクラ》尓《ニ》置足《オキタラ》波《ハ》[40]志《シ》弖《テ》、天津菅《アマツスガ》曾《ソ》乎《ヲ》本苅断《モトカリタチ》、末苅切弖《スヱカリキリテ》、八針尓取辟弖《ヤハリニトリサキテ》、天津祝詞乃太祝詞事乎宣《アマツノリトノフトノリトゴトヲノ》礼《レ》。如レ此《カ》久《ク》乃《ノ》良《ラ》波《バ》、天津神波天磐門乎押披弖《アマツカミハアマノイハトヲオシヒラキテ》、天之八重《アマノヤヘ》雲乎伊頭乃千別尓千別弖所《グモヲイツノチワキニチワキテキ》レ聞食《コシメサ》武《ム》。国津神波高山之《クニツカミハタカヤマノ》末《スヱ》・短山末尓上坐弖《ヒキヤマノスヱニノボリマシテ》、高山之伊[41]恵理《タカヤマノイホリ》・短山之伊[42]恵《ヒキヤマノイホ》理乎撥別弖所《リヲカキワケテキ》レ聞食《コシメサ》武《ム》。如レ此所《カクキ》レ聞食《コシメシ》弖《テ》波《バ》、[43]皇御孫之《スメミマノ》

36志―九「之」。
37太―版「大」。
38宮―九「官」。
39大中臣―版、ナシ。永ハ右傍ニ、右ハ左傍ニ「師不読」ノ注記アリ。
40志―九「之」。
41恵―版「穂」。
42恵―版「穂」。
43皇―右、「皇」以下「尓波」マデノ十八字ニ（　）ヲ付シ、左傍ニ「此分私不読」ト注記ス。

命《ミコト》乃《ノ》朝《ミ》[44]庭《カド》乎《ヲ》始弖《ハジメテ》、天下《アメノシタ》四方国《ヨモノクニ》尓《ニ》波《ハ》、罪《ツミ》止《ト》云《イ》布《フ》罪《ツミ》波《ハ》不《ジ》レ在《アラ》止《ト》、科戸《シナト》乃《ノ》風《カゼ》乃《ノ》天《アマ》之《ノ》八重雲《ヤヘグモ》乎《ヲ》吹放《フキハナツ》事《コト》之《ノ》如《ゴト》久《ク》、朝《アシタ》之《ノ》御霧《ミキリ》・夕《ユフヘ》之《ノ》御霧《ミキリ》乎《ヲ》朝風《アサカゼ》・夕風《ユフカゼ》乃《ノ》吹掃《フキハラフ》事《コト》之《ノ》如《ゴトク》、大津辺《オホツヘ》尓《ニ》居《キル》大船《オホフネ》乎《ヲ》、舳解放《ヘトキハナチ》艫解放《トモトキハナチ》弖《テ》、大海原《オホウナハラ》尓《ニ》押放《オシハナツ》事《コト》之《ノ》如《ゴト》久《ク》、彼方《ヲチカタ》之《ノ》繁木本《シゲキガモト》乎《ヲ》、焼鎌《ヤキガマ》乃《ノ》敏鎌《トガマ》以弖《モチテ》打掃《ウチハラフ》事《コト》之《ノ》如《ゴト》久《ク》、遺罪《ノコルツミ》波《ハ》不《ジ》レ在《アラ》止《ト》、祓給《ハラヘタマ》比《ヒ》清給《キヨメタマフ》事《コト》乎《ヲ》、高山《タカヤマ》・[45]短山《ヒキヤマ》之《ノ》末《スヱ》与《ヨ》[46]理《リ》、佐久那[47]太理《サクナダリ》尓《ニ》落《オチ》[48]川《ツ》多支《タキ》速川《ハヤカハ》[49]能《ノ》瀬《セ》[50]坐《ニマス》瀬織津比咩《セオリツヒメ》止《ト》云《イフ》神《カミ》、大海原《オホウナハラ》尓《ニ》持出《モチイデ》奈《ナ》武《ム》。如《カ》レ此《ク》持出往《モチイデイナ》波《バ》、荒塩《アラシホ》之《ノ》塩《シホ》乃《ノ》

44庭—版「廷」。

45山—永、「山」ノ下ニ〇符ヲ付シ、右傍ニ「末可在之」ト注記ス。

46理—九・右「利」。

47太—九「大」。

48川—右「津」。版、ナシ。

49能—九「乃」。

50坐—版、「坐」ノ下ニ「須」(小字)アリ。

八百道乃八塩道之塩乃八百会尓《ヤホヂノヤシホヂノシホノヤホアヒニ》[51]座須《マス》速[52]開都咩《ハヤアキツメ》止云《トイフ》神《カミ》、持《モチ》[53]可可呑《カカノミ》弖《テ》[54]牟《ム》。如レ此久《カク》[55]可可呑《カカノミ》弖《テ》波《バ》、気吹戸《イフキト》坐須《マス》気吹戸《イフキト》主《ヌシ》止云《トイフ》[56]神《カミ》、[57]根国《ネノクニ》・底之国《ソコノクニ》尓《ニ》気吹放《イフキハナチ》弖《テ》[58]牟《ム》。如レ此久《カク》気吹《イフキ》放《ハナチ》弖《テ》波《バ》、根国《ネノクニ》・底之国《ソコノクニ》尓《ニ》坐《マス》速佐須良比咩《ハヤサスラヒメ》[59]登云《トイフ》神《カミ》、持《モチ》佐須良[60]比《サスラヒ》失《ウシナヒ》弖《テ》[61]牟《ム》。如レ此久《カク》失《ウシナヒ》弖《テ》波《バ》、[62]天皇《スメラ》我《ガ》[63]朝庭《ミカド》尓《ニ》仕奉《ツカヘマツ》留《ル》官《ツカサ》[64]官人等《ツカサノヒトドモ》乎《ヲ》始《ハジメ》弖《テ》、天下《アメノシタ》四方《ヨモ》尓《ニ》波《ハ》、自二今日一《ヨリケフ》始《ハジメ》弖《テ》、罪《ツミ》止云[65]布《トイフ》罪《ツミ》波《ハ》不レ在《ジアラ》止《ト》、高天原《タカマノハラ》尓《ニ》耳振立《ミミフリタテ》聞《キク》物《モノ》止《ト》、馬牽立《ウマヒキタテ》弖《テ》、今年六月晦《コトシノミナヅキノツゴモリノ》日夕日之降乃《ヒノユフヒノクタチノ》大祓《オホハラヘ》尓《ニ》、祓給比清給《ハラヘタマヒキヨメタマフ》

51座—九「坐」。
52開—永「聞」。
53可可—版「哥」（一字）トス。
54牟—九「武」。
55可可—版「哥」（一字）トス。
56神—版、下ニ「尓」（小字）アリ。
57根—永、「根」ノ上ニ╲線ヲ付シ、上欄ニ「件五字師不読」ト注ス。右ハ「根国底之国尓」ニ（　）ヲ付シ、左傍ニ「五字師不読」ト注ス。版ハ五字ノ左ニ○符ヲ付シ、右傍ニ「件五字師不読」ト注ス。
58牟—九「武」。
59登—九「止」。
60比—右、「比」ノ下ニ○符ヲ付シ、右傍ニ「咩」ヲ補入ス。
61牟—九「武」。
62天—右、「天」ノ上ニ／線ヲ付シ、右傍ニ「私不読如左読之」ト注シ、右傍ニ「遺罪波不在止祓給清奉止良久申」ト注ス。
63庭—版「廷」。
64官人—永、右傍ニ「私不読」ト注ス。
65布—九、ナシ。

事《コト》乎《ヲ》、諸《モロモロ》聞食《キキタマヘ》止《ト》宣《ノル》。

四《ヨ》[66]国《クニノ》卜《ウラ》部《ベ》等《ドモ》、大《オホ》川《カハ》道《ヂ》[67]尓《ニ》持退出《モチマカリイデ》弖《テ》、祓却《ハラヘヤレ》止《ト》宣《ノル》。

66 四—版、「四」ノ下ニ「毛」(小字)アリ。
67 道—右、左傍ニ「辺欤」ト注ス。

【訓読文】

[一]六月《みなづき》の晦《つごもり》の大祓《おほはらへ》　十二月《しはす》も此《こ》れに准《なら》へ。

[二]集《うごな》はり侍《はべ》る親王《みこたち》・諸王《おほきみたち》・諸臣《まへつきみたち》・百《もも》の官《つかさ》の人等《ひとども》、諸《もろもろ》聞《き》き食《たま》へと宣《の》る。

天皇《すめら》が朝廷《みかど》に仕《つか》へ奉《まつ》る[三]ひれ挂《か》くる伴《とも》の男《を》・手襁《たすき》挂《か》くる伴《とも》の男《を》・[四]靫《ゆき》負《お》ふ伴《とも》の男《を》・釼《たち》佩《は》く伴《とも》の男《を》、[五]伴《とも》の男《を》の八十《やそ》伴《とも》の男《を》を始《はじ》めて、[六]官《つかさ》官《つかさ》に仕《つか》へ奉《まつ》る人等《ひとども》の[七]過《あやま》ち犯《をか》しけむ雑々《くさぐさ》の罪《つみ》を、今年《ことし》の六月《みなづき》の晦《つごもり》の大祓《おほはらへ》に、[八]祓《はら》へ給《たま》ひ清《きよ》め給《たま》ふ事《こと》を、諸《もろもろ》聞《き》き食《たま》へと宣《の》る。

[九]高天《たかま》の原《はら》に神留《かむづま》り坐《ま》す皇親神漏伎《すめむつかむろき》・神漏美《かむろみ》の命《みこと》以《も》ちて、[一〇]八百万《やほよろづ》の神等《かみたち》を[一一]神集《かむつど》へ集《つど》へ賜《たま》ひ、[一二]神議《かむはか》り議《はか》り賜《たま》ひて、[一三]我《あ》が皇御孫《すめみま》の命《みこと》は[一四]豊葦原《とよあしはら》の水穂《みづほ》の国《くに》を、[一五]安国《やすくに》と平《たひ》らけく知《し》ろし食《め》せと[一六]事依《ことよ》さし奉《まつ》りき。かく依《よ》さし奉《まつ》りし[一七]国中《くぬち》に、[一八]荒振《あらぶ》る神等《かみたち》をば、[一九]神問《かむと》はしに問《と》はし賜《たま》ひ、[二〇]神掃《かむはら》ひ掃《はら》ひ賜《たま》ひて、[二一]語問《こととと》ひし磐《いは》根《ね》・樹《こ》の立《たち》・草《くさ》の垣葉《かきは》をも語止《ことや》めて、[二二]天《あま》の磐座放《いはくらはな》ち、[二三]天《あま》の八重雲《やへぐも》を[二四]いつのち別《わ》きにち別《わ》きて、[二五]天降《あまくだ》し依《よ》さし奉《まつ》りき。[二六]かく依《よ》さし奉《まつ》りし[二七]四方《よも》の国中《くになか》と、[二八]大倭日高見《おほやまとひたかみ》の国《くに》を[二九]安国《やすくに》と定《さだ》め奉《まつ》りて、[三〇]下《した》つ磐根《いはね》に宮柱太敷《みやばしらふとし》き立《た》て、高天《たかま》の原《はら》に千木高知《ちぎたかし》りて、皇御孫《すめみま》の命《みこと》のみづの御舎《みあらか》仕《つか》へ奉《まつ》りて、天《あま》の御蔭《みかげ》・日《ひ》の御蔭《みかげ》と隠《かく》れ坐《ま》して、[三一]安国《やすくに》と平《たひ》らけく知《し》ろし食《め》さむ国中《くぬち》に、成《な》り出《い》でむ[三二]天《あま》の益人等《ますひとら》が[三三]過《あやま》ち犯《をか》さむ[三四]雑々《くさぐさ》の罪事《つみごと》は、[三五]天《あま》つ罪《つみ》と[三六]畔放《あはな》ち・[三七]溝埋《みぞう》み・[三八]樋放《ひはな》ち・[三九]頻蒔《しきま》き・[四〇]串刺《くしさ》し・[四一]生剝《いきは》ぎ・[四二]逆剝《さかは》ぎ・[四三]屎戸《くそと》、[四四]ここだくの罪《つみ》を天《あま》つ罪《つみ》と[四五]法《の》り別《わ》けて、[四六]国《くに》つ罪《つみ》と[四七]生膚断《いきはだた》ち・死膚断《しにはだた》ち・[四八]白人《しろひと》・[四九]こくみ・[五〇]己《おの》が母犯《ははをか》す罪《つみ》・己《おの》が子犯《こをか》す罪《つみ》・[五一]母《はは》と子《こ》と犯《をか》す罪《つみ》・子《こ》と母《はは》と犯《をか》す罪《つみ》・[五二]畜犯《けものをか》す罪《つみ》・[五三]昆虫《はふむし》の災《わざはひ》・[五四]高《たか》つ神《かみ》の災《わざはひ》・[五五]高《たか》つ鳥《とり》の災《わざはひ》・[五六]畜仆《けものたふ》し蠱物為《まじものす》る罪《つみ》、[五七]ここだくの罪出《つみい》でむ。[五八]かく出《い》でば、[五九]天《あま》つ宮事《みやごと》以《も》ちて、[六〇]大中臣《おほなかとみ》[六一]天《あま》つ金木《かなき》を本打《もとう》ち切《き》り、末《すゑ》打《う》ち断《た》ちて、[六二]千座《ちくら》の置《お》き座《くら》に置《お》き足《た》らはして、[六三]天《あま》つ菅《すが》そを本苅《もとか》り断《た》ち、末苅《すゑか》り切《き》りて、[六四]八針《やはり》に取《と》り辟《さ》きて、[六五]天《あま》つ祝詞《のりと》の太祝詞事《ふとのりとごと》を宣《の》れ。[六六]かくのらば、[六七]天《あま》つ神《かみ》は[六八]天《あま》の磐門《いはと》を[六九]押《お》し披《ひら》きて、天《あま》の八重雲《やへぐも》をいつ

のち別《わ》きにち別《わ》きて[七〇]聞《き》こし食《め》さむ。[七一]国《くに》つ神《かみ》は[七二]高山《たかやま》の末《すゑ》・短山《ひきやま》の末《すゑ》に上《のぼ》り坐《ま》して、[七三]高山《たかやま》のいほり・短山《ひきやま》のいほりを[七四]撥《か》き別《わ》けて、聞《き》こし食《め》さむ。かく[七五]聞《き》こし食《め》してば、皇御孫《すめみま》の命《みこと》の朝庭《みかど》を始《はじ》めて、天《あめ》の下《した》四方《よも》の国《くに》には、[七六]罪《つみ》と云《い》ふ罪《つみ》は在《あ》らじと、[七七]科戸《しなと》の風《かぜ》の天《あま》の八重雲《やへぐも》を吹《ふ》き放《はな》つ事《こと》の如《ごと》く、[七八]朝《あした》の御霧《みきり》・夕《ゆふべ》の御霧《みきり》を朝風《あさかぜ》・夕風《ゆふかぜ》の吹《ふ》き掃《はら》ふ事《こと》の如《ごと》く、[七九]大津辺《おほつへ》に居《ゐ》る大船《おほふね》を、[八〇]舳《へ》解《と》き放《はな》ち艫《とも》解《と》き放《はな》ちて、大海原《おほうなはら》に押《お》し放《はな》つ事《こと》の如《ごと》く、[八一]彼方《をちかた》の繁木《しげき》が本《もと》を、[八二]焼鎌《やきがま》の敏鎌《とがま》以《も》ちて打《う》ち掃《はら》ふ事《こと》の如《ごと》く、[八三]遺《のこ》る罪《つみ》は在《あ》らじと、祓《はら》へ給《たま》ひ清《きよ》め給《たま》ふ事《こと》を、高山《たかやま》・短山《ひきやま》の末《すゑ》より、[八四]さくなだりに落《お》ちたきつ[八五]速川《はやかは》の瀬《せ》に[八六]坐《ま》す[八七]瀬織津比咩《せおりつひめ》と云《い》ふ神《かみ》、大海原《おほうなはら》に[八八]持《も》ち出《い》でなむ。[八九]かく持《も》ち出《い》で往《い》なば、[九〇]荒塩《あらしほ》の塩《しほ》の八百道《やほぢ》の八塩道《やしほぢ》の塩《しほ》の八百会《やほあひ》に座《ま》す[九一]速《はや》開都咩《あきつめ》と云《い》ふ神《かみ》、[九二]持《も》ちかか呑《の》みてむ。かくかか呑《の》みてば、[九三]気吹戸《いふきと》に坐《ま》す[九四]気吹戸主《いふきとぬし》と云《い》ふ神《かみ》、[九五]根《ね》の国《くに》・底《そこ》の国《くに》に[九六]気吹《いふ》き放《はな》ちてむ。かく気吹《いふ》き放《はな》ちてば、根《ね》の国《くに》・底《そこ》の国《くに》に坐《ま》す[九七]速佐須良比咩《はやさすらひめ》と云《い》ふ神《かみ》、[九八]持《も》ちさすらひ失《うしな》ひてむ。かく失《うしな》ひてば、[九九]天皇《すめら》が朝庭《みかど》に仕《つか》へ奉《まつ》る官官《つかさつかさ》の人等《ひとども》を始《はじ》めて、天《あめ》の下四方《したよも》には、今日《けふ》より始《はじ》めて、罪《つみ》と云《い》ふ罪《つみ》は在《あ》らじと、[一〇〇]高天《たかま》の原《はら》に耳《みみ》振《ふ》り立《た》てて聞《き》く物《もの》と、[一〇一]馬《うま》牽《ひ》き立《た》てて、今年《ことし》の六月《みなづき》の晦《つごもり》の日《ひ》の[一〇二]夕日《ゆふひ》の降《くた》ちの大祓《おほはらへ》に、祓《はら》へ給《たま》ひ清《きよ》め給《たま》ふ事《こと》を、諸《もろもろ》聞《き》き食《たま》へと宣《の》る。

[一〇三]四国《よくに》の卜部《うらべ》等《ども》、[一〇四]大川道《おほかはぢ》に持《も》ち退《まか》り出《い》でて、[一〇五]祓《はら》へ却《や》れと宣《の》る。

【注解】

一　**六月の晦の大祓**—大祓については、『神祇令義解』に、

凡六月・十二月晦日大祓〔謂、祓者解二除不祥一也。〕者、中臣上二御祓麻一。東西文部。〔謂、東漢文直・西漢文首也。〕上二祓刀一、読二祓詞一。〔謂、文部漢音所レ読者也。〕訖、百官男女聚二集祓所一。中臣宣二祓詞一。卜部為二解除一。

とあって、六月と十二月の晦《つごもり》の日と定められていた。これは恒例の大祓である。「六月《みなづき》」は「水《み》な（連体助詞）月」の意。「晦」は名義抄に「晦〈ツゴモリ〉」とある。「つごもり」は「月籠《つきこも》り」の約。月の最終日。『古今和歌集』に「六月《みなつき》のつごもりの日よめる　夏と秋と行きかふ空のかよひぢはかたへすずしき風や吹くらむ」（3一六八）とある。「大祓」の「祓」の字体については九条家本・兼永本・兼右本は「秡」、版本は「祓」である。『干禄字書』に「秡祓〈上俗下正〉」とあり、俗字と正字の違いである。わが国の古い時代にあっては「秡」が通用字体であったようであるが、以下には正字体（祓）で記述する。大祓と「大」が冠せられているのは、朝廷をはじめとして国家規模での祓（解除）の意。

二　**集はり侍る**—四時祭式上の「六月晦日大祓〔十二月准レ此〕」の条に、

右晦日申時以前、親王以下百官会二集朱雀門一。卜部読二祝詞一。〔事見二儀式一。〕

とあり、「申時」は今の午後四時であり、朱雀門というのは大内裏の南の中央正門である。その朱雀門前で大祓の儀式は行なわれたので、各々その官職によって所定の場所に参集した。なお時刻は『儀式』では「午四刻」（午後零時半）、『江家次第』では「酉剋」（午後六時）とあって、次第に遅くなってゆくことが分かる。

三　**ひれ挂くる伴の男・手繦挂くる伴の男**—大殿祭の祝詞に既出（一七二頁）。「伴の緒」を「伴の男」と書いているのは当て字、男の意味ではない。

四　**靫負ふ伴の男・釼佩く伴の男**―「靫」は矢を入れて背に負う筒形の箱で、着け緒で身に着ける。名義抄に「靫〈ユキ〉」とある。「釼」は劔の異体字、もしくは国字かも。太刀を身につけることを「佩く」という。名義抄に「佩〈ハク釼〉」とある。古事記の天孫降臨の条に、「天の忍日《おしひ》の命・天津久米《あまつくめ》の命の二人、天《あめ》の石靫《いはゆき》を取り負《お》ひ、頭椎《くぶつち》の大刀《たち》を取り佩《は》き、天のはじ弓を取り持ち、天の真鹿児矢《まかごや》を手挟《たばさ》み、御前《みさき》に立ちて仕へまつりき。」と見える。この祝詞の条の「伴の男」の叙述の順序は天皇の御身に身近に仕えるものからの順となっている。

五　**伴の男の八十伴の男を始めて**―「伴の男」は朝廷で一定の職業に従事する部民の一まとまり、即ち部族をいう語で、その部族は多くあったので「八十伴の男」という。その八十伴の男を始めとしての意。

六　**官官に仕へ奉る人等**―「官」は名義抄に「官〈ツカサ〉」とあり、官庁・役所の意。萬葉集に「官《つかさ》にも　許《ゆる》したまへり　今夜《こよひ》のみ　飲まむ酒かも　散りこすなゆめ」（8―一六五七）と見える。役所役所にお仕え申し上げている役人ども、の意で、「たち」が目上の人の数の多いことをいうのに対して、「ども」は目下の人についていう。

七　**過ち犯しけむ雑々の罪**―「過ち」は過失であって、それと意識しないで犯す罪のこと。「過失」の語は天武紀十一年（六八二）十一月十六日の詔の中に見える。「犯す」は法や規律、道徳などを破ること。「けむ」は過去推量の助動詞で、過去に起こったと考えられる不確実な事態について想像し推量する助動詞である。過ったり犯したりしたであろういろいろな罪、の意。この罪は去年の十二月晦の大祓の後より今年の六月晦までに犯した罪をいう。

八　**祓へ給ひ清め給ふ事を**―「祓ふ」は下二段活用動詞であるから「祓へ給ひ」と訓む。「祓ふ」とは自分が犯した罪の贖いをするために、相手や神に対して祓えつ物（物品）を差し出して、罪を除き清めることをいう。多く他からの制裁として、「祓へ」を科すと使われる。「給ふ」は天皇の朝廷が主催しての祓えによって、百官男女の罪を祓い給うのである。

九　高天の原に神留り坐す皇親神漏伎・神漏美の命以ちて—祈年祭の祝詞に既出（六一頁）。ここは本来は「神漏伎・神漏美の命の命以ちて」とあるべきところだが、言葉が重複してリズムを壊すので省略しているのである。「命以ちて」はお言葉（御命令）によって、の意。

一〇　八百万の神等—神々の数が非常に多いことをいう。実数としての八百万というのではない。古事記の天の石屋戸の段に「八百万神於㆓天安之河原㆒、神集々而《かむつどひつどひて》、〔訓㆑集云㆓都度比㆒〕」とあり、萬葉集にも、「天《あま》の河原《かはら》に　八百《やほ》万《よろづ》　千万神《ちよろづかみ》の　神集《かむつど》ひ　集ひいまして　神《かむ》はかり　はかりし時に」（2一六七）と見える。

一一　神集へ集へ賜ひ—「神」は下の行為が神に属することを表わす接頭語。この場合の「集ふ」は下二段の他動詞であるから、「集へ」となる。神漏伎・神漏美命の命令によって、神々を集めに集めなさるのである。「集へ集へ」と語を重ねて、その行為の盛んなさまを強調するのは古文の修辞法の一つである。

一二　神議り議り賜ひて—名義抄に「議〈ハカル〉」とある。「議り議り」でさかんに相談することである。

一三　我が皇御孫の命—「我が」は神漏伎・神漏美命から皇孫を親愛しての語である。ここの「皇御孫の命」は皇孫瓊瓊芸命《ににぎのみこと》を指している。これ以後の代々の天皇を指していう場合もある。

一四　豊葦原の水穂の国—大殿祭の祝詞に既出（一六〇頁）で、そこでは「瑞穂国」とあった。ここに「水穂国」と表記しているのは「水々しい稲穂の茂るよい国」の意で、結局同じ意。

一五　安国と平らけく知ろし食せ—祈年祭の祝詞に既出（七三頁）。但しここはその命令形。

一六　事依さし奉りき—言葉で御委任申し上げなさいました、の意。日本では神話は「き」、即ち回想の助動詞で語られる。それは「き」で承ける事柄が確かに記憶にあるということである。『日本書紀』の神話も、回想の助動詞「き」で語られた。第七段一書2に「時中臣遠祖天児屋命、則以神祝祝之。……神祝祝之、此云㆓加武保佐枳保佐枳枳㆒。」とある。

一七　**国中**―「くぬち」と訓む。「くにうち」の縮約（kuni・uti→kunuti）。国内の意。萬葉集に「悔しかも　かく知らませば　あをによし　国内《くぬち》（久奴知）ことごと　見せましものを」（5七九七）とある。但し、下に出る「四方の国中《くになか》」という場合は国の中央の意で、「くになか」と訓む。

一八　**荒振る神等**―出雲国造神賀詞に「荒留布神等乎撥平気」とある。天孫の王化に従わず荒れすさぶ神等、の意。

一九　**神問はしに問はし賜ひ**―なぜ帰順しないかとさかんに詰問なさる意。

二〇　**神掃ひ掃ひ賜ひて**―名義抄に「掃〈ハラフ〉」とある。「掃討する」という場合の掃である。帰順しない敵を武力を行使してさかんにうち滅ぼすのである。

二一　**語問ひし磐根・樹の立・草の垣葉をも語止めて**―大殿祭の祝詞に既出（一六〇頁）。神代紀第九段一書6には「葦原中国者、磐根・木株・草葉、猶能言語。」とある。

二二　**天の磐座放ち**―「天の」は高天原の物に冠する語。「磐座」は岩のように堅固な玉座。大殿祭の祝詞の「天津高御座」のこと。高天原の玉座を放って。

二三　**天の八重雲を**―天上に幾重にも層をなしている（重畳している）雲。

二四　**いつのち別きにち別きて**―「いつの」は神代紀に「稜威、此云㆓伊頭㆒」とあり、古事記上に「伊都〈二字以㆑音。〉之男建〈訓㆓建云㆒多祁夫㆒。〉踏建而」とある「いつ」で、威厳にみちて勢いの激しいことをいう。「ち別きにち別きて」は神代紀下に「稜威之道別道別而」とあり、天降るべき道をかき分けにかき分けての意。古事記上に「詔㆓天津日子番能邇々芸命㆒而、離㆓天之石位㆒、押㆓分天之八重多那〈此二字以㆑音。〉雲㆒而、伊都能知和岐知和《いつのちわきちわ》岐弖《きて》（自レ伊以下十字以レ音。）」とある。

二五　天降し依さし奉りき―天上から地上の国へお降しし、この国をお委《ゆだ》ね（御委任）申し上げました。

二六　かく―「か」は指示副詞、「く」は副詞語尾で、ここは直前に述べたことを「このように」と受けていう。萬葉集に「神代《かみよ》より　かく（如此）にあるらし」（1一三）と見える。

二七　四方の国中と―国中は国の中央の意。天下四方の国の真ん中として。

二八　大倭日高見の国―「大倭」は大和国のことであり、「日高見の国」は太陽が高々と輝いて見える国の意で、大和国を賛美していう。

二九　安国と定め奉りて―安らかな国として平定申し上げて。萬葉集に「天《あめ》の下《した》　治《をさ》めたまひ（一に云ふ、「払《はら》ひたまひて」）　食《を》す国を　定《さだ》めたまふと」（2一九九）とある。

三〇　下つ磐根に宮柱太敷き立て、……天の御蔭・日の御蔭と隠れ坐して―祈年祭の座摩の祝詞に同じ表現、既出（七一頁）。但し「太知り立て」とあった。「敷《し》く」「知《し》る」「占《し》む」は同語源の語で、すみずみまで力を及ぼす意。

三一　安国と平らけく知ろし食さむ国中に―回想の助動詞「き」で語って来たのに、ここで「平らけく知ろし食さむ」と未来についての推量を表わす助動詞に転じていることに注意。以下、予想・推量を表わす。

三二　天の益人等―「天の」は高天原の物に冠する語であるが、意味用法が広がって美称としても用いる。ここは美称。「益人」はだんだんと増えてゆく人々。

三三　過ち犯さむ―この本文、九条家本「犯計武」、兼永本・版本「犯家牟」、兼右本「犯気牟」とあり、「犯《をか》しけむ」と読んで来ている。けれども「けむ」という助動詞は過去の事についての不確実な回想・推量を表わす助動詞であって、すぐ上に「平気久所レ知食武国中尓、成出武天之益人等我」とあり、また下にも「許々太久乃罪出武。」とあって、時制の上で未来形で語られている文脈の中に唐突に「けむ」とあって、時制を破壊する。従って、ここも「犯さむ」と訂正する。このように誤られた理由は、前文に「過犯家牟雑々罪乎」とあることに影響されたものと思われる。

三四　**雑々の罪事**—「雑々」は種類の多いことをいう。いろいろな罪。萬葉集に「秋の花　種々《くさぐさ》にあれど　色ごとに見《め》し明《あき》らむる　今日の貴さ」（19四二五五）とある。

三五　**天つ罪と**—「と」は「としては」の意。罪を「天つ罪」と「国つ罪」とに二分している。以下、「天つ罪」と「国つ罪」については青木紀元氏の整理されたものによる。(注1)「天つ罪」は「日本古代社会の根幹をなす生業である農耕を妨害し破壊する罪」。

三六　**畔放ち**—『古語拾遺』に「毀畔〔古語、阿波那知。〕」とある。田の畔をこわして稲作の妨害をすること。「あ」は畔《あぜ》の古語。

三七　**溝埋み**—古語拾遺に「埋溝〔古語、美曾宇美。〕」とある。田に水を引くため、また排水のための溝（水路）を埋めてしまう行為。稲作の妨害である。

三八　**樋放ち**—古語拾遺に「放樋〔古語、斐波那知。〕」とある。樋《ひ》は「とい」で、水を導くための管。竹の節《ふし》を抜いたり、木で作ったりしたもので、それで田に水を引くのである。その樋を壊すことで、やはり稲作の妨害行為。

三九　**頻蒔き**—神代紀に「重播種子〔此云二璽枳磨枳一。〕」とあって、意味がよく分かる。一度種子を播いた上へ、また重ねて種子を播くことで、稲の順調な成育を阻害する行為。名義抄に「頻〈シキリナリ・重也〉」とある。

四〇　**串刺し**—古語拾遺に「刺串〔古語、久志佐志。〕」とある。青木氏は、『中臣祓注抄』(注2)（神宮文庫蔵）に「串差生類作レ生串差也」とあり、「家畜に先のとがった串を刺して殺害する行為」とし、「牛馬等の家畜は、古くから農耕生活を助ける重要な伴侶であったから、家畜の殺害は農耕妨害の一つの手段となる。」と説明した。

四一　生剝ぎ—動物の皮を生きたまま剝ぐこと。『今昔物語集』巻第二十に「大和国《ノ》人《ノ》、捕菟感現報語《ウサギヲトラヘテゲンポウヲカンゼルコト》第廿八」という話があり、好んで生き物を殺す事を業としていた男が、ある時「野ニ出《イデ》テ、菟《ウサギ》ヲ捕《トラヘ》テ、生乍《イケナガ》ラ皮ヲ剝《ハギ》テ、躰《ムクロ》ヲバ野ニ放チケリ。……(注3)」とあり、生類の殺生を戒める話が見える。これ「生剝ぎ」の具体的な例であるが、次の「逆剝ぎ」と共に、単に「家畜の殺害」というよりも「殺生禁断《せっしょう》」の仏教的な臭いがするのではないか。

四二　逆剝ぎ—生類の皮を尻の方からさかさまに頭の方へ剝ぐことか。古事記の須佐之男命の暴逆の条に「穿二其服屋之頂一、逆二剝天斑馬一剝而、所二堕入一時、」と見える。

四三　屎戸—「戸《と》」は「事戸《ことど》」・「布刀詔戸《ふとのりと》」・「千位置戸《ちくらのおきと》」・「詛戸《とごひと》」（以上いずれも『古事記』に見える語）の「と」で、呪的な行為または呪物に付ける接尾語であって、「肥料の屎にのろいをかけて、相手の農耕を妨害する行為」（青木氏）とするのがよい。屎尿は大切な肥料であった。

四四　ここだくの罪—「ここだく」は「ここだ」（副詞）に副詞語尾「く」の付いた語で、「こんなにも多く」の意。萬葉集に「誰《た》が園《その》の　梅にかありけむ　ここだくも　咲きてあるかも　見が欲《ほ》しまでに」（10二三二七）とある。

四五　法り別けて—「法」の字は当て字で「宣り」の意。「別け」は相違を明確に区別する意。明確に言い別けて。

四六　国つ罪と—「天つ罪以外の普通一般の罪を『国つ罪』とした。」（青木氏）。「と」は「としては」の意。

四七　生膚断ち・死膚断ち—語構成は「生・膚断ち」「死・膚断ち」で、大刀など刃物で膚を切断したり突き刺したりして、相手を傷つけること。その結果、生きている場合には「生膚断ち」即ち傷害罪で、死に至った場合は「死膚断ち」即ち殺人罪である。ともに罪名。

四八　白人—和名抄に「白癜　病源論云白癜〈音、白電。之良波太。〉人面及身頸皮肉色、変レ白亦不二痛癢一者也。」とある「しらはだ」。

四九　**こくみ**―和名抄に「瘜肉　説文云瘜〈音息。瘜肉。和名阿万之々。一云、古久美。〉寄肉也。」とある。「あましし」は「あまりしし↓あまっしし」と促音便を起こしているので、実際の音価は「あまっしし」であろう。「こぶ」のことである。

五〇　**己が母犯す罪・己が子犯す罪**―実母・実子と姦淫する罪で、近親相姦罪である。

五一　**母と子と犯す罪・子と母と犯す罪**―まず一人の女性と通じ、更にその女性の娘とも通じる罪と、まず一人の女性と通じ、更にその女性の母とも通じる罪である。仲哀記の国の大祓の条に「上通下婚《おやこたはけ》」とある。

五二　**畜犯す罪**―「けもの」は毛物の意。畜類と通じる罪で、獣姦というもの。前に挙げた仲哀記の条に、「馬婚・牛婚・鶏婚・犬婚の罪」と見える。

五三　**昆虫の災**―神代紀第八段一書6に「為レ攘二鳥獣昆蟲之災異《わざはひ》一、則定二其禁厭之法《まじなひやむるのり》一。」と見え、大殿祭の祝詞にも「下つ綱根、はふ虫の禍《わざはひ》无く」とあった（一五五頁）。「飛ぶ鳥」に対して「這ふ虫」という。「わざはひ」は災難のことである。大殿祭の祝詞の例によれば、家屋の下部の柱を結びつけている綱を食い破り、家の骨組みを揺るがすような災いをいう。

五四　**高つ神の災**―高つ神とは高いところにいる神の意で雷のこと。落雷によって人や家に与える災禍のことである。

五五　**高つ鳥の災**―空高く飛ぶ鳥による災い。大殿祭の祝詞に「天の血垂、飛ぶ鳥の禍无く」（一五五頁）とあった。「血垂」は「千木」のことで（青木説）、家屋の最上部の最も聖なる箇所であるので、そこを猛禽類が獲物などを捕えて来て汚すような不浄をもたらす災いをいうのであろう。

五六　**畜仆し蠱物為る罪**―「仆」は名義抄に「仆〈タフル・フス〉」とある。また「蠱」は『享和本新撰字鏡』に「蠱

〈万自物〉」とあり、また名義抄に「蠱〈マジワサ〉」とある。「畜仆す」は牛馬などの家畜を殺すこと。「蠱物」は人をのろって禍いがあるようにという呪術、まじないのことである。青木氏はこの罪について、「他人に災いが起こるようにまじない（呪術）を行うこと」で、「そのまじないのために畜類を殺し、血を取ったりなどして邪神を祭り、憎む相手を呪《のろ》う」ことであると説く。

五七　**ここだくの罪出でむ**—こんなにも多くの罪が出て来るであろうの意。「罪出でむ」と予想・推量形であることに注意。

五八　**かく出でば**—このように多くの罪が出て来たならば、と仮定の条件を示す。このように「ば」が未然形をうけて成立する条件句は、仮定の条件を示す。

五九　**天つ宮事以ちて**—天上（高天原）の宮殿で行なっている行事、即ち「大祓」の行ない方に則って、の意。

六〇　**大中臣**—「中臣」は「中《なか》つ臣《おみ》」が縮約したもので、神と天皇・神と人との間を執り持つ（仲介する）臣の意。naka・tu・ömi→nakatömi。萬葉集に「中臣《なかとみ》（奈加等美）の　太祝詞言《ふとのりとごと》　言《い》ひ祓《はら》へ　贖《あか》ふ命《いのち》も　誰がために汝《なれ》」（17四〇三一）とある。また「斎の内親王を奉り入るる時」の祝詞に「大中臣茂《いか》し桙《ほこ》の中取り持ちて」と見える。

六一　**天つ金木を本打ち切り、末打ち断ちて**—「金木」は当て字で、『文選』の東方曼倩（朔）「答二客ノ難一一首」に「以レ筳撞レ鐘」と見え、その銑氏注に「筳、小木枝也」とある。その九条本の古訓に（注4）「カナキ」とあるから、「小さな木の枝」のことである。「金木」を金属のように堅い木とするなら、その本末を切ったり断ったりすることは不可能であろう。これも「天つ金木」とあるように、天上（高天原）の宮殿でのやり方である。本末を切るのは中程の良いところを使うのである。「切り」と言い、「断ち」と言うのは避板法である。

六二　**千座の置き座に置き足らはして**—「くら」は物を載せておく台のこと。「千座の置き座」は古事記に「八《や》百《ほ》万《よろづ》の神、共に議《はか》りて、速須佐之男《はやすさのを》の命《みこと》に千位《ちくら》の置戸《おきと》を負《おほ》せ、また、鬚《ひげ》と手足の爪とを切り、祓《はら》へしめて、神《かむ》やらひやらひき。」とある「千位の置戸」に当る。祓えつ物（贖い物）の儀礼化したものとしての「金木」を千台もの多くの台の上にいっぱいに置き満たして、の意。もちろん誇張表現であろう。

六三　天つ菅そ—「すが」は「すげ」の古形で、複合語に残っている。古事記歌謡に「須賀多々美（菅畳）」（19）、「須賀波良（菅原）」（64）など。「そ」は萬葉集に「打麻《うちそ》」（一二三）とあり、打ち柔らげた麻の繊維のこと。このように菅や麻など植物繊維を取れる線条のものをいう語であったらしい。ここの「菅そ」の「そ」はその接尾語的用法で「菅」と解する説がよい。(注5) 祓えに菅を用いるのは、もともとこの草が清《すが》しい草の故に「すが」と名付けられたか、清《すが》と音通の故に用いられたかであろう。

六四　八針に取り辟きて—「辟」は「擘」と同義語。名義抄に「擘〈サク・ヒキサク〉」とある。「一太刀《ひとたち》に切る」という語法と同じで、針で細くこまかく裂いての意。縦に葉脈の走っている菅をこまかく裂くことが、祓えの呪術なのであった。すぐ後に引く『神楽歌』に「天の小菅を析き祓ひ　祈りしことは」とある。

六五　天つ祝詞の太祝詞事を宣れ—天上界の祝詞であって立派な祝詞を宣れ、の意。「太」は壮重で立派であることをいう接頭語。「祝詞事」とあるのは祝詞が言葉であることから、後に「言」が付け加わったもの。「言」と「事」とは上代では通用されることが多く、「言事未分」とも言われる。「宣れ」の命令者は神漏伎・神漏美の命である。「かく出でば」よりここまで、「天つ宮事」「天つ金木」「天つ菅そ」「天つ祝詞」とすべて天上界での祓えの方式に則って行えとの命令であることに注意。また、ここに「天つ宮事」として述べられたことは、平安時代の宮廷で実修されていたと考えられることが『神楽歌』の「酒殿歌」(注6)の或説（本）の次の歌によって分かる。

天《あま》の原《はら》　ふりさけ見れば　八重雲《やへくも》の　雲の中なる　雲の中との　中臣《なかとみ》の　天《あま》の小菅《こすげ》を　析《さ》き祓ひ　祈りしこ

とは　今日《けふ》の日のため　あなこなや　我《わ》がすべ神《がみ》の　神ろぎのよさこ（八五）

六六　かくのらば―「天つ祝詞の太祝詞事を宣れ。」を受けてすぐ続けて読むべき句。これまでの説の中には、ここで命じられている「天つ祝詞の太祝詞事」というべきものが別にあって、それを読むのだとの説があったが、それは成り立たない。何故ならば、前の罪発生の予言以来「……む……む」という「未来形」の文脈で語られているのであって、ここで別の「祝詞」を宣るというのであれば、突然「今」に引きもどされて、文脈を破壊してしまうのである。そのようなことがある訳がなく、「天つ祝詞の太祝詞事を宣れ。」も当然未来形の文脈の中で読まれなければならないのである。では、この「天つ祝詞の太祝詞事」とは何かということになるが、それは即ちこの「大祓の詞」そのものである。「大中臣……天つ祝詞の太祝詞事を宣れ。」との命を受けて、中臣が大祓の儀においてこの詞を宣ることの根拠が示されているのである。そのような文脈の流れによって、「かくのらば、天つ神は……聞《き》こし食《め》さむ。国つ神は……聞こし食さむ。」と以下繋がっていくのである。

六七　天つ神―天上界の神。

六八　天の磐門―萬葉集に「天の原　石門《いはと》を開《ひら》き　神上《かむあが》り　上《あが》りいましぬ」（２一六七）とある表現からすると、天上界の入口には磐門というような堅固な御門があると考えられていた。その御門を通して天上界に出入りするのである。

六九　押し披き―「披」は名義抄に「披」〈ヒラク〉とある。「押し開き」というのに同じ。

七〇　聞こし食さむ―名義抄に「聞食〈キ、タマフ・キコシメス〉」とある。大中臣の宣るこの大祓の祝詞を、お聞きとどけになられるであろう、の意。

七一　国つ神―地上界の神。

七二　**高山の末・短山の末**―人は山本に住んでいるから、山本から見上げて頂きは末である。「短山」を「ひきやま」と訓むのは四時祭式上の三月祭「大神社」の料物の中に「短女坏《ヒキメツキ》」と見え、名義抄に「侏儒〈ヒキウド・タケヒキ〉」、「矬〈ヒキ人・短皃〉」と見えることによる。古くは「ひきし」と言い、室町時代頃から「ひくし」の形が使われるようになったという。高い山の頂・低い山の頂。

七三　**高山のいほり・短山のいほり**―「いほり」は原文「伊恵理」とある。文字通りに訓めば「いゑり」となるが、文脈上から意味がとれず、古来の難語である。『中臣祓注抄』に「高山伊保利宮殿也短山伊保利押別聞食」とあり、「伊恵理」の「恵」を「穂」の省文とみて「いほり」と訓むが、これでは音訓音となって無理がある。けれども文脈的理解から「いほり」と訓み、山上の神殿と解しておく。和名抄に「営　唐韻云営、余傾反。日本紀（私記）云〈和名、伊保利《いほり》〉軍営也」、また「廬　毛詩云農人作レ廬、以便二田事一。〈力魚反、和名伊保《いほ》〉」とあり、「いほり」とも「いほ」ともある。仮の小屋のことである。山頂の神殿は草木を結んで作った仮屋であったであろう。

七四　**撥き別けて、聞こし食さむ**―前述のような粗末な仮屋であったから、その仮屋の草木の扉を掻き分けて、お聞き届け下さるであろう、というのであろう。神が少しでもよく祝詞を聞き届けてやろうとして努める行為。

七五　**かく聞こし食してば**―「てば」の「て」は完了の助動詞「つ」の未然形。このように、未然形を承ける接続助詞「ば」は仮定の条件を示す。このようにお聞き届け下さったならば、の意。

七六　**罪と云ふ罪は在らじと**―「じ」は打消の推量を表わす助動詞で「ないだろう」となる。天つ神・国つ神が大祓の祝詞をお聞き下さったならば、もはやこの世に罪という一切の罪はなくなってしまうであろうとて、の意。下の「祓へ給ひ清め給ふ事を」へ係る。

七七　**科戸の風**―「科」は当て字。名義抄に「科〈シナ〉」とある。「しなと」の「し」は風や息の意。「西《にし》」「東《ひむかし》」の

「し」は本来「風」の意で、風位を表わす語であった。古事記歌謡に「倭方《やまとへ》に尓斯《にし》吹き上げて」（55）とある。また萬葉集に「志長鳥《しながとり》」（7一一四〇）とあるのは「息長鳥《しながとり》」の意。「しなと」の「な」は連体助詞で、「と」は戸・門の意。「しなと」は風の吹き起こる門戸の意。古事記に「風の神、名は志那都比古《しなつひこ》の神」とある「都《つ》」は「戸《と》」の意であろう。風の吹き起こる門戸から吹き出る風、の意。

七八　**朝の御霧・夕の御霧**――「御」は美称の接頭語であるが、ここは音調を整えるために冠せられたものかも知れない。

七九　**大津辺に居る大船**――大きな船着場《ふなつきば》（港）のほとりに繋がれ停泊している大きな船、の意。「居《を》り」は萬葉集に「埼玉《さきたま》の　津に居《を》る舟の　風を疾《いた》み　綱《つな》は絶ゆとも　言《こと》な絶えそね」（14三三八〇）とあるように、船が港に綱で繋留されていることをいう。

八〇　**舳解き放ち艫解き放ちて**――「舳」と「艫」とは、和名抄にそれぞれ「舳　兼名苑注云船前頭謂二之舳一〈音逐。漢語抄云舟頭制レ水処也。和語云レ閉《へ》。〉」、「艫　兼名苑注云船後頭謂二之艫一〈音盧。楊氏曰舟後刺催処也。和語云二度《と》毛《も》一〉」とある。「舳先《へさき》」・「纜《ともづな》」という語があるように、船首と船尾とである。その舳と艫とを岸に繋いである綱を解き放つのである。

八一　**彼方の繁木が本**――萬葉集に「大名児《おほなこ》を　彼方野辺《をちかたのへ》に　刈る草《かや》の　束《つか》の間《あひだ》も　我《あれ》忘れめや」（2一一〇）とあるように、「向こう」の意。向こうの茂った木の根もとの意。

八二　**焼鎌の敏鎌**――よく焼き鍛えた鎌の鋭い鎌。萬葉集に「焼《や》き大刀《たち》」（20四四七九）の語も見える。

以上、「祓え」によって「罪」がきれいさっぱりと消滅することを「……事の如く」と四つの具体的な比喩を重ねて、念入りに強調している。宗教的な詞章の特色である。

八三　**遺る罪は在らじと、祓へ給ひ清め給ふ事を**―上に「罪と云ふ罪は在らじと」とあるから、ここの「遺る罪は在らじと」はなくてもよい句であるが、四つの比喩を付加したので、更に念を入れ強調したのである。「祓へ給ひ清め給ふ事を」と、以下に続く「高山・短山の末より、……」との文脈の続きが不明確であるが、これは青木紀元氏の説くように、最初は「遺る罪は在らじと、今年の六月の晦の日の夕日の降ちの大祓に、祓へ給ひ清め給ふ事を、諸聞き給へと宣る。」とあって、詞章が終っていたものを、後に「高山・短山の末より」以下の詞章が継ぎ足《た》されたと考えるのが良い。このままの詞章で文意を通すためには、「祓へ給ひ清め給ふ事を」の「事」を「罪事」と解さなければ意味が通じなくなる（本居宣長説）(注7)。

八四　**さくなだりに落ちたきつ**―「さくなだり」は水がどっと勢いよく流れ落ちるさまをいう。「落ちたきつ」は水が激しく逆巻き流れること。萬葉集に「高山《たかやま》の　岩本激《いはもとたき》ち　行《ゆ》く水の　音《おと》には立てじ　恋ひて死ぬとも」（11二七一八）とある。「たきつ」「たぎつ」の両形がある。

八五　**速川の瀬**―「速川」は流れの速い川。「瀬」は川の水の浅い所。

八六　**坐す**―「います」の「い」の脱落した形で、「あり」「をり」の尊敬語。いらっしゃる、の意。

八七　**瀬織津比咩と云ふ神**―「織る」は機《はた》を使って布を作ることであるが、ここは川瀬の美しさを織物にたとえて、その川瀬を織りなす女神と称えて言っている。

八八　**持ち出でなむ**―「なむ」の「な」は完了の助動詞「ぬ」の未然形、それに推量の助動詞「む」の付いた形。運び出してしまうであろう、の意。

八九　**かく持ち出で往なば**―このように運び出して行ってしまったならば。「往ぬ」（ナ変動詞）はその場から消えて行ってしまうことをいう。

九〇　荒塩の塩の八百道の八塩道の塩の八百会―「塩」は「潮」の方が適切。名義抄に「潮〈ウシホ・アサシホ・シホ〉」とある。「荒塩」は荒々しく激しい潮の流れ。「塩の八百道の八塩道」は潮流が数多くの潮道をなして流れていること。「八百道」と「八塩道」は同じことを言い換え畳みかけた表現。「塩の八百会」は多くの潮流が一箇所に出会う所。そのような所では鳴戸の渦潮のように渦巻が起こり、海底へと巻き入れる激しい力が働く。激しい数多くの潮流があって、その潮流が一箇所に出会う所、の意。

九一　速開都咩と云ふ神―素早く口を開けて呑み込んでしまう女神の意。古事記に「水戸《みなと》の神、名は速秋津日子《はやあきつひこ》の神、次に妹速秋津比売《ひめ》の神」とある神も、「秋《あき》」は「開《あ》き」の借字で、同じ意味による神名。

九二　持ちかか呑みてむ―「持ち」は接頭語であるが「うけ持つ」という意味が込められている。「かか」は擬声語で、カッカッという音か。今の「ガブガブと飲む」というのに当たる。「てむ」は、完了の助動詞「つ」の未然形に、推量の助動詞「む」の付いた形で、……してしまうであろう、の意。罪が渦潮と共に海底に巻き入れられるさまを、この神が飲み込んでしまわれると表現したもの。

九三　気吹戸―神代紀上に「吹棄気噴之狭霧、此云二浮《ふ》枳《き》于《う》都《つ》屢《る》伊《い》浮《ふ》岐《き》能《の》佐《さ》擬《ぎ》理《り》一」、古事記に「吹棄気吹之狭霧」とある。名義抄に「気〈イキ〉」、「息〈イキ〉」とあり、今「息・息づかい・呼吸」のことを「気息」というように、「気」と「息」とは通ずる。「気吹《いふき》」の「い」は息・呼吸のことである。人が口からプーッと息を吹き出すように、罪を吹き出す門戸の意。

九四　気吹戸主と云ふ神―気吹戸の主人の神の意。前の速開都咩が呑み込んだ罪を気《い》吹《ふ》き放ってこそスムーズな連繋となるはずであるが、ここでは気吹戸主となって、少し不自然な繋がりとなっている。

九五　根の国・底の国―古事記に「妣国《ははのくに》根《ね》之《の》堅州国《かたすくに》」とあり、神代紀上に「根国《ねのくに》」「底根《そこつね》之《の》国《くに》」とある。「根の国・

底の国」は同じことの言い替えであるが、「根」とあるから海底より更に下の地底の世界を表現しているであろう。

九六　**気吹き放ちてむ**―プーッと息吹《いぶ》き放ってしまうであろう。

九七　**速佐須良比咩と云ふ神**―「佐須良比咩」は「さすらひ女《め》」で、「さすらふ」とは寄るべもなくさまようこと〈流浪すること〉である。名義抄に「伶俜・伶仃〈サスラフ〉」とある。

九八　**持ちさすらひ失ひてむ**―次々とリレー式に運ばれて来た罪を受け持って、あてどもなくさまよい失ってしまうであろう。このようにして罪は完全に消失してしまうという訳であるが、具体的には、川に流された「祓えつ物」が水の働きによって運ばれ、最後は海底の藻屑として消え失せるということを、文学的に構想して成立した詞章である。

九九　**天皇が朝庭に仕へ奉る官官の人等を始めて**―「始めて」は最初として後まで続くの意。この句は前文の「天皇が朝庭に仕へ奉る……を始めて、官官に仕へ奉る人等の……」に呼応する。

一〇〇　**高天の原に耳振り立てて聞く物と**―この「大祓の詞」を天空に耳を振り立てて鋭敏に聞く動物としての意。馬の生態・しぐさをうまくとらえて作文している。

一〇一　**馬牽き立てて**―馬を引いて立ち並ばせての意。古来、祓えと馬とは密接な関係があり、馬は祓えつ物の代表であった。四時祭式の大祓の条に、馬六疋を大祓の儀式の場に引き立てることを規定している。ここにその馬の役目を天下の物音を鋭敏にキャッチする動物として引き立てると表現しているのは、転用である。出雲国造神賀詞にも、馬を献上する理由の一つとして、「振り立つる耳の弥高《いやたか》に、天の下を知ろし食さむ事の志《しるし》のため」とある。

一〇二　**夕日の降ちの大祓に**―「降つ」は盛りの状態が推移して終りに近づくこと。名義抄に「日斜〈ヒクタチ〉」とある。萬葉集にも「我《わ》が盛《さか》り　いたくくたちぬ　雲に飛ぶ　薬《くすり》食《は》むとも　またをちめやも」（5八四七）と見える。四時祭式上の大祓の条によれば、「中時以前、親王以下百官会二集朱雀門一。」とあり、中時（午後四時）までに会集となっている。

一〇三　**四国の卜部等**――『職員令』神祇官の条に「卜部廿人」とあり、臨時祭式に「卜部取二三国卜術優長者一。（伊豆五人、壱岐五人、対馬十人。）若取二在レ都之人一者、自レ非二卜術絶レ群、不レ得二輙充一。」とあって、四国というのに合わない。そこで本居宣長は「伊豆壱岐対馬に、今一国はいづれぞといふに、京に在《ル》を加へていふなるべし、臨時祭式に、其《ノ》卜部《ハ》、取二三国一云々、若《シ》取《ラバ》二在《ル》レ都《ニ》之人《ヲ》一云々、これにて、在京の卜部もあることを知《ル》べし」として、京すなわち山城国を入れて四国とした。（注8）けれども『職員令』に「卜部廿人」と定員を規定しているのによれば、「伊豆・壱岐・対馬」で計二十人となってしまう。伊豆と壱岐が各五人であるのに対して、対馬が十人であることを考えれば、対馬は上県《かみつあがた》と下《つ》県に早くから分かれており（顕宗紀三年四月の条に「対馬下県直」と見える）、これを二国と数えている可能性があると考えるのがよいのではなかろうか。前の臨時祭式の条の規定でも、「在都之人」を採用することには厳しく、むしろ例外的な採用のように考えるのであるが、いかがであろうか。卜部は神祇官に属して、卜占（亀卜）を職とした。これ以下の文は大祓の詞を宣り終えて、卜部に命ずる詞である。

一〇四　**大川道に持ち退り出でて**――「大川道」というのは、川も道筋なので接尾語的に付されたもの。祓えつ物を流し棄てる川である。平安京においては鴨川・桂川に流した。「持ち退り出でて」は祓えつ物を持って皇居から退出しての意。

一〇五　**祓へ却れ**――祓えつ物を流し棄てよ、の意。『神祇令』に「卜部《ハ》為《ヨ》二解除《ヲ》一」とあるのに当たる。

（注1）青木紀元氏著『祝詞古伝承の研究』（国書刊行会、昭和六十年七月）第一編大祓「日本古代の罪と大祓」・「天津罪・国津罪」などによる。

（注2）『神宮古典籍影印叢刊3　神宮儀式　中臣祓』（皇學館大學刊行、八木書店、昭和五十八年十一月）に所収。

（注3）『日本古典文学大系　今昔物語集』（岩波書店、一九六二年三月）一九一頁。

（注4）中村宗彦氏著『九条本　文選古訓集』（風間書房、昭和五十八年二月）六四六頁。

（注5）本澤雅史氏著『祝詞の研究』（弘文堂、平成十八年八月）所収「大祓詞『天津菅曾』考」。

（注6）『新編日本古典文学全集42　神楽歌・催馬楽・梁塵秘抄・閑吟集』（小学館、二〇〇〇年十二月）八八頁。

（注7）『本居宣長全集　第七巻』所収『大祓詞後釈』一五〇頁。

（注8）（注7）に同じ。一六三頁。

東文忌寸部献二横刀一時呪　西文部准レ此。

○この「呪」は『令義解』に「東西文部〔注略〕、上二祓刀一、読二祓詞一。〔謂、文部漢音所レ読者也。〕」とあるように、「漢音」（中国語）で唱えたものであるので、訓を付さない。

謹請。皇天上帝、三極大君、日月星[1]辰、八方諸神、司[2]命司籍、左東王父、右西王母、五方五帝、四時四気、捧以禄人、請除禍災、捧以金刀、請延帝祚。呪曰[3]、東至扶桑[4]、西至虞淵[5]、南至炎光、北至溺水、千城百国、精治万歳[6]、万歳万歳。

1星―九「皇」。
2司―永、「司」ノ下ニ○ヲ付シ、左傍ニ「命司」ト補入ス。
3曰―九・永「日」。
4桑―永「乗」。
5淵―九「潤」。右、左傍ニ「閏ィ」ト注ス。
6万歳、万歳万歳―九「万歳〻〻」。右「万歳〻〻〻〻」トアリ、下ノ「〻〻」ノ左傍ニ「此二字イナ」ト注ス。永・版「万歳万歳」。ココハ四字句デ文ヲ成シテイルノデ、「精治万歳、万歳万歳」、又ハ「精治万歳、〻〻〻〻」デナケレバナラナイ。

【訓読文】

[一]東《やまと》の文《ふみ》の忌寸部《いみきべ》の横刀《たち》を献《たてまつ》る時《とき》の呪《しゆう》　西《かふち》の文部《ふみべ》も此《こ》れに准《なら》へ。

○この「呪」は「漢音」（中国語）で唱えたものであるが、今仮に訓読文を掲げておく。

[二]謹《つつし》みて請《こ》ふ。[三]皇天上帝《こうてんじようてい》、[四]三極大君《さんきよくたいくん》、[五]日月星辰《じつげつせいしん》、[六]八方諸神《はつぽうしよしん》、[七]司命司籍《しめいしせき》、[八]左は東王父《とうおうふ》、[九]右は西王母《せいおうぼ》、[一〇]五《ご》方《ほう》五《ご》帝《てい》、[一一]四時四気《しじしき》。[一二]捧《ささ》ぐるに禄人《ろくじん》を以《もち》て、[一三]禍災《かさい》を除《のぞ》かむことを請《こ》ふ。[一四]捧《ささ》ぐるに金刀《きんとう》を以《もち》て、[一五]帝祚《ていそ》を延《の》べむことを請《こ》ふ。[一六]呪《しゆう》に曰《い》はく、[一七]東《ひがし》は扶桑《ふそう》に至《いた》り、西《にし》は虞淵《ぐえん》に至《いた》り、[一八]南《みなみ》は炎光《えんこう》に至《いた》り、[一九]北《きた》は溺水《じやくすい》に至《いた》るまで、[二〇]千城百国《せんせいはくこく》、[二一]精治万歳《せいちばんせい》、万歳万歳《ばんせいばんせい》。

【注解】

一　**東文忌寸部と西文忌寸部**——この両氏族については『古事記』応神天皇の条に、百済《くだら》の国主照古王《こにきしせうこわう》、牡馬壱疋《をまひとつ》・牝馬壱疋《めまひとつ》をもちて、阿知吉師《あちきし》に付けて貢上《たてまつ》りき（この阿知吉師《あちきし》は、阿直《あちき》の史《ふびと》等《ら》が祖《おや》ぞ）。また、横刀《たち》また大鏡を貢上りき。また、百済の国に、「もし賢《さか》し人《ひと》あらば貢上れ」と科《おほ》せたまひき。かれ、命《みこと》を受けて貢上れる人、名は和邇吉師《わにきし》、すなはち論語十巻《ろんごとまき》・千字文一巻《せんじもんひとまき》、幷《あは》せて十《とを》あまり一巻を、この人に付けてすなはち貢進《たてまつ》りき（この和爾吉師は文《ふみ》の首《おびと》等が祖《おや》ぞ）。

と、その我が国への渡来のことが見える。また『日本書紀』応神天皇十五年八月の条にも、ほぼ同じ記事が見え、「阿直岐《あちき》」の来帰のことを記し、「阿直岐者、阿直岐史《あちきのふびと》之《の》始祖《はじめのおや》也。」と記し、翌十六年二月の条には、天皇の要請により「王仁《わに》」の来たことを記し、「王仁《わに》者、是書首等《これふみのおびとら》之始祖也。」と記している。

この古い渡来人阿知吉師の後裔氏族が東文忌寸部であり、和邇吉師の後裔氏族が西文忌寸部である。この東西文忌寸部は東西文部とも称された。「東・西文忌寸部」は「倭《やまと》・河内《かふち》乃忌寸部」とも表記され、東文忌寸部は大和《やまと》国檜隈《ひのくま》郡を本拠とし、西文忌寸部は河内《かふち》国古市《ふるいち》郡を本拠としたからである。

この「呪」が奏上されたのは『神祇令』の大祓の条に、

凡六月・十二月晦日大祓者、中臣上㆓御祓麻㆒。東西文部、上㆓祓刀㆒、読㆓祓詞㆒。（下略）

とある儀式においてである。これはいわば天皇の大祓の儀であるが、正式には「御贖の儀」と言った。『延喜式』大祓の条にはその式次第の模様を詳しく述べている。

二　**謹請**―謹んでお願い申し上げます、の意。以下に唱え上げる神々に対して、お願いするのである。

三　**皇天上帝**―昊天上帝ともいうが、中国古典においても両様の表記がなされている。中国古代の最高神で、宇宙の主宰神。天帝。『唐令』祠令《シレイ》に、「大祀」の最初に挙げられている神。『周礼』春官の大宗伯に「以㆓禋祀《いんし》㆒、祀㆓昊天上帝㆒。」とある。禋祠とは柴の上にいけにえを置いて焼き、煙を昇らせて天を祭るのであるという（『角川大字源』）。

四　**三極大君**―天・地・人の支配神。三才ともいう。『周易』繋辞上に、「六爻《りくこう》之動、三極之道也。」とあり、その疏に、「言、六爻遞相推動而生㆓変化㆒、是天地人三才至極之道。」とある。

五　**日月星辰**―日と月と星の神。『祠令』の「中祠」に「日月、星辰」とある。『周礼』春官の大宗伯に、「以二実柴一祀二日月星辰一。」とある。その注に「実柴、実《そなエル》二牛ヲ柴上ニ一也。」とある。

六　**八方諸神**―東・西・南・北と、乾《いぬい》（西北）・坤《ひつじさる》（西南）・艮《うしとら》（東北）・巽《たつみ》（東南）の方位の神々。

七　**司命司籍**―司命と司籍の二神。人の生命と戸籍をつかさどる神、ということで人の生死をつかさどる神である。

八　**左東王父**―「左」の意味不詳。神仙信仰による神で、東方にいる男仙の領袖《りょうしゅう》である。

九　**右西王母**―「右」の意味不詳。西方にいる女仙の領袖。古い時代には西王母が単独で表わされることが多かったが、時代がくだると西王母の両性具有という性格が二つに分裂して、西王母と東王父とになったという（小南一郎氏（注1））。西王母は西の果ての崑崙山《こんろんさん》に住み、不死の薬を持っていたといわれ、漢の武帝に蟠桃《はんとう》（仙桃）を与えたという（『大字源』）。なお、東王父と西王母を神仙の男女の領袖として組み合わせている最も早い時期の確実な資料として、次の鏡銘を挙げることができるという（福永光司氏（注2））。『後漢永康元年（一六七）獣首鏡』の銘、

　永康元年正月丙午日、作二尚方明竟一。買者長宜二子孫一、買者延レ寿万年。上有二東王父西王母一。生如二山石一。大吉。

「生きること山石の如し」とは永遠の生命を得ることであるという。

この東王父・西王母は道教信仰の代表的な神である。

一〇　**五方五帝**―「五方上帝」ともいう。『唐令』「祀令」には「大祀」として、前に見た「昊天上帝」に次いで「五方上帝」と見える。「五方」とは東・西・南・北の四方と中央とである。この五方をそれぞれ支配する天帝であって、先の「祀令」に大祀とあるように神格の高い神である。

一一　**四時四気**―四時と四気である。「四時」というのは春・夏・秋・冬の四季である。『論語』陽貨篇に「四時行焉、

百物生焉。」と見える。四季をつかさどる神である。「四気」は四季の気候の暖・暑・清（涼）・寒をつかさどる神である。

二　捧以禄人―「捧」は「ささぐ」（「さしあぐ」の約）で、両手を恭しく上げて神（人）に物を与える、の意である。「以」という助字は前置詞で、「手段、方法、素材、道具などを提示する。……で。……を。……を用いて。」（『大字源』）。「禄人」の「禄」は『爾雅』釈詁に「禄、福也」とあり、「福禄」の意であり、「禄人」で幸いをもたらす人形《ひとがた》の意である。『延喜式』大祓の条の料物の中に、

金装横刀二口、金銀塗人像二枚、〔已上東西文部所ㇾ預。〕

とあり、『延喜式』木工寮に、

金装太刀一口〔長二尺三寸。広一寸五分。〕料。鐵四斤。金薄六枚。（下略）
金銀人像一枚〔長一尺。広一寸。〕料。鐵四両。金薄・銀薄各三枚。（下略）

と見える。この「金銀人像《ひとがた》」のことである。

三　請除禍災―「禍災」は「災禍」ともいう。「わざわい」である。わざわいを除いて下さいとお願い申し上げます、の意。

四　捧以金刀―「金刀」というのは前に引いた「金装横刀（太刀）」のことである。

五　請延帝祚―「祚」は『広韻』に「祚、位也」とある。「帝祚」は天子の御位、帝位のことである。『史記』「表」の「秦楚之際月表」に「撥ㇾ乱誅ㇾ暴、平二定海内一、卒践二帝祚一、成二於漢家一。」と見える。天子の御位が長く続きますようにお願い申し上げます、の意である。

以上で、この「呪」は完結しているのである。

冒頭に「謹請」と言い、「皇天上帝」以下多くの神々の名を唱え上げて、

捧以二禄人一、請レ除二禍災一。
捧以二金刀一、請レ延二帝祚一。（対句）

と言って、いわば「除災招福」・「息災延命」を祈請しているのである。『神祇令』に「東西文部、上二祓刀一、読二祓詞一。」とあり、この「呪」の標題に「東文忌寸部献二横刀一時呪　西文部准レ此」とあるのに対応しているのである。ただ『令』の規定とこの「呪」の標題に「禄人」（人形《ひとがた》）を献ることが見えないのは、「横刀」に代表させて省略しているのであろう。但し、儀式にも内容に変遷が認められる場合もあるので、そのことも考慮しなければならない。

もう一つ、ここで注意しておかなければならないことは、この「呪」を素直に読めば分かるように、「禄人」と「金刀」とを捧げる対象は唱え上げている「皇天上帝」以下の中国古代の神々に対してであって、「天皇」に対してではないことである。けれども大祓の「御贖の儀」としては「天皇」に「上《たてまつ》る」・「献る」ことであるということ、いわば二重形をもっていることである。その理由については、最後に「考」として述べる。

一六　呪曰―この二字は前の「呪」を終り、続いて新たな「呪」を唱えるためのつなぎの語である。すなわち、「東文忌寸部献二横刀一時呪　西文部准レ此」という標題は一つであるのに、前と後《あと》、二つの「呪」が唱えられることになっているのである。仮りに、前の「呪」を〔第一の呪〕、この後の「呪」を〔第二の呪〕と称することにする。なぜそのようなことになっているかは最後の「考」で述べる。

一七　東至扶桑、西至虞淵―何の導入の語もなく、いきなり以下中国古代の「四至」が挙げられる。

東至扶桑

西至虞淵
南至炎光
北至溺水

東と西については共通の漢籍（中国古典）によって、その用例を見ることができるので、一緒に検討することにする。

前漢の淮南王劉安の撰になる『淮南子《えなんじ》』(注3)「天文訓」に、

日《ひ》出《いデ》二于暘谷《ようこくニ》一、浴《よくシ》二于咸池《かんちニ》一、払《はらフ》二于扶桑《ヲ》一。是《これヲ》謂《いフ》二晨明《ト》一。登《リ》二于扶桑《ニ》一、爰《ここニ》始《メテ》将レ行。是《ヲ》謂《フ》二朏明《ちつめいト》一。（中略）至《ル》二于虞淵《ニ》一。是《ヲ》謂《フ》二黄昏《くわうこんト》一。（中略）日入《ハリ》二崦嵫《えんじニ》一、経《へ》二于細柳《さいりうヲ》一、入《いり》二于虞淵之汜《きしニ》一、曙《あク》二于蒙谷之浦《もうこくのほニ》一。行《めぐリテ》二九州七舍《きうしうしちしやヲ》一、有《リ》二五億萬七千三百九里一、離《わかちテ》以為《なス》二朝昼昏夜《てうちうこんやト》一。

と見え、同じく『淮南子』「道応訓」には、

扶桑受レ謝、日照二宇宙一。昭昭之光、輝二燭四海一、（下略）

と見え、「扶桑」即ち東方の日の出の地にあるとされる神木が朝の日射しを受け、その日が宇宙を照らすと、云々と説かれている。

また、中国古代の神話と地理の書である『山海経《せんがいきよう》』(注4)（晋、郭璞注）「海外東経」に、

下有《リ》二湯谷《ようこく》一〔谷中《ノ》水熱也《キなり》〕。湯谷上《ノほとりニ》有《リ》二扶桑一〔扶桑《ハ》、木也〕、十日所レ浴。

と見える。

また漢代の小説『海内十洲記《かいだいじつしゆうき》』(注5)に、

扶桑在《ハリ》二東海之東岸《ニ》一、（中略）地多《ニシ》二林木一、葉《ハ》皆如レ桑。

と見える。

「虞淵」は前に見た『淮南子』「天文訓」に、日（太陽）が「至二于虞淵一、是謂二黄昏一。」とあったように、太陽が没する所とされた所であり、従って中国の西の果てにあると考えられていた所である。

一八　南至炎光――「炎光」は南の果ての地名としては分からないではない。『淮南子』「天文訓」に「南方火也《ハ》。其帝《ハ》炎帝。」とある。けれども「炎光」は地名、または地名に類する語としては見えない。四至を充足するために机上で造った語ではないかとも思うが、不明。

一九　北至溺水（弱水）――『本朝月令』に「（弘仁）神祇式云」として引く「呪」には「弱水」とある。『淮南子』「墬形訓《ちけい》」に、

河水出《ハいデ》二崑崙《ノ》東北陬《ノすみニ》一、貫《ク》二渤海《ヲ》一。入《ル》二禹《ノ》所《ノ》レ導積石山《せきせきざんヨリ》一。赤水出《ハデ》二其《ノ》東南陬《ノニ》一、西南注《シテグ》二南海丹沢《たんたく》之東《ニ》一。赤水之東弱《ハ》水、出《いヅル》自《ニより》二窮石《きゆうせきシテ》一、至《ル》二于合黎《がふれいニ》一。餘波《よはハ》入《リ》二于流沙《りゆうさニ》一、絶《わたり》二流沙《ヲ》一、南《シテ》至《ル》二南海《ニ》一。

と見える。「河水（黄河）は崑崙山の東北のすみから源を発して渤海にまで貫き流れている。」とあるように、中国古代にあっては「弱（溺）水」は北限を流れる川であると考えられていたのであろう。『大漢和辞典』には「弱水（ジャクスイ）」について、次のように説明している。

川の名。㋑禹貢の弱水。源は甘粛省に発し、北、寧夏省に至り、居延海に入る。即ち坤都倫河。（中略）㋺禹貢以外の弱水（下略）

「弱水」は『日本書紀』の「垂仁紀」にも出てくる。「九十年春二月庚子朔、天皇命二田道間守《たぢまもり》一、遣二常世国《とこよのくに》一、令レ求二非時《ときじくの》香菓《かくのみ》一。〔香菓、此云二箇倶能未一。〕今謂レ橘是也。」とあり、「受二命天朝一、遠往二絶域一。萬里踏レ浪、遥度二弱水一。是常世国、則神仙秘区、俗非レ所レ臻。是以、往来之間、自経二十年一。」云々という有名な話である。今

の「北至溺水」と考え合わせて興味深い。

以上に見たように、「東至㆓扶桑㆒、西至㆓虞淵㆒、南至㆓炎光㆒、北至㆓溺水㆒。」という四至は、多分に神話的・伝説的な中国古代の四至を挙げているわけである。この四至によって、中国は大陸であるからかなり漠然としてはいるが、中国全土を示しているのである。

二〇　**千城百国、精治万歳、万歳万歳。**―上に挙げた「四至」の内《うち》、すなわち中国全土にある「千城百国」、千というほど数多くの（城郭で囲まれた）都市《まちまち》、また百というほど数多くの国々が、「精治」よく治まりますように、「万歳、万歳、万歳。」と唱えているわけで、中国全土に対する祝福の「呪」（唱え詞《ことば》）なのである。

二一　**「万歳」**―めでたい時に叫ぶ語で、始めは一私人にも用いていたものが、唐の時代からは主として天子に限られるようになった。「万歳三唱」の我が国での最も古い文献はこの「呪」であろうが、漢籍に見える記事では『漢書』武帝紀の元封元年（一一〇）春正月の条に、「吏卒咸聞㆘呼㆓萬歳㆒者三㆖。」（吏卒　咸《ことごと》くに「萬歳」と呼ばう者《こと》三たびするを聞く。）とあるものである。

すなわち、この〔第二の呪〕は、この「呪」を唱える「東西文忌寸部」（東西文部）という、はるばると海を渡って我が国へやって来た渡来氏族の、祖先たち以来の、懐しく遥かなる故郷への「故国忘《ぼう》じがたし」の思いの結晶した「呪」なのである。

すると、この〔第二の呪〕は〔第一の呪〕とはその意図と意味内容とを異にする「呪」であって、大祓の「御贖の儀」において、天皇の御前で唱える「呪」としてはふさわしくない内容のものである。

では何故このような「呪」が、そのような場で唱えられたのであろうか。このことについては、次に〔第一の呪〕と〔第二の呪〕との「考」として述べる。

（注1）小南一郎氏著『中国の神話と物語り』（岩波書店、一九八四年二月）第一章「西王母と七夕伝承」

（注2）福永光司氏著『道教思想史研究』（岩波書店、一九八七年九月）1「道教における鏡と剣―その思想の源流―」

（注3）楠山春樹氏著『新釈漢文大系　淮南子（上・中・下）』（明治書院、昭和五十四年八月～六十三年六月）による。

（注4）前野直彬氏著『全釈漢文大系　山海経・列仙伝』（集英社、昭和五十年十月）による。

（注5）『増訂　漢魏叢書四』清・王謨輯（大化書局）所収本による。

【考】

「東文忌寸部献二横刀一時呪　西文部准レ此」という「呪」（八十四字）は、これまで一つの「呪」として解されてきたが、実は二つの呪であり、上述の注のように、私は〔第一の呪〕（五十四字）と〔第二の呪〕（二十八字）とに分けて解してきた。〔第一の呪〕は天皇の身の災いを除くことと御命（帝位）の長久を祈る呪であり、〔第二の呪〕は東西文忌寸部という渡来人の海の彼方の故国（中国）に寄せる思い、すなわち「故国が隅々までよく治まって永遠なれ」との思いを「呪」という形で述べたものであること、を説いてきた。

けれども、この「呪」は複雑な性格なものであって、それほど単純なものではない。

まず〔第一の呪〕は、東西文忌寸部の祖先がその渡来以来、自分達の祠（神社）の祭において、自分達の信奉する主として道教系の神々を祭り、自分達の「除災招福」・「息災延命」を祈る「呪」（いわば漢文の祝詞《のりと》）であった、と考えられる。そこで唱えあげられている道教系の神々も数が多い。これは一つには、東文忌寸部と西文忌寸部と二つの渡来氏族の信奉する神々を一つにまとめていると考えられること、二つには、この渡来の古い両氏族（応神朝の渡来というのは信じられる）はその文筆をもって歴史の記述と「三蔵（斎蔵・内蔵・大蔵）」の出納と帳簿の記録に従事することをもって朝廷に重んじられたことなどから、『学令義解』大学生の条に、

凡大学生、取二五位以上一〔謂、諸王諸臣皆是。唯親王者、不レ在二此限一。別有二文学一故也。〕子孫、及東西史部〔謂、居在二皇城左右一。故曰二東西一也。前代以来、奕世継レ業。或為二史官一、或為二博士一。因以賜レ姓。捴謂二之史一也。〕子一為之。

（下略）

とあるように、いわば漢学の氏族として、外から渡来する新知識・新文明を十分に吸収していたと考えられること、などが挙げられよう。これらのことによって、〔第一の呪〕は作成されていたと考えられるのである。そのようにして両氏族が祠の祭において伝えてきた「呪」を、おそらく天武天皇の末年頃に成立した年二季の恒例の大祓の「御贖の儀」に参入した時に、その儀において唱えるのにふさわしいように修整を施したものが、今見る〔第一の呪〕であると私は考えるのである。修整している（手をいれている）と考えるのは「捧以二金刀一、請レ延二帝祚一。」とあることによってである。この句によって、両氏族が伝えてきた自分達の「呪」は『神祇令』に「東西文部上二祓刀一、読二祓詞一。」とあるように、天皇の御前で奏上する「呪」へと転化しているのであると考える。そこで前に述べたように、この「呪」は二重形をとることになったと考えるのである。

　では〔第二の呪〕は何故このような場で〔第一の呪〕に続けて唱えられたのか、という問題がある。このことについては、私は次のように考える。

　私の見るところでは、〔第二の呪〕は中国古代の神話的・伝説的な四至が挙げられていて、〔第一の呪〕よりも古いものであると考えられる。しかも、〔第一の呪〕と〔第二の呪〕は対等のものではない。〔第一の呪〕が朝廷の儀式に密着した「主呪」であるのに対して、〔第二の呪〕は「副呪」と言うべきものである。「主文」、「副文」と言い換えてもよい。「副文」は「付属文」と言ってもよい。この「延喜式祝詞」に見える「辞別《ことわき》」に似ると言ってよいだろう。「辞別」とは、上に述べた本文に更に言葉を改めて、別のことを付加して述べるものを言う。「似る」と言っても同一、というのではない。

私は〔第一の呪〕と〔第二の呪〕とが併せて唱えられたことについて、次のように考える。『古語拾遺』の応神天皇の条に、

軽嶋《かるしま》の豊明《とよあきら》の朝《みかど》に至りて、百済《くだら》の王《こにきし》博士《はかせ》王仁《わに》を貢《たてまつ》る。是河内文首《かふちのふみのおびと》が始祖《はじめのおや》なり。秦公《はだのきみ》が祖《おや》弓月《ゆづき》、百二十《ももあまりはたちの》県《こほり》の民を率《ゐ》て帰化《まゐおもぶ》けり。漢直《あやのあたひ》が祖《おや》阿知使主《あちのおみ》、十七県《とをあまりななつのこほり》の民を率て来帰《まゐけ》り。秦《はだ》・漢《あや》・百済《くだら》の内付《まゐしたが》へる民、各《おのもおのも》万《よろづ》を以て計《かぞ》ふ。褒《ほ》賞むべきに足る。皆其の祠《やしろ》は有れども、未だ幣例《みてぐらたてまつるつら》に預《あづか》らず。

とある。ここに見るように、東西文部をはじめとする渡来系氏族が、それぞれに恐らく彼等《ら》流の祠を持ち、彼等流の祭を斎行していたのである。その祭において唱えられていたのは和文の祝詞ではなくて、漢文の漢音による呪文であったのであろう。その東西文部の「呪」が「東文忌寸部献二横刀一時呪　西文部准レ此」の原形であったのではないかと考えるのである。従って上述したように、〔第一の呪〕は彼等の信仰する道教系の神々を挙げて、端的に言えば「除災招福」・「息災延命」を祈請する「呪」となっているのであるが、「御贖の儀」にふさわしく修整を施したものであろう。それに反して、望郷の思いを持って故国の平安と永遠を祈る〔第二の呪〕は、〔第一の呪〕の原形に古くから揃い（一セット）の「呪」として備わっていたために、古いかたちのままに保存されたものではなかったであろうか。このようにして、〔第二の呪〕も〔第一の呪〕と一緒に唱えることが許されたのではなかろうか。しかも、この「呪」は「漢音」で唱えられたのである。「漢音」で異国風な「呪」であったために許されたのではなかろうか。けれども、先に見た『古語拾遺』に、東西文部等《ら》渡来系氏族の祭について、「皆其の祠は有れども、未だ幣例に預らず。」というのは、それらの氏族の祭や祝詞が異国風であったためであると考えられるのである。

（注）　なお、この「呪」については次の論文に私見を述べたので、併せて見ていただけるならば幸いである。

「『東文忌寸部献二横刀一時呪西文部准レ此』新解――「故国忘じがたし」（渡来人の心）――」（『皇學館論叢』第四十三巻第三号、平成二十二年六月）

鎮火《ヒシヅメノ》祭《マツリ》

高天原《タカマノハラ》尓《ニ》神留坐《カムヅマリマス》皇親《スメムツ》神漏義《カムロギ》・神漏美《カムロミ》[1]能命《ノミコト》持弖《モチテ》、皇《スメ》御孫命《ミマノミコト》波《ハ》豊葦原《トヨアシハラ》[2]能《ノ》水穂国《ミヅホノクニ》乎《ヲ》安国《ヤスクニ》止《ト》平久《タヒラケク》所レ知食《シロシメセ》止《ト》、天下《アマクダシ》所レ寄《ヨサ》奉《シマツリ》[3]志《シ》時《トキ》尓《ニ》、事寄奉志《コトヨサシマツリシ》天都詞太詞事《アマツノリトノフトノリトゴト》乎《ヲ》以弖《モチテ》申久《マヲサク》、神伊佐奈伎《カムイザナキ》・伊佐奈美《イザナミ》[4]能命《ノミコト》、妹[5]妋《イモセ》二柱《フタハシラ》嫁継《トツギ》給弖《タマヒテ》、国《クニ》[6]能《ノ》八十国《ヤソクニ》・島《シマ》[7]能《ノ》八十島《ヤソシマ》乎《ヲ》生給比《ウミタマヒ》、八百万《ヤホヨロヅノ》神等《カミタチ》乎《ヲ》生給《ウミタマ》比《ヒ》弖《テ》、麻奈弟子《マナヲトゴ》尓《ニ》[8]火結神《ホムスビノカミ》生給弖《ヲウミタマヒテ》、美保止《ミホト》

1 能—九「乃」。
2 能—九・版「乃」。
3 志—九「之」。
4 能—九・版「之」。
5 妋—版「背」。
6 能—九「乃」。
7 能—九「乃」。
8 火—九「大」。

被《レ》レ焼《ヤカ》弖《テ》、石隠坐弖《イハガクリマシテ》、夜七日《ヨナヌカ》・昼七日《ヒルナヌカ》、吾《ア》奈《ナ》乎《ヲ》見給比《ミタマヒ》曾《ソ》、吾奈妹乃命《アガナセノミコト》止申給比支《トマヲシタマヒキ》。此七日《コノナヌカ》尓《ニ》波《ハ》不レ足《タラ》弖《テ》、隠坐《カクレマス》事奇《コトアヤシ》[9]止《ト》弖《テ》見所行須時《ミソコナハストキ》、火乎生給弖《ヒヲウミタマヒテ》、御保止乎所レ焼坐支《ミホトヲヤカマシキ》。如レ是時尓《カカルトキニ》、吾名妹《アガナセ》能[10]命能[11]《ノミコトノ》、吾乎見給布[12]奈止申乎《アヲミタマフナトマヲシシヲ》、吾乎見阿波多志給比津止申給弖《アヲミアハタシタマヒツトマヲシタマヒテ》、吾名妹能[13]命波上津《アガナセノミコトハウハツ》国乎所レ知食《クニヲシロシメス》倍[14]《ベ》志[15]《シ》、吾波下津国乎所レ知牟止申弖《アハシタツクニヲシラサムトマヲシテ》、石隠給《イハガクリタマヒ》弖《テ》、与美津枚[16]坂尓至坐弖所レ思食久《ヨミツヒラサカニイタリマシテオモホシメサク》、吾名妹[17]命能[18]《アガナセノミコトノ》所レ知食上津国尓《シロシメスウハツクニニ》、心悪子乎生置弖来奴止宣弖《ココロアシキコヲウミオキテキヌトノリタマヒテ》、返坐《カヘリマシ》

9 奇―右「寄」。
10 能―九・版「乃」。
11 能―九「乃」。
12 布―版、小字。
13 能―九・右「乃」。
14 倍―九「保」。
15 志―九「之」。
16 枚―永「牧」。
17 妹―永「狭」。九・右・版ニヨル。
18 能―九「乃」。

弖《テ》、更生子《サラニウムコ》、水神《ミズノカミ》・匏《ヒサゴ》・川菜《カハナ》・[19]埴山姫《ハニヤマヒメ》、四種物《ヨクサノモノ》乎《ヲ》生給弖《ウミタマヒテ》、此《コ》[20]能《ノ》心悪子《ココロアシキコ》[21]能《ノ》心荒《ココロアラ》比《ビ》[22]留《ル》波《ハ》、[23]水《ミヅ》・匏《ヒサゴ》・[24]埴山姫《ハニヤマヒメ》・川菜《カハナ》乎《ヲ》持弖《モチテ》鎮奉礼《シヅメマツレ》止《ト》、事教悟給支《コトヲシヘサトシタマヒキ》。依《ヨリ》レ此弖《コレニテ》称辞竟奉《タタヘゴトヲヘマツラク》者《ハ》、皇御孫《スメミマ》[25]能《ノ》朝《ミカ》[26]庭《ド》尓《ニ》御心《ミココロ》一速比《イチハヤビ》給《タマ》止《ト》[27]波志《ハジ》為弖《シテ》、進物波《タテマツルモノハ》、明妙《アカルタヘ》・照妙《テルタヘ》・和《ニキ》[28]妙《タヘ》・荒妙《アラタヘ》、五色物《イツイロノモノ》乎《ヲ》備奉弖《ソナヘマツリテ》、青海《アヲウナ》原尓《ハラニ》住物者《スムモノハ》、鰭広物《ハタノヒロモノ》・鰭狭物《ハタノサモノ》、奥津海菜《オキツモハ》・辺津海《ヘツモ》菜《ハ》尓《ニ》至《イタル》万弖《マデ》尓《ニ》、御酒者《ミワハ》[29]瓱辺高知《ミカノヘタカシリ》、[30]瓱腹満双弖《ミカノハラミテナラベテ》、和稲《ニキシネ》・荒[31]稲《アラシネ》尓《ニ》至《イタル》万弖《マデ》尓《ニ》、如《ゴトク》二横山《ヨコヤマノ》一置高成弖《オキタカナシテ》、天津祝詞《アマツノリト》[32]能《ノ》[33]太《フト》

19 埴—版「垣」。

20 能—九「乃」。

21 能—九・版「乃」。

22 留—右、左傍ニ「曾ィ」ト注ス。版「曾」。

23 水—版「水神」。

24 埴—版「垣」。

25 能—九・右「乃」。

26 庭—版「廷」。

27 志—九「之」。

28 妙—九、ナシ。

29 瓱—右「甕」。

30 瓱—右「甕」。

31 稲—永、「和」ト書クモ、消シテ、右傍ニ「稲」ト書ク。

32 能—九・右・版「乃」。

33 太—九・永「大」。

祝《ノリ》詞[34]《トゴト》事《ヲ》以《モチ》弖《テ》、称《タタヘ》辞[35]《ゴト》竟《ヲヘ》奉《マツラ》止《ト》久《ク》申《マヲス》。

【訓読文】

[一]鎮火《ひしづめ》の祭《まつり》

高天《たかま》の原《はら》に神留《かむづま》り坐《ま》す皇親神漏義《すめむつかむろぎ》[二]・神漏美《かむろみ》の命《みこと》持《も》ちて、皇御孫《すめみま》の命《みこと》は豊葦原《とよあしはら》の水穂《みづほ》の国《くに》を安国《やすくに》と平《たひ》らけく知《し》ろし食《め》せと、天下《あまくだ》し寄《よ》さし奉《まつ》りし時《とき》に、事寄《ことよ》さし奉《まつ》りし[三]天《あま》つ詞《のりと》の太詞事《ふとのりとごと》を以《も》ちて申《まを》さく、[四]神伊佐奈伎《かむいざなき》・伊佐奈美《いざなみ》の命《みこと》、[五]妹妋《いもせ》二柱《ふたはしら》[六]嫁継《とつぎ》給《たま》ひて、国《くに》の八十国《やそくに》・島《しま》の八十島《やそしま》を生《う》み給《たま》ひ、八百万《やほよろづ》の神等《かみたち》を生《う》み給《たま》ひて、[七]まな弟子《をとご》に[八]火結《ほむすび》の神《かみ》を生《う》み給《たま》ひて、[九]みほと焼《や》かれて、[一〇]石隠《いはがく》り坐《ま》して、[一一]夜七日《よなぬか》・昼七日《ひるなぬか》、[一二]吾《あ》をな見給《みたま》ひそ、[一三]吾《あ》がな妋《せ》の命《みこと》と申《まを》し給《たま》ひき。此《こ》の[一四]七日《なぬか》には足《た》らずて、隠《かく》れ坐《ま》す[一五]事奇《ことあや》しとて

34 詞―九、ナシ。
35 辞―永、ナシ。九・右・版ニヨル。

[一六]見《み》そこなはす時《とき》、火《ひ》を生《う》み給《たま》ひて、御《み》ほとを[一七]焼《や》かれましき。[一八]かかる時《とき》に、吾《あ》がな妹《せ》の命《みこと》の、吾《あ》を見給《みたま》ふなと申《まを》ししを、[一九]吾《あ》を見《み》あはたし給《たま》ひつと申《まを》し給《たま》ひて、吾《あ》がな妹《せ》の命《みこと》は[二〇]上《うは》つ国《くに》を知《し》ろし食《め》すべし、吾《あ》は下《した》つ国《くに》を知《し》らさむと申《まを》して、石隠《いはがく》り給《たま》ひて、[二一]よみつ枚坂《ひらさか》に至《いた》り坐《ま》して[二二]思《おも》ほし食《め》さく、吾《あ》がな妹《せ》の命《みこと》の知《し》ろし食《め》す上《うは》つ国《くに》に、心悪《こころあ》しき子《こ》を生《う》み置《お》きて来《き》ぬと宣《の》りたまひて、返《かへ》り坐《ま》して、更《さら》に生《う》む子《こ》、[二三]水《みづ》の神《かみ》・匏《ひさご》・川菜《かはな》・埴山姫《はにやまひめ》、四種《よくさ》の物《もの》を生《う》み給《たま》ひて、此《こ》の[二四]心悪《こころあ》しき子《こ》の心荒《こころあら》びるは、水《みづ》・匏《ひさご》・埴山《はにやま》姫《ひめ》・川菜《かはな》を持《も》ちて[二五]鎮《しづ》め奉《まつ》れと、[二六]事教《ことをし》へ悟《さと》し給《たま》ひき。[二七]此《こ》れに依《よ》りて[二八]称《たた》へ辞竟《ごとを》へ奉《まつ》らくは、皇御孫《すめみま》の朝庭《みかど》に[二九]御心一速《みこころいちはや》び給《たま》はじと為《し》て、進《たてまつ》る物《もの》は、明妙《あかるたへ》・照妙《てるたへ》・和妙《にきたへ》・荒妙《あらたへ》・五色《いついろ》の物《もの》を備《そな》へ奉《まつ》りて、青海原《あをうなはら》に住《す》む物《もの》は、鰭《はた》の広物《ひろもの》・鰭《はた》の狭物《さもの》、奥《おき》つ海菜《もは》・辺《へ》つ海菜《もは》に至《いた》るまでに、御酒《みわ》は瓱《みか》の辺高知《へたかし》り、瓱《みか》の腹《はら》満《み》て双《なら》べて、和稲《にきしね》・荒稲《あらしね》に至《いた》るまでに、横山《よこやま》の如《ごと》く置《お》き高成《たかな》して、天《あま》つ祝詞《のりと》の太祝詞事《ふとのりとごと》を以《も》ちて、称《たた》へ辞竟《ごとを》へ奉《まつ》らくと申《まを》す。

【注解】

一　**鎮火の祭**――『神祇令』に季夏（六月）と季冬（十二月）の年二回この祭を行なうことを規定し、『義解』に次のように説明（規定）している。

鎮火祭〔謂、在二宮城四方外角一、卜部等鑽レ火而祭。為レ防二火災一。故曰二鎮火一。〕

とあり、その祭の場所と、これが卜部等によって火を鑽って（燃《た》いて）する祭であることが分かる。祝詞も、次の道饗祭と同じく卜部所管のものであり、卜部によって読まれたものであろう。祭の姿からみて、本来中国からの渡来系（おそらく道教系）の祭であったであろう。この祝詞は以下に指摘するように、平安時代に入って作文された新しいものである。

卜部については「六月晦大祓」の条に既述（二〇五頁）。

鎮火祭は「ひしづめのまつり」、また音では「ちんかさい」という。宮城（大内裏）の火災を防ぐための祭である。

二　神漏義・神漏美の命―これまでの祝詞には「神漏伎（岐）」とあったのに、ここに「義」と濁音化しているのはこの祝詞のみの異例であり、かつ伎・岐は甲類の仮名であるのに、義は乙類の仮名で、仮名違いである。この一字を見ても、この祝詞は平安時代に入って作成された新しいものと考えられる。

三　天つ詞の太詞事―「詞」のみで「のりと」と訓ませる無理な用字法をとっている。これはこの祝詞のみである。

四　神伊佐奈伎・伊佐奈美の命―「神」は接頭語的に冠したものであり、神である伊佐奈伎・伊佐奈美の命と続く。この二神は『古事記』では伊耶那岐命・伊耶那美命、『日本書紀』では伊奘諾尊・伊奘冉尊と表記されていて、「耶」「奘」ともに「ざ」の仮名である。ここに「佐」と清音の仮名で表記しているのは平安時代に入って清音・濁音の仮名の混乱したことを示している。

五　妹妋―「いもせ」と訓み、夫婦の意としかとらえようがないが、「妋」の漢字には「せ」の意味がない。これは「女の夫」の意で使ったもので、国字的な用法であろう。「妹背」と書くのが普通である。

六　**嫁継ぎ給ひて**―名義抄に「嫁〈トツギ《ク》〉」とある。結婚するの意。「嫁継」と字を補っているのは、やはりこの祝詞の作者の国語力の不足を示すものであろう。「継」は無くてよい。

七　**まな弟子**―「まな」は「まなご」「まなむすめ」の語があるように、「かわいい・最愛の」の意。「弟子」は末っ子の意。

八　**火結の神**―火を「ほ」というのは「ひ」の古形で、この神名のように、複合語に残る。但し、今も「ほのお（炎）」（火《ほ》の穂《ほ》）という。神代紀第五段一書3に「伊奘冉尊《いざなみのみこと》、火産霊《ほむすひ》を生む時に、子の為に焦《や》かれて、神退《かむさ》りましぬ。亦は云《い》はく、神避《かむさ》るといふ。」とある。「ほむすひ」が正しい形であるが、ここに「ほむすび」とあるのは、やはり平安時代に入っての新しい形であることを示している。

九　**みほと焼かれて**―「ほと」は女の陰部、「み」は伊佐奈美の命の陰部であるから、美称として付けられたもの。火の神を生んだために火傷《やけど》をしたのである。原文「被レ焼弖」とある被は受身を表わす漢文助字である。

一〇　**石隠り坐して**―萬葉集に「ひさかたの　天《あま》つ御門《みかど》を　恐《かしこ》くも　定《さだ》めたまひて　神《かむ》さぶと　岩隠《いはがく》ります」（2一九九）とあり、岩で作った陵墓に入ることから、貴人の死、ここは神の死をいう。

一一　**夜七日・昼七日**―日を「か」というのは「ひ」の複数形。古事記上に「日八日夜八夜《ひやかよやよ》以《もちて》、遊也《あそびき》。」とあるのに似た表現。

一二　**吾をな見給ひそ**―「な……そ」と呼応して、禁止の意をやさしく表わす語法。私をどうか見ないで下さいね、の意。

一三　**吾がな妹の命**―古事記上に「我那迩妹命《あがなにものみこと》」に対して「我那勢命《あがなせのみこと》」とある。私の親愛な夫の命様よ、の意。

一四　**七日には足らずて**―七日に満たないうちに。

一五　**奇し**―名義抄に「奇〈アヤシ〉」とある。何だか変だ、不審だ、の意。

一六　**見そこなはす**―「見し行《おこな》はす」の約。更に転じて「見そなはす」ともいう。厚い尊敬を表わす。御覧になる、の意。

一七　**焼かれましき**―「所焼」とある「所」は受身を表わす漢文助字。

一八　**かかる時に**―萬葉集に「かかる思ひに（如是念二）　あはましものか」（4六二〇）とあるのによって「かかる時」と読む。名義抄に「如是〈カクノゴトク〉」とあるが、これは漢文訓読語である。

一九　**吾を見あはたし給ひつ**―「あはたす」はこの例と名義抄に「淡〈アハタス〉」とある以外になく、難語。軽んじるという意か。古事記には「伊耶那美の命、『あに辱《はぢ》見せつ』と言ひて、すなはち予母都志許売《よもつしこめ》を遣はして追はしめき。」とあり、日本書紀には「何ぞ要《ちぎ》りし言を用ゐたまはずして、吾に恥辱《はぢ》みせます」とある。私を御覧になって、私を恥ずかしめなさった、の意か。

二〇　**上つ国、下つ国**―上つ国は地上の国で、現実世界である。これに対して、下つ国は地下の国で死者の世界である。人は死ぬと地下に埋葬されるので、このようにいう。記・紀では「黄泉国《よもつくに》」と言っている。

二一　**よみつ枚坂**―古事記に「黄泉比良〈此二字以レ音。〉坂」、日本書紀に「泉津平坂、此云二余母都比羅佐可《よもつひらさか》一」とある。黄泉《よみ》の国と現世との境界にあるという坂。「ひら」は境界の意。「よも」は「よみ」の古形。

二二　**思ほし食さく**―「思ほしめす」は最高級の敬語動詞で、お思いあそばしたことには、の意。「く」はク語法である。萬葉集に「いかさまに　思ほしめせか（御念食可）」（1二九）とある。

二三　**水の神・匏・川菜・埴山姫**―神代紀の第五段一書3に次の如くある。「伊奘冉尊《いざなみのみこと》、火産霊《ほむすひ》を生む時に、子《こ》の為《ため》に焦《や》かれて、神退《かむさ》りましぬ。亦《また》は云《い》はく、神避《かむさ》るといふ。其の神退りまさむとする時に、則《すなは》ち水神罔象女《みづのかみみつはのめ》、及び土神埴山姫《つちのかみはにやまひめ》を生み、又天吉葛《あまのよさつら》を生みたまふ。天吉葛、此をば阿摩能与佐図羅《あまのよさつら》と云ふ。一《ある》に云はく、与曾豆《よそつ》羅《ら》といふ。」この話はこの鎮火祭神話の片鱗を伝えるものと考えられる。天吉葛は匏（ひょうたん）のことであり、川菜のみが見えない。名義抄に「匏〈ヒサコ〉」とあり、古くは「ひさこ」と清音。和名抄に「杓（瓢附）〈和名比佐古〉斟ㇾ水器也。」とある。瓢箪を縦割りにして柄をつけて水を酌《く》む杓《ひしやく》にしたもの。ここにはそれを消火用具として登場させている。川菜は和名抄に「水苔、一名河苔〈和名加波奈〉」とある。川の中に生える水草・水藻の類。以上、水・匏・川菜・土の四種は鎮火（火消し）に役立つものである。そこで、これらをもって火を「鎮め奉れ」という。

二四　**心悪しき子の心荒びるは**—心がよくない子で荒れすさぶ子（火の神）は、の意。「の」（助詞）は同格の関係を表わす。「荒びる」は「荒ぶ」（上二段）が奈良時代末期に上一段化したとされる。『続日本紀』の宣命に「陸奥《みちのく》の国《くに》の荒備流《あらびる》蝦夷等《えみしども》を討《う》ち治《をさ》めに……」（第六二詔）と見える。

二五　**鎮め奉れ**—下二段活用の「鎮む」は四段活用の自動詞に対する他動詞で「鎮まらせる」の意。

二六　**事教へ悟し給ひき**—この「事」は「言葉で」ではなく「その事を」の意であろう。「悟す」はよくわからせるの意。

二七　**此れに依りて**—この伊佐奈美の命の教え悟されたことによって、の意。

二八　**称へ辞竟へ奉らくは**—称え辞を尽して火の神をお祭り申し上げますことには。鎮火祭を斎行することをいう。

二九　**御心一速び給はじ**—「いちはやぶ」は形容詞「いちはやし」の動詞化。火の神の御心が恐ろしく激しい威力を振《ふる》われることはありますまい、の意。「じ」は打消の助動詞で、推量の助動詞「む」の否定にあたる語。

道《ミチ》饗《アヘノ》祭《マツリ》

高天之原《タカマノハラ》尓《ニ》事始《コトハジメ》弖《テ》、皇御孫之命《スメミマノミコト》止《ト》称辞竟奉《タタヘゴトヲヘマツル》、大八《オホヤ》衢《チマタ》尓《ニ》湯津磐村《ユツイハムラ》之如《ノゴト》久《ク》塞坐皇神等《フサガリマススメカミタチ》之前《ノマヘ》尓《ニ》申《マヲサ》久《ク》、八衢《ヤチマタ》比古《ヒコ》・八衢比売《ヤチマタヒメ》・久那斗《クナト》止《ト》御名《ミナ》者《ハ》申《マヲシ》弖《テ》、辞竟奉《コトヲヘマツラ》久《ク》波《ハ》、根国《ネノクニ》・底国《ソコノクニ》与《ヨ》[1]里《リ》麁備疎備来物《アラビウトビクルモノ》尓《ニ》、相率相口会事《アヒシタガヒアヒクチアフルコト》無《ナク》[2]弖《テ》、下行者下《シタヨリユカバシタ》乎《ヲ》守《マモ》[3]理《リ》、上往者上《ウヘヨリユカバウヘ》乎《ヲ》守《マモ》[4]理《リ》、夜之守《ヨノマモリ》・日之《ヒノ》守《マモリ》尓《ニ》守奉《マモリマツリ》、斎奉《イハヒマツ》礼《レ》止《ト》、進《タテマツル》幣帛《ミテグラ》者《ハ》、明妙《アカルタヘ》・照妙《テルタヘ》・和《ニキ》

1 里―九「利」。
2 無―九「无」。
3 理―九「利」。
4 理―九「利」。

妙《タヘ》・荒妙《アラタヘ》備奉《ソナヘマツリ》、御酒《ミワ》者《ハ》[5]瓱辺《ミカノヘ》高知《タカシリ》、[6]瓱腹《ミカノハラ》満双弖《ミテナラベテ》、汁《シル》尓《ニ》[7]母《モ》頴《カビ》尓《ニ》[8]母《モ》、山野《ヤマノ》尓《ニ》住物《スムモノ》者《ハ》[9]毛能和物《ケノニコモノ》・[10]毛能荒物《ケノアラモノ》、青海原《アヲウナハラ》尓《ニ》住物《スムモノ》者《ハ》鰭乃広物《ハタノヒロモノ》・鰭狭物《ハタノサモノ》、奥津海菜《オキツモハ》・辺津海菜《ヘツモハ》尓《ニ》至《イタル》尓《ニ》万弖《マデ》、横山之如久《ヨコヤマノゴトク》置所レ足弖《オキタラハシテ》、進《タテマツル》[11]宇豆之幣帛《ウヅノミテグラ》乎《ヲ》、平《タヒラ》[12]気《ケ》久《ク》聞食弖《キコシメシテ》、八衢《ヤチマタ》尓《ニ》湯《ユ》[13]津《ツ》磐村之如久《イハムラノゴトク》塞坐弖《フサガリマシテ》、皇御《スメミ》孫命乎《マノミコトヲ》堅磐尓常磐尓《カチハニトキハニ》斎奉《イハヒマツリ》、茂御世尓《イカシミヨニ》幸閉奉給止申《サキハヘマツリタマヘトマヲス》。

又《マタ》、親王《ミコ》[14]等《タチ》・[15]王等《オホキミタチ》・臣等《マヘツキミタチ》・百官人等《モモノツカサノヒトドモ》、天下公《アメノシタノオホミ》民《タカラ》尓《ニ》至《イタル》尓《ニ》万弖《マデ》、平久斎給部《タヒラケクイハヒタマヘ》止《ト》、神官《カムヅカサ》、天津祝詞乃《アマツノリトノ》[16]太祝詞《フトノリト》

5瓱—右「甕」。
6瓱—右「甕」。
7母—九「毛」。
8母—九「毛」。
9能—九「乃」。
10能—九・右「乃」。
11之—版「乃」(大字)。
12気—九、ナシ。
13津—永、ナシ。
14等—右、ナシ。「親王」ノ下ニ○ヲ付シ、左傍ニ「等イナ」ト注ス。版、ナシ。
15王等—永、ナシ。
16太—九・永「大」。右・版ニヨル。

事《ゴト》乎《ヲ》以《モチ》弖《テ》、称辞《タタヘゴト》竟《ヲヘ》奉《マツラク》止《ト》申《マヲス》。

【訓読文】

一 道饗《みちあへ》の祭《まつり》

二 高天《たかま》の原《はら》に事始《ことはじ》めて、三 皇御孫《すめみま》の命《みこと》と称《たた》へ辞竟《ごとを》へ奉《まつ》る、四 大八衢《おほやちまた》に五 ゆつ磐村《いはむら》の如《ごと》く塞《ふさ》がり坐《ま》す皇神等《すめかみたち》の前《まへ》に申《まを》さく、六 八衢比古《やちまたひこ》・八衢比売《やちまたひめ》・七 久那斗《くなと》と御名《みな》は申《まを》して、八 辞竟《ことを》へ奉《まつ》らくは、九 根《ね》の国《くに》・底《そこ》の国《くに》より一〇 麁《あら》び疎《うと》び来《く》る物《もの》に、一一 相《あ》ひ率《したが》ひ相《あ》ひ口会《くちあ》ふる事無《ことな》くて、一二 下《した》より行《ゆ》かば下《した》を守《まも》り、上《うへ》より往《ゆ》かば上《うへ》を守《まも》り、夜《よ》の守《まも》り・日《ひ》の守《まも》りに守《まも》り奉《まつ》り、一三 斎《いは》ひ奉《まつ》れと、進《たてまつる》幣帛《みてぐら》は、明妙《あかるたへ》・照妙《てるたへ》・和妙《にきたへ》・荒妙《あらたへ》備《そな》へ奉《まつ》り、御《み》酒《わ》は瓱《みか》の辺《へ》高知《たかし》り、瓱《みか》の腹満《はらみ》て双《なら》べて、汁《しる》にも頴《かび》にも、山野《やまの》に住《す》む物《もの》は毛《け》の和物《にこもの》・毛《け》の荒物《あらもの》、青海原《あをうなはら》に住《す》む物《もの》は鰭《はた》の広物《ひろもの》・鰭《はた》の狭物《さもの》、奥《おき》つ海菜《もは》・辺《へ》つ海菜《もは》に至《いた》るまでに、横山《よこやま》の如《ごと》く置《お》き足《た》らはして、進《たてまつ》るうづの幣帛《みてぐら》を、平《たひ》らけく聞《き》こし食《め》して、八《や》衢《ちまた》にゆつ磐村《いはむら》の如《ごと》く塞《ふさ》がり坐《ま》して、皇御孫《すめみま》の命《みこと》を堅磐《かちは》に常磐《ときは》に斎《いは》ひ奉《まつ》り、茂《いか》し御世《みよ》に幸《さきは》へ奉《まつ》り給《たま》へと申《まを》す。又《また》、親王等《みこたち》・王　等《おほきみたち》・臣　等《まへつきみたち》・百《もも》の官《つかさ》の人《ひと》等《ども》・天《あめ》の下《した》の公　民《おほみたから》に至《いた》るまでに、平《たひ》らけく斎《いは》[一四]ひ給《たま》へと、神官《かむづかさ》[一五]、天《あま》つ祝詞《のりと》の太祝詞事《ふとのりとごと》を以《も》ちて、称《たた》へ辞竟《ごとを》へ奉《まつ》らくと申《まを》す。

【注解】

一　**道饗の祭**―『令義解』に「季夏」（六月）と「季冬」（十二月）の年二回この祭を行なうことを規定し、次のように説明（規定）している。

道饗祭〈謂、卜部等於二京城四隅道上一而祭之。言、欲レ令丁二鬼魅自レ外来者一不丙敢入乙京師甲。故預迎二於道一而饗遏也。〉

「道饗祭」は「みちあへのまつり」と訓む。「饗《あ》へ」は「饗ふ」の連用形がそのまま名詞となったもの（転成名詞という）。「饗ふ」は食物を作ってもてなす・饗応すること。神武紀の即位前紀に「葉盤《ひらで》八枚《やつ》を作《な》して、食《くらひもの》を盛りて饗《あ》ふ。」とある。また『新撰字鏡』に「佐客〈饗二於他一、人尓阿戸須《ひとにあへす》〉」とある。また『詩経』小雅、彤弓の一節「一朝饗レ之」の鄭箋に「大飲レ賓曰レ饗」とあり、酒食をもうけて大いに客をもてなすことだ、と注している。

道饗祭は皇都に入って来る悪霊・疫神をその侵入して来る京城の四隅の道路上で迎え、酒食で饗応し（もてなして）、御機嫌をとって追い払うという祭で、卜部氏所管の祭である。

けれども、『義解』の言うところと、祝詞の内容との間に齟齬があるので、そのことについては終りの「考」に述べる。

二　**高天の原に事始めて**—この祭は高天原にその起源を発していて、の意。祭に重みを付けているのである。この表現はこの祝詞のみ。

三　**皇御孫の命と称へ辞竟へ奉る**—本来「皇御孫の命の命と」あるべきを、音調（リズム）の上から重複をきらって省略したもの。「命《みこと》」はお言葉・御命令の意。「と」は「として」の意。天皇の御命令であるとして。「称へ辞竟へ奉る」はお祭り申し上げている、の意。

四　**大八衢**—「大」は美称の接頭語。「八衢」は道が八つ、または数多く分かれる所、巷。名義抄に「衢〈チマタ〉」とあり、『新撰字鏡』に「岐〈道別也、知万太〉」とある。古事記に「投《な》げ棄《う》つる御褌《みはかま》に成《な》りませる神の名は、道俣《ちまた》の神。」とあるように、道の俣（股）の意。

五　**ゆつ磐村の如く塞がり坐す**—祈年祭祝詞に既出（七四頁）。

六　**八衢比古・八衢比売**—八衢を支配している、あるいは守っている比古神と比売神であるが、外からの悪霊・疫神の侵入を防塞する（防ぎとめる）神である。従って「塞がり坐す」という。

七　**久那斗**—神代紀第五段の一書9に、「伊奘諾尊、乃ち其の杖《みつゑ》を投《なげう》て曰《のたま》はく、『此《これ》より以還《このかた》、雷《いかづち》敢来《えこ》じ』とのたまふ。是《これ》を岐神《ふなとのかみ》と謂《まう》す。此《これ》、本《もと》の号《な》は来名戸《くなと》の祖神《さへのかみ》と曰《まう》す。」と見える。これによって、この神の性格がよくわかる。「久那斗」は「来な（来るな）門《と》（通路）」で、その所（村の入口など）にいて、外からの悪霊の侵入を防ぐ神である。「祖神《さへのかみ》」は和名抄に「道祖〈和名佐倍乃加美〉」とあるように、道祖神である。

八 **辞竟へ奉らくは**—お祭り申し上げますことには。「奉らく」の「く」はク語法。

九 **根の国・底の国**—地底の国で、死者の国・黄泉《よみ》の国と考えられているが、ここではより広く悪霊・疫神のいる国とも考えられている。

一〇 **麁び疎び来る物**—「麁」は『干禄字書』に「麤」（正字）の通用字とある。名義抄に「麁〈アラシ・オロソカナリ〉」とある。「疎」は名義抄に「疎〈ウトシ・オロソカナリ〉」とあり、麁と疎とは字義が近い。「物」は「もののけ」の「もの」で、人にとりついて病気にしたり、死にいたらしめるような悪霊の類をいう。萬葉集に「我妹子《わぎもこ》に　恋ひつつあらずは　刈り薦《こも》の　思ひ乱れて　死ぬべきものを（可レ死鬼乎）」（11二七六五）と、「もの」に「鬼」の字を当てている（当て字）。

一一 **相ひ率ひ相ひ口会ふる事無くて**—「相ひ」は一緒にの意を添える接頭語。「率ひ」は名義抄に「率〈シタカフ〉」とあり、相手に追従《ついしょう》してしまうこと。「口会ふ」は相手が言葉たくみに誘いかけてくる悪事に同意してしまうこと。そのようなことがなく、の意。

一二 **下より行かば下を守り……夜の守り・日の守りに守り奉り**—祈年祭祝詞の「御門の御巫の祭る皇神等に白す詞」に同句あり（七三頁）。

一三 **斎ひ奉れ**—名義抄に「斎〈イハフ〉」とある。忌みつつしんで吉事を求めることで、つつしんでお守り申し上げよ、の意。

一四　**斎ひ給へ**―前の皇御孫の命（天皇）に対しては「斎ひ奉れ」「斎ひ奉り」とあり、親王等以下に対しては「斎ひ給へ」と待遇表現に差異のあることに注意。

一五　**神官**―『神祇令義解』に規定しているように、この祭を執行する卜部自身のことであろう。『職員令』に神祇官の職員として「卜部廿人」と定められている。卜部については「六月晦大祓」の「四国の卜部等」の項に既述（二〇五頁）。

【考】

初めに述べたように、この道饗祭について『令義解』に言うところと祝詞の内容との間に齟齬がある。『義解』を訓読文にして示すと、

謂《い》ふこころは、卜部《うらべ》等京城《みやこ》の四隅の道の上《ほとり》に於《お》いて、之を祭る。言ふこころは、鬼魅の外自《よ》り来る者をして、敢《あ》へて京師《みやこ》に入《い》ら不《ざ》ら令《し》めむと欲す。故に、予《あらかじ》め道に迎へて、饗《あ》へ遏《さへぎ》る也。

となる。ここに言うところと「道饗の祭」という祭名とはよく合っている。ところがこの祝詞に言うところは、

大八衢にゆつ磐村の如く塞がり坐す皇神等の前に申さく、八衢比古・八衢比売・久那斗と御名は申して辞竟へ奉らくは、根の国・底の国より麁び疎び来る物に、相ひ率ひ相ひ口会ふる事無くて、下より行かば下を守り、上より往かば上を守り、夜の守り・日の守りに守り奉り、斎ひ奉れと、

ということで、道に関わる三神を祭っているにしても、「道において饗《あ》え（饗応して）、鬼魅の皇都への侵入を防ぐ」という趣旨とは合致せず、祈年祭祝詞の「御門の御巫の祭る皇神等に白す詞」と御門祭祝詞の文句を取ってきて、新しく作り上げた祝詞であることが明白である。すなわち「道饗祭」という祭名に合っていない。それに比《くら》べ

て、『続日本紀』天平七年（七三五）八月乙未（十二日）に、

勅《みことのり》して曰《のたま》はく、「如聞《きくな》らく、『比日《このころ》、大宰府《だいさいふ》に疫《えやみ》に死ぬる者多《ひとおほ》し』ときく。疫気《えきき》を救《すく》ひ療《いや》して、民《たみ》の命《いのち》を済《すく》はむと思欲《おも》ふ」とのたまふ。是《ここ》を以《もち》て、幣《みてぐら》を彼部《かのくに》の神祇《あまつかみくにつかみ》に奉《まつ》り、民《たみ》の為《ため》に禱《の》み祈《いの》らしむ。（中略）また、その長門《ながと》より以還《このかた》の諸国《くにぐに》の守《かみ》、若《も》しくは介《すけ》、専《もは》ら斎戒《さいかい》し、道饗祭祀《みちあへのまつり》す。

とある古い記事は、『義解』の言うところに合っている。

すなわち、古い時代の道饗祭は卜部等の所管であったことが示唆するように、外国からの渡来系（道教系）の祭であって、祝詞もその祭にふさわしいものであったものが、おそらく平安時代に入って、『弘仁式』に入れる時に、今見るような祝詞に改変がなされたものであろう。祝詞そのものに、無理な祝詞作文の痕跡が見えるのである。

（注）この祝詞については、次の論文に詳しく私見を述べたので、併せて見ていただければ幸いである。
「道饗の祭」（『季刊悠久』第十四号、桜楓社、昭和五十八年七月）

大《オホ》嘗《ニヘノ》祭《マツリ》

集侍《ウゴナハリハベル》神主《カムヌシ》・祝部等《ハフリベラ》、諸《モロモロ》聞食《キキタマヘ》[1]登宣《トノル》。

高天原《タカマノハラ》尓《ニ》神留坐《カムヅマリマス》皇睦《スメムツ》神漏伎《カムロキ》・神漏弥命《カムロミノミコト》以《モチテ》[2]、天社《アマツヤシロ》・国社《クニツヤシロ》[3]登《ト》敷坐留《シキマセル》皇神等《スメカミタチノ》前尓《マヘニ》白久《マヲサク》、今年《コトシノ》十一月中《シモツキノナカツ》卯日《ウノヒ》尓《ニ》、天都《アマツ》御食《ミケ》[4]能《ノ》長御食《ナガミケ》[5]能《ノ》遠御食《トホミケ》[6]登《ト》、皇御孫命《スメミマノミコト》[7]能《ノ》大嘗《オホニヘ》聞食《キコシメサ》牟《ム》為故尓《タメノユヱニ》、皇神等《スメカミタチ》相宇豆《アヒウヅ》[8]乃《ノ》比《ヒ》奉弖《マツリテ》、堅磐尓《カチハニ》常磐尓《トキハニ》斎《イハ》比奉利《ヒマツリ》、茂御世《イカシミヨ》尓《ニ》幸閉奉牟《サキハヘマツラム》[9]尓《ニ》依弖《ヨリテ》[10]志《シ》、千秋《チアキ》・五[11]百秋《イホアキ》尓《ニ》平《タヒラケ》

1 登―九「止」。
2 以―右、コノ下ニ「天」(小字)アリ。
3 登―九「止」。
4 能―九・版「乃」。
5 能―九・右「乃」。
6 登―九・右「止」。
7 能―九・右・版「乃」。
8 乃―九、小字。
9 尓―版「止」。
10 志―九「之」。
11 百―永、「五」ノ下ニ○ヲ付シ、右傍ニ補入。

久《ク》安《ヤスラケ》久《ク》聞食《キコシメシ》弖《テ》、豊明《トヨノアカリ》尓《ニ》明坐《アカリマサ》牟《ム》皇《スメ》御《ミ》孫[12]命《マノミコト》[13]能《ノ》宇《ウ》豆《ヅ》[14]能《ノ》幣帛《ミテグラ》乎《ヲ》、明妙《アカルタヘ》・照妙《テルタヘ》・和妙《ニキタヘ》・荒妙《アラタヘ》尓《ニ》備奉《ソナヘマツリ》弖《テ》、朝《アサ》日《ヒノ》豊《トヨ》栄《サカ》[15]登《ノボリ》尓《ニ》称辞《タタヘゴト》竟奉《ヲヘマツラ》久《ク》乎《ヲ》、諸《モロモロ》聞食《キキタマヘ》[16]登《ト》宣《ノル》。

事別《コトワキテ》、忌部《イミベ》[17]能《ノ》弱肩《ヨワカタ》尓《ニ》太襁《フトダスキ》取[18]挂《トリカケ》弖《テ》、持《モチ》由《ユ》麻《マ》波《ハ》利《リ》仕奉《ツカヘマツ》礼《レ》留《ル》幣帛《ミテグラ》乎《ヲ》、神主《カムヌシ》・祝部《ハフリベ》等《ラ》請《ウケタマハリ》弖《テ》、事《コト》不《ズ》レ落《オチ》捧持《ササゲモチ》弖《テ》奉《タテマツレ》[19]登《ト》宣《ノル》。

12 命―右、ナシ。
13 能―九・右「乃」。
14 能―九・右・版「乃」。
15 登―九「祭」。
16 登―九「止」。
17 能―九・右「乃」。
18 挂―永「桂」。版「掛」。九・右ニヨル。
19 登―九「止」。

【訓読文】

[一]大嘗《おほにへ》の祭《まつり》

[二]集《うごな》はり侍《はべ》る神主《かむぬし》・祝部《はふりべら》等、諸《もろもろ》聞《き》き食《たま》へと宣《の》る。

高天《たかま》の原《はら》に神留《かむづま》り坐《ま》す皇睦神漏伎《すめむつかむろき》・神漏弥《かむろみ》の命《みこと》以《も》ちて、[三]天《あま》つ社《やしろ》・国《くに》つ社《やしろ》と敷《し》き坐《ま》せる皇神等《すめかみたち》の前《まへ》に白《まを》さく、[四]今年《ことし》の十一月《しもつき》の中《なか》つ卯《う》の日《ひ》に、[五]天《あま》つ御食《みけ》の長御食《ながみけ》の遠御食《とほみけ》と、皇御孫《すめみま》の命《みこと》の[六]大嘗《おほにへ》聞《き》こし食《め》さむ為《ため》の故《ゆゑ》に、皇神等《すめかみたち》[七]相《あ》ひうづのひ奉《まつ》りて、堅磐《かちは》に常磐《ときは》に斎《いは》ひ奉《まつ》り、茂《いか》し御世《みよ》に幸《さき》はへ奉《まつ》らむに[八]依《よ》りてし、[九]千秋《ちあき》・五百秋《いほあき》に平《たひ》らけく安《やす》らけく聞《き》こし食《め》して、[一〇]豊《とよ》の明《あか》りに明《あか》り坐《ま》さむ皇御孫《すめみま》の命《みこと》のうづの幣帛《みてぐら》を、明妙《あかるたへ》・照妙《てるたへ》・和妙《にきたへ》・荒妙《あらたへ》に備《そな》へ奉《まつ》りて、朝日《あさひ》の豊栄登《とよさかのぼ》りに称《たた》へ辞竟《ごとを》へ奉《まつ》らくを、諸《もろもろ》聞《き》き食《たま》へと宣《の》る。

[一一]事別《ことわ》きて、忌部《いみべ》の弱肩《よわかた》に太襷《ふとだすき》取《と》り挂《か》けて、持《も》ちゆまはり仕《つか》へ奉《まつ》れる幣帛《みてぐら》を、神主《かむぬし》・祝部《はふりべら》等請《う》けたまはりて、事落《ことお》ちず捧《ささ》げ持《も》ちて奉《たてま》つれと宣《の》る。

【注解】

一　**大嘗の祭**―『神祇令』に「仲冬　下卯大嘗祭」とあり、また別の条に「凡大嘗者、毎㆑世一年、国司行㆑事。以外毎㆑年所司行㆑事。」とある。祝詞においては、天皇の一世一度の大嘗祭〔践祚大嘗祭〕の祝詞と、毎年の大嘗祭〔新嘗祭〕の祝詞とを区別していない。けれども『延喜式』においては「新嘗祭」と「践祚大嘗祭」とを明確に区別している。この祝詞に「大嘗祭」と題しているのは、この区別のない時代の祝詞をそのまま通用させているので、両祭の班幣の時に通用する祝詞であることを示している。

二　**集はり侍る神主・祝部等、諸聞き食へと宣る**―この開式宣言の言葉は祈年祭祝詞の冒頭のものと全く同じである。『延喜式』四時祭下の条に、

新嘗祭奠㆓幣案上㆒神三百四座〔並大〕

社一百九十八所

とあり、そこの神主・祝部等への宣言である。「宣」の下に「神主・祝部等共に唯と称せ。」との注記はないが、称唯（いしょう）が行なわれたものと思われる。

三　**天つ社・国つ社と敷き坐せる皇神等**―「敷《し》く」はその地一帯をすみずみまで治めるの意で、ここではそれぞれの地に鎮座していらっしゃる、の意。「敷《し》く」「治《し》る」「占《し》む」は同一語根の語。

四　**今年の十一月の中つ卯の日に**―『令義解』に「仲冬　下卯大嘗祭〔謂、若有㆓三卯㆒者、以㆓中卯㆒為㆓祭日㆒。不㆔更待㆓下卯㆒也。〕」とある。また『延喜式』の「新嘗祭」の規定の条に、「中卯日於㆓此官〔神祇官〕斎院〔西院〕㆒、官人行㆑事。〔諸司不㆓供奉㆒。〕（下略）」とあり、十一月の中つ卯の日に、神祇官の斎院において神祇官の官人が儀式を行なうこと、中臣が祝詞を宣ること、忌部が幣帛を頒《わか》つことなどを定めている。

五　天つ御食の長御食の遠御食と―「天つ御食の」と、「長御食の遠御食」の上に冠せられているのは祝詞式ではこの祝詞のみ（冠せられていない例は六例あり）。また、「中臣寿詞」にも冠せられている。この語が特に冠せられていることの重要な意味については、「中臣寿詞」の「考」に述べてあるので参照していただきたい（三六二頁）。この句を釈すると、天上界の神聖な御食であって、永遠の御食、即ち御膳として、の意。「長御食の遠御食」は祈年祭祝詞に「長御膳の遠御膳」として既出（八二頁）。

六　大嘗聞こし食さむ為の故に―天皇がその年の新穀をまず神（伊勢の天照大御神といわれる）に差し上げ、自らも召し上がりになろうとなさるが故に、の意。神と共食《きようしよく》なさるのである。萬葉集の東歌に「にほ鳥《どり》の　葛飾早稲《かづしかわせ》を　にへす（尓倍須）とも　そのかなしきを　外《と》に立てめやも」（14三三八六）とある。

七　相ひうづのひ奉りて―「うづのふ」は「うづなふ」の母音交替形で同語。『続日本紀』宣命に「天《あめ》に坐す神・地《くに》に坐す神の相うづなひ奉り……」（第四詔）とあり、萬葉集にも「天地《あめつち》の　神相《かみあひ》うづなひ」（18四〇九四）と見える。よしとする・嘉納する、即ち快くお受けになる、の意。

八　依りてし―「し」は強調（強め）の助詞。

九　千秋・五百秋に―限りなく長い年月、永遠に、の意。神代紀上に「豊葦原の千五百秋《ちいほあき》の瑞穂の地《くに》」ともある。

一〇　豊の明りに明り坐さむ皇御孫の命―「豊の明り」とは、新嘗祭の翌日（辰の日）、天皇が御膳を食し、群臣にも賜う儀式のことで、「豊明《とよのあかり》の節会《せちゑ》」と言った。その節会において群臣と共に酒食を召し上がり、お顔が赤く照り輝かれるであろう皇御孫の命、の意。『続日本紀』宣命に「大新嘗《おほにへ》の直会《なほらひ》の豊明《とよのあかり》」（第三八詔）とある。

一一　事別きて―祈年祭祝詞の終り（後文）の「辞別き」とほぼ同文（八六頁）。祈年祭祝詞には「事過《ことあやま》たず」とあるのが、この祝詞では「事落ちず」となっている。遺漏なく、の意。

【付記】

この祝詞の意味について、本居宣長が『大祓詞後釈 下巻』の「つけそへぶみ」において重要なことを指摘しているので、少し長くなるがここに引用しておく。

此祝詞に、新穀を、たゞ皇御孫命《ノ》の聞食《シス》事をのみいひて、神に奉り給ふことのなきを、考（注）に疑はれたるは、いまだ古意を得られざる也。すべて大嘗新嘗は、天皇の聞食《シス》を主《ムネ》とする事にて、神に奉り給ふも、天皇の聞食《シサ》むとするにつきて、先《ヅ》奉り給ふ也。故《レ》古書に大嘗をば、聞食《シス》とのみいへり。これ天皇のきこしめすをむねとする故也。されば神々に幣帛を奉り給ふも、天皇の、大嘗を聞食《シサ》むとするによりて、奉り給ふにて、此祝詞は、其祝詞にこそあれ、神に大嘗を奉《リ》給ふ祝詞にはあらず。故《レ》大嘗祭と題《シル》されたる、祭字《ノ》も、たゞに大嘗を指ていふにはあらず。大嘗によりて、幣帛を奉り給ふ祭といふこと也。そも〳〵世人《ノ》、大嘗新嘗は、たゞ神に奉り給ふをのみ主《ムネ》と心得たるは、古意にあらず。古書共に、此事をいへる詞を、心をつけて、よく見ばさとるべし。すなはち此祝詞に、皇御孫命《ノ》乃《ノ》大嘗聞食《シ》牟《サム》為《タメノ》故《ユヱ》尓《ニ》、とあるにてもしるべし。

（注）　賀茂真淵は『祝詞考』に次のように述べている。

右の祭の事は、朝には、皇神に奉り、夕には、天皇の聞しめすと、古よりいひて、上の祈年祭にも、初穂は、皇神たちに奉り、遺りをば、御孫命《ノ》の、聞しめすよし有。然るをこゝに、ひとり御孫命《ノ》の聞食事をいへるは、いかに。強ておもふに、こは諸社へ、幣を奉り給ふ事を、専らとすれば、皇神の嘗給ふ事をば、はぶけるにや。さても猶、こと尽ぬこゝちはせらる。

鎮《シヅムル》二御《ミ》魂《タマヲ》一斎《イハヒ》戸祭《ベ(ド)ノマツリ》　中宮《キサキノミヤ》・春[1]宮《ミコノミヤ》斎戸《ノイハヒベ(ド)ノ》祭《マツリモ》亦《マタ》同《オナジ》。

高天之原《タカマノハラ》尓《ニ》神留《カムヅマリ》坐《マ》須《ス》皇親《スメムツ》神漏[2]岐《カムロキ》・神漏美《カムロミ》[3]能命《ノミコト》乎《ヲ》以《モチ》[4]弖《テ》、皇孫之命《スメミマノミコト》波《ハ》豊葦原《トヨアシハラ》[5]能《ノ》水穂国《ミヅホノクニ》乎《ヲ》安国《ヤスクニ》止《ト》定奉《サダメマツリ》弖《テ》、下津磐《シタツイハ》根《ネ》尓《ニ》宮柱《ミヤバシラ》太敷立《フトシキタテ》、高天之原《タカマノハラ》尓《ニ》千木《チギ》高知《タカシリ》弖《テ》、天之御《アマノミ》蔭《カゲ》・日之御蔭《ヒノミカゲ》止《ト》称辞竟《タタヘゴトヲヘ》[6]奉《マツリ》弖《テ》、奉《タテマツル》御衣《ミソ》波《ハ》上[7]下《カミシモ》備奉《ソナヘマツリ》弖《テ》、宇豆幣帛《ウヅノミテグラ》波《ハ》明妙《アカルタヘ》・照妙《テルタヘ》・和妙《ニキタヘ》・荒妙《アラタヘ》、五色物《イツイロノモノ》、御《ミ》酒《ワ》波《ハ》[8]瓺《ミカノ》辺《ヘ》高知《タカシリ》、[9]瓺腹《ミカノハラ》満双《ミテナラベ》弖《テ》、山野物《ヤマノノモノ》波《ハ》甘菜《アマナ》・辛菜《カラナ》、

1 宮—九、「宮」以下六字、ナシ。

2 岐—版「伎」。
3 能—九・右「乃」。
4 弖—九、ナシ。

5 能—九・右「乃」。

6 奉—九・永・右、ナシ。版ニヨル。
7 下—永、右傍ニ補入。

8 瓺—右「甕」。
9 瓺—右「甕」。

青海原《アヲウナハラノ》物《モノ》波《ハ》鰭広物《ハタノヒロモノ》・鰭狭物《ハタノサモノ》、奥津海菜《オキツモハ》・辺津海菜《ヘツモハ》尓《ニ》至《イタル》尓《ニ》万弖《マデ》、雑《クサグサノ》物《モノ》乎《ヲ》如《ゴトク》二横山《ヨコヤマノ》一置《オキ》高成《タカナシ》[10]弖《テ》、献留《タテマツル》宇《ウ》豆《ヅノ》幣《ミテ》帛《グラ》乎《ヲ》、安幣帛《ヤスミテグラ》[11]能《ノ》足幣帛《タルミテグラ》尓《ニ》平久《タヒラケク》聞食弖《キコシメシテ》、皇《スメ》良《ラ》我《ガ》朝[12]庭《ミカド》乎《ヲ》常磐《トキハ》尓《ニ》堅磐《カチハ》尓《ニ》斎奉《イハヒマツリ》、茂御世《イカシミヨ》尓《ニ》幸[13]奉給弖《サキハヘマツリタマヒテ》、自《ヨリ》二此十二《コノシハ》月《ス》一始《ハジメテ》、来十二月《キタルシハス》尓《ニ》至《イタル》尓《ニ》万弖《マデ》、平久《タヒラケク》御坐所《オハシマシドコロニ》令《シメ》二御坐《オハシマサ》一給止《タマヘト》、今年十二月[14]某日《コトシノシハスノソレノヒニ》、斎比《イハヒ》鎮奉《シヅメマツラク》止《ト》申《マヲス》。

10弖―九「乎」。
11能―九「乃」。
12庭―版「廷」。
13幸奉―版、コノ間ニ「閉」(小字)アリ。
14某―永「其」。九・右・版ニヨル。

【訓読文】

一 御魂《みたま》を鎮《しづ》むる斎戸《いはひべ（ど）》の祭《まつり》　二 中宮《きさきのみや》・春宮《みこのみや》の斎戸《いはひべ（ど）》の祭《まつり》も亦同《またおな》じ。

三 高天《たかま》の原《はら》に神留《かむづま》り坐《ま》す皇親神漏岐《すめむつかむろき》・神漏美《かむろみ》の命《みこと》を以《も》ちて、皇孫《すめみま》の命《みこと》は豊葦原《とよあしはら》の水穂《みづほ》の国《くに》を安国《やすくに》と定《さだ》め奉《まつ》りて、四 下《した》つ磐根《いはね》に宮柱《みやばしら》太敷《ふとし》き立《た》て、高天《たかま》の原《はら》に千木高知《ちぎたかし》りて、天《あま》の御蔭《みかげ》・日《ひ》の御蔭《みかげ》と称《たた》へ辞竟《ごとを》へ奉《まつ》りて、五 奉《たてまつ》る御衣《みそ》は上下《かみしも》備《そな》へ奉《まつ》りて、うづの幣帛《みてぐら》は明妙《あかるたへ》・照妙《てるたへ》・和妙《にきたへ》・荒妙《あらたへ》、五色《いついろ》の物《もの》、御酒《みわ》は瓺《みか》の辺《へ》高知《たかし》り、瓺《みか》の腹満《はらみ》て双《なら》べて、山野《やまの》の物《もの》は甘菜《あまな》・辛菜《からな》、青海原《あをうなはら》の物《もの》は鰭《はた》の広物《ひろもの》・鰭《はた》の狭物《さもの》、奥《おき》つ海《も》菜《は》・辺《へ》つ海菜《もは》に至《いた》るまでに、雑《くさぐさ》の物《もの》を横山《よこやま》の如《ごと》く置《お》き高成《たかな》して、献《たてまつ》るうづの幣帛《みてぐら》を、安幣帛《やすみてぐら》の足幣帛《たるみてぐら》に平《たひ》らけく聞《き》こし食《め》して、六 皇《すめ》らが朝庭《みかど》を常磐《ときは》に堅磐《かちは》に斎《いは》ひ奉《まつ》り、七 茂《いか》し御世《みよ》に幸《さきは》へ奉《まつ》り給《たま》ひて、此《こ》の十《し》二月《はす》より始《はじ》めて、来《きた》る十二月《しはす》に至《いた》るまでに、八 平《たひ》らけく御坐所《おはしましどころ》に御坐《おはしま》さしめ給《たま》へと、今年《ことし》の十二月《しはす》の某《それ》の日《ひ》に、斎《いは》ひ鎮《しづ》め奉《まつ》らくと申《まを》す。

【注解】

一　**鎮二御魂一斎戸祭**――この祭の名の読み方については幾通りもの読み方が考えられ、むつかしいが、「みたまをしづむるいはひべのまつり」と読んでおく。この祭の読み方がむつかしい理由については後の「考」で述べる。

『延喜式』四時祭下の十二月祭の条に、「鎮御魂斎戸祭〔中宮准レ此〕」と「東宮鎮御魂斎戸祭」とを挙げ、それぞれの料物を列挙した後に、「右於二此官斎院一、中臣行レ事。」とあるので、十二月の吉日を選んで、神祇官の斎院において、中臣が斎行した祭であった。

この祭は『神祇令』に「仲冬　寅《とら》日鎮魂祭」とある、この鎮魂祭との関わりにおいて、後に（十二月に）行なわれる祭であった。

鎮魂祭というのは、『職員令』の神祇官の「伯《かみ》」の職掌の一つとして「鎮魂」があり、その『義解』に「謂、鎮安也。人陽気曰レ魂。魂運也。言、招二離遊之運魂一、鎮二身体之中府一。故曰二鎮魂一。」とある。『神祇令』に、この翌日の祭として「下卯《う》大嘗祭」と規定していて、天皇親祭の中でも大事な毎年の「新嘗祭」の前日に、天皇の身体の中府にしっかりと御魂を鎮めて新嘗祭を行なうという、大切な意味を持った祭であった。

この祭については、『延喜式』四時祭下の十一月祭の条に、

鎮魂祭〔中宮准レ此。但更不レ給二衣服一。〕

神八座〔神魂・高御魂・生魂・足魂・魂留魂・大宮女・御膳・辞代主〕

大直神一座

とあり、いわゆる「宮中八神」と「大直日神」の九神を祭神とする祭で、「右中寅《とら》日晡《さる》時（今の午後四時ごろ）、〔中宮鎮魂同日祭之。〕五位已上及諸司官人参二集宮内省一。……」とある。天皇と中宮の鎮魂は同日に行なわれるが、

東宮については「巳《み》日晡時、供㆓東宮鎮魂㆒。」とあって、新嘗祭の終った後に行なうのである。

鎮魂祭の儀式の模様は『延喜式』よりも『儀式』の方が詳しい。その「鎮魂祭儀〔十一月中寅日、中宮祭准㆑此、但東宮用㆓巳日㆒。〕」の条である。(注1)要点のみを述べると、内侍が天皇の「御衣匣」を持って祭場（斎院）に入る。「御巫覆㆓宇気槽㆒立㆓其上㆒、以㆑桙撞㆑槽、毎㆓十度畢㆒、伯《かみ》結㆓木綿鬘㆒。」。『北山抄』(注2)によれば、この時「衝宇気ノ間、女蔵人、開㆓御服箱㆒振動。」という。すなわち、御巫（童女）が宇気槽《うけふね》をふせてその上に立ち、桙で槽をとんと衝《つ》くのであるが、十度つき終るたびに伯《かみ》は木綿鬘の紐を一つずつ結んでいくわけである。北山抄によれば、この間、女蔵人が天皇の「御服の箱」（御衣の匣）を開いて（ふたを取って）、振動する（揺《ゆ》り動かす）のであるという。これは要するに、天皇の「みたまふり」と「みたましずめ」の呪術である。「御衣」は天皇の身体（玉体）そのものの象徴でもあり、「木綿鬘結び」は天皇の御魂そのものをしっかりと結び留《と》めることの象徴でもある。この二つは天皇の御魂そのものの身代わりであり、「御魂代《みたましろ》」である。

この「鎮御魂斎戸祭 中宮・春宮斎戸祭亦同」という祭と祝詞は、この鎮魂祭の時に使った「御衣」と結んだ「木綿鬘」（結御魂緒）とを神祇官西院の斎戸神殿に収める祭であり、その祝詞である。

二　**中宮・春宮斎戸祭亦同**——この注記は「きさきのみや・みこのみやのいはひべのまつりもまたおなじ」と訓む。「中宮」は『職員令義解』の中宮職条に「中宮〔謂、皇后宮、其太皇大后、皇大后宮、亦自中宮也。〕職」とあり、皇后・皇大后・太皇大后の称である。「春宮」は「東宮」と同じ。皇太子の住む宮殿から転じて皇太子をいう。天皇の御子であるから「みこのみや」という。すなわち、天皇・皇后・皇太子の御魂を鎮めるのである。

三　**高天の原に神留り坐す皇親神漏岐・神漏美の命を以ちて、皇孫の命は豊葦原の水穂の国を安国と定め奉りて**——この句は「大祓の詞」を綴り合わせて作文しているのであるが、無理があるため意味が取りにくい。「安国と定め奉りて」は「皇孫《すめみま》の命《みこと》が安らかな国として治めていかれる所とお定め申し上げて」と訳さざるを得ない。

四　下つ磐根に宮柱太敷き立て、高天の原に千木高知りて、天の御蔭・日の御蔭と称へ辞竟へ奉りて――この句の構成にも無理があるが、文脈から意味の通じるように解すれば、ここは鎮魂祭の際に用いられた天皇の衣の御魂代を、一年間鎮め奉っておく斎戸の神殿を造ることを述べていて、その神殿を称え辞を尽してお造り申し上げて、と解さざるを得ない。

五　奉る御衣は上下備へ奉りて――この御衣は「神御衣《かむみそ》」ではない。『日本三代実録』の清和天皇貞観二年（八六〇）八月二十七日の条に、「夜、偸児《ぬすびと》開二神祇官西院斎戸神殿一、盗二取三所斎戸衣、幷　主上結御魂緒等一」とあり、ここに見える「斎戸衣」に該当する。すなわち、天皇の御魂代としての御衣であり、「奉る御衣は上下備へ奉りて」というのは、「神殿に奉る御衣は上衣・下衣ともに具備したものを奉って」の意である。けれども、この祝詞には「結御魂緒」のことが見えない。

六　皇らが朝庭を常磐に堅磐に斎ひ奉り――天皇の朝廷を永遠の堅固な岩のようにお守り申し上げ。この句の表現はこの祝詞のみのもの。

七　茂し御世に幸へ奉り給ひて――立派な御代として幸いあらしめ申し上げ給いて。この句もこの祝詞のみのもの。

八　平らけく御坐所に御坐さしめ給へと、今年の十二月の某の日に、斎ひ鎮め奉らくと申す――御心安らかにこの御坐所においで下さいませと、今年の十二月の今日の日に、慎んでお鎮め申し上げることでございますと、申し上げます。この結びの句については、従来触れられていない問題があるので、次に少し詳しく述べる。

これまで、この祝詞については、㈠奏上する祭神を想定して（この祝詞においては祭神名が唱え上げられていない）、「鎮魂祭」の祭神九神とし、「御坐所（天皇の御魂代を奉安申し上げる場所）に鎮まりいますようにして下さい」とする解釈、また、㈡近いところの説で、この祝詞は天皇の御魂代そのものを直接の対象としての祭であるので、他に祭神というものはない、との説が出されている。私は㈡の説でよいと考えるが、その場合でも、その根拠となる、この祝詞のみに新しく見える語法についての指摘（考察）がなされていない。この祝詞は賀茂真淵が『祝詞考』に「この詞（祝詞）は、むかしはなく、今の京にて、俄に作つらん、故にかゝるたらはぬ事、多き也けり」と述べているように、平安時代に入って作られたものであることは間違いない。私が「この祝詞のみに新しく見える語法」というのは、「御坐所《おはしましどころ》に**御坐《おはしま》さしめ給《たま》へ**（御坐所令㆓御坐㆒給）」という語法である。㈡の説に立つ場合はこの「御坐さしめ給へ」は当然「鎮まっておいで下さいませ」という尊敬表現となるが、㈠の説の場合は、この同一表現が前述のごとく「鎮まりいますようにして下さい」と、「しめ」は使役の表現になるのである。この「しめたまふ」という語法については、山田孝雄氏の専著にも指摘があるように（注3）漢文の訓読によって生じた語法である。今の祝詞の本文においても、まだ「令㆓御坐㆒給」と漢文脈となっている。といっても、この祝詞より古いと考えられる春日祭の祝詞には「伊加志夜久波叡能如久仕奉利、佐加叡志米《さかえしめ》賜登《たまへ》」とあり、また平野祭の祝詞には「伊賀志夜具波江如久立栄之米《たちさかえしめ》、令《しめ》㆓仕奉《つかへまつら》㆒給登《たまへ》」と、和文、漢文脈の表記ともに見える。けれども、これらの「しめ」は使役の表現である。このように、奈良時代には使役の表現のみ例があって、尊敬の表現の例が見えない。けれども平安時代に入ると、「しめたまふ」で尊敬を表わすものが見えて来るのである。『大鏡』（注4）に見える例を挙げよう。

（菅原道真が）播磨国におはしましつきて、明石の駅《むまや》という所に**御宿りせしめたまひて**、駅の長《をさ》のいみじく思へる気色《けしき》を御覧じて、**作らしめたまふ詩**、いとかなし。

駅長驚クコトナカレ、時ノ変改《へんがい》

一栄一落《いつえいいつらく》、是《こ》レ春秋《しゆんじう》　（左大臣時平）

他の平安時代の古典（『源氏物語』など）にも見えるが省略する。

この祝詞の「御坐《おはしま》さしめ給へ」も、この例と同じく「（御坐所に）おいで下さいませ」と天皇の御魂代そのものに対する尊敬を表わす「しめ」と解すべきであると私は考えるのである。

従って、この句の閉《と》じである「斎ひ鎮め奉らくと申す。」も、御魂代そのものに「慎んでお鎮め申し上げることでございますと、申し上げます。」となって、自然に呼応しているのである。

この祝詞は全体的に見ても、「しめたまふ」の用法からも、平安時代に入って作られたものであると、私は考えるのである。

（注1）『神道大系　朝儀祭祀編一　儀式・内裏式』による。一三六～九頁。
（注2）『新訂増補　故実叢書31』所収本による。三〇九頁。
（注3）山田孝雄氏著『漢文の訓読によりて伝へられたる語法』（宝文館、昭和十年五月）「十四「しむ」「して」」
（注4）『新編日本古典文学全集34』所収本による。七六頁。

【考】

この「鎮御魂斎戸祭　中宮・東宮斎戸祭亦同」という祭は、この標題のとおり、天皇（中宮・春宮）の御魂（具体的には鎮魂祭に用いた御魂代）そのものに対する祭であり、その祝詞である。以下、要点を簡潔に述べる。

①この祝詞は初めに祭神名を挙げていない。従って祈願の対象が分かりにくい。

②前の注解でも述べたように、この祝詞は平安時代に入って作られたものである。先例の祝詞に似せようとして、

既にある祝詞の常套文句を継なぎ合わせて作文しているが、そのつなぎが粗《あら》く無理な表現が目立つ。すなわち自然さ・なめらかさがない。けれども、終りの方の表現はそれなりに締《しま》った表現をしている。すなわち「皇《すめ》らが朝庭《みかど》を常磐《ときは》に堅磐《かちは》に斎《いは》ひ奉《まつ》り、茂《いか》し御世《みよ》に幸《さきは》へ奉《まつ》り給《たま》ひて」という表現は、個々の句は前例のあるものであるが、全体としての表現は前例のない発想で述べていて、さらに続けて、「此の十二月《しはす》より始《はじ》めて、来《きた》る十二《しは》月《す》に至《いた》るまでに、平《たひ》らけく御坐所《おはしましどころ》に御坐《おはしま》さしめ給《たま》へと、今年《ことし》の十二月《しはす》の某《それ》の日《ひ》に、斎《いは》ひ鎮《しづ》め奉《まつ》らくと申《まを》す。」というのは、前の注で述べたように、この祭の趣旨を簡潔に述べている。

③祭神名を挙げていないことも、注解八のように解すれば、無くてよいことになろう。「御魂代」そのものを祭るという対象はあるわけであるから。

④この祝詞の標題を「みたまをしづむるいはひべのまつり」と読んだが、他の読み方もある。「みたまをいはひどにしづむるまつり」、「みたましづめのいはひとのまつり」、「みたまをいはひべにしづむるまつり」、「みたましづめのいはひべのまつり」など。

古くは「いはひど《と》」と読んできた「斎戸」を、近いところでは「いはひべ」と読むようになってきているが、(注)その解釈は難しく、「いはひべ」と読んで一挙に解決したとは言えない問題があると私は考えるので、後の課題としておきたい。

(注)　川出清彦氏「鎮魂祭古儀考」(『神道史研究』第二十七巻第二号、昭和五十四年四月)、のち同氏著『大嘗祭と宮中のまつり』(名著出版、平成二年六月)に所収。
谷　省吾氏「鎮御魂斎戸祭に関する一考察――斎戸はイハヒベであらう――」(『神道史研究』第二十八巻第一号、昭和五十五年一月)

伊勢[1]大神宮《イセノオホカミノミヤ》

○伊勢大神宮《いせのおおかみのみや》は皇祖神である天照大御神《あまてらすおおみかみ》を祭る皇大神宮（伊須受《いすず》の宮・内宮《ないくう》）と食物をつかさどる豊受大神《とようけのおおかみ》を祭る豊受大神宮（登由気《とゆけ》の宮・外宮《げくう》）とから成る。以下九篇の祝詞が収められている。

1大―右・版「太」。

二月祈年《キサラギノトシゴヒ》、六月《ミナヅキ》・十二月《シハス》月次祭《ツキナミノマツリ》

天皇《スメラ》我《ガ》御命《オホミコトヲ》以弖《モチテ》、度会《ワタラヒ》乃《ノ》宇治《ウヂ》乃《ノ》五十鈴川上《イスズノカハカミ》乃《ノ》下津《シタツ》石根《イハネ》尓《ニ》称辞《タタヘゴト》竟《ヲヘ》奉[1]流《マツル》皇[2]大神《スメオホカミ》[3]能《ノ》[4]大前《オホマヘ》尓《ニ》申久《マヲサク》、常毛《ツネモ》進[5]流《タテマツル》二月祈年《キサラギノトシゴヒノ》月次祭《ツキナミノマツリニハ》、唯以《タダモチテ》二六月《ミナヅキノ》月次《ツキナミノ》之辞《コトバヲ》一相換《アヒカヘヨ》。大幣帛《オホミテグラ》乎《ヲ》、某官位姓名《ソレノツカサクラヰカバネナ》乎《ヲ》

1流―九「留」。
2大―版「太」。
3能―九「乃」。
4大―版「太」。
5流―九「留」。

為《シ》レ使《ツカヒト》天《テ》、令《シメ》二捧持《ササゲモタ》一弖《テ》進《タテマツリ》給《タマ》布《フ》御命《オホミコト》乎《ヲ》、申《マヲシ》給《タマハ》久《ク》止《ト》申《マヲス》。

【訓読文】

伊勢《いせ》の大神《おほかみ》の宮《みや》

一二月《きさらぎ》の祈年《としごひ》、六月《みなづき》・十二月《しはす》の月次《つきなみ》の祭《まつり》

二天皇《すめら》が御命《おほみこと》を以《も》ちて、三度会《わたらひ》の宇治《うぢ》の五十鈴《いすず》の川上《かはかみ》の四下《した》つ石根《いはね》に称《たた》へ辞竟《ごとを》へ奉《まつ》る皇大神《すめおほかみ》の大前《おほまへ》に申《まを》さく、五常《つね》も進《たてまつ》る六二月《きさらぎ》の祈年《としごひ》の月次《つきなみ》の祭《まつり》には、唯六月《ただみなづき》の月次《つきなみ》の辞《ことば》を以《も》ちて相《あ》ひ換《か》へよ。大幣帛《おほみてぐら》を、七某《それ》の官《つかさ》位《くらゐ》姓《かばね》名《な》を使《つか》ひと為《し》て、捧《ささ》げ持《も》たしめて進《たてまつ》り給《たま》ふ御命《おほみこと》を、八申《まを》し給《たま》はくと申《まを》す。

【注解】

一　**二月の祈年、六月・十二月の月次の祭**―この祝詞は皇大神宮の二月の祈年祭、六月と十二月の月次祭に、「朝使」（伊勢大神宮式）即ち朝廷から遣わされる幣帛使が奏上する祝詞である。詞の一部分を変えて、三つの祭の祝詞として用いることが出来る。

二　**天皇が御命を以ちて**―天皇の御命令をもって、御詔命によって。下の「皇大神の大前に申さく」にかかる。

三　**度会の宇治の五十鈴の川上の**―神功皇后摂政前紀の託宣に「神風《かむかぜ》の伊勢国の百伝《ももづた》ふ度逢県《わたらひのあがた》の拆鈴《さくすず》五十《い》鈴宮《すずのみや》に所居《ま》す神、名は撞賢《つきさか》木《き》厳之《いつの》御魂《みたま》天疎《あまさかる》向《むか》津《つ》媛命《ひめのみこと》」とある。和名抄に「伊勢国度会郡宇治」と見える。現在の三重県伊勢市である。「五十鈴の川上」は五十鈴川の上流の意で、「川のほとり」の意ではない。五十鈴の宮というのはこの川の名による。

四　**下つ石根に称へ辞竟へ奉る**―省略が過ぎて意味が取りにくい。「下つ石根に大宮柱太敷立て」と補って解するのがよいであろう。

五　**常も進る**―「進」は名義抄に「進〈タテマツル〉」とある。恒例の奉幣であるからこのように言う。例年献上いたしますの意。

六　**二月の祈年の大幣帛**―「大幣帛」は名義抄に「大幣〈オホミテクラ〉」・「幣布〈オホミテグラ〉」とある。朝廷での二月四日の祈年祭の幣帛を、特に皇大神宮に対しては幣帛使を遣わして奉奠されるのである。六月と十二月の月次祭の場合も同じ。

七　**某の官位姓名**―「某」は名義抄に「某〈ソレ〉」とある。ここに遣わされた幣帛使の官位姓名を入れるのである。

八　**申し給はくと申す**―「申し給はく」については平野祭祝詞の「白し給はく」の項に既述（一三〇頁）。奏上することでございますと申します。

豊《トヨ》受《ウケノ》宮《ミヤ》

天皇《スメラ》我《ガ》御命《オホミコトヲ》以《モチ》弖《テ》、度会乃《ワタラヒノ》山田原乃《ヤマダノハラノ》下津石根《シタツイハネ》尓《ニ》称辞《タタヘゴト》竟奉流《ヲヘマツル》[1]豊受皇神《トヨウケノスメカミノ》前《マヘ》[2]尓《ニ》申久《マヲサク》、常毛《ツネモ》進流《タテマツル》[3]二月祈年《キサラギノトシゴヒノ》月次祭《ツキナミノマツリニハ》、唯《タダ》以《モチテ》二六《ミナ》月月次之《ヅキノツキナミノ》辞《コトバヲ》一相換《アヒカヘヨ》。大幣帛乎《オホミテグラヲ》、某官位姓名乎《ソレノツカサクラヰカバネナヲ》為《シ》レ使天《ツカヒトテ》[4]、令《シメ》二捧《ササゲ》持《モタ》一弖《テ》進《タテマツリ》給布《タマフ》御命乎《オホミコトヲ》申給《マヲシタマハ》久《ク》止《ト》申《マヲス》。

1 流—九「留」。
2 前—永・版、ナシ。右、「神」ノ下ニ〇ヲ付シ、右傍ニ補入。九・右(補入)ニヨル。
3 流—九「留」。
4 天—九「弖」。

【訓読文】

豊受宮《とようけのみや》[一]

天皇《すめら》が御命《おほみこと》を以《も》ちて、度会《わたらひ》[二]の山田《やまだ》の原《はら》の下《した》つ石根《いはね》に称《たた》へ辞竟《ごとを》へ奉《まつ》る豊受《とようけ》[三]の皇神《すめかみ》の前《まへ》に申《まを》さく、常《つね》も進《たてまつ》る二月《きさらぎ》の祈年《としごひ》の月次《つきなみ》の祭《まつ》りには、唯六月《ただみなづき》の月次《つきなみ》の辞《ことば》を以《も》ちて相《あ》ひ換《か》へよ。大幣帛《おほみてぐら》を、某《それ》の官位姓名《つかさくらゐかばねな》を使《つか》ひと為《し》て、捧《ささ》げ持《も》たしめて進《たてまつ》り給《たま》ふ御命《おほみこと》を申《まを》し給《たま》はくと申《まを》す。

【注解】

一　**豊受宮**―延暦二十三年（八〇四）に豊受宮より神祇官に上進された『止由気宮儀式帳』に、「等由気太神宮院事〔今称二度会宮一。在二度会《わたらひ》郡沼木郷山田原村一。〕」とある。『古事記』の天孫降臨の条に「登《と》由《ゆ》宇《う》気神《けのかみ》、此《こ》者《は》坐《います》二度《わた》相《らひにかみ》一神者也《ぞ》。」と見える。

二　**度会の山田の原**―『止由気宮儀式帳』にある通り。

三　**豊受の皇神の前に**―九条家本に「豊受皇神前尓」とあり、卜部兼右本には右傍に「前」を補入、卜部兼永本・版本に「前」なし。誤脱と認めて補う。

四月神衣祭《ウヅキノカムミソノマツリ》　九月《ナガツキモ》准《ナラヘ》レ此《コレニ》。

度会乃《ワタラヒノ》宇治《ウヂノ》五十鈴川上尓《イスズノカハカミニ》大宮柱《オホミヤバシラ》太敷立《フトシキタ》[1]天《テ》、高天原《タカマノハラ》[2]尓《ニ》千木《チギ》高知《タカシリ》[3]天《テ》、称辞《タタヘゴト》竟《ヲヘ》奉留《マツル》天照坐《アマテラシマス》皇[4]大神乃《スメオホカミノ》[5]大前尓《オホマヘニ》申久《マヲサク》、服織《ハトリ》・麻続乃《ヲミノ》人等乃《ヒトドモノ》常[6]毛《ツネモ》奉《マツ》レ仕留《ツカヘル》和妙《ニキタヘ》・荒妙乃《アラタヘノ》織乃《オリノ》御《オホ》衣乎《ミソヲ》進《タテマツル》事乎《コトヲ》、申給《マヲシタマハク》止《ト》申《マヲス》。荒祭宮尓《アラマツリノミヤニ》毛《モ》如《カ》レ是《ク》申[7]天《マヲシテ》進《タテマツレ》止《ト》宣《ノル》。

祢宜《ネギ》・内人《ウチビト》称《マヲセ》レ唯《ヲヲト》。

1天—九「弖」。
2尓—九、ナシ。
3天—九「弖」。
4大—九・永・右・版「太」。
5大—版「太」。
6毛—永「无」。
7天—九「弖」。

【訓読文】

一 四月《うづき》の神衣《かむみそ》の祭《まつり》　九月《ながつき》も此《こ》れに准《なら》へ。

度会《わたらひ》の宇治《うぢ》の五十《い》鈴《すず》の川上《かはかみ》に大宮柱太敷《おほみやばしらふとし》き立《た》て、高天《たかま》の原《はら》に千木高知《ちぎたかし》りて、称《たた》へ辞竟《ごとを》へ奉《まつ》る天照《あまて》らし坐《ま》す皇大神《すめおほかみ》の大前《おほまへ》に申《まを》さく、二 服織《はとり》・三 麻続《をみ》の人等《ひとども》の常《つね》も仕《つか》へ奉《まつ》る四 和妙《にきたへ》・五 荒妙《あらたへ》の六 織《おり》の御衣《おほみそ》を進《たてまつ》る事《こと》を、申《まを》し給《たま》はくと申《まを》す。

荒祭宮《あらまつりのみや》にもかく申《まを》して進《たてまつ》れと宣《の》る。　七 祢宜《ねぎ》・八 内人《うちびと》九 唯《をを》と称《まを》せ。

【注解】

一　**四月神衣祭**――「うづきのかむみそのまつり」と訓む。九条家本に「カムミソ」の訓があり、神に供える「みそ」の意で、「み」は接頭語、「そ」は衣服の意である。名義抄に「御服〈ミソ〉」とある。『神祇令』に「孟夏（四月）神衣祭」「季秋（九月）神衣祭」とあり、その『義解』に「謂。伊勢神宮祭也。此神服部等、斎戒潔清、以二参河赤引神調糸一、織二作神衣一。又麻績連等、績レ麻以織二敷和衣一。以供二神明一。故曰二神衣一。」とある。『皇太神宮儀式帳』の「年中行事幷月記事」の項の「四月例」に、「以二十四日一、神服織・神麻績神部等造奉太神御服供奉時尓、……」と神衣祭のことを記している。また『延喜式』伊勢大神宮の「四月九月神衣祭」の項にも、この祭のことを記し、「和妙衣者服部氏、荒妙衣者麻績氏、各自潔斎、始レ従二祭月一日一織造。至二十四日一供レ祭。」として、以下に祭儀の次第を記している。四月一日から織り始め、十四日に皇大神宮と荒祭宮にそれぞれ「和妙（絹）衣」と「荒妙（麻）衣」とを供え奉るのである。その時に大神宮司がこの祝詞を奏上し、祢宜・内人に宣読するのである。

この神衣祭は皇大神宮と、第一の別宮荒祭宮とに限って斎行される。

二　**服織**―九条家本の訓に「ハトリ」とある。「はたおり（機織）」の縮約。名義抄に「機〈ハタモノ・ハタ・タカハタ〉」とあり、「服〈ハトリ〉」とある。「機」は布を織る道具をいい、「服」は機で織った布をいう。前に引いた大神宮式に「和妙《にきたへのころも》衣者服部氏」とあり、『義解』にいうように「参河《みかは》の赤引《あかびき》の神調《かむつき》の糸」をもって織るのである。その和妙衣は絹布で「大神宮和妙衣廿四疋（八疋広一尺五寸。八疋広一尺二寸。八疋広一尺。並長四丈。）」「荒祭宮和妙衣十三疋」とある。「疋《ひき》（匹）」は布を数える単位で、二反《たん》を一疋とする。これだけの布を織り、供え奉るのである。この神衣祭に奉る絹布は、今も松阪市大垣内《おおがいと》町の神服織機殿《かんはとりはたどの》神社の八尋《やひろ》殿で織られている。この神社は古くは服部氏が祭っていた。

三　**麻続**―「麻」は和名抄に「麻苧　説文云麻〈音磨、和名乎《を》、一云阿佐《あさ》〉」とあり、『新撰字鏡』に「績〈乎宇牟《をうむ》〉」とある。「をみ」は「をうみ」の約。「をみ」とは麻の茎を蒸して皮をはぎ、その皮を細く裂いて糸によることである。萬葉集に「麻苧《あさを》らを　麻笥《をけ》にふすさに　績《う》まずとも　明日《あす》着せさめや　いざせ小床《をどこ》に」（14三四八四）とある。ここは、前に引いた大神宮式に「荒妙衣者麻績氏」とあったように氏の名をいう。「大神宮荒妙衣八十疋（四十疋広一尺六寸。四十疋広一尺。並長四丈。）」「荒祭宮荒妙衣四十疋」とある。「麻績《をみ》」は「績」が正確な字であるが、祝詞（萬葉集も）の古写本には「続」と書いてある。この神衣祭に奉る荒妙衣、即ち麻布は、今も松阪市井口中《いぐちなか》町の神麻続機殿《かんおみはたどの》神社の八尋殿で織られている。この神社は古くは麻績（続）氏が祭っていた。

四　和妙―柔らかな布。平安時代以後は「にぎたへ」と濁音化した。絹の布である。

五　荒妙―和妙の対で、手ざわりの少し荒い布。麻の布である。

六　織の御衣―機《はた》で織った神衣。萬葉集に「棚機《たなばた》の　五百機《いほはた》立てて　織る布《ぬの》の　秋さり衣《ごろも》　誰か取り見む」（10二〇三四）とある。

七　祢宜―「ねぐ」（上二段）の名詞形。「ねぐ」は神の心を安らかにして、その加護を祈るという意。伊勢大神宮において、大神宮司の下に属する神官である。『延喜式』の伊勢大神宮の職名に「祢宜一人〔従七位官〕」とあり、初めは一人であったらしいが、変遷があって増えていった。

八　内人―祢宜の次位に属する神官。前の大神宮式の神職についての規定によれば、「大神宮」の条には「祢宜一人〔従七位官〕　大内人四人　物忌九人〔童男一人。童女八人〕　父九人　小内人九人」とあり、「荒祭宮」の条には「内人二人　物忌・父各一人」とある。

九　祢宜・内人唯と称せ―「荒祭宮にもかく申して進れと宣る。」は大神宮司が祢宜と内人に宣る言葉であるので、祢宜と内人は「をー」と称唯するのである。

（注）荒祭宮は大神宮式に「荒祭宮一座〔大神荒魂。去二大神宮北一二十四丈。〕」とある。皇大神宮第一の別宮で、祭神は天照坐皇大御神《あまてらしますすめおおみかみ》の荒御魂《あらみたま》である。

[1]六月次[2]祭《ミナヅキノツキナミノマツリ》

十二月《シハスモ》准《ナラヘ》レ此《コレニ》。

度会《ワタラヒノ》乃宇治《ウヂノ》五十鈴《イスズノ》乃川上《カハカミ》尓大宮柱《オホミヤバシラ》太敷《フトシキ》立《タ》[3]天《テ》、高天原《タカマノハラ》[4]尓比木《ニヒギ》高知《タカシリ》[5]天《テ》、称辞竟奉《タタヘゴトヲヘマツ》留《ル》天照坐《アマテラシマス》皇[6]大神《スメオホカミ》乃《ノ》[7]大前《オホマヘ》尓《ニ》、申進《マヲシタテマツ》留《ル》天津祝詞《アマツノリト》乃太祝詞《フトノリト》乎《ヲ》、神主部《カムヌシベ》・物忌《モノイミ》等《ラ》、諸《モロモロ》聞食《キキタマヘ》止《ト》宣《ノル》。　禰宜《ネギ》・内人《ウチビト》等《ラ》共《トモニ》称《マヲセ》レ唯《ヲヲト》。

天皇《スメラ》我《ガ》御[8]命《オホミコト》尓《ニ》坐《マセ》、[9]御寿《オホミイノチ》乎《ヲ》手長《タナガ》乃《ノ》御寿《オホミイノチ》止《ト》、湯津《ユツ》如《ゴトク》二磐《イハ》村一《ムラノ》常磐《トキハニ》堅磐《カチハ》尓《ニ》、伊賀志御世《イカシミヨ》尓《ニ》幸[10]倍《サキハヘ》給《タマ》比《ヒ》、阿礼坐《アレマス》皇《ミ》

1 六―永、右傍ニ補入。
2 祭―永、「次」ノ下ニ○ヲ付シ、右傍ニ補入。
3 天―九「弖」。
4 比―版「千」。
5 天―九、ナシ。
6 大―永・右・版「太」。九ニヨル。
7 大―版「太」。
8 命―右、左傍ニ「舎イ」ト注ス。
9 御―永、「坐」ノ下ニ○ヲ付シ、右傍ニ補入。
10 倍―永「位」。

子等《コタチ》乎《ヲ》毛《モ》恵《メグミ》給《タマ》比《ヒ》、百官《モモノツカサノ》人等《ヒトドモ》・天下《アメノシタ》四方《ヨモノ》国《クニ》[11]乃《ノ》百姓《オホミタカラ》尓《ニ》至《イタル》万《マ》[12]天《デ》長平《ナガクタヒラケ》久《ク》、作食《ツクリタマフ》留《ル》五穀《イツツノタナツモノ》乎《ヲ》毛《モ》豊《ユタカ》尓《ニ》令《シメ》レ栄《サカヘ》給《タマ》比《ヒ》、護恵《マモリメグ》比《ビ》幸給《サキハヘタマヘ》止《ト》、三郡《ミツノコホリ》・国々《クニグニ》・処々《トコロドコロ》尓《ニ》（[13]寄奉《ヨセマツ》礼《レ》留《ル》神戸人等《カムベノヒトドモ》乃《ノ》常《ツネ》毛《モ》進《タテマツ》留《ル》）御調糸《ミツキノイト》、由貴《ユキ》[14]乃《ノ》御酒《ミワ》・御贄《ミニヘ》乎《ヲ》、如《ゴトク》二[15]横山《ヨコヤマノ》一置足成《オキタラハシ》[16]天《テ》、大中臣《オホナカトミ》太玉串《フトタマクシ》尓《ニ》隠侍《カクリハベリ》[17]天《テ》、今年《コトシノ》六月《ミナヅキノ》十《トヲカアマリ》七日《ナヌカ》乃《ノ》朝日《アサヒ》乃《ノ》豊栄《トヨサカ》[18]登《ノボリ》尓《ニ》称申事《タタヘマヲスコト》[19]乎《ヲ》、神主部《カムヌシベ》・物忌等《モノイミラ》、諸《モロモロ》聞食《キキタマヘ》止《ト》宣《ノル》。

神主部《カムヌシベ》共称《トモニマヲセ》レ唯《ヲヲト》。

荒祭宮《アラマツリノミヤ》・月読宮《ツキヨミノミヤ》尓《ニ》毛《モ》如《カ》レ是久《ク》申進《マヲシテタテマツレ》止《ト》宣《ノル》。

神主部《カムヌシベ》亦称《マタマヲセ》レ唯《ヲヲト》。

11乃—版「能」。
12天—九「弖」。
13寄—以下十三字、九・永・右・版、ナシ。後ノ「同神嘗祭」祝詞ニヨリ補入ス。
14乃—版「能」。
15横—九・永・右・版「海」。
16天—九「弖」。
17天—九「弖」。
18登—九「祭」。
19事—右、ナシ。

【訓読文】

[一]六月《みなづき》の月次《つきなみ》の祭《まつり》　十二月《しはす》も此《こ》れに准《なら》へ。

度会《わたらひ》の宇治《うぢ》の五十鈴《いすず》の川上《かはかみ》に大宮柱《おほみやばしら》太敷《ふとし》き立《た》て、高天《たかま》の原《はら》に[二]比木《ひぎ》高知《たかし》りて、称《たた》へ辞竟《ごとを》へ奉《まつ》る天照《あまて》らし坐《ま》す皇大神《すめおほかみ》の大前《おほまへ》に、申《まを》し進《たてまつ》る天《あま》つ祝詞《のりと》の太祝詞《ふとのりと》を、[三]神主部《かむぬしべ》・[四]物忌《ものいみ》等《ら》、諸《もろもろ》聞《き》き食《たま》へと宣《の》る。　祢宜《ねぎ》・内人《うちびと》等《ら》共《とも》に唯《をを》と称《まを》せ。

[五]天皇《すめら》が御命《おほみこと》に坐《ま》せ、[六]御寿《おほみいのち》を手長《たなが》の御寿《おほみいのち》と、ゆつ磐村《いはむら》の如《ごと》く常磐《ときは》に堅磐《かちは》に、いかし御世《みよ》に幸《さきは》へ給《たま》ひ、[七]あれ坐《ま》す[八]皇子《みこ》等《たち》をも[九]恵《めぐ》み給《たま》ひ、百《もも》の官《つかさ》の人等《ひとども》・天《あめ》の下四方《したよも》の国《くに》の[一〇]百姓《おほみたから》に至《いた》るまで[一一]長《なが》く平《たひ》らけく、[一二]作《つく》り食《たま》ふる五《いつ》つの穀《たなつもの》をも豊《ゆた》かに栄《さか》えしめ給《たま》ひ、護《まも》り恵《めぐ》び[一三]幸《さきは》へ給《たま》へと、[一四]三《み》つの郡《こほり》・国々《くにぐに》・処々《ところどころ》に[一五]寄《よ》せ奉《まつ》れる神戸《かむべ》の人等《ひとども》の常《つね》も進《たてまつ》る[一六]御調《みつき》の糸《いと》、[一七]由貴《ゆき》の御酒《みわ》・御贄《みにへ》を、横山《よこやま》の如《ごと》く[一八]置《お》き足成《たらは》して、[一九]大中臣《おほなかとみ》[二〇]太玉串《ふとたまくし》に隠《かく》り侍《はべ》りて、今年《ことし》の六月《みなづき》の十七日《とをかあまりなぬか》の朝日《あさひ》の豊栄登《とよさかのぼ》りに[二一]称《たた》へ申《まを》す事《こと》を、神主部《かむぬしべ》・物忌《ものいみ》等《ら》、諸《もろもろ》聞《き》き食《たま》へと宣《の》る。　神主部《かむぬしべ》共《とも》に唯《をを》と称《まを》せ。

荒祭宮《あらまつりのみや》・[二二]月読宮《つきよみのみや》にも[二三]かく申《まを》して奉《たてまつ》れと宣《の》る。　神主部《かむぬしべ》亦《また》唯《をを》と称《まを》せ。

【注解】

一　**六月の月次の祭**―この祝詞は伊勢大神宮式の月次祭の条に、「先使中臣（幣帛使のこと）申二詔戸《のりと》一。次宮司宣二祝詞《のりと》一。」とあるように、前の「二月祈年、六月・十二月月次祭」の祝詞の「六月月次祭」の祝詞を幣帛使が奏上した後に、宮司が祢宜・内人等に宣読する祝詞である。

二　**比木高知りて**―比木《ひぎ》は千木《ちぎ》に同じ。古事記に「於二高天原一氷椽《ひぎ》多迦斯理而坐也。」・「於二高天原一氷木《ひぎ》多迦斯理……」と見える。『皇太神宮儀式帳』に「上二搏風肆枚一。（長二丈八尺。弘八寸。厚四寸。）号称二比木一。」とある。比木を高々と占《し》め立てて、の意。

三　**神主部**―神主は神祭りに従う神官の長をいうが、ここは下に「部《べ》」が付くので、その一まとまりの総称。祢宜・内人をまとめていう。

四　**物忌**―伊勢大神宮式に、「物忌九人（童男一人。童女八人）」とあり、神に奉仕するために斎戒する童男・童女をいう。この場合は役職名である。「ものいみ」が本来神に奉仕するために斎戒するという意であることは、神武即位前紀に「造二八十平瓮一、躬自斎戒《ものいみして》祭二諸神一。」とあって明らかである。

五　**天皇が御命に坐せ**―天皇の御命令によって。春日祭祝詞の冒頭に既出（九四頁）。以下に述べる言葉は天皇の勅命に基づくとするのである。

六　**御寿を手長の御寿と**―「寿」は名義抄に「寿〈イノチ〉」とある。寿命のことである。「手長」の「手」は借訓で「た」は接頭語。「たなが」は時間的に長く続くことをいう語。ここは天照大御神が天皇の御寿命を長く続く御寿命として、の意。

七　**あれ坐す**―「ある」（下二段）は神・天皇・皇子などが生まれる・あらわれ出る意。萬葉集に「橿原《かしはら》の　聖《ひじり》の

御代《みよ》ゆ　生《あ》れまし（阿礼座）し　神のことごと　つがの木の　いや継《つ》ぎ継《つ》ぎに」（1二九）とあり、『続日本紀』の宣命に「天皇が御子の阿礼坐む弥《いや》継ぎ継ぎに」（第一詔）とある。

八　**皇子**―名義抄に「皇子〈ミコ〉」とあり、萬葉集に「ひさかたの　天《あめ》見るごとく　仰《あふ》ぎ見し　皇子《みこ》の御門《みかど》の荒れまく惜《を》しも」（2一六八）と見える。天皇の子をいう。男女ともにいう。

九　**恵み**―名義抄に「恵〈メグム〉」とある。神や天皇などが人々のために思いやりをもっていたわる意。

一〇　**百姓**―「百姓」は漢語で、本来多くの官吏の意であるが、ここでは「おほみたから」と訓み、すべての人民の意である。「天の下の公民」として広瀬大忌祭祝詞に既出（一〇七頁）。名義抄に「人民〈ヒトクサ、或云オホムタカラ〉」とある。

一一　**長く平らけく**―時間的に長く平穏に、次の句を隔てて、「護り恵び幸へ給へと」に係る。

一二　**作り食ふる五つの穀**―「食ふる」は下二段動詞の連体形で、上の動詞「作る」ことを相手からいただく意を表わし、謙譲語となる。作らせていただく、慎んで耕作する五穀、と係る。

一三　**幸へ給へ**―「幸へ」は幸いあらしめる、の意。

一四　**三つの郡**―「郡《こほり》」は令の国郡（評）制度によって決められた地方行政組織。古くは「評」の字であったが、後に「郡」の字となった。伊勢大神宮式の神戸の項に、「当国　度会《わたらひ》郡・多気《たけ》郡・飯野《いひの》郡」以下、祝詞に「国々・処々に寄せ奉れる神戸」にあたる「当国」の郡と「諸国」の神戸が列挙されている。

一五　**寄せ奉れる神戸**―皇大神宮に寄進申し上げてある神戸の意。「神戸《かむべ》」は、崇神紀七年十一月の条に「定二天社・国社、及神地・神戸一。」とある。『神祇令』に「凡神戸調庸及田租者、並充下造二神宮一、及供レ神調度上。」とある。神領に属して、租税をその神社に納める民戸である。

一六　**御調の糸**―神への貢ぎものの糸。大神宮式の月次祭の項に、「大神宮赤引絲四十絇《く》」「度会宮赤引絲卅絇」とある糸のこと。

一七　**由貴の御酒・御贄**―「由貴（yukï）」は天武紀五年九月の条に「斎忌、此云二踰既一。」との訓注があり、その意味は「忌み清めた一定の聖域」の意である。その聖域から奉られる御酒と御贄、と係る。大神宮式の月次祭の項に「大神宮……神酒廿缶。〔缶別三斗。当国十五缶。伊賀国二缶。尾張・参河・遠江等国各一缶。並以二神税一醸造。〕雑贄廿荷。〔副レ酒所レ供。〕」とある。贄は海河山野の食料品で、特にその地の産物。

一八　**置き足成して**―前の祝詞に「置足弖」「置足波之弖」「置所足弖」とあったが、この表記は異例である。九条家本の訓に「タラハシ」とある。置き満たすことを強調しようとしての表記であろう。

一九　**大中臣**―この祝詞を申す宮司の大中臣氏である。

二〇　**太玉串に隠り侍りて**―太玉串は大神宮式の月次祭の項に、「神宮司又持二太玉串一〔著二木綿一賢木、是名二太玉串一。〕」とある。木綿《ゆふ》は楮《こうぞ》などの木の皮をはぎ、その皮の繊維を蒸《む》して水にさらし、細かく裂いて糸としたもので、白く美しい。その木綿を榊の枝に結び垂れたもの、即ち太玉串を祝詞座の前に刺し立てて祝詞を申すので、慎しみの気持をこめて太玉串の葉蔭に隠れてというのであろう。串はすべて刺すものであるので、本来地に刺し立てて奉ったものであろう。

二一　**称へ申す事を**―祝詞を奏上申し上げますことを、の意。

二二　**月読宮**―大神宮式に「月読宮二座〔去二大神宮北一三里。〕　月夜見命一座　荒魂命一座」とある。皇大神宮の別宮で、月読尊とその荒御魂を祭る。皇大神宮の北方、伊勢市中村町に鎮座する。

二三　**かく申して奉れ**―この通りに申して供物を奉れ、と宮司が宣り聞かせるのであろう。

九月神嘗祭《ナガツキノカムニヘノマツリ》

皇《スメ》御《ミ》孫《マノ》御《オホ》命《ミコトヲ》以《モチテ》、伊《イ》勢《セ》[1]能《ノ》度会《ワタラヒノ》五十《イ》鈴《スズノ》河上《カハカミ》尓《ニ》称辞《タタヘゴト》竟《ヲヘ》奉《マツ》[2]流《ル》天照坐《アマテラシマス》皇《スメ》[3]大神《オホカミ》[4]能《ノ》[5]大前《オホマヘ》尓《ニ》申給久《マヲシタマハク》、常《ツネ》毛《モ》進《タテマツ》[6]流《ル》九月《ナガツキ》之《ノ》神嘗《カムニヘ》[7]能《ノ》大幣帛《オホミテグラ》乎《ヲ》、某官某位[8]某王《ソレノツカサソレノクラヰソレノオホキミ》・中臣某官[9]某位[10]某《ナカトミノソレノツカサソレノクラヰソレノ》姓《カバネ》名《ナ》乎《ヲ》為《シ》レ使《ツカヒト》[11]弖《テ》、忌部《イミベノ》弱肩《ヨワカタ》尓《ニ》太襁《フトダスキ》取懸《トリカケ》、持《モチ》斎《ユマ》波《ハ》[12]理《リ》令《シメ》二捧持《ササゲモタ》一弖《テ》、進《タテマツリ》給《タマ》布《フ》御命《オホミコトヲ》乎、申給《マヲシタマハ》久《ク》止《ト》申《マヲス》。

1 能—九「乃」。
2 流—九「留」。
3 大—版「太」。
4 能—九・右「乃」。
5 大—永・右・版「太」。九ニヨル。
6 流—九「留」。
7 能—九・版「乃」。
8 某—九、ナシ。
9 某—永「其」。
10 某—永「其」。
11 弖—右「天」。
12 理—九・右「利」。

【訓読文】

[一]九月《ながつき》の神嘗《かむにへ》の祭《まつり》

皇御孫《すめみま》の御命《おほみこと》を以《も》ちて、伊勢《いせ》の度会《わたらひ》の五十鈴《いすず》の河上《かはかみ》に称《たた》へ辞竟《ごとを》へ奉《まつ》る天照《あまて》らし坐《ま》す皇大神《すめおほかみ》の大前《おほまへ》に申《まを》し給《たま》はく、常《つね》も進《たてまつ》る九月《ながつき》の[二]神嘗《かむにへ》の大幣帛《おほみてぐら》を、[三]某《それ》の官《つかさ》某《それ》の位《くらゐ》某《それ》の王《おほきみ》・[四]中臣《なかとみ》の某《それ》の官《つかさ》某《それ》の位《くらゐ》某《それ》の姓《かばね》名《な》を使《つか》ひと為《し》て、[五]忌部《いみべ》の弱肩《よわかた》に太襷《ふとだすき》取《と》り懸《か》け、持《も》ち斎《ゆ》まはり捧《ささ》げ持《も》たしめて、進《たてまつ》り給《たま》ふ御命《おほみこと》を、申《まを》し給《たま》はくと申《まを》す。

【注解】

一　**九月神嘗祭**――「ながつきのかむにへのまつり」と訓む。『神祇令』に「季秋　神嘗祭」とあり、その義解に「謂。神衣祭日。便即祭之。」とある。名義抄に「神嘗〈カムニヘ〉」とある。後に「かむなめのまつり」とも訓まれるようになった。それは「嘗〈ナム〉」（名義抄）の訓が普通になったからである。神嘗祭はその年の「嘗《にへ》」即ち新穀を、天皇が他の神に先立って、まず伊勢大神宮に奉られる祭である。この祭の初見は『続日本紀』元正天皇養老五年（七二一）九月乙卯（十一日）の条に、「天皇御二内安殿一、遣レ使供二幣帛於伊勢大神宮一。」とある記事である。また聖武天皇天平十二年（七四〇）九月乙未（十一日）の条に「遣二治部卿従四位上三原王等一、奉二幣帛于伊勢大神宮一。」とあるのは神嘗祭の幣帛使発遣の記事である。六月・十二月の月次祭とともに、「神宮の三時祭」といわれる（大神宮式）。

二　**神嘗の大幣帛**―神嘗祭に当って天皇から天照大御神に奉られる幣帛。

三　**某の官某の位某の王**―勅使には諸王の五位以上が充てられることになっているので、その王である。その選び方は『儀式』の「九月十一日奉二伊勢大神宮幣一儀」の項に、「前四日、外記録二王氏五位已上四人歴名一封レ之。令下二神祇官一卜上（五世者不レ須）。神祇官卜畢注二合否一進。外記執レ之於二大臣前一開レ封令レ覧。訖喚二卜食者一仰レ之。」とある。

四　**中臣の某の官某の位某の姓名**―使いに発遣された神祇官の中臣の官位姓名である。大神宮式に「使中臣」とあり、「使中臣申二祝詞一。」とある。この中臣がこの祝詞を神前に奏上するのである。

五　**忌部**―これも使いに発遣された神祇官の忌部である。大神宮式に「使忌部捧レ幣。」とある。

豊受宮同祭《トヨウケノミヤノオナジキマツリ》

天皇《スメラ》我《ガ》御命《オホミコトヲ》以《モチ》弖《テ》、度会《ワタラヒ》[1]能《ノ》山田原《ヤマダノハラ》尓《ニ》称辞《タタヘゴト》[2]竟奉《ヲヘマツ》[3]流《ル》皇神《スメカミノ》前《マヘ》尓《ニ》申給《マヲシタマハ》久《ク》、常《ツネ》毛《モ》進留《タテマツル》九月《ナガツキ》之《ノ》神嘗《カムニヘ》[4]能《ノ》[5]大幣帛《オホミテグラ》乎《ヲ》、某官《ソレノツカサ》某位[6]某王《ソレノクラヰソレノオホキミ》・中臣《ナカトミノ》某官《ソレノツカサ》[7]某位《ソレノクラヰ》[8]某姓《ソレノカバネ》名《ナ》乎《ヲ》[9]為《シ》レ使《ツカヒト》弖《テ》、忌部《イミベノ》弱肩《ヨワカタ》尓《ニ》[10]太襁《フトダスキ》取懸《トリカケ》、[11]持《モチ》斎《ユマ》波《ハ》[12]理《リ》令《シメ》二捧持《ササゲモタ》一弖《テ》、進《タテマツリ》給《タマ》布《フ》御命《オホミコト》乎《ヲ》申給《マヲシタマハ》久《ク》止《ト》申《マヲス》。

1 能―九・右「乃」。
2 竟奉―永、コノ間ニ「流」（小字）アリ。
3 流―九「留」。
4 能―九「乃」。
5 大―九・永・右「太」。版ニヨル。
6 某―永「其」。
7 某―永「其」。
8 某―永「其」。
9 為―九、ナシ。
10 太―九「大」。
11 持―版、「持」ノ上ニ「取」アリ。
12 理―九・右「利」。

【訓読文】

豊受宮《とようけのみや》の同《おな》じき祭《まつり》[一]

天皇《すめら》が御命《おほみこと》を以《も》ちて、度会《わたらひ》の山田《やまだ》の原《はら》に称《たた》へ辞竟《ごとを》へ奉《まつ》る皇神《すめかみ》の前《まへ》に申《まを》し給《たま》はく、常《つね》も進《たてまつ》る九月《ながつき》の神《かむ》嘗《にへ》の大幣帛《おほみてぐら》を、某《それ》の官《つかさ》某《それ》の位《くらゐ》某《それ》の王《おほきみ》・中臣《なかとみ》の某《それ》の官《つかさ》某《それ》の位《くらゐ》某《それ》の姓《かばね》名《な》を使《つか》ひと為《し》て、忌部《いみべ》の弱肩《よわかた》に太襷《ふとだすき》取《と》り懸《か》け、持《も》ち斎《ゆ》まはり捧《ささ》げ持《も》たしめて、進《たてまつ》り給《たま》ふ御命《おほみこと》を申《まを》し給《たま》はくと申《まを》す。

【注解】

一　**豊受宮の同じき祭**―大神宮式の「九月神嘗祭」の項に、皇大神宮（内宮）と度会宮（外宮）のそれぞれの祭に必要な料物を挙げた後に、「右、月（九月）十六日祭二度会宮一。十七日祭二大神宮一。祢宜・大内人各著二明衣一。分二頭左右一。宮司立レ中。次使忌部捧レ幣。次馬。次使中臣。次使王。入就二内院版位一。使中臣申二祝詞一。訖亦神宮司宣二祝詞一。余儀同二月次祭一。」と、祭儀の次第を簡単に記している。伊勢大神宮の祭は「外宮先祭《げくうせんさい》」であり、祝詞はまず「使中臣申二祝詞一」、次に「神宮司宣二祝詞一」と、祝詞の内容も「申」と「宣」で異ることを示している。

同《オナジキ》 神《カム》嘗《ニヘノ》祭《マツリ》

度会《ワタラヒ》乃《ノ》宇治《ウヂ》[1]乃《ノ》五十鈴《イスズ》乃《ノ》川上《カハカミ》尓《ニ》大宮柱《オホミヤバシラ》[2]太敷立《フトシキタ》[3]天《テ》、高天《タカマノ》原《ハラ》尓《ニ》[4]比《ヒ》木《ギ》高知《タカシリ》[5]天《テ》、称辞竟奉《タタヘゴトヲヘマツ》留《ル》天照坐皇《アマテラシマススメ》[6]大神《オホカミ》乃《ノ》[7]大前《オホマヘ》尓《ニ》、申進《マヲシタテマツ》留《ル》天津祝詞《アマツノリト》乃《ノ》太祝詞《フトノリト》[8]乎《ヲ》、神主部《カムヌシベ》・物忌《モノイミ》等《ラ》、諸《モロモロ》聞食《キキタマヘ》止《ト》宣《ノル》。

[9]祢宜《ネギ》・内人《ウチビト》等《ラ》共《トモニ》称《マヲセ》レ唯《ヲヲト》。

天皇《スメラ》我《ガ》御命《オホミコト》尓《ニ》坐《マセ》、御寿《オホミイノチ》乎《ヲ》手長《タナガ》乃《ノ》御寿《オホミイノチ》止《ト》、湯津《ユツ》如《ゴトク》二磐《イハ》村《ムラノ》一常磐《トキハ》堅磐《ニカチハ》尓《ニ》、伊賀志御世《イカシミヨ》尓《ニ》幸倍《サキハヘ》給比《タマヒ》、阿礼坐皇《アレマスミ》

1乃―版「能」。
2太―九「大」。
3天―九・版「弖」。
4比―版「千」。
5天―九「弖」。
6大―永・右・版「太」。九ニヨル。
7大―版「太」。
8乎―九「牟」。
9祢―永「尓」。

子《コ》等《タチ》乎《ヲ》毛《モ》恵《メグミ》給《タマ》比《ヒ》、百官人等《モモノツカサノヒトドモ》・天下《アメノシタ》四方国《ヨモノクニ》乃《ノ》百姓《オホミタカラ》尓《ニ》至《イタル》万《マ》10天《デ》、長平《ナガクタヒラケ》久《ク》護恵《マモリメグ》11比《ビ》幸《サキハヘ》12給止《タマヘト》、三郡《ミツノコホリ》・国国《クニグニ》・処処《トコロドコロニ》寄《ヨセ》奉《マツ》礼《レ》留《ル》神戸人等《カムベノヒトドモ》13乃《ノ》常《ツネ》毛《モ》進《タテマツ》留《ル》由紀《ユキ》14能《ノ》御酒《ミワ》・御贄《ミニヘ》、懸税《カケチカラ》千税《チヂカラ》余《アマリ》五百《イホ》税《チカラ》乎《ヲ》、如《ゴト》二横山《ヨコヤマノ》一久《ク》置足《オキタラ》成《ハシ》15天《テ》、大中臣《オホナカトミ》16太17玉串《フトタマクシ》尓《ニ》隠侍《カクリハベリ》18天《テ》、今年《コトシノ》九月《ナガツキノ》十七日《トヲカアマリナヌカノ》朝日《アサヒノ》豊栄《トヨサカノ》19登《ボリ》尓《ニ》、天津祝詞《アマツノリトノ》乃20太祝詞《フトノリトノ》辞《トゴト》乎《ヲ》称申事《タタヘマヲスコト》乎《ヲ》、神主部《カムヌシベ》・物忌《モノイミ》等《ラ》、諸《モロモロ》聞食《キキタマヘ》止《ト》宣《ノル》。祢宜《ネギ》・内人《ウチビト》等《ラ》称《マヲセ》レ唯《ヲヲト》。

荒祭宮《アラマツリノミヤ》・月読宮《ツキヨミノミヤ》尓《ニ》毛《モ》如《カ》レ此久《ク》申進《マヲシテタテマツレ》止《ト》宣《ノル》。神主部《カムヌシベ》共《トモニ》称《マヲセ》レ唯《ヲヲト》。

10天―九「弖」。
11比―版「美」。
12幸給―版、コノ間ニ「比」（小字）アリ。
13乃―版「能」。
14能―九「乃」。
15天―九「弖」。
16太―永「大」。右、「太」ノ左傍ニ「大ィ」ト注ス。
17玉―永「王」。
18天―九「弖」。
19登―九「祭」。
20太―永「大」。

【訓読文】

一 同《おな》じき神嘗《かむにへ》の祭《まつり》

度会《わたらひ》の宇治《うぢ》の五十鈴《いすず》の川上《かはかみ》に大宮柱《おほみやばしら》太敷《ふとし》き立《た》て、高天《たかま》の原《はら》に比木高知《ひぎたかし》りて、称《たた》へ辞竟《ごとを》へ奉《まつ》る天照《あまて》らし坐《ま》す皇大神《すめおほかみ》の大前《おほまへ》に、申《まを》し進《たてまつ》る天《あま》つ祝詞《のりと》の太祝詞《ふとのりと》を、神主部《かむぬしべ》・物忌等《ものいみら》、諸《もろもろ》聞《き》き食《たま》へと宣《の》る。祢宜《ねぎ》・内人等《うちびとら》共《とも》に唯《をを》と称《まを》せ。

天皇《すめら》が御命《おほみこと》に坐《ま》せ、御寿《おほみいのち》を手長《たなが》の御寿《おほみいのち》と、ゆつ磐村《いはむら》の如《ごと》く常磐《ときは》に堅磐《かちは》に、いかし御世《みよ》に幸《さきは》へ給《たま》ひ、あれ坐《ま》す皇子等《みこたち》をも恵《めぐ》み給《たま》ひ、百《もも》の官《つかさ》の人等《ひとども》・天《あめ》の下四方《したよも》の国《くに》の百姓《おほみたから》に至《いた》るまで、長《なが》く平《たひ》らけく護《まも》り恵《めぐ》び幸《さきは》へ給《たま》へと、三《み》つの郡《こほり》・国国《くにぐに》・処処《ところどころ》に寄《よ》せ奉《まつ》れる神戸《かむべ》の人等《ひとども》の常《つね》も進《たてまつ》る由紀《ゆき》の御酒《みわ》・御贄《みにへ》、二懸《か》け税《ちから》三千税《ちぢから》余《あま》り五百税《いほちから》を、横山《よこやま》の如《ごと》く置《お》き足成《たらは》して、大中臣太玉串《おほなかとみふとたまくし》に隠《かく》り侍《はべ》りて、今年《ことし》の九月《ながつき》の十七日《とをかあまりななぬか》の朝日《あさひ》の豊栄登《とよさかのぼ》りに、天《あま》つ祝詞《のりと》の太祝詞辞《ふとのりとごと》を称《たた》へ申《まを》す事《こと》を、神主部《かむぬしべ》・物忌等《ものいみら》、諸《もろもろ》聞《き》き食《たま》へと宣《の》る。祢宜《ねぎ》・内人等《うちびとら》唯《をを》と称《まを》せ。

荒祭宮《あらまつりのみや》・月読宮《つきよみのみや》にもかく申《まを》して進《たてまつ》れと宣《の》る。神主部《かむぬしべ》共《とも》に唯《をを》と称《まを》せ。

【注解】

一　**同じき神嘗の祭**―この祝詞は、前の二つの祝詞が勅によって使いの中臣氏が奏上する祝詞であるのに対して、神宮司が祭に奉仕する祢宜・内人等に宣読する祝詞である。前の「六月月次祭」の祝詞とほぼ同一で、一部に違いがあるだけなので、異るところについてのみ釈をほどこす。

二　**懸け税**―「税」は名義抄に「税〈チカラ〉」とあり、また和名抄に「主税寮〈知加良乃豆加佐〉」とある。租税のことであるが、人民の「ちから」（労力）によって生産されるものだからいう。神宮の内外の玉垣に穂のついた稲束として懸けて奉る田租である。

三　**千税余り五百税**―稲束の多いことをいう。『止由気宮儀式帳』に「千税余八百税」とあるのも同じ言い方である。その『儀式帳』の「神嘗祭供奉時行事」の条を引用しておこう。「以二十六日朝一、国々処々神戸人夫等所二仕奉一御酒幷御贄等乎自二御厨一奉レ入。次二箇神郡、国々処々神戸所レ進懸税稲乎千税余八百税尓懸奉。其奉時、祢宜太玉串捧持弖懸税先立参入。大内人・大物忌父等抜穂稲八荷持参入弖、抜穂稲乎波内院持参入弖正殿乃下奉レ置。懸税稲乎波玉垣尓懸奉。……」。ここに見えるように、「懸税稲」の他に「抜穂稲」をも供進するのである。

斎《イツキノ》内《ヒメ》親《ミ》王《コヲ》奉《タテマツリ》入《イルル》時《トキ》

進《タテマツル》二神嘗《カムニヘノ》幣《ミテグラヲ》一詞《コトバ》申畢《マヲシヲハリテ》、次《ツギニ》即《スナハチ》申《マヲシテ》云《イハク》、辞別《コトワキ》弖《テ》申給《マヲシタマハ》[1]久《ク》、今《イマ》進《タテマツ》[2]流《ル》斎《イツキノ》[3]内《ヒメ》親《ミ》王《コ》波《ハ》、依《ヨリ》二恒例《ツネノタメシニ》一弖《テ》、三年《ミトセ》[4]斎《イハ》比《ヒ》清《キヨ》麻《マ》波《ハ》、[5]理弖《リテ》御杖代《ミツヱシロ》止《ト》定《サダメ》弖《テ》進《タテマツリ》給《タマフ》事《コト》波《ハ》、皇御孫《スメミマ》之《ノ》尊《ミコト》乎《ヲ》天地《アメツチ》日月《ヒツキ》止《トモ》共《トモ》尓《ニ》堅磐《カチハ》尓《ニ》、平《タヒラ》[6]気《ケ》久《ク》安《ヤスラケ》久《ク》御座《オハシ》[7]坐《マサ》[8]志米《シメ》、武止《ムト》御杖代《ミツヱシロ》止《ト》進《タテマツリ》給布《タマフ》御命《オホミコト》乎《ヲ》、大中《オホナカ》[9]臣《トミ》茂桙《イカシホコノ》中《ナカ》取持《トリモチ》弖《テ》、恐《カシコ》美《ミ》恐《カシコ》美《ミ》毛《モ》申《マヲシ》[10]給《タマハ》久《ク》止《ト》申《マヲス》。

1 久―右「久久」。
2 流―九「留」。
3 内―九、ナシ。
4 年斎―九、コノ間ニ「波」（小字）アリ。
5 理―右「利」。
6 気―九、ナシ。
7 坐―九、ナシ。永、上ノ「座」ノ下ニ〇ヲ付シ、右傍ニ補入。
8 志米武止―九「之女牟止」。
9 臣―右、「臣」ノ下ニ〇ヲ付シ、左傍ニ「トイナ」ト注ス。
10 給―九、ナシ。

【訓読文】

[一]斎《いつき》の内親王《ひめみこ》を奉　入時《たてまつりいるとき》

[二]神嘗《かむにへ》の幣《みてぐら》を進《たてまつ》る詞《ことば》申《まを》し畢《をは》りて、次《つぎ》[三]に即《すなは》ち申《まを》して云《い》はく、

[四]辞別《ことわ》きて申《まを》し給《たま》はく、今《いま》進《たてまつ》る斎《いつき》の内親王《ひめみこ》は、[五]恒《つね》の例《ためし》に依《よ》りて、[六]三年《みとせ》斎《いは》ひ清《きよ》まはりて、[七]御杖代《みつゑしろ》と定《さだ》めて進《たてまつ》り給《たま》ふ事《こと》は、[八]皇御孫《すめみま》の尊《みこと》を天地日月《あめつちひつき》と共《とも》に堅磐《かちは》に、平《たひ》らけく安《やす》らけく御座坐《おはしまさ》しめむと、御杖代《みつゑしろ》と進《たてまつ》り給《たま》ふ御命《おほみこと》を、大中臣《おほなかとみ》[九]茂《いか》し桙《ほこ》の中《なか》取《と》り持《も》ちて、恐《かしこ》み恐《かしこ》みも申《まを》し給《たま》はくと申《まを》す。

【注解】

一　**斎内親王奉入時**――この標題は「いつきのひめみこをたてまつりいるとき」と訓む。その時に申す詞の意。「いつき」は「いつく」の名詞形で、「いつく」はけがれを忌み潔斎して神を祭り仕えるの意。古事記に「此三柱綿津見神者、阿曇連等之祖神以伊《い》都《つ》久《く》神也。」とある。「ひめみこ」は姫御子で、天皇の女《むすめ》すなわち皇女のことである。ここは天皇の名代《みようだい》として伊勢大神宮に奉仕する未婚の内親王のことである。「斎王」とも「斎宮」とも言われる。祝詞では「御杖代」とも表現されている。その定め方については「斎宮式」の冒頭に、「凡天皇即レ位者、

定二伊勢大神宮斎王一。仍簡二内親王未レ嫁者一卜之。〔若無二内親王一者、依二世次一、簡二定女王一卜之。〕」とある。

二　神嘗の幣を進る詞—幣帛使の中臣が奏上する、前の「九月神嘗祭」の祝詞のこと。

三　次に即ち申して云はく—前の「神嘗祭」の祝詞に続けてすぐ奏上する詞であるとの注記で、これは祝詞の本文ではない。

四　辞別きて申し給はく—「神嘗祭」の祝詞とは詞を改めて奏上申し上げますことには、の意。

五　恒の例に依りて—これまでの代々の斎王を大神のもとに奉る例にならって。

六　三年斎ひ清まはりて—斎王の卜定から伊勢の斎宮に入られるまで、足かけ三年の潔斎をされる。三年心身を忌み清めて、斎戒して、の意。

七　御杖代—垂仁紀二十五年三月の条に、分注として「一云、天皇以二倭姫命一為二御杖一、貢二奉於天照大神一、是以倭姫命以二天照大神一、鎮二坐於磯城厳橿之本一而祠之。然後随二神誨一、取二丁巳年冬十月甲子一、遷二于伊勢国渡遇宮一。」とある。天照大神の巡行を御杖となって補佐し、お供《とも》する者の意。『新撰姓氏録』左京神別下の「榎室連（四〇七）」の条に「山猪子連等、仕二奉上宮豊聰耳皇太子御杖代一。爾時、太子巡二行山代国一。……」とある。これによると、この場合は男性であろうし、御杖代の語は本来広い意味で使われ、皇女とも限られていなかったことが分かる。但し、ここではより限定した意味であって、天照大神の御杖となって仕える者、即ち斎内親王のことである。

八　皇御孫の尊を天地日月と共に堅磐に、平らけく安らけく御座坐しめむと—天皇を天・地・日・月と共に永遠に平穏無事においでいただけますようにと願って、の意。

九　茂し桙の中取り持ちて—舒明天皇即位前紀に「大臣所遣群卿者、従来如二厳矛〔厳矛、此云二伊《い》箇《か》之《し》倍《ほ》虚《こ》一。〕取レ中事、而奏請人等也。」とあり、この語を漢訳した文である。立派な栫の中を取り持って（神と天皇との中を取り持って）の意。後の「中臣寿詞」にも同じ文句が見える。

遷《ウツシ》二奉《マツル》[1]大神宮《オホカミノミヤヲ》一祝詞《ノリト》

豊受宮《トヨウケノミヤモ》准《ナラヘ》レ此《コレニ》。

皇御孫《スメミマノ》[2]能御命《オホミコトヲ》乎以《モチ》[3]弖《テ》、[4]皇大御神《スメオホミカミノ》[5]能[6]大前《オホマヘ》尓《ニ》申給《マヲシタマハ》久《ク》、[7]常乃例《ツネノタメシ》尓《ニ》依《ヨリ》弖《テ》、廿年《ハタトセ》尓《ニ》一遍《ヒトタビ》比、大宮新仕奉《オホミヤアラタニツカヘマツリ》弖《テ》、雑《クサグサノ》御装束物《ミヨソヒノモノ》五十《イソクサアマリ》四種《ヨクサ》、神宝《カムダカラ》廿《ハタクサアマリ》一種《ヒトクサ》乎《ヲ》儲備《マケソナヘ》[8]天《テ》、[9]祓清《ハラヘキヨ》売持忌《メモチユマ》波理《ハリ》弖《テ》、預供奉《アヅカリツカヘマツル》弁官《オホドモヒ》某位《ソレノクラヰ》[10]某姓《ソレノカバネ》名《ナ》乎《ヲ》差使《サシツカハシ》弖《テ》、進《タテマツリ》給《タマフ》状《サマ》乎《ヲ》、申給《マヲシタマハ》久《ク》止《ト》申《マヲス》。

1大—版「太」。
2能—九「乃」。
3弖—永・右、ナシ。
4大—版「太」。
5能—九・右「乃」。
6大—九・永・右・版「太」。
7乃—永・右「川」(小字)。
8天—九「弖」。
9祓—九・永・右「秡」。版ニヨル。
10某—永「其」。

【訓読文】

[一]大神宮《おほかみのみや》を遷《うつ》し奉《まつ》る祝詞《のりと》　豊受宮《とようけのみや》も此《こ》れに准《なら》へ。

[二]皇御孫《すめみま》の御命《おほみこと》を以《も》ちて、皇大御神《すめおほみかみ》の大前《おほまへ》に申《まを》し給《たま》はく、常《つね》の例《ためし》に依《よ》りて、廿年《はたとせ》に一遍《ひとたび》、[三]大宮新《おほみやあら》たに仕《つか》へ奉《まつ》りて、[四]雑《くさぐさ》の御装束《みよそひ》の物五十《ものいそくさあまり》　四種《よくさ》、[五]神宝廿《かむだからはたくさあまり》　一種《ひとくさ》を[六]儲《ま》け備《そな》へて、祓《はら》へ清《きよ》め[七]持《も》ち忌《ゆ》まはりて、[八]預《あづ》かり供《つか》へ奉《まつ》る[九]弁官某《おほどもひそれ》の位某《くらゐそれ》の姓《かばね》名《な》を差《さ》し使《つか》はして、進《たてまつ》り給《たま》ふ状《さま》を、申《まを》し給《たま》はくと申《まを》す。

【注解】

一　**遷㆓奉大神宮㆒祝詞**――この標題は「おほかみのみやをうつしまつるのりと」と訓む。式年遷宮の際に、朝使の中臣によって神前に奏上される祝詞である。遷宮は「伊勢大神宮式」に「凡大神宮、廿年一度、造㆓替正殿・宝殿、及外幣殿㆒。〔度会宮、及別宮・余社、造㆓神殿㆒之年限准㆑此。〕皆採㆓新材㆒構造。自外諸院新旧通用。〔宮地定㆓置二処㆒。至㆑限更遷。〕……」とある。また遷宮の始まりについては、『二所太神宮例文』の「二所太神宮正遷宮臨時幷仮殿遷宮次第」の条に、

白鳳十三年庚寅九月、太神宮御遷宮。〔持統天皇四年（六九〇）也。自㆓此御宇㆒、造替遷宮被㆑定㆓置廿年㆒。但大伴皇子謀反時、依㆓天武天皇之御宿願㆒也。〕

朱鳥二年壬辰、外宮御遷宮。〔同御宇六年（六九二）。〕

とあって、天武天皇の宿願によって、その薨去後ではあるが、内宮が持統天皇の四年（六九〇）九月、外宮が同六年（六九二）に第一回目の遷宮が行なわれたことが分かる。

二　**皇御孫の御命を以ちて**―本来「皇御孫の命の御命を以ちて」とあるべきであるのが略されているのである。

三　**大宮新たに仕へ奉りて**―神の大宮（御神殿）を新しく御造営申し上げまして、の意。

四　**雑の御装束の物五十四種**―「装束」は漢語。敏達紀元年六月の条に「装束」の語が見え、前田家本の古訓に「ヨソヒ」とある。「よそほひ」は「よそひ」の派生語。大神宮式に「大神宮装束」として一つ一つ品目を挙げ、その寸法に至るまで細かに注記してある。

五　**神宝廿一種**―大神宮式に「神宝廿一種」として品目が挙げてある。

六　**儲け備へて**―あらかじめ十分に準備し整えて、の意。

七　**持ち忌まはりて**―「ゆむ→ゆまふ→ゆまはる」と再、再々活用した語。清浄に保って、の意。

八　**預かり供へ奉る**―「あづかる」はこの場合は関与すること。「供へ奉る」は「仕へ奉る」と書くのが普通だが、名義抄に「供〈ツカマツル〉」とあり、同義の字。御装束・神宝の調進のことに関与し仕え申し上げるの意。

九　**弁官**―「おほどもひ」と訓む。「おほ（大）あどもひ（率）」の約。和名抄に「大辨　職員令云、左右大辨〈於《お》保《ほ》伊《い》於《お》保《ほ》止《ど》毛《も》比《ひ》〉」とある。萬葉集に「大御手《おほみて》に　弓取り持たし　御軍士《みいくさ》を　率《あども》ひ（安騰毛比）たまひ」（2一九九）とあり、また「もののふの　八十伴《やそとも》の男《を》を　召《め》し集《つど》へ　率《あども》ひたまひ」（3四七八）ともあって、「あどもふ」は率いる・統率するの意である。弁官は八省を率いる役人の意。大神宮式の遷宮の装束・神宝類を挙げた後に、「右装束雑物造備。訖即差二使弁大夫一人・史一人・史生二人・官掌一人・使部二人。神祇官史一人・史生一人・

神部一人・卜部一人一。部領送二大神宮一。……」と見える。大神宮に装束・神宝を送るについて、弁官が差し使わされるのである。

遷《ウツシ》二却《ヤル》[1]崇神《タタリガミヲ》一

高天之原《タカマノハラ》尓《ニ》神留坐《カムヅマリマシ》[2]弖《テ》、事[3]始給《コトハジメタマヒ》[4]志《シ》神漏[5]岐《カムロキ》・神漏美《カムロミ》[6]能《ノ》命《ミコト》以《モチ》弖《テ》、天之高市《アマノタケチ》尓《ニ》八百万《ヤホヨロヅノ》神等《カミタチ》乎《ヲ》神集集《カムツドヘツドヘ》給《タマ》比《ヒ》、神議《カムハカリ》議給《ハカリタマヒ》弖《テ》、我皇御孫之尊《アガスメミマノミコト》波《ハ》豊葦原《トヨアシハラ》[7]能《ノ》水穂之国《ミヅホノクニ》乎《ヲ》安国《ヤスクニ》止《ト》平《タヒラ》[8]気《ケ》久《ク》所《シ》レ知食《ロシメセ》止《ト》、天之磐座放《アマノイハクラハナチ》弖《テ》、天之八重雲《アマノヤヘグモ》乎《ヲ》伊頭《イツ》之千別《ノチワ》支《キ》尓《ニ》千別《チワキ》弖《テ》、天降《アマクダシヨ》所《サ》レ寄奉《シマツリ》[9]志《シ》時《トキ》尓《ニ》、誰神《イヅレノカミ》乎《ヲ》先《マヅ》[10]遣《ツカハサ》波《バ》、水穂国《ミヅホノクニ》[11]能《ノ》荒振神等《アラブルカミタチ》乎《ヲ》神攘々《カムハラヒハラヒ》平《ム》[12]気《ケ》武《ム》止《ト》、神議議給《カムハカリハカリタマヒシ》

1崇―永・右・版「祟」。九ニヨル。

2弖―右「天」。
3始―九「如」。
4志―九「之」。
5岐―永、小字。版「伎」。
6能―九「乃」。

7能―九・右「乃」。

8気―九、ナシ。

9志―九「之」。
10遣―右「進」。左傍ニ「遣イ」ト注ス。

11能―九・右「乃」。
12気―九「介」。

時《トキ》尓《ニ》、諸《モロモロノ》神等《カミタチ》皆《ミナ》量申久《ハカリマヲサク》、天穂日之命《アマノホヒノミコト》乎《ヲ》遣《ツカハシ》而《テ》平《ム》[13]気武《ケム》止《ト》申支《マヲシキ》。是以《ココヲモチテ》天降《アマクダシ》遣《ツカハス》時《トキ》尓《ニ》、此神《コノカミ》波《ハ》返言《カヘリゴト》不《ザリ》レ申《マヲサ》[14]支《キ》。次《ツギニ》遣《ツカハシ》[15]志《シ》健三熊之命《タケミクマノミコト》毛《モ》、随《シタガヒ》二父事《チチノコトニ》一弖《テ》、返言《カヘリゴト》不《ズ》レ申《マヲサ》。又《マタ》遣《ツカハシ》[16]志《シ》天若彦《アマワカヒコ》毛《モ》返言《カヘリゴト》不《ズ》レ申《マヲサ》弖《テ》、高津鳥《タカツトリノ》殃《ワザハヒ》尓《ニ》依《ヨリ》弖《テ》、立《タチ》処《ドコロ》[17]尓《ニ》身亡《ミウセ》支《キ》。是以《ココヲモチテ》[18]天津神《アマツカミ》[19]能《ノ》御言《ミコト》以《ヲモチ》弖《テ》、更量給《サラニハカリタマヒ》弖《テ》、経津主命《フツヌシノミコト》・健雷命《タケミカヅチノミコト》二柱神等《フタハシラノカミタチ》乎《ヲ》天降《アマクダシ》[20]給《タマ》弖《テ》比《ヒ》、荒振神等《アラブルカミタチ》乎《ヲ》神攘々給《カムハラヒハラヒタマ》比《ヒ》、神和和給《カムヤハシヤハシタマヒ》弖《テ》、語問《コトトヒ》[21]志《シ》磐根《イハネ》・樹立《コノタチ》・草《クサ》之片葉《ノカキハ》毛《モ》[22]語止《コトヤメ》弖《テ》、皇御孫之尊《スメミマノミコト》乎《ヲ》天降《アマクダシ》所《ヨサ》レ寄奉《シマツリ》支《キ》。

13 止気武―九「止介牟」。
14 支―版「弖」。
15 志―九「之」。
16 志―九「之」。
17 尓―九・永・右・版「弖」。
18 天―九、ナシ。
19 能―九・右「乃」。
20 降給―九、コノ間ニ「〻」アリ。右、コノ間ニ○ヲ付シ、左傍ニ「降イ」ト注ス。
21 志―九「之」。
22 語止弖―版「語弖止」。

如レ此《カ》久《ク》天降《アマクダシヨ》所レ寄《サ》奉《シマツリ》[23]志《シ》四方《ヨモ》之《ノ》国中《クニナカ》止《ト》、大倭日高見《オホヤマトヒダカミ》之《ノ》国《クニ》乎《ヲ》安国《ヤスクニ》止《ト》定奉《サダメマツリ》弖《テ》、下津磐根《シタツイハネ》尓《ニ》宮柱《ミヤバシラ》[24]太敷立《フトシキタテ》、高天《タカマ》之《ノ》原《ハラ》尓《ニ》千木《チギ》高知《タカシリ》弖《テ》、天之御蔭《アマノミカゲ》・日之御蔭《ヒノミカゲ》止《ト》仕奉《ツカヘマツリ》弖《テ》、安国《ヤスクニ》止《ト》平《タヒラ》[25]気《ケ》久《ク》所《シ》レ知食《ロシメサ》[26]武《ム》皇御孫之尊《スメミマノミコト》[27]能《ノ》天御舎之内《アマノミアラカノウチ》[28]尓《ニ》坐《マ》須《ス》皇神等《スメカミタチ》波《ハ》、荒備給《アラビタマ》比《ヒ》健備給《タケビタマ》[29]事《フコト》[30]无《ナク》[31]志《シ》弖《テ》、高天之原《タカマノハラ》尓《ニ》始《ハジメ》[32]志《シ》事《コト》乎《ヲ》神《カム》奈《ナ》我《ガ》良《ラ》毛《モ》所《シ》レ知食《ロシメシ》[33]弖《テ》、神直日《カムナホビ》・大直日《オホナホビ》尓《ニ》直《ナホ》[34]志《シ》給《タマ》比《ヒ》弖《テ》、自《ヨリ》二此地《コノトコロ》一波《ハ》、四方《ヨモ》乎《ヲ》見《ミ》霽《ハルカス》山川《ヤマカハ》[35]能《ノ》清地《キヨキトコロ》尓《ニ》遷出《ウツリイデ》坐《マシ》弖《テ》、吾地《ワガトコロ》止《ト》宇《ウ》須《ス》波《ハ》伎《キ》坐《マ》世《セ》止《ト》、進《タテマツル》幣帛《ミテグラ》者《ハ》明妙《アカルタヘ》・照妙《テルタヘ》・和妙《ニキタヘ》・

23志—九「之」。
24太—九「大」。
25気—九、ナシ。
26武—九「牟」。
27能—九・右「乃」。
28尓—永「矢」。版「仁」。
29給事—永・右・版、コノ間ニ「比健給」ノ三字アリ。
30无—版「無」。
31志—九「之」。
32志—九「之」。
33弖—九、ナシ。
34志—九「之」。
35能—九「乃」。

荒妙《アラタヘ》尓《ニ》備奉《ソナヘマツリ》弖《テ》、見明物《ミアカスモノ》止《ト》鏡《カガミ》、翫物《モテアソブモノ》止《ト》玉《タマ》、射放物《イハナツモノ》止《ト》
弓矢《ユミヤ》、打断物《ウチタツモノ》止《ト》[36]太刀《タチ》、馳出物《ハセイヅルモノ》止《ト》御馬《ミマ》、御酒《ミワ》者《ハ》[37]瓱戸《ミカノヘ》
高知《タカシリ》、[38]瓱腹満双《ミカノハラミテナラベ》弖《テ》、米《ヨネ》尓《ニ》毛《モ》穎《カビ》尓《ニ》毛《モ》、山住物《ヤマニスムモノ》者《ハ》毛《ケ》[39]能《ノ》和物《ニコモノ》・
毛《ケ》[40]能《ノ》荒物《アラモノ》、大野原《オホノノハラ》尓《ニ》生物《オフルモノ》者《ハ》甘菜《アマナ》・辛菜《カラナ》、青海原《アヲウナハラ》尓《ニ》
住物《スムモノ》者《ハ》鰭広物《ハタノヒロモノ》・鰭狭物《ハタノサモノ》、奥津海菜《オキツモハ》・辺津海菜《ヘツモハ》尓《ニ》[41]至《イタル》
万弖《マデ》尓《ニ》、横山之如《ヨコヤマノゴト》久《ク》八物《ヤツモノ》尓《ニ》置所レ足《オキタラハシ》弖《テ》、奉留宇豆之幣《タテマツルウヅノミテ》
帛《グラ》乎《ヲ》、皇神等《スメカミタチ》乃《ノ》御心《ミココロ》毛《モ》明《アキラカ》尓《ニ》、安幣帛《ヤスミテグラ》[42]能《ノ》足幣帛《タルミテグラ》止《ト》平《タヒラケ》
久《ク》聞食《キコシメシ》弖《テ》、[43]祟給《タタリタマ》比《ヒ》健備《タケビ》給事《タマフコト》[44]无《ナク》弖《テ》之《シ》、山川《ヤマカハ》乃《ノ》広《ヒロ》久《ク》清地《キヨキトコロ》尓《ニ》

36 太—九「大」。
37 瓱—右「甕」。
38 瓱—右「甕」。
39 能—九・右・版「乃」。
40 能—九・右「乃」。
41 至尓万弖—永、ナシ。
42 能—九・版「乃」。
43 祟—版「崇」。
44 无—版「無」。

遷出坐弖《ウツリイデマシテ》、神奈我良《カムナガラ》鎮坐世止《シヅマリマセト》、称辞竟奉止申《タタヘゴトヲヘマツラクトマヲス》。

【訓読文】

[一]祟神《たたりがみ》を遷《うつ》し却《や》る

高天《たかま》の原《はら》に神留《かむづま》り坐《ま》して、[二]事始《ことはじ》め給《たま》ひし神漏岐《かむろき》・神漏美《かむろみ》の命《みこと》以《も》ちて、[三]天《あま》の高市《たけち》に八百万《やほよろづ》の神等《かみたち》を神《かむ》集《つど》へ集《つど》へ給《たま》ひ、神議《かむはか》り議《はか》り給《たま》ひて、我《あ》が皇御孫《すめみま》の尊《みこと》は豊葦原《とよあしはら》の水穂《みづほ》の国《くに》を安国《やすくに》と平《たひ》らけく知《し》ろし食《め》せと、天《あま》の磐座《いはくら》放《はな》ちて、天《あま》の八重雲《やへぐも》をいつのち別《わ》きにち別《わ》きて、天降《あまくだ》し寄《よ》さし奉《まつ》りし時《とき》に、[四]誰《いづれ》の神《かみ》を先《ま》づ遣《つか》はさば、水穂《みづほ》の国《くに》の荒振《あらぶ》る神等《かみたち》を[五]神攘《かむはら》ひ々《はら》ひ[六]平《む》けむと、神議《かむはか》り議《はか》り給《たま》ひし時《とき》に、諸《もろもろ》の神等《かみたち》[七]皆量《みなはか》り申《まを》さく、[八]天穂日之命《あまのほひのみこと》を遣《つか》はして平《む》けむと申《まを》しき。是《こ》を以《も》ちて天降《あまくだ》し遣《つか》はす時《とき》に、此《こ》の神《かみ》は[九]返《かへ》り言《ごと》申《まを》さざりき。次《つぎ》に遣《つか》はしし[一〇]健三熊之命《たけみくまのみこと》も、[一一]父《ちち》の事《こと》に随《したが》ひて、返《かへ》り言申《ごとまを》さず。又遣《またつか》はしし[一二]天若彦《あまわかひこ》も、返《かへ》り言申《ごとまを》さずて、[一三]高《たか》つ鳥《とり》の殃《わざはひ》に依《よ》りて、[一四]立《た》ち処《どころ》に身《み》亡《う》せき。是《ここ》を以《も》ちて天《あま》つ神《かみ》の御言《みこと》を以《も》ちて、更《さら》に量《はか》り給《たま》ひて、[一五]経津主命《ふつぬしのみこと》・[一六]健雷命《たけみかづちのみこと》二柱《ふたはしら》の神等《かみたち》を天降《あまくだ》し給《たま》ひて、荒振《あらぶ》る神等《かみたち》を神攘《かむはら》ひ々《はら》ひ給《たま》ひ、[一七]神《かむ》和《やは》し和《やは》し給《たま》ひて、語問《ことと》ひし磐根《いはね》・樹《こ》の立《た》ち・草《くさ》の片葉《かきは》も語止《ことや》めて、皇御孫《すめみま》の尊《みこと》を天降《あまくだ》し寄《よ》さし奉《まつ》りき。かく天降《あまくだ》し寄《よ》さし奉《まつ》りし四方《よも》の国中《くになか》と、大倭日高見《おほやまとひだかみ》の国《くに》を安国《やすくに》と定《さだ》め奉《まつ》りて、下《した》つ磐根《いはね》に宮柱太敷《みやばしらふとし》き立《た》て、高天《たかま》の原《はら》に千木《ちぎ》高知《たかし》りて、天《あま》の御蔭《みかげ》・日《ひ》の御蔭《みかげ》と仕《つか》へ奉《まつ》りて、[一八]安国《やすくに》と平《たひ》らけく知《し》ろし食《め》さむ皇御孫《すめみま》の尊《みこと》の[一九]天《あま》の御舎《みあらか》の内《うち》に坐《ま》す皇神等《すめかみたち》は、[二〇]荒《あら》び給《たま》ひ健《たけ》び給《たま》ふ事《こと》無《な》くして、[二一]高天《たかま》の原《はら》に始《はじ》めし事《こと》を[二二]神《かむ》ながらも知《し》ろし食《め》して、[二三]神直《かむなほ》び・大直《おほなほ》びに直《なほ》し給《たま》ひて、[二四]此《こ》の地《ところ》よりは、四方《よも》を[二五]見霽《みはる》かす[二六]山川《やまかは》の清《きよ》き地《ところ》に遷《うつ》り出《い》で坐《ま》して、[二七]吾《わ》が地《ところ》とうすはき坐《ま》せと、進《たてまつ》る幣帛《みてぐら》は、明妙《あかるたへ》・照妙《てるたへ》・和妙《にきたへ》・荒妙《あらたへ》に備《そな》へ奉《まつ》りて、[二八]見明《みあ》かす物《もの》と鏡《かがみ》、翫《もてあそ》ぶ物《もの》と玉《たま》、射放《いはな》つ物《もの》と弓矢《ゆみや》、打《う》ち断《た》つ物《もの》と太刀《たち》、馳《は》せ出《い》づる物《もの》と御馬《みま》、御《み》酒《わ》は瓱《みか》のへ高知《たかし》り、瓱《みか》の腹満《はらみ》て双《なら》べて、[二九]米《よね》にも穎《かび》にも、山《やま》に住《す》む物《もの》は毛《け》の和物《にこもの》・毛《け》の荒物《あらもの》、大野《おほの》の原《はら》に生《お》ふる物《もの》は甘菜《あまな》・辛菜《からな》、青海原《あをうなはら》に住《す》む物《もの》は鰭《はた》の広物《ひろもの》・鰭《はた》の狭物《さもの》、奥《おき》つ海菜《もは》・辺《へ》つ海菜《もは》に至《いた》るまでに、横山《よこやま》の如《ごと》く[三〇]八物《やつもの》に置《お》き足《た》らはして、奉《たてまつ》るうづの幣帛《みてぐら》を、[三一]皇神等《すめかみたち》の御心《みこころ》も明《あき》らかに、安幣帛《やすみてぐら》の足幣帛《たるみてぐら》と平《たひ》らけく聞《き》こし食《め》して、祟《たた》り給《たま》ひ健《たけ》び給《たま》ふ事《こと》無《な》くして、山川《やまかは》の広《ひろ》く清《きよ》き地《ところ》に遷《うつ》り出《い》で坐《ま》して、[三二]神《かむ》ながら鎮《しづ》まり坐《ま》せと、称辞竟《たたへごとを》へ奉《まつ》らくと申《まを》す。

【注解】

一　**遷㆓却崇神㆒**—この標題は下に「祭」もしくは「祝詞」が略されていると見てよい。「崇」は『新撰字鏡』に「祟〈神禍〉」とあり、字の傍訓として「タ、ルナリ」とある。名義抄には「祟〈タ、ル〉」とある。また天武紀、朱鳥元年（六八六）六月戊寅の条に、「天皇の病を卜《うらな》ふに、草薙剱《くさなぎのつるぎ》に祟《たた》れり。即日《そのひ》に、尾張国の熱田社に送り置く。」とある。「たたり」は神仏・怨霊・もののけなどが、人に災いをすることである。

二　**事始め給ひし**—物事の最初を始めなさったの意で、下の「神漏岐・神漏美の命」に係る語。

三　**天の高市**—「高市《たけち》」は「たかいち」の約された語（taka・iti→taketi）。神代紀上に「……是に、天下恒闇《あめのしたとこやみ》にして、復昼夜《ひるよる》の殊《わき》も無し。故、八十万《やそよろづ》の神《かみたち》を天高市《あめのたけち》に会《かむつどへつど》へて問はしむ。」とあるのと同じく、天上の神々の集会場。

四　**誰の神**—「誰」に九条家本「イツレ」の訓があり、名義抄にも「誰〈イツレ〉」とある。

五　**攘ひ**—名義抄に「攘〈ハラフ〉」とある。追い散らすこと。

六　**平けむ**—「平く」（下二段）は、背《そむ》いているのをこちらに向かせる・服従させるの意。萬葉集に「足日女《たらしひめ》　神の尊《みこと》　韓国《からくに》を　向《む》け平《たひ》らげて（武気多比良宜弖）」（5八一三）とある。

七　**量り申さく**—「量る」は思いはかる・あれこれと考えるの意。「思量」という漢語がある。

八　**天穂日之命**—以下の水穂の国平定の筋書は神代紀の宝鏡開始章（第七段）に依っているが、神名の表記については古事記をも勘案している。天穂日之命は古事記では「天菩比（卑）神」と表記している。記・紀ともに天照大神と素戔嗚尊の誓約《うけい》によって生まれた神としている。神代紀に「天穂日命〔是出雲臣・土師連等祖也〕」とある。

九　**返り言申さざりき**―「返り言」は返事のことば。復命申し上げなかった。

一〇　**健三熊之命**―天穂日之命の子。この神は古事記には見えない。神代紀の天孫降臨章に、「僉曰《みなまう》さく、『天穂日《あまのほひの》命《みこと》は、是《これ》神の傑《いさを》なり。試《こころ》みざるべけむや』とまうす。是に、俯《ふ》して衆《もろもろ》の言に順《したが》ひて、即ち天穂日命を以て往《ゆ》きて平《む》けしむ。然れども此の神、大己貴神《おほあなむちのかみ》に佞《おもね》り媚《こ》びて、三年《みとせ》に比及《な》るまで、尚し報聞《かへりことまう》さず。故、仍《よ》りて其の子大背飯三熊之大人《おほそびのみくまのうし》〔大人、此には于志《うし》と云ふ〕、亦の名は武三熊之大人《たけみくまのうし》を遣す。此亦《また》還其の父に順《おもね》りて、遂に　報《かへりこと》聞《まう》さず。」とある。

一一　**父の事に随ひて**―父、天穂日之命の言葉に従っての意。「事（kötö）」は「言（kötö）」。

一二　**天若彦**―記・紀ともに天若彦の話については詳しい。紀に「天国玉《あまつくにたま》の子天稚彦」とある。葦原中国の平定に遣わされた天若彦は大国主神の娘である下照姫と結婚してしまって、自ら葦原中国を治めようと思い復命しなかった。そこで雉《きじ》に偵察させたところが、天若彦はその雉を弓で射殺し、天上に届いた矢を投げ下したところ、天若彦の胸に当って、たちどころに死んだ。

一三　**高つ鳥の殃**―殃は名義抄に「殃〈ワザハヒ〉」とある。天若彦が天上から偵察に遣わされた雉を射殺したために、自らが死ぬ羽目になった災いのこと。

一四　**立ち処に**―その場で・即座に。名義抄に「立〈タチトコロ〉」とある。

一五　**経津主命**―この神名の「経津《ふつ》」は太刀が物を断ち切る時のプツという擬声語による。従って武神である。『古語拾遺』に「経津主神〔是、磐筒女神《いはつつのめのかみ》の子。今、下総国《しもつふさのくに》の香取神《かとりのかみ》是なり〕」とあり、香取神宮の祭神である。

一六　**健雷命**―古事記に「健御雷神」、書紀に「武甕槌神」とある。『古語拾遺』に「武甕槌神《たけみかづちのかみ》〔是、甕速日神《みかはやひのかみ》の子。

今、常陸国《ひたちのくに》の鹿島神《かしまのかみ》是なり〕」とあり、鹿島神宮の祭神である。ここに「経津主命・健雷命二柱の神」とするのは書紀に依っている。古事記には「天の鳥船の神を建御雷の神に副《そ》へて遣《つか》はしたまひき。」とある。

一七　**神和し和し**――「和」は名義抄に「和〈ヤハシヌ〉」とある。萬葉集に「ちはやぶる　神を言向《ことむ》け　まつろはぬ人をも和《やは》し（夜波之）」（20四四六五）とある。神の心をやわらげ帰服させることである。

一八　**安国と平らけく知ろし食さむ皇御孫の尊**――安らかな国として平穏無事に治めて行かれる天皇、の意。ここの皇御孫の尊は天降りされた瓊瓊杵尊《ににぎのみこと》であると同時に、以後線状に連なり、この祝詞が読まれる今の天皇に至るまでを指すのである。皇御孫尊は線的に把握しての表現であり、天皇はその時々の天皇を点として把握しての表現である。

一九　**天の御舎の内に坐す皇神等**――「天の御舎」という語は「六月晦大祓」の「美頭《みづ》の御舎」を言いかえた語。但し、古事記の大国主神の国譲りの条に「出雲の国の多芸志の小浜に、天《あめ》の御舎《みあらか》を造りて」とあり、この語をとったもの。ここでは天皇の御殿である。その御殿の内においでになる「皇神等は」即ち祟り神等は、というので丁寧な表現をしている。祟り神等が祟ることを恐れるからである。

二〇　**荒び給ひ健び給ふ事无くして**――荒々しくふるまい、猛々しく粗暴にふるまうということをなさることなくして。これが祟り神の祟りの内容である。

二一　**高天の原に始めし事を**――高天の原において始まったこの祭事を、の意。

二二　**神ながらも知ろし食して**――神でいらっしゃるままによくお知りになって。

二三　**神直び・大直びに直し給ひて**――大殿祭の祝詞の「神直日命・大直日命聞き直し見直して」によっているが、ここは御門祭の祝詞の「神直び大直びに見直し聞き直し坐して」と同じく、神名として意識するのでなく、「直ぶ」「直す」という行為を意識しての表現である。神が祟ろうとする心を大きな心でお直しなさって。

二四　**此の地よりは**―原文の表記から考えると、「より」は動作の起点を表わすと思われるが、「よりは」とあるので、ここでは比較を表わすのであろう。

二五　**見霽かす**―名義抄に「見霽〈ミハルカシ〉」とある。はるかに見渡すこと。

二六　**山川の清き地に遷り出で坐して**―ここと同じように、祟る神に清浄の地へ移って鎮座下さいと祈る話が、『常陸国風土記』久慈郡、賀毗礼《かびれ》の高峰《たかみね》の条に見える。

二七　**吾が地とうすはき坐せ**―「うすはく」は「うしはく」と同じ、前のウ母音に同化して「し」が「す」になったもの。領有するの意。古事記の国譲りの条に、「汝《な》が宇志波祁流《うしはける》（此五字以レ音）葦原中国は」とあり、萬葉集に「海原《うなはら》の　辺《へ》にも沖にも　神留《かむづ》まり　うしはきいます（宇志播吉伊麻須）　諸《もろもろ》の　大御神《おほみかみ》たち」（5八九四）とある。

二八　**見明かす物と鏡**―明らかに見る物として鏡。以下の「……する物と○○」という表現はこの祝詞独自の表現で新しいもの。

二九　**米にも頴にも**―米は和名抄に「米　陸詞切韻云、米〈莫礼反、和名与祢《よね》〉穀実也」とあり、籾《もみ》をすって穀《から》を取り除いた米のこと。稲は米にしても穂のままでも献り。

三〇　**八物**―神前に幣帛をはじめとする供物を置き並べるための八枚の敷物をいう（青木紀元氏）。『延喜式』、掃部寮の奏御卜の条に、「酉剋折薦帖・狭帖・短帖・折薦・葉薦・簀・山城食薦・寮造食薦各八枚（是謂二八物一）。置二於中院一付二神祇官一。」とある。

三一　**皇神等の御心も明らかに**―皇神等（祟り神等）のお心も明るくお持ちになって、の意。

三二　**神ながら鎮まり坐せ**―神でいらっしゃるままに（その地に）お鎮まりなさいませ、の意。祟り神は荒び猛ぶ困った神であるが、それだけにかえって丁重なもの言い（表現）をしている。

遣《ツカハス》二唐《モロコシニ》使《ツカヒヲ》一時《トキ》奉《タテマツル》レ幣《ミテグラヲ》

皇《スメ》御《ミ》孫尊《マノミコトノ》[1]能御命《オホミコト》以《モチ》弖《テ》、住吉《スミノエ》尓《ニ》辞竟《コトヲヘ》奉留《マツル》皇《スメ》神等《カミタチノ》[2]前《マヘ》尓《ニ》申《マヲシ》賜《タマハ》久《ク》、大唐《モロコシ》尓《ニ》使《ツカヒハ》遣《ツカハ》佐《サ》牟《ム》止《ト》為《スル》尓《ニ》、依《ヨリ》二船居《フナヰ》[3]无《ナキニ》一弖《テ》、播磨《ハリマノ》国《クニ》与《ヨ》[4]理《リ》船乘《フナノル》止《ト》為《シ》弖《テ》、使者《ツカヒハ》遣《ツカハ》[5]佐《サ》牟《ム》止《ト》所《オ》レ念行《モホシメス》間《マ》尓《ニ》、皇神命以《スメカミノミコトモチ》弖《テ》、船居《フナヰ》波《ハ》吾《ワレ》[6]作《ツクラ》牟《ム》止《ト》教悟給《ヲシヘサトシタマ》比《ヒ》支《キ》。教悟給《ヲシヘサトシタマ》比《ヒ》、那我良《ナガラノ》船居《フナヰ》作給《ツクリタマ》部《ヘ》礼《レ》波《バ》、悦《ヨロ》己《コ》[7]備《ビ》嘉《ウレ》[8]志《シ》美《ミ》、礼代《ヰヤシロ》乃《ノ》幣帛《ミテグラ》乎《ヲ》官位《ツカサクラヰ》姓名《カバネナ》尓《ニ》令《シメ》二[9]捧《ササゲ》賷《モタ》一弖《テ》、進奉《タテマツラ》久《ク》止《ト》申《マヲス》。

1能―九・右・版「乃」。
2等前―版、コノ間ニ「乃」（小字）アリ。
3无―版「無」。
4理―九「利」。
5佐―九「左」。
6作―版「佐」。
7備―九「比」。
8志―九「之」。
9捧―永「奉」。左傍ニ「捧」トアリ。

【訓読文】

[一]唐《もろこし》に使《つかひ》を遣《つか》はす時《とき》幣《みてぐら》を奉《たてまつ》る

皇御孫《すめみま》の尊《みこと》の御命《おほみこと》以《も》ちて、[二]住吉《すみのえ》に辞竟《ことを》へ奉《まつ》る皇神等《すめかみたち》の前《まへ》に[三]申《まを》し賜《たま》はく、[四]大唐《もろこし》に使《つかひ》は遣《つか》はさむと為《す》るに、[五]船居《ふなゐ》无き《な》に依《よ》りて、[六]播磨《はりま》の国《くに》より船乗《ふなの》ると為《し》て、[七]使《つかひ》は遣《つか》はさむと念《おも》ほしめす間《ま》に、皇神《すめかみ》の命《みこと》以《も》ちて、船居《ふなゐ》は吾作《われつく》らむと[八]教《をし》へ悟《さと》し給《たま》ひき。[九]教《をし》へ悟《さと》し給《たま》ひ、[一〇]那我良《ながら》の船居《ふなゐ》作《つく》り給《たま》へれば、[一一]悦《よろこ》び嘉《うれ》しみ、[一二]礼代《ゐやしろ》の幣帛《みてぐら》を[一三]官《つかさ》 位《くらゐ》 姓《かばね》名《な》に[一四]捧《ささ》げ賷《も》たしめて、[一五]進奉《たてまつ》らくと申《まを》す。

【注解】

一　遣ニ唐使一時奉レ幣――「もろこしにつかひをつかはすときみてぐらをたてまつる」と訓む。臨時祭式に、

開ニ遣唐舶居一祭（住吉社）

幣料絹四丈・五色薄絁各四尺・絲四絇・綿四屯・木綿八両・麻一斤四両。

右神祇官差レ使。向レ社祭レ之。

とあり、この祝詞は神祇官から住吉神社に遣わされた使いが奏上する祝詞であること、更に「奉レ幣」という幣

物の具体的品目がここに列挙されているものであることが分かる。

二　住吉に辞竟へ奉る皇神等―古事記に、伊耶那岐命《いざなきのみこと》が筑紫《つくし》の日向《ひむか》の橘《たちばな》の小門《をど》の阿波岐原《あはきはら》で禊《みそき》をされた時に成《な》り出《いで》た神々として、「底箇之男命《そこつつのをのみこと》・中箇之男《なかつつのを》命・上箇之男《うはつつのを》命三柱神者《みはしらのかみは》、墨江之三前大神也《すみのえのみまへのおほかみぞ》。」とあり、神代紀第五段一書6にも、「底筒男命・中筒男命・表筒男命、是即住吉大神矣。」と見える。「住吉」は和名抄、摂津国の郡名として「住吉〈須三与之《すみよし》〉」と見えるが、萬葉集に「須美乃延《すみのえ》」（20四四〇八）とあり、平安時代に入って「すみよし」と変化した地名である。また神名式の摂津国住吉郡の条に「住吉坐神社四座〈並名神大。月次・相嘗・新嘗。〉」とあり、四座とあるのは「息長足姫《おきながたらしひめ》（神功皇后）」を加えての座数である。この祝詞の「皇神等《すめかみたち》」というのはこの四座を指す。

三　申し賜はく―申させていただきますことには、即ち奏上申し上げますことには。

四　大唐―「もろこし」と訓む。「諸越（中国の浙江省あたりから南安南あたりにかけての呼称）」を訓読した語。古く我が国で、中国を呼んだ称。またの称を「韓国《からくに》」（萬葉集・20四二四〇）とも。萬葉集の、山上憶良が遣唐大使に無事の帰還を祈って贈った「好去好来の歌」に、「勅旨《おほみこと》反して、大命と云ふ　戴《いただ》き持ちて　唐《もろこし》の（唐能）遠き境《さかひ》に　遣《つか》はされ　……」（5八九四）と見える。

五　船居―船のゐるところ。船の碇泊《ていはく》するところ。ここは遣唐使船（四艘）が碇泊できる大きな港である。

六　播磨の国より船乗ると為て―『播磨国風土記』揖保郡に、「室原泊《むろふのとまり》。所ニ以号レ室者、此泊、防レ風如レ室。故因為レ名。」とある、この室原の泊のことであろうというが、確証はない。古くこのような伝承があったのであろう。「播磨の国から船に乗ることにして」。

七　使は遣はさむと念ほしめす間に―使を派遣しようと天皇がお思いになっておられる間に。原文「所念行間尓」

とあり、「おもほしめすまに」と訓む。「所」は下の動詞を尊敬語（ス敬語）で訓ませるための字。「おもほしめす」は最高級の敬語動詞。萬葉集に「遠くあれば　一日一夜《ひとひひとよ》も　思はずて　あるらむものと　思ほしめすな（於毛保之売須奈）」（15三七三六）とある。名義抄に「念〈オモフ〉」とある。

八　**教へ悟し給ひき**—神（住吉大神）が教え告げ知らせなさいました。

九　**教へ悟し給ひ**—これまで、下接の「那我良《ながら》」（大字）を副詞句をつくる接続助詞と解し、「教へ悟し給ひながら」（教え悟されました通りに）と解して来た。これに対して田中卓氏は、『住吉大社神代記』に、

長柄船瀬《ながらのふなせ》の本記

四至〔東を限る、高瀬《たかせ》・大庭《おほば》。南を限る、大江。西を限る、鞆淵《ともがぶち》。北を限る、川堓。〕

右の船瀬泊《ふなせのとまり》は、遣唐貢調使の調物《みつぎ》を積む船舫《ふね》の泊《とまり》を造らむ欲《もの》と、天皇の念行《おもほ》へる時に、大神の訓《をし》へ賜はく、

「我、長柄船瀬《ながらのふなせ》を造りて進《たてまつ》らむ。」と造り□（不明……「奉」カ「所」ノ字ナルベシ）なり。

とあり、この「本記」に「祝詞」と同じ内容のことが記されていることをもって、「那我良」はこの「長柄船瀬」の「長柄」のことであって、ここの原文は「那我良《の》船居」と解すべきことを論証された。[注] この解によって、原文の「那我良」の三字が大字で記されていることも納得がいくのである。

一〇　**那我良の船居作り給へれば**—下二段動詞の「給ふ」は四段動詞「給ふ」の受動形。動詞の連用形について、そのことを相手からいただく意を表わす。「那我良（長柄）の船居を作ってくださいましたので」の意。

一一　**悦こび嘉しみ**—原文「悦己備嘉志美」とある。名義抄に「悦〈ヨロコフ〉」とある。「嘉」については名義抄に「ヨシ・ヨミス」しかないが、「うれしみ」と訓むしかないであろう。萬葉集に「玉梓《たまづさ》の　使ひの来《け》れば　嬉《うれ》しみと（宇礼之美登）　我《あ》が待ち問《と》ふに」（17三九五七）とある。「天皇は喜び嬉しく思われて」。

二二　**礼代の幣帛**──「ゐや」は「敬《ゐやま》ふ」「礼々《ゐやゐや》し」の「ゐや」で「うや」の母音交替形。神への敬いのしるしとして献る品物。礼物。允恭紀五年七月の条に「礼幣《ヰヤのマヒ》」（訓は宮内庁書寮部本・「の」はヲコト点）と見える。

二三　**官位姓名**──神祇官から遣わされた奉幣使の官位姓名を申すのである。

二四　**捧げ賷たしめて**──名義抄に「賷〈通齎字〉」とあり「モツ」の訓がある。『広雅』釈詁に「齎、持也」とある。

二五　**進奉らくと申す**──名義抄に「進」・「奉」ともに「タテマツル」の訓がある。同義字を重ねて、いっそう丁寧に表記し、その意味を表わしたのである。

（注）　田中卓氏「祝詞『遣唐使時奉幣』について、古来の誤解を正し、難波津の位置と成立時期を確定する」（『摂播歴史研究』二十五周年記念特集号、平成十九年八月）
同氏著『住吉大社神代記の研究』（『田中卓著作集7』国書刊行会、昭和六十年十二月）一七九頁。

出雲国《イヅモノクニノ》造《ミヤツコノ》神賀詞《カムヨゴト》[1]

○「出雲国造神賀詞」はその内容から明瞭に三段に分かれるので、「本文（原文）」は全文を一括して掲げるが、「訓読文」と「注解」とを「第一段」「第二段」「第三段」と三分して記述することにした。「注解」に付した（注）は最後に一括してある。

①八十日日《ヤソカヒ》波《ハ》在《アレ》止《ド》毛《モ》、今日《ケフ》[2]能《ノ》生日《イクヒ》[3]能《ノ》足日《タルヒ》[4]尓《ニ》、出雲国《イヅモノクニ》[5]乃《ノ》国《クニノ》造《ミヤツコ》姓名《カバネナ》、恐《カシコ》美《ミ》恐《カシコ》美《ミ》毛《モ》申賜《マヲシタマハ》久《ク》、[6]挂《カケ》毛《モ》[7]麻《マ》久《ク》[8]恐《カシコ》[9]支《キ》明御神《アキツミカミ》止《ト》大八《オホヤ》島国《シマグニ》所レ《シロ》知食《シメ》須《ス》天皇命《スメラミコト》乃《ノ》[10]大御世《オホミヨ》乎《ヲ》、手長《タナガ》[11]能《ノ》大御世《オホミヨ》止《ト》斎《イハフ》[12]止《ト》若後斎時《モシノチノイハヒノトキニ》者《ハ》加《クハヘヨ》二後字《ノチノモジヲ》一。為弖《シテ》、出雲国《イヅモノクニ》乃《ノ》青垣山内《アヲカキヤマノウチ》尓《ニ》下津石根《シタツイハネ》尓《ニ》

1　ココニ、永・右・版、「出雲国造者穂日命之後也」（小字）トノ注アリ。

2　能—九「乃」。
3　能—九「乃」。
4　尓—版、ナシ。
5　乃—永・版、ナシ。九・右ニヨル。
6　挂—右・版「掛」。
7　麻—九「万」。
8　恐—版「畏」。
9　支—版「岐」。
10　大御世乎—九・永・右・版、ナシ。考ノ説ニヨリテ補ウ。
11　能—九「乃」。
12　止—永・右「上」。

宮柱《ミヤバシラ》太[13]知立《フトシリタテ》[14]、高天原《タカマノハラ》尓《ニ》千木《チギ》高知《タカシリ》坐須《マスイ》伊射那伎《ザナキ》[15]能《ノ》日《ヒノ》
真名子《マナゴ》加夫呂伎《カブロキ》熊野大神《クマノノオホカミ》、櫛御気野命《クシミケノノミコト》、国作坐《クニツクリマシ》[16]志《シ》
大穴持命《オホアナモチノミコト》、二柱神《フタハシラノカミ》乎《ヲ》始《ハジメ》[17]天《テ》、百八十《モモヤソ》六社《アマリムツノヤシロニ》坐《マス》皇神等《スメカミタチ》
乎《ヲ》、某甲《ソレガシ》我《ガ》弱肩《ヨワカタ》尓《ニ》[18]太《フト》襷《ダスキ》[19][20]挂《カケ》[21]天《テ》、伊都幣《イツヌサ》[22]能《ノ》緒《ヲ》結《ムスビ》、天乃美《アマノミ》
賀秘冠利《カヒカガフリ》[23]天《テ》、伊豆《イツ》[24]能《ノ》真屋《マヤ》尓《ニ》[25]麁草《アラクサ》乎《ヲ》伊豆《イツ》[26]能《ノ》席《ムシロ》[27]登《ト》苅敷《カリシ》[28]支《キ》天《テ》、
伊都閉黒益之《イツヘクロマシ》、天《アマ》[29]能《ノ》[30]瓺和《ミカワ》尓《ニ》斎《イミ》許《コ》[31]母《モ》利《リ》弖《テ》、志都宮《シヅミヤ》尓《ニ》[32]忌静《イミシヅ》[33]米《メ》
仕奉《ツカヘマツリ》[34]弖《テ》、朝日《アサヒ》[35]能《ノ》豊栄《トヨサカ》[36]登《ノボリ》尓《ニ》、伊波比《イハヒ》乃《ノ》返事《カヘリゴト》[37]能《ノ》神賀吉詞《カムホキノヨゴト》、
奏賜《マヲシタマ》[38]登《ト》波久《ハク》奏《マヲス》。

13 知―版「敷」。
14 立―版、コノ下ニ「氏」(小字)アリ。
15 能―九・右・版「乃」。
16 志―九「之」。
17 天―九「弖」。
18 太―九・永「大」。
19 襷挂―版、コノ間ニ「取」アリ。
20 挂―版「掛」。
21 天―九「弖」。
22 能―九・右「乃」。
23 天―九「弖」。
24 能―九・右「乃」。
25 麁―永「麁」。左傍ニ「本ノマ、」ト注ス。
26 能―九・右「乃」。
27 登―九「止」。
28 天支―九「弖」。
29 能―九・右「乃」。
30 瓺―右「甕」。
31 母―九「毛」。永「女」。右・版ニヨル。
32 忌―永「忌」。左傍ニ「本ノマ、」ト注ス。版「志」。九・右ニヨル。
33 米―九「女」。
34 弖―右「天」。
35 能―九・右「乃」。
36 登―永「祭」。左傍ニ「本如ク」ト注ス。右傍ニ「登」アリ。
37 能―九「乃」。
38 登―九・右「止」。

②高天《タカアマ》[39]能《ノ》神王《カムオホキミ》高御《タカミ》魂《ムスヒノ》[40]命《ミコト》[41]能《ノ》、皇御《スメミ》孫命《マノミコト》尓《ニ》天下《アメノシタ》大八島国《オホヤシマグニ》乎《ヲ》事《コト》避《サリ》奉《マツリ》之《シ》時《トキ》、出雲臣《イヅモノオミ》等《ラ》我《ガ》遠神《トホツカミ》天《アマノ》穂《ホ》比命《ヒノミコト》乎《ヲ》、国体見《クニカタミ》尓《ニ》遣《ツカハシシ》時《トキ》尓《ニ》、天《アマ》[42]能《ノ》八重雲《ヤヘグモ》乎《ヲ》押別《オシワケ》[43]弖《テ》、天翔《アマカケリ》国翔《クニカケリ》弖《テ》、天《アメノ》下《シタ》乎《ヲ》見《ミ》廻《メグリ》弖《テ》、返事《カヘリゴト》申給《マヲシタマハ》久《ク》、豊葦原《トヨアシハラ》[44]能《ノ》水穂国《ミヅホノクニ》波《ハ》、昼《ヒル》波《ハ》如《ナス》二五月《サ》蠅《バヘ》一水《ミヅ》沸《ワ》支《キ》、夜《ヨル》波《ハ》如《ナス》二火《ホ》瓮《ベ》一光神《ヒカルカミ》在《ア》利《リ》、石根《イハネ》・木立《コノタチ》・青水沫《アヲミナワ》毛《モ》事問《コトトヒ》[45]天《テ》、荒国《アラブルクニ》在《アリ》[46]祁《ケ》利《リ》。然《シカレド》毛《モ》[47]鎮平《シヅメムケ》[48]天《テ》、皇御《スメミ》孫命《マノミコト》尓《ニ》安国《ヤスクニ》止《ト》平《タヒラケ》久《ク》所レ知《シロ》坐《シマサ》之《シ》[49]米《メ》牟《ム》止《ト》申《マヲシ》弖《テ》、己命《オノレミコトノ》児《コ》[50]天《アマノ》夷鳥命《ヒナトリノミコト》尓《ニ》、布都怒志命《フツヌシノミコト》乎《ヲ》副《ソヘ》[51]天《テ》、天降《アマクダシ》遣《ツカハシ》[52]天《テ》、荒《アラ》布《ブ》留《ル》神《カミ》

39 能―九・右「止」。
40 魂命―永・右・版、コノ間ニ「神魂」アリ。右、左傍ニ「以下二字イ无」ト注ス。
41 能―九・右「乃」。
42 能―九・右「乃」。
43 弖―右「天」。
44 能―九・版「乃」。
45 天―九「弖」。
46 祁―九・版、ナシ。
47 鎮―永「鎮　鎮」。右、「鎮〻」トアリ、「〻」ノ左傍ニ「イ无」ト注ス。
48 天―九「弖」。
49 米―九「女」。
50 天―九「天〻」。
51 天―九「弖」。
52 天―九「弖」。

等《タチ》乎《ヲ》撥平《ハラヒム》[53]気《ケ》、国作《クニツクラシ》[54]之《シ》大神《オホカミ》乎《ヲ》毛《モ》媚鎮《コビシヅメ》[55]天《テ》、大八島国《オホヤシマグニノ》現事《ウツシゴト》・顕事《アラハゴト》令《シメ》㆓事避《コトサラ》㆒支《キ》。乃《スナハチ》大穴持命《オホアナモチノミコト》乃《ノ》申給久《マヲシタマハク》、皇御孫命《スメミマノミコト》乃《ノ》静坐《シヅマリマサ》牟《ム》大倭国《オホヤマトノクニ》申《トマヲシ》[56]天《テ》、己命《オノレミコトノ》和魂《ニキミタマ》乎《ヲ》八《ヤ》[57]咫鏡《タノカガミ》尓《ニ》取託《トリツケ》[58]天《テ》、倭《ヤマトノ》大物主《オホモノヌシ》櫛《クシ》[59]𤭖《ミカ》[60]玉命《タマノミコト》[61]登《ト》名《ナ》乎《ヲ》称《タタヘ》[62]天《テ》、大御和《オホミワ》乃《ノ》神奈備《カムナビ》尓《ニ》坐《マセ》、己命《オノレミコト》乃《ノ》御子《ミコ》阿遅須伎高孫根《アヂスキタカヒコネ》乃命《ノミコト》乃《ノ》御魂《ミタマ》乎《ヲ》葛木《カヅラキ》乃《ノ》鴨《カモ》[63]能《ノ》神奈備《カムナビ》尓《ニ》[64]坐《マセ》、事代主命《コトシロヌシノミコト》[65]能《ノ》御魂《ミタマ》乎《ヲ》宇奈提《ウナテ》尓《ニ》坐《マセ》、賀《カ》夜奈流美命《ヤナルミノミコト》[66]能《ノ》御魂《ミタマ》乎《ヲ》飛鳥《アスカ》乃《ノ》神奈備《カムナビ》尓《ニ》坐《マセ》[67]天《テ》、皇孫命《スメミマノミコト》[68]能《ノ》近守神《チカキマモリガミ》[69]登《ト》貢置《タテマツリオキ》[70]天《テ》、八百丹杵築宮《ヤホニキツキノミヤ》尓《ニ》静坐《シヅマリマシ》支《キ》。是《ココ》尓《ニ》親《ムツ》

53 気—九「介」。
54 之—版、大字。
55 天—九「弖」。
56 天—九「弖」。
57 咫—九・右「尺」。
58 天—九「弖」。
59 𤭖—右「甕」。
60 玉—永「王」。
61 登—九・右「止」。
62 天—九「弖」。
63 能—九「乃」。
64 坐—版、コノ下ニ「須」（小字）アリ。
65 能—九「乃」。
66 能—九「乃」。
67 天—九「弖」。
68 能—九「乃」。
69 登—九「止」。
70 天—九「弖」。

神魯伎《カムロキ》・神[71]魯美《カムロミ》乃《ノ》命 宣久《ミコトノリタマハク》、汝天穂比命《ナムチアマノホヒノミコト》波《ハ》、[72]天皇命《スメラミコト》[73]能《ノ》手《タ》長《ナガノ》大《オホ》御《ミ》世《ヨ》乎《ヲ》堅石《カチハ》尓《ニ》常石《トキハ》尓《ニ》伊波比《イハヒ》奉《マツリ》、伊賀志乃御《イカシノミ》世《ヨ》尓《ニ》佐伎波閇《サキハヘ》奉[74]登《マツレト》、仰賜[75]志《オホセタマヒシ》次乃随尓《ツギテノマニマニ》、供斎《イハヒ》若後斎時者《モシノチノイハヒノトキニハ》、加二後字一《クハヘヨノチノモジヲ》。

仕奉[76]弖《ツカヘマツリテ》、朝日《アサヒ》[77]能《ノ》豊栄登《トヨサカノボリ》尓《ニ》、神《カミ》乃《ノ》礼《ヰヤ》[78]白《シロ》・臣《オミ》[79]能《ノ》礼《ヰヤ》[80]白《シロ》[81]登《ト》、御《ミ》禱《ホキ》[82]能《ノ》神宝献《カムダカラタテマツ》良久《ラク》奏《マヲス》。[83]登《ト》

③白玉《シラタマ》[84]能《ノ》大《オホ》御《ミ》白髪《シラカ》坐《マシ》、赤玉《アカタマ》[85]能《ノ》御《ミ》阿加良毗《アカラビ》坐《マシ》、青玉《アヲタマ》[86]能《ノ》水江玉《ミヅエノタマ》[87]能《ノ》行相《ユキアヒ》尓《ニ》、明御神《アキツミカミ》[88]登《ト》大八島国《オホヤシマグニ》所レ知食《シロシメス》天皇《スメラ》命《ミコト》[89]能《ノ》手《タ》長《ナガノ》大《オホ》御《ミ》世《ヨ》乎《ヲ》、御横刀《ミハカ》[90]広《シヒロ》尓《ニ》誅堅《ウチカタ》[91]米《メ》、白御馬《シロミマ》[92]能《ノ》前《マヘ》

71 魯—永・版、ナシ。
72 天皇命能—永、上ノ「波」ノ下ニ〇ヲ付シ、左傍ニ補入。
73 能—九「乃」。
74 登—九「止」。
75 志—九「之」。
76 弖—九「之」。
77 能—九・版「乃」。
78 白—九「白」(小字)。永・右「自」(小字)。版「自利」(小字)。
79 能—九「乃」。
80 白—九・永・右・版「自」(小字)。
81 登—九「止」。
82 能—九・版「乃」。
83 登—九「止」。
84 能—九「乃」。
85 能—九「乃」。
86 能—九・右「乃」。
87 能—九・右・版「乃」。
88 登—九「止」。
89 能—九「乃」。
90 広—永・右「廣」。
91 米—九「女」。
92 能—九「乃」。

足爪《アシノツメ》・後足爪《シリヘアシノツメ》踏立事《フミタツルコト》波《ハ》、大宮《オホミヤ》93能《ノ》内外《ウチトノ》御門柱《ミカドノハシラ》乎《ヲ》、上《ウハ》津石根《ツイハネ》尓《ニ》踏堅《フミカタ》米《メ》、下津石根《シタツイハネ》尓《ニ》踏凝《フミコラ》94之《シ》、振立《フリタツ》95流《ル》96耳《ミミ》97能《ノ》弥《イヤ》高《タカ》尓《ニ》、天下《アメノシタ》乎《ヲ》所《シ》レ知食《ロシメ》左《サ》牟《ム》事志《コトノシルシノ》98太《タ》米《メ》、白《シラ》99鵠《トリ》100能《ノ》生《イキ》御調《ミツキ》101能《ノ》玩物《モテアソビモノ》102登《ト》、倭文《シツ》103能《ノ》大御《オホミ》心《ココロ》毛《モ》多《タ》親《シ》尓《ニ》、彼方古川《ヲチカタノフルカハ》104岸《ギシ》、此《コノ》方《カタ》105能《ノ》古川《フルカハ》106岸《ギシ》尓《ニ》生《オヒ》立《タテル》若《ワカ》水《ミ》107沼《ヌ》間《マ》108能《ノ》、弥《イヤ》若《ワカ》叡《エ》尓《ニ》御《ミ》若《ワカ》叡《エ》坐《マシ》、109須須《スス》伎《キ》振《フル》遠《ヲ》110止《ト》美《ミ》乃《ノ》水《ミヅ》乃《ノ》、111弥《イヤ》112乎《ヲ》知《チ》尓《ニ》御《ミ》113袁《ヲ》知《チ》坐《マシ》、麻蘇《マソ》比《ビ》114能《ノ》大御《オホミ》鏡《カガミ》乃《ノ》面《オモテ》乎《ヲ》意《オ》志《シ》波《ハ》留《ル》115加《カ》志《シ》116天《テ》見行事《ミソコナハスコト》117能《ノ》己《ゴ》118登《ト》久《ク》、明御《アキツミ》神《カミ》119能《ノ》大《オホ》八《ヤ》島国《シマグニ》乎《ヲ》、天地《アメツチ》日月《ヒツキ》等《ト》共《トモ》尓《ニ》、安《ヤスラケ》久《ク》平《タヒラケ》久《ク》知行《シロシメサ》

93 能—九「乃」。
94 之—九・永・右・版「立」（大字）。後、「志」（小字）ノ誤リトス。
95 流—九「留」。
96 流耳—版、コノ間ニ「事波」アリ。
97 能—九「乃」。
98 太—永・右「大」。
99 鵠—版「鵲」。
100 能—九・版「乃」。
101 能—九「乃」。
102 登—九「止」。
103 能—九「乃」。
104 岸—九・永・右・版「席」。本居宣長説（『後釈』）ニヨリ改ム。
105 能—九「乃」。
106 岸—九・永・右・版「席」。宣長説ニヨリ改ム。
107 沼—九「治」。永「沿」。右・版ニヨル。
108 能—九・右「乃」。
109 須—永、上ノ「須」ノ下ニ○ヲ付シ、右傍ニ補入。
110 止—九・永・右・版、小字。後、大字。
111 弥—版「祢」。
112 乎—九・永・右・版、小字。後、大字。
113 袁—九・永・右・版「表」。後ノ説ニヨリ改ム。
114 能—九・版「乃」。
115 加—永・版、ナシ。九・右

牟《ム》事《コト》[120]能《ノ》志《シルシノ》[121]太《タ》米《メ》止《ト》、御《ミ》禱《ホキノ》神《カム》宝《ダカラ》乎《ヲ》擎《ササゲ》持《モチ》弖《テ》、神《カミノ》礼《キヤ》[122]白《シロ》・臣《オミノ》
[123]礼白《キヤシロトト》、[124]恐《カシコ》[125]弥《ミ》恐《カシコ》[126]弥《ミ》毛《モ》天《アマ》[127]津《ツ》次《ツギテ》[128]能《ノ》神《カム》賀《ホキノ》吉《ヨ》詞《ゴト》白《マヲシ》賜《タマハ》久《ク》[129]登《ト》[130]奏《マヲス》。

延喜式巻第八

ニヨル。
116 天—九「弖」。
117 能—九「乃」。
118 登—九、破損。
119 能—九・右「乃」。
120 能—九「乃」。
121 太—永・右「大」。
122 白—九「自」（大字）。永・右・版「自」（小字）。
123 白—九「自」（大字）。永・右「自」（小字）。版「自登」（小字）。
124 恐弥—九、ナシ。
125 弥—右「美」。
126 弥—九・右「美」。
127 津—版、大字。
128 能—九「乃」。
129 登—九「止」。
130 奏—右、コノ下ニ「須」（小字）アリ。

【訓読文】（第一段）

出雲《いづも》の国　造《くにのみやつこ》の神賀詞《かむよごと》

[一]八十日日《やそかひ》は在《あ》れども、[二]今日《けふ》の生日《いくひ》の足日《たるひ》に、[三]出雲《いづも》の国《くに》の国　造《くにのみやつこ》[四]姓名《かばねな》、[五]恐《かしこ》み恐《かしこ》みも申《まを》し賜《たま》はく、[六]挂《か》けまくも恐《かしこ》き[七]明《あき》つ御神《みかみ》と大八島国《おほやしまぐに》知《し》ろし食《め》す天皇命《すめらみこと》の大御世《おほみよ》を、[八]手長《たなが》の大御世《おほみよ》と[九]斎《いは》ふと[一〇]若《も》し後《のち》の斎《いは》ひの時《とき》には、後《のち》の字《もじ》を加《くは》へよ。為《し》て、出雲《いづも》の国《くに》の[一一]青垣山《あをかきやま》の内《うち》に、下《した》つ石根《いはね》に[一二]宮柱《みやばしら》太知《ふとし》り立《た》て、高天《たかま》の原《はら》に千木《ちぎ》高知《たかし》り坐《ま》す[一三]伊射那伎《いざなき》の日《ひ》のまな子《ご》、かぶろき熊野《くまの》の大神《おほかみ》、櫛御気野命《くしみけののみこと》、[一四]国作《くにつく》り坐《ま》しし大穴持命《おほあなもちのみこと》、[一五]二柱《ふたはしら》の神《かみ》を始《はじ》めて、[一六]百八十　六社《ももやそあまりむつのやしろ》に坐《ま》す皇神等《すめかみたち》を、[一七]某甲《それがし》が[一八]弱肩《よわかた》に太襷《ふとだすき》挂《か》けて、[一九]いつ幣《ぬさ》の緒《を》結《むす》び、[二〇]天《あま》のみかひ冠《かがふ》りて、[二一]いつの真屋《まや》に[二二]麁草《あらくさ》をいつの席《むしろ》と苅《か》り敷《し》きて、[二三]いつへ黒益《くろま》し、[二四]天《あま》の瓺《みか》わに斎《い》みこもりて、[二五]しづ宮《みや》に忌《い》み静《しづ》め仕《つか》へ奉《まつ》りて、[二六]朝日《あさひ》の豊栄登《とよさかのぼ》りに、[二七]いはひの返《かへ》り事《ごと》の[二八]神賀《かむほき》の吉詞《よごと》、[二九]奏《まを》し賜《たま》はくと奏《まを》す。

【注解】

一　八十日日――「八十」は実数ではなく数の多いことを表わす。「日《か》」は「日《ひ》」の複数をあらわす。今も二日《ふつか》・三《みつ》日《か》と言う。数多くの日々。

二　**今日の生日の足日**―今日という生き生きと生気に満ちた日であって、満ち足りた良い日。「生日の足日」の「の」は同格を表わす助詞。

三　**出雲の国の国造**―国造はもと地方の豪族に大和朝廷がその国を統治する長として任命した地方官。地方の「御《み》家《や》つ子《こ》」の意。「出雲国造」は『先代旧事本紀』(注1)に「瑞籬朝（崇神）以二天穂日命十一世孫宇迦都久怒《うかづくぬ》一、定二賜国造一」とある。

四　**姓名**―奏上する出雲国造が自分の姓名を入れて読む。例えば「出雲臣果安」などと。

五　**恐み恐みも申し賜はく**―恐れ慎んで申し上げさせていただきますことには。「も」は情意の強調を表わす助詞。「賜はく」の「く」は上の活用語を「……することには」と体言化する準体助詞。これを「ク語法」と言う。「申（白）し賜（給）はく」という語法については平野祭祝詞に既述（一三〇頁）。

六　**挂けまくも恐き**―「挂」は『干禄字書』に「掛挂〈上俗下正〉」とある。名義抄に「挂〈カク〉」とある。「挂けまく」は「挂けむ」のク語法。萬葉集に「かけまくは（可既麻久波）あやに恐《かしこ》し（阿夜尓可斯故斯）足日女《たらしひめ》神《かみ》の尊《みこと》」（5八一三）と見える。「口に出して言う」意。言葉に出して言うのも恐れ多い、の意。下に神や天皇のことを言うからである。

七　**明つ御神と大八島国知ろし食す天皇命**―「明つ御神」は現実に姿を現わしておられる神の意。「と」は「として」。「知ろし食す」はお治めなさっていらっしゃる、または統治なさっておいでになる、の意。この神賀詞においてのみ「天皇命」と表記している。「天皇」と同じで「すめらみこと」と訓む。『続日本紀』の文武天皇即位の宣命の冒頭に「現御神止大八嶋国所知《しらしめす》天皇大命止良麻詔大命乎」（第一詔）とある。

八　**手長の大御世と**―長く続く立派な御世であるようにと。

九　**斎ふ**―穢《けが》れに触れないように心身を清めて祭事を行なうの意。萬葉集に「祝《はふり》らが　斎《いは》ふ社《やしろ》の　もみち葉《ば》も　標《しめ》縄《なは》越えて　散るといふものを」（10二三〇九）とある。ここは新任された出雲国造の一年間の斎事をいう。

一〇　**若し後の斎ひの時には、後の字を加へよ**―二回目の斎事を行なって奏上する時には、「後」の字を加えて、「手長の大御世と斎ふ後の斎ひとして」と唱えよ、との注意書きである。

一一　**青垣山**―青々とした垣のように周りを取巻いている山々。古事記に倭建命《やまとたけるのみこと》の歌として、「倭《やまと》は　国のまほろば　たたなづく　青垣《あをかき》　山隠《やまごも》れる　倭しうるはし」（30）とある。

一二　**宮柱太知り立て**―萬葉集に「大和《やまと》の国の　橿原《かしはら》の　畝傍《うねび》の宮に　宮柱《みやばしら》　太知《ふとし》り立《た》てて（布刀之利多弖氐）　天《あめ》の下《した》　知らしめしける　天皇《すめろき》の」（20四四六五、大伴家持の歌）とある。宮殿の柱を太くどっしりと占《し》め立て、の意。

一三　**伊射那伎の日のまな子、かぶろき熊野の大神、櫛御気野命**―「日のまな子」の「日の」は尊いという霊格を添える語であり、「まなご」は萬葉集に「父君《ちちぎみ》に　我《われ》は愛子《まなご》（真名子）ぞ　母刀自《ははとじ》に　我は愛子《まなご》（愛児）ぞ」（6一〇二二）とあるように「愛する児」という意である。この語を受ける「かぶろき熊野の大神」については、私は従来の解釈とは異なる解釈をとる。この神賀詞とは密接な関係にある『出雲国風土記』（注2）の意宇郡「出雲神戸」の条に、「伊弉奈枳乃麻奈子坐熊野加武呂乃命《いざなきのまなごにますくまののかむろのみこと》」とある。「加夫呂伎熊野大神」と「熊野加武呂乃命」とは語順は異なるが同一神であることは間違いない。「加夫呂伎」と「加武呂」とは「ぶ」と「む」の交替形で意味に違いはない。従来、この「かぶろき」を「神漏伎命《かむろきのみこと》・神漏弥命《かむろみのみこと》」（祈年祭祝詞など）の「かむろきの命」との関わりにおいて同一神と見なして解して来たが、漏（ro・甲類）と呂（rö・乙類）とは仮名違いであり、別語と解すべきである。(注3)「加夫呂伎」は「かぶろ・き」と分解し得る語であり、「かぶろ」と「かむろ」とは同語である。名義抄に「童〈ワラハ・カブロ〉」とあり、また『新撰字鏡』に「禿〈无髪・加夫呂奈利《かぶろなり》〉」とあって、これは童児の髪型のことであり、その髪型から童児をいう語となったのである。その「かぶろ・き」の「き」は「伊耶那岐神《いざなきのかみ》」（古事記）・「神漏伎命《かむろきのみこと》」（祝詞）の「き」と同じく男性を表わす語である。そこで「かぶろき熊野の大神、櫛御気野命」は「かぶろき（「かぶろ」という髪型をしていらっしゃる童児）の熊野の大神さま、その名は櫛御気野の命さま(注4)」ということになる。「櫛御気野命」は「くし・みけ（miikë）・の・の・命」と分析することができる。「くし」は「奇《く》し」で霊妙・不可思議などという意味を表わす語であり、「みけ」は「御食」で神に供える食物（その主たるものは初穂、または御飯）、「の」は「野」でその「御食」を作る野、すなわち神田と解される。古代的心意においては穀霊は童形の神として観想されていたとの研究がある。(注5)この句の上の「伊耶那伎の日のまなご」とも整合する。『風土記』の「熊野のかむろの命」の意も、これでよく解される。この神が出雲国を代表する「熊野大社」（風土記、意宇郡）、「熊野坐神社（名神大）」（神名式）の祭神である。

一四　国作り坐しし大穴持命―前の注に引用した『風土記』の文（……熊野加武呂乃命と、）に続けて、「与下五百津《いほつ》鉏々猶《すきすきなほ》所二取々《とりとら》一而《して》、所レ造二天下大穴持命上《あめのしたつくらししおほあなもちのみこと》二所大神等依奉《とのふたところのおほかみたちによさしまつる》。故云《かれいふ》二神戸《かむべと》一。」とある。また神代紀の第八段一書6に「大国主神《おほくにぬしのかみ》、亦名大物主神《おほものぬしのかみ》、亦号二国作大己貴命《くにつくりのおほあなむちのみこと》一。……」とある。これらによると、「国（天下）造り」とは具体的に国土の造成をなさった、との信仰に基づく神名であることが分かる。この神が前の「熊野大社」と並ぶ「杵築《きづき》大社」（風土記、出雲郡）、「杵築大社（名神大）」（神名式）の祭神である。今の出雲大社。

一五　二柱の神を始めて―（上に挙げた）二柱の神を始めとして。

一六　百八十六社に坐す皇神等を―『出雲国風土記』（総記）に、

合、神社、参佰玖拾玖所。（399所）

壱佰捌拾肆所。〔在二神祇官一。〕（184所）

弐佰壱拾伍所。〔不レ在二神祇官一。〕（215所）

とあり、『延喜式』の神名式には

出雲国一百八十七座〔大二座、小百八十五座〕

とある。この句は下の「しづ宮に忌み静め仕へ奉りて」に係る。

一七　某甲―名義抄に「某甲〈ソレカシ〉」とある。この神賀詞を奏する出雲国造自身のことをいう。

一八　弱肩に太襷挂けて―この句は、祈年祭祝詞（ほかに四例見える）に、「忌部の弱肩に太だすき取り挂けて」という常套文句があり、それに依っての句である。弱肩は神前に恐れ慎んでお仕えする心を形として表現しているのであって、弱々しい肩に、の意。太襷は実際に太く立派な襷を挂けて奉仕するのである。

一九　いつ幣の緒結び―「いつ」は神聖な、の意。「幣」は萬葉集に「佐保《さほ》過ぎて　奈良の手向《たむけ》に　置く幣は（置幣者）　妹《いも》を目離《めか》れず　相見《あひみ》しめとそ」（3三〇〇）とあり、また名義抄には「幣〈ミテグラ〉」とある。「ぬさ」と「みてぐら」にはその語源と用法に違いがあり、（注6）ここは「ぬさ」と訓む。神を祭る幣帛を緒で結んで調整するのである。

二〇　天のみかひ冠りて―「みかひ」は原文「美賀秘」とある。難語で諸説を生じて来たが、青木紀元氏は出雲国造家において古来その代替り毎に神聖な火を承け継ぐ「火継ぎの神事」の斎行されることと結びつけて、「美賀秘」は「厳火《みかひ》」すなわち神聖な火と解した。（注7）「秘」は珍しい仮名であるが、神代紀に唯一例「廃渠槽、此云二秘《ひ》波《は》鶇《が》都《つ》一。」と見える。この「秘」は「樋《ひ》」のことで、上代仮名遣で乙類（Fï）の仮名である。「火《ひ》」も乙類であるから同音であって、「秘」を「火」と解することに支障はない。次に「冠りて」は身に受ける・戴くと解することができるから、ここは天上から神聖な火を戴いての意となる。

二一　**いつの真屋**―忌み清めた神聖な屋の意で、「真」は讃美する意をそえる接頭語。国造が一年間の「斎」を行なう屋である。

二二　**麁草をいつの席と苅り敷きて**―刈り取ったままの草を神聖な席《むしろ》（敷物）として刈って敷いて。

二三　**いつへ黒益し**―「いつへ」は神武即位前紀に「厳瓮、此云二怡《い》途《つ》背《へ》一。」とあるように神聖ななべ（土器）。煮炊きして、なべの尻をどんどん黒くすることをいう。このあたり「いつ……いつ……いつ……」と強調している。

二四　**天の瓱わに斎みこもりて**―「瓱」は大きな甕で、神酒を醸すかめである。下接の「わ」は甕は太い紐状の粘土を輪のようにくるくると積み上げて作るので、その製法から接尾語として付けられたもの。この製法を今も「輪《わ》積《づ》み」と言っている。神聖な瓱に神酒を醸《かも》すことに斎み籠って。

二五　**しづ宮に忌み静め仕へ奉りて**―上の「百八十六社に坐す皇神等を」、「しづ宮」すなわち鎮め祭る宮に、清浄を極めてお鎮めし、お仕え申し上げて、の意。

二六　**朝日の豊栄登りに**―朝日が華やかに輝き登る良き時に、の意。

二七　**いはひの返り事の**―この「いはひ」は国造の一年間の「斎事」を指す。一年間、出雲国内の神々を祭って天皇の御世の長久を祈り申し上げて来たことについての、御返事である「神賀の吉詞」と続く。

二八　**神賀の吉詞**―「かむほきのよごと」と訓む。「ほく」は古事記の歌謡に「……少な御神の　神寿《かむほ》き　寿《ほ》きくるほし　豊寿《とよほ》き　寿《ほ》きもとほし……」(39)とある。めでたく良いことが現実となるように祝い言を言う、の意。ここの「神賀」の「神」は単なる接頭語ではなく、出雲国造が一年間の「斎」で祭って来た出雲国内の神々からの天皇に対することほぎの言葉、の意。『出雲国風土記』意宇郡の忌部神戸の条に、「国《くに》の造《みやつこ》、神吉詞《かむよごと》奏《まを》しに、朝廷《みかど》に参向《まゐむか》ふ時に、御沐《ゆかはあみ》の忌里《いみさと》なり。」とある。「神賀吉詞」はこの「神吉詞」、また「神賀詞」のより正式な言い方である。

二九　**奏し賜はくと奏す**—奏上申し上げることでございますと申します。

【訓読文】（第二段）

[一]高天《たかあま》の神《かむ》王《おほき》高御《たかみ》魂命《むすひのみこと》の、[二]皇御孫《すめみま》の命《みこと》に天《あめ》の下大八島国《したおほやしまぐに》を事避《ことさ》り奉《まつ》りし時《とき》、[三]出雲《いづも》の臣《おみ》等《ら》が遠《とほ》つ神《かみ》天穂比命《あまのほひのみこと》を、[四]国体《くにかた》見《み》に遣《つか》はしし時《とき》に、[五]天《あま》の八重雲《やへぐも》を押《お》し別《わ》けて、[六]天翔《あまかけ》り国翔《くにかけ》りて、天《あめ》の下《した》を見廻《みめぐ》りて、[七]返《かへ》り事申《ごとまを》し給《たま》はく、豊葦原《とよあしはら》の水穂《みづほ》の国《くに》は、[八]昼《ひる》は五月蠅《さばへ》なす水沸《みづわ》き、[九]夜《よる》は火瓮《ほべ》なす光《ひか》る神在《かみあ》り、石根《いはね》・木《こ》の立《た》ち・[一〇]青水沫《あをみなわ》も事問《ことと》ひて、[一一]荒《あら》ぶる国在《くにあ》りけり。[一二]然《しか》れども[一三]鎮《しづ》め平《む》けて、[一四]皇御孫《すめみま》の命《みこと》に安国《やすくに》と平《たひ》らけく知《し》ろし坐《ま》さしめむと申《まを》して、[一五]己《おの》れ命《みこと》の児天之夷鳥命《こあまのひなとりのみこと》に、[一六]布都怒志命《ふつぬしのみこと》を副《そ》へて、天降《あまくだ》し遣《つか》はして、[一七]荒《あら》ぶる神等《かみたち》を撥《はら》ひ平《む》け、[一八]国作《くにつく》らしし大神《おほかみ》をも[一九]媚《こ》び鎮《しづ》めて、[二〇]大八島国《おほやしまぐに》の現《うつ》し事《ごと》・顕《あら》は事事避《ごとことさ》らしめき。乃《すなは》ち大穴持命《おほあなもちのみこと》の申《まを》し給《たま》はく、[二一]皇御孫《すめみま》の命《みこと》の静《しづ》まり坐《ま》さむ大倭《おほやまと》の国《くに》と申《まを》して、[二二]己《おの》れ命《みこと》の和魂《にきみたま》を

八咫《やた》の鏡《かがみ》に取《と》り託《つ》けて、[二三]倭《やまと》の大物主櫛瓱玉命《おほものぬしくしみかたまのみこと》と名《な》を称《たた》へて、[二四]大御和《おほみわ》の[二五]神奈備《かむなび》に[二六]坐《ま》せ、己《おの》れ命《みこと》の御子《みこ》[二七]阿遅須伎高孫根命《あぢすきたかひこねのみこと》の御魂《みたま》を[二八]葛木《かづらき》の鴨《かも》の神奈備《かむなび》に坐《ま》せ、[二九]事代主命《ことしろぬしのみこと》の御魂《みたま》を宇奈提《うなて》に坐《ま》せ、[三〇]賀夜奈流美命《かやなるみのみこと》の御魂《みたま》を[三一]飛鳥《あすか》の神奈備《かむなび》に坐《ま》せて、[三二]皇孫《すめみま》の命《みこと》の近《ちか》き守《まも》り神《がみ》と[三三]貢《たてまつ》り置《お》きて、[三四]八百丹杵築宮《やほにきつきのみや》に静《しづ》まり坐《ま》しき。[三五]是《ここ》に[三六]親神魯伎《むつかむろき》・神魯美《かむろみ》の命《みこと》の宣《のりたま》はく、[三七]汝天穂比命《なむちあまのほひのみこと》は、天皇命《すめらみこと》の手長《たなが》の大御世《おほみよ》を[三八]堅石《かちは》に常石《ときは》にいはひ奉《まつ》り、[三九]いかしの御世《みよ》に[四〇]さきはへ奉《まつ》れと、[四一]仰《おほ》せ賜《たま》ひし次《つぎて》の随《まにま》に、[四二]供斎《いはひ》若《も》し後《のち》の斎《いはひ》の時《とき》には、後《のち》の字《もじ》を加《くは》へよ。仕《つか》へ奉《まつ》りて、朝日《あさひ》の豊栄登《とよさかのぼ》りに、[四三]神《かみ》の礼白《ゐやしろ》・臣《おみ》の礼白《ゐやしろ》と、[四四]御禱《みほき》の神宝《かむだから》[四五]献《たてまつ》らくと奏《まを》す。

【注解】

一　**高天の神王高御魂命**——「高天」は「高天原」とありたいところだが、九条家本以下すべて「高天」となっている。また「神王」というのも不可解な表現である。「高天の神王」という表現を何とか解すると、やはり高天原世界の神々の王としか解しようがない。すると九条家本に「神王高御魂命」とあるのは理が通った表現であり、ト部兼永本・ト部兼右本に「神王高御魂・神魂命」とあるのはいかがかとなる。兼右本には「神魂」の左傍に「以下二字イ无」と注している。神祇官で作成した祝詞に対して、この神賀詞は出雲国造家で作成したものなので、小さな齟齬が生じているのではないかと思われる。

二　**皇御孫の命に天の下大八島国を事避り奉りし時**——「避る」は他動詞としての用法であり、「譲る」の意。皇孫に大八島国を統治することをお譲り申し上げた時に、の意。統治権の委譲である。

三　**出雲の臣等が遠つ神天穂比命を**―「遠つ神」は「遠つ祖《おや》」というのが普通だが、ここは九条家本以下「遠神、」となっている。遠い祖先の神、の意。古事記に「天菩比命《あまのほひのみこと》之子、建比良鳥命《たけひらとりのみこと》〔此《こは》出雲国造・无耶志国造……等《ら》之《が》祖《おや》也《ぞ》〕」とあり、神代紀には「天穂日命〔是出雲臣・土師連等祖也〕」とある。

四　**国体見に遣はしし時に**―「国体」は国の様子、国の状態。萬葉集に「たにぐくの　さ渡る極み　国状《くにかた》を〔国方乎〕見《め》したまひて〔見之賜而〕」（6九七二）と見える。

五　**天の八重雲を押し別けて**―「六月晦大祓」には「天の八重雲をいつのち別きにち別きて」とある。

六　**天翔り国翔りて、天の下を見廻りて**―「翔」は名義抄に「翔〈カケル〉」とある。天空を飛び廻り、国土を駆け巡《めぐ》って。萬葉集に「天地《あめつち》の　大御神たち　大和《やまと》の　大国御魂《おほくにみたま》　ひさかたの　天《あま》のみ空ゆ　天翔《あまかけ》り〔阿麻賀気利〕見渡したまひ〔見渡多麻比〕」（5八九四）と見える。

七　**返り事申し給はく**―「返り事」は返事の言葉、復命の意。復命申し上げなさったことには。「く」はク語法。記・紀のこの神話では、「天《あま》の菩比《ほひ》の神《かみ》を遣《つか》はしつれば、大国主《おほくにぬし》の神《かみ》に媚《こ》び付きて、三年《みとせ》に至るまでに復奏《かへりことまを》さざりき。」（記。紀は「大己貴神《おほあなむちのかみ》に」とあるがほぼ同じ）とある。神賀詞は出雲国造側の主張で、復命したとしている。

八　**昼は五月蠅なす水沸き**―「五月蠅」は陰暦五月の田植えの頃、うるさく飛び廻る蠅。「なす」は古事記に「久《く》羅《ら》下《げ》那《な》州《す》多《た》陁《だ》用《よ》弊《へ》流《る》之時《とき》に」とあるように、「……のように」の意を表わす接尾語。「水沸き」は水が激しく沸き出ている、の意。

九　**夜は火瓮なす光る神在り**―「火瓮」は夜の祭りや神楽のために辺りを浄め明るくするための火を燃やす大きな

うけ皿（土器）のことであるが、ここではその火のこと。そのように夜の暗闇の中で光る神がいる、の意。その不気味《ぶきみ》さのことを言っているのである。

一〇　青水沫も言問ひて—青い水の上に浮かぶ泡《あわ》までもがものを言って。水中からぶくぶくといって沸き出て来る様を言っているのである。

一一　荒ぶる国在りけり—荒れすさんだ国がありました。「けり」は「気付きのけり」とも言われる助動詞で、これまで気付いていなかったことに今気付いたという驚きをこめての表現。

一二　然れども—萬葉集に「はろはろに　思ほゆるかも　然れども（之可礼杼毛）　異《け》しき心を　我《あ》が思《も》はなくに」（15三五八八）とあり、名義抄にも「然而〈シカレトモ〉」とある。そうではあるけれども、という意の接続詞。

一三　鎮め平けて—「鎮め」は乱れを静める、「平け」は下二段動詞で、服従させるの意。萬葉集に「足日女《たらしひめ》　神《かみ》の尊《みこと》　韓国《からくに》を　向《む》け平《たひ》らげて（武気多比良宜弖）」（5八一三）とある。

一四　皇御孫の命に安国と平らけく知ろし坐さしめむと申して—皇御孫の命に安らかな国として平穏にお治め申させ申し上げましょうと言って。

一五　己れ命の児天之夷鳥命—「己れ命の児」は天穂比命自身の子である、の意。天之夷鳥命は「天菩比命之子、建比良鳥命」（記）として前に出た。崇神紀六十年七月己酉の条に「武日照命《たけひなてりのみこと》〔一云、武夷鳥《たけひなとり》。又云、天夷鳥《あまのひなとり》。〕従ㇾ天将来神宝、蔵二于出雲大神宮一。是欲ㇾ見焉。」と見える。神名式に、出雲国出雲郡、「神阿麻能比奈等理《かむあまのひなとり》神社」が見える。天之夷鳥命と武夷鳥命は同神。記・紀の国譲り神話にはこの神は出て来ない。

一六　布都怒志命を副へて—「遷二却崇神一」の祝詞には「経津主命」と表記している。「布都《ふつ》」は刀剣がプツと物を断ち切る音。刀剣の霊力を神格化した神で、武神である。『古語拾遺』に「経津主神〔是、磐筒女神《いはつつのめのかみ》之子。今、下《しもつ》総国《ふさのくにの》香取《かとりのかみ》神是也《これなり》一」」とある。天之夷鳥命を大将とし布都怒志命を副将として遣わすのである。

一七　荒ぶる神等を撥ひ平け―「撥」は名義抄に「撥〈ハラフ〉」とある。神代紀に「吾欲レ令レ撥二平《はらひむけ》葦原中国之邪《あし》鬼《きものヲ》一。」とある。荒れすさぶ神等を払い平らげて、の意。

一八　国作らしし大神―前に「国作り坐しし大穴持命」とあった。出雲国風土記、意宇《おう》郡の条には「所レ造二天下一大神大穴持命」とある。

一九　媚び鎮めて―この国譲りの条、古事記には「天の菩比の神を遣はしつれば、大国主の神（大穴持命）に媚び付きて、三年に至るまでに復奏《かへりことまを》さざりき。」とあり、神代紀（本文）にも、「比の神、大己貴神《おほあなむちのかみ》に佞《おもね》り媚《こ》びて、三年《みとせ》に比及《な》るまで、尚し報聞《かへりことまう》さず。」とある。すなわち朝廷の側の史官は出雲国造の遠祖である天穂比命を派遣して失敗したとしているのに、この神賀詞では上文にあるように国状視察をして復命し、その結果、己れの児天之夷鳥命に布都怒志命をそえて派遣して、「荒ぶる神等を撥ひ平け、国作らしし大神をも媚び鎮め」たとして、天穂比命の名誉を保っているのである。出雲国造家の側では、記・紀の記述に対して、このあたり腐心したのであろう。「媚ぶ」は『新撰字鏡』に「嫵〈媚也、好也、古夫《こぶ》〉」とある。上二段活用の動詞で、相手に気に入られようとしておもねりへつらうことである。

二〇　大八島国の現し事・顕は事事避らしめき―神代紀第九段一書2に、「高皇産霊尊、乃ち二神を還《かへ》し遣《つかは》して、大己貴神に勅して曰く、『……夫《そ》れ汝が治《しら》す顕露《あらは》の事《こと》は、是吾孫治《これすめみましら》すべし。汝は以て神事《かみのこと》を治すべし。……』」、これに大己貴神が報《こた》えて言うには「……吾が治《しら》す顕露の事は、皇孫当《まさ》に治《をさ》めたまふべし。吾は退《さ》りて幽事《かくれたること》を治めむ」と申した、という。「現し事・顕は事」は共に目に見える現世の事の意で、行政のこと。これに対して、「神事・幽事」は目に見えない神を対象とする祭の事である。すなわち行政権と祭祀権のうち、行政権を譲らしめたのである。

二一　**皇御孫の命の静まり坐さむ大倭の国**―「皇御孫の命のお鎮まりになりますべき大倭の国である」。この「大倭国」は大和国で、日本国の意ではない。「静まる」は「静む」の自動詞形。「静まる」と「鎮まる」は同語源の語で、静かで落ち着いた状態でいる、の意。ここでは皇御孫の命がそのような状態でお治めになる、の意。

二二　**己れ命の和魂を八咫の鏡に取り託けて**―「和魂」は大穴持命自身の神霊を「和魂」と「荒魂」とに分け、温和（おだやか）な面と勇猛（たけだけしい）な面とに分かって言ったもの。神功皇后摂政前紀に「和魂服二王身一而守二寿命一、荒魂為二先鋒一而導二師船一。（和魂、此云二珥岐瀰多摩《にきみたま》一。荒魂、此云二阿邏瀰多摩《あらみたま》一。）」とある。「八咫の鏡」は古事記に「八尺鏡〔訓二八尺一云二八阿多《やあた》一〕」とあり、「やあたのかがみ」と訓ませている。「あた」は長さの単位で、親指と中指とを開いた長さをいう。ここでは大きな鏡の意。「取り託けて」というのは、神の御魂《みたま》（神霊）を憑《よ》り付《つ》かせて、の意。名義抄に「託〈ツク〉」とある。

二三　**倭の大物主櫛𤭖玉命と名を称へて**―古事記の大国主神の「亦《の》名」の中に「大物主神」の名は見えないが、神代紀第八段一書6には「大国主神、亦名大物主神、亦号二国作大己貴神一、……」と見える。『延喜式』神名式の大和国城上郡に、「大神《おほみわ》大物主神社〔名神大。月次・相嘗・新嘗〕」とある。「大物主」は三輪山に鎮坐する神に限っての神名である。三輪山に鎮まる偉大な精霊の主《ぬし》、の意。「櫛𤭖玉命」は「奇厳魂《くしみかたま》命」の意。三輪山に鎮まる神霊の讃え名である。

二四　**大御和**―神代紀第八段一書6に「大己貴神問曰、然則汝是誰耶。対曰、吾是汝之幸魂《さきみたま》・奇魂《くしみたま》也。大己貴神曰、唯然。廼知汝是吾之幸魂・奇魂。今欲二何処住一耶。対曰、吾欲レ住二於日本国《やまとのくに》之《の》三諸山《みもろやま》一。故即営二宮彼処一、使二就而居一。此大三輪《おほみわ》之神《のかみ》也。」とある。三輪山を三諸山とも言ったこと、また「幸魂・奇魂」は荒魂に対する「和魂」

であることが分かる。

二五　**神奈備**—神の鎮まる山や森。「奈《な》」は連体助詞。「備《び》（bï）」は辺《あた》りとか傍《そば》の意であろう。神武即位前紀に「畝傍山、此云㆓宇禰麋夜摩《うねびやま》。㆒」とあり、「傍」を「び（bï）」に当てている。原義は神のまします傍《そば》とか辺《あた》りの意であろう。萬葉集に「甘南備乃《かむなびの》　三諸山者《みもろのやまは》……甘嘗備乃《かむなびの》　三諸乃神之《みもろのかみの》」（13三二二七）とある。この神は、延喜式神名式、大和国城上郡に「大神大物主神社《おほみわのおほものぬしのかみのやしろ》〔名神大。月次・相嘗・新嘗〕」とある。今、大神神社《おおみわじんじゃ》という。

二六　**坐せ**—下二段活用動詞「坐す」の連用形。坐《すわ》らせる・在《あ》らせる・居《お》らせるの尊敬語。四段活用の「坐す」に使役の意の加わったもの。神のことであるから、鎮座させて、の意。

二七　**阿遅須伎高孫根の命**—古事記に「此大国主神、娶㆘坐㆓胸形奥津宮㆒神、多紀理毘売命㆖生子、阿遅《あぢ》〔二字以㆑音〕鉏高日子根《すきたかひこね》神。……此之阿遅鉏高日子神者、今、謂㆓迦毛大御神㆒者也。」とある。

二八　**葛木の鴨の神奈備**—神名式の大和国葛上郡に「高鴨《たかかもの》阿治須岐《あぢすき》託彦根命《たかひこねのみこと》神社四座〔並名神大。月次・相嘗・新嘗〕」とある社である。今、高鴨神社《たかかもじんじゃ》という。

二九　**事代主命の御魂を宇奈提に坐せ**—古事記に「大国主神、亦娶㆓神屋楯比売命《かむやたてひめのみこと》㆒生子、事代主神《ことしろぬしのかみ》。」とある。言葉の霊力（神秘的な力）を掌る主《ぬし》の神の意。託宣の神。神名式の大和国葛上郡に「鴨都波八重事代主命神社二座〔並名神大。月次・相嘗・新嘗。〕」とある社に祭られている。萬葉集に「思《おも》はぬを　思ふと言はば　真鳥《まとり》住む雲梯《うなで》の杜《もり》の（卯名手乃社之）　神し知らさむ」（12三一〇〇）と見え、万葉人がこの神が言葉を支配する神であることをよく知っていたことを示す。「雲梯《うなで》」は今、橿原市雲梯町。神功皇后摂政前紀に「時引㆓儺河水㆒、欲㆑潤㆓神田㆒、而掘㆑溝。」とあり、「溝」の古訓に「ウナテ」（兼右本）とあり、田に水を引く用水の溝のことである。

三〇　**賀夜奈流美命**—記・紀に見えない神名である。『日本三代実録』の貞観元年（八五九）正月二十七日の条に、

「従五位下賀夜奈流美神ニ正四位下」との進階記事が見える。神名式、大和国高市郡に「加夜奈留美命神社」が見える。

三一　**飛鳥の神奈備**―萬葉集の「神岳《かみをか》に登《のぼ》りて、山部宿禰赤人が作る歌一首 幷せて短歌」（3三二四）の「三諸乃《みもろの》 神《かむ》名備山《なびやま》」、また「神奈備《かむなび》の（甘南備乃） 三諸《みもろ》の山は（三諸山者） 春されば 春霞《はるかすみ》立ち 秋行《ゆ》けば 紅《くれなゐ》にほふ 神奈備の（甘甞備乃） 三諸の神の（三諸乃神之） 帯《おび》にせる 明日香《あすか》の川の 水脈《みを》速《はや》み ……」（13三二二七）などとある「神なび」が「飛鳥の神奈備」であると考えられ、雷丘あるいは甘樫丘が比定されてきた。それに対して、和田 萃《あつむ》 氏は橘寺のすぐ南方の山の小字「ミハ山」（二一二・六メートル）がその地にふさわしいことを実地踏査にもとづいて明らかにされた。(注8)『日本紀略』の天長六年（八二九）三月己丑の条に、「大和国高市郡賀美郷甘南備山飛鳥社、遷㆓同郡同郷鳥形山㆒。依㆓神託宣㆒也。」とあって、そこに鎮座していた飛鳥社は鳥形山に遷された。

三二　**皇孫の命の近き守り神**―以上の「大御和の神奈備」「葛木の鴨の神奈備」「宇奈提」「飛鳥の神奈備」を地図の上に見ると、飛鳥京・藤原京には極く近く、平城京にはやや遠い。これによって、この神賀詞の作られたのが、飛鳥京か藤原京時代のことではないか、との判定が出来るであろう。「守り神」は守護神の意。

三三　**貢り置きて**―名義抄に「貢〈タテマツル・ミツキ物〉」とある。

三四　**八百丹杵築宮に静まり坐しき**―「八百丹」は「杵築」にかかる枕詞。多量の赤土を杵《きね》で突き固めて築く、という意。杵築は地名。『出雲国風土記』出雲郡、杵築郷の条に、「……八束水臣津野《やつかみづおみつの》の命《みこと》の国引《くにひ》き給《たま》ひし後《のち》に、天《あめ》の下造《したつく》らしし大神《おほかみ》の宮《みや》を奉《つか》へまつらむとして、諸《もろもろ》の皇神等《すめかみたち》、宮処《みやどころ》に参《まゐ》り集《つど》ひて杵築《きづ》きたまひき。故《か》れ、寸付《きづき》といふ。〔神亀三年、字を杵築と改む。〕」とある。同じく『風土記』出雲郡に「杵《き》築《づきの》大社《おほやしろ》」とある。神名式に「杵築大社〔名神大〕」とある。

三五　是に―名義抄に「是〈ココニ〉」とある。既に成立した事柄をうけて、次のことを言い起こす語。

三六　親神魯伎・神魯美の命―「六月晦大祓」に「高天の原に神留り坐す皇親神漏伎・神漏美の命」とあった。ここの「親《むつ》」も睦まじいの意で、高天原の主宰神としての神魯伎・神魯美の命の意。「親」は名義抄に「親〈ムツマシ〉」とある。

三七　汝―「汝《な》・貴《むち》」で、相手を親愛して呼ぶ語。尊敬の意を含んで用いられた。

三八　堅石に常石にいはひ奉り―平野祭祝詞に既出（一二九頁）。但しその祝詞では「……斎奉利」とあり、ここには「伊波比奉」とあって、「斎」を「いはひ」と訓むことが分かる（逆にいえば「いはひ」の語に「斎」の字を当てているということである）。心身を清めてお祈り申し上げる、という意。

三九　いかしの御世に―威厳のある立派な御世（代）になるように。舒明即位前紀に「厳矛、此云二伊箇之倍虚《いかしほこ》一」とある。

四〇　さきはへ奉れと―「さきはへ」は下二段動詞の連用形。「さきはふ」（四段）の他動詞形。幸いあらしめ申し上げよと。

四一　仰せ賜ひし次の随に―「次」は名義抄に「次〈ツイデ〉」とある。「ついで」は「つぎて」のイ音便形。推古紀二十年二月の条に「諸皇子等以二次第《ツイテ》一各誄之。」（卜部兼右本）と見える。順序・次第の意。「随に」は「……の通りに」の意。この句を通して言えば、「出雲国造の遠祖の天穂比命が神魯伎・神魯美の命から尊い命令を受けたのを、天穂比命以来の代々の国造が受け継いで来た通りに」の意。

四二　供斎―二字で「いはひ」と訓む。初めにもあったように、新任された国造の一年間の斎事のことである。「供」は「斎」に「つかへまつる」の意をそえる意味で冠したものか。名義抄に「供〈ツカマツル〉」とある。

四三　神の礼白・臣の礼白と―名義抄に「礼代〈ウヤシロ〉」とある。「白」は「代」の借訓仮名。但し、ここに問題がある。神賀詞は上代特殊仮名遣が正しいが、ここと次の第三段の終りの方にもう一度出て来る同じ句を「礼白（siro）」（白《しろ》のろは甲類）とすると、唯一の違例（仮名違い）となる。「礼代（sirö）」（代《しろ》のろは乙類）とあれば正訓で、前の「遣二唐使一時奉レ幣」の祝詞に「礼代乃幣帛乎」とあった。古写本のこの箇所と第三段の原文は、九条家本に、

「神乃礼白臣乃礼自止」（ここ）

「神ノ礼自臣ノ礼自」（第三段）

とあり、卜部兼永本と卜部兼右本は同じで、

「神乃礼自臣能礼自登」（ここ）

「神礼自臣礼自」（第三段）

とあって、大字・小字を含めて乱れがあるようである。けれども文脈的に見て、ここも第三段の箇所も「ゐやしろ」とあるべきであり、いま違例を承知の上で「礼白」としておく。名義抄に「恭〈ウヤマフ・ヰヤマフ、ウヤ・ヰヤ、ウヤ〳〵シ・ヰヤ〳〵シ〉」と見える。「うや」と「ゐや」とは母音交替形。従って「礼白」は「うやしろ」とも「ゐやしろ」とも訓める。敬意を表わすしるしとして贈る物、礼物の意。「神の礼白」は出雲の神々からの天皇への礼物、「臣の礼白」は出雲の臣（代表は国造）からの礼物。「と」は「として」の意。

四四　御禱の神宝―天皇を祝福するために献る出雲の神と臣からの宝物。宝物と言っても、具体的な献上品から見ると財宝には限っておらず、広い意味での用法である。萬葉集の山上憶良の歌「銀《しろかね》も　金《くがね》も玉も　なにせむに　優《まさ》れる宝　子に及《し》かめやも」（5八〇三）のような用法もある。この神宝を献ることによって、出雲の国の中央朝

廷に対する服属・忠誠を明らかにするのである。

四五　**献らくと奏す**――献上することでございますと申し上げます。

【訓読文】（第三段）

[一]白玉《しらたま》の大御白髪《おほみしらか》坐《ま》し、[二]赤玉《あかたま》の御《み》あからび坐《ま》し、[三]青玉《あをたま》の水江《みづえ》の玉《たま》の行《ゆ》き相《あ》ひに、明《あき》つ御神《みかみ》と大八島国《おほやしまぐに》知《し》ろし食《め》す天皇命《すめらみこと》の手長《たなが》の大御世《おほみよ》を、[四]御横刀《みはかし》広《ひろ》らに誅《う》ち堅《かた》め、[五]白御馬《しろみま》の前足《まへあし》の爪《つめ》・後《しり》へ足《あし》の爪《つめ》踏《ふ》み立《た》つる事《こと》は、大宮《おほみや》の内外《うちと》の御門《みかど》の柱《はしら》を、上《うは》つ石根《いはね》に踏《ふ》み堅《かた》め、下《した》つ石根《いはね》に踏《ふ》み凝《こ》らし、[六]振《ふ》り立《た》つる耳《みみ》の弥高《いやたか》に、天《あめ》の下《した》を知《し》ろし食《め》さむ事《こと》の志《しるし》のため、[七]白鵠《しらとり》の生御調《いきみつき》の玩《もてあそ》び物《もの》と、[八]倭文《しつ》の大御心《おほみこころ》もたしに、[九]彼方《をちかた》の古川岸《ふるかはぎし》・此方《このかた》の古川岸《ふるかはぎし》に生《お》ひ立《た》てる若水沼間《わかみぬま》の、[一〇]弥若《いやわか》えに御若《みわか》え坐《ま》し、[一一]すすき振《ふ》るをとみの水《みづ》の、弥《いや》をちに御《み》をち坐《ま》し、[一二]まそびの大御鏡《おほみかがみ》の面《おもて》をおしはるかして見《み》そこなはす事《こと》のごとく、明《あき》つ御《み》神《かみ》の大八島国《おほやしまぐに》を、[一三]天地日月《あめつちひつき》と共《とも》に、[一四]安《やす》らけく平《たひ》らけく知《し》ろしめさむ事《こと》の志《しるし》のためと、御禱《みほき》の神宝《かむだから》を擎《ささ》げ持《も》ちて、神《かみ》の礼白《ゐやしろ》・臣《おみ》の礼白《ゐやしろ》と、恐《かしこ》み恐《かしこ》みも[一五]天《あま》つ次《つぎて》の神賀《かむほき》の吉詞《よごと》[一六]白《まを》し賜《たま》はくと奏《まを》す。

【注解】

一　**白玉の大御白髪坐し**—以下、奉献する「御禱の神宝」の一つ一つに事寄せて、天皇の御世を祝福するめでたい詞が連ねられる。その品目は臨時祭式の「国造奏㆓神寿詞㆒」の条に列挙されていて、次の如くである。

玉六十八枚〔赤水精八枚。白水精十六枚。青石玉四十四枚。〕金銀装横刀一口〔長二尺六寸五分。〕鏡一面〔径七寸七分。〕倭文二端〔長各一丈四尺。広二尺二寸。並置㆑案。〕白眼鴾毛馬一疋。白鵠二翼〔垂㆑軒。〕御贄五十舁〔舁別盛㆓十籠㆒。〕

この第三段は右の「献物」の一つ一つに寄せて作文されているのである。

そこで「白玉の大御白髪坐し」に戻ると、「白玉」は「玉六十八枚〔赤水精八枚。白水精十六枚。青石玉四十四枚。〕」の「白水精」に事寄せての詞である。水精とは水晶のことである。「枚」は助数詞で、必ずしも薄く平たいものを数えるとは限らず、ここでは「箇」という意味での用法である。ここに献る白玉のように、天皇の御髪が白くなるまで長寿でいらっしゃり、の意。

二　**赤玉の御あからび坐し**—「赤水精」に懸けていう。「あからび」は「あからぶ」の名詞的用法。ここに献る赤玉のように、天皇の御顔が赤々と健康色に輝かれまして、の意。祈年祭と広瀬大忌祭の祝詞に「赤丹の穂に」とあったのに似る。

三　**青玉の水江の玉の行き相ひに**—「青石玉」に懸けていう。青石玉は青瑪瑙《めのう》のこと。出雲は昔も今も瑪瑙の特産地である。「青玉の水江の玉」の「の」は同格を表わす。「青玉であって水江色の玉」と言い換えているのである。水江色というのは江の水が淀んで深い緑色をなしているのをいう。青瑪瑙はまさにそのような色をしている。「行き相ひ」というのは数多くの玉を緒で統《す》べ連ねているので、その緒の上を整然と秩序正しくすべり動く（スライドする）ことをいう。青玉の水江の玉が緒の上を秩序正しくすべり動く、そのように、の意で、次の「明つ御神と大八島国知ろし食す」という句に係る。

四　御横刀広らに誅ち堅め――「金銀装横刀一口」にかけての句。「御横刀」は「みはかし」と訓む。景行紀十三年五月条に「其国有㆓佳人㆒。曰㆓御刀媛㆒。（御刀、此云㆓彌波迦志《みはかし》㆒。）」とある。「御佩かし」で、身につけるの意の「佩く」の敬語動詞「佩かす」の連用名詞形。「広ら」の「ら」は「ひろ」という形容詞語幹について、その状態を表わす接尾語。上の「大御世を」を受けて、刀身を広く立派に打ち鍛え固めるように、広く堅固に揺ぎないものに治めてゆかれ、の意。「誅」は借訓。

五　白御馬の前足の爪・後へ足の爪踏み立つる事は……踏み凝らし――「白眼鴾毛馬一疋」に懸けての句である。白眼鴾毛馬は「さめつきげのうま」と訓む。「さめ」は「白眼」とあるように眼球が青白く、「つきげ」は「鴾毛馬」とあるように毛なみが「つき（今のトキ）」色で薄赤色をおびた白馬という。名義抄に「赭白馬〈ツキケノムマ〉」とある。『栄花物語』(注9)巻第八「はつはな」に、「御贈物などあるうちにも、よに珍しき月毛《つきげ》の御馬」とあるので、珍獣として尊ばれたのであろう。その馬が四足でしっかりと大地に立っている姿に事寄せて、天皇のお住まい所の大宮の内外の御門の柱が馬の足のように大地をしっかりと踏み固めて揺ぎないように大宮を守ってゆかれ、の意で、天皇のお住まい所の安泰を祈っての句である。立派な柱が四本、八本で立つ御門を四脚門、八脚門という。

六　振り立つる耳の弥高に、天の下を知ろし食さむ事の志のため――（眼前の）馬が振り立てている耳が高々としているように、いよいよ隆盛に天皇が天下をお治めになられますようにとのしるしのために、この馬を献るのでございます、の意。馬の生態を巧みにとらえての表現。

七　**白鵠の生御調の玩び物と**—「白鵠二翼〔垂レ軒。〕」に懸けての句である。和名抄に「鵠〈漢語抄云古布《こふ》、日本紀私記云久々比《くぐひ》〉大鳥也」とある。『神楽歌』(注10)「湊田《みなとだ》」に「湊田に　久々比《くぐひ》八《や》つ居《を》り　や　捕《と》ろちなや　……」(56)とある。「久々比」は今の白鳥《はくちょう》のことである。ここは「しらとり」と訓む。「生御調」は生きた献りもの、の意。「玩び物」は名義抄に「玩〈モテアソフ〉」とある。心を慰めるもの・愛玩するもの。垂仁紀二十三年十月条に、誉津別皇子《ほむつわけのみこ》が三十歳までものを言うことが出来なかったが、空を飛ぶ鵠《くぐひ》を見て「これは何物ぞ」と言ったので、天皇が喜んで湯河板挙《ゆかはたな》に命じて追わせ、出雲に至って捕えることができた、との記事が見える。『出雲国風土記』秋鹿郡に「秋則有二白鵠《くぐひ》・鴻鴈《かり》・鳧《たかべ》・鴨《かも》等鳥。一」とある。「と」は「として献ります」の意。これは「垂レ軒」とあるから、籠《かご》に入れて軒《のき》に吊《つ》り下げたのである。

八　**倭文の大御心もたしに**—「倭文二端〔長各一丈四尺。広二尺二寸。並置レ案。〕」に懸けての句である。神代紀に「倭文神、此云二斬図梨俄未《しとりがみ》一」と見え、また天武紀十三年十二月条に「倭文、此云二之頭於利《しつおり》一」と訓注が見える。「しとり」は「しつおり」がsituori→sitoriと縮約した形で、同じ意。日本古来の織物で、文《あや》（文様）のある織物という。「しつおり」のことを略して「しつ」とのみも言う。萬葉集に「神《かみ》の社《やしろ》に　照る鏡　倭文《しつ》（之都）に取り添《そ》へ　乞《こ》ひ禱《の》みて　……」(17四〇一一)とある。「倭文《しつおり》の」の「の」は「のように」の意で、倭文の文様の筋目がしっかりしているように、の意。(注11)「たしに」は古事記歌謡に「たしみ竹　たしには率寝《ゐね》ず」(90)と見え、「確《たし》に」の意。また同じく古事記歌謡に「笹葉《ささは》に　うつや霰《あられ》の　たしだしに　率寝《ゐね》てむ後《のち》は　人はかゆとも」(79)とある。「たしだしに」は霰《あられ》が笹の葉を打つ「たしだし」という擬声語に、確かにの意の「たし」を掛けたもの。ここに奉ります倭文のように天皇の御心もしっかりとして確かでいらっしゃいまして、の意。

九　**彼方の古川岸・此方の古川岸に生ひたてる若水沼間の**—「御贄五十舁〔舁別盛二十籠。一〕」に懸けての句である。

御贄は籠でいえば五百籠である。「彼方」「此方」は萬葉集の「こもりくの　泊瀬《はつせ》の川の　をち方（乎知可多）に　妹らは立たし　この方（己乃加多）に　我《われ》は立ちて」（13三二九九の或本）によって「をちかた」「このかた」と訓む。「古川岸」は校異にあるように諸本いずれも「古川席」とあるが、意味が把え難いため誤写説が出されている。私は本居宣長「古川岸」(注12)説を採ることにした。昔の川を堤防で狭められている今の川の姿で考えてはいけない。川の姿は大雨などによる出水でよく変わったのである。従って本流を離れた所に新しい水沼が出来たりしたのである。以下の「生ひ立てる若水沼間の、弥若えに御若え坐し、……」はそのことを掛けての表現と私は考える。「古川」と「若水沼間」とは呼応している。「若水沼間」は若々しい（新鮮な）水をたたえた沼、の意。その沼のように、と続く。

一〇　弥若えに御若え坐し――「若え」はヤ行下二段活用の「若ゆ」の連用形で、若返るの意。天皇がいよいよ若々しくおなりになりまして、の意。

一一　すすき振るをとみの水の、弥をちに御をち坐し――「すすく」は萬葉集に「しただみを　い拾《ひり》ひ持ち来て　石もち　つつき破《やぶ》り　速川《はやかは》に　洗《あら》ひ濯《すす》き（洗濯）　辛塩《からしほ》に　こごと揉《も》み　……」（16三八八〇）とあるように、水で汚れを洗い清めることである。「振る」はそれを振って水を切ること。「すすき振る」は奉る「御贄」を調整する時の様子を頭においての表現であろう。西宮一民氏は「をとみ」の「をと」は「をつ」（上二段）と同根で、若返るの意とされた。(注13)「をとみ」は萬葉集に「月読《つくよみ》の　持てるをち水（越水）　い取り来て　君に奉《まつ》りて　をち（越）得《え》てしかも」（13三二四五）の「をちみづ」と同じく若返りの水の意。「をつ」は萬葉集に「古《いにしへ》ゆ　人の言ひ来《け》る　老人《おいひと》の　をつ（変若）といふ水そ　名に負《お》ふ滝《たき》の瀬」（6一〇三四）とあり、「変《を》レ若水《ちみづ》」の信仰は昔からあったのである。「をとみの水」のように、いよいよ若返りに若返りなさいまして、の意。「をとみの水」で調整してまいりました「御贄」をお召し上り下さいまして、という意が込められている。

一二　**まそびの大御鏡の面をおしはるかして見そこなはす事のごとく**――「鏡一面〔径七寸七分。〕」に掛けての句。「まそび」は「真澄《ますみ》」の転と考えられるが、萬葉集には「麻蘇《まそ》鏡」（5九〇四）・「真十《まそ》鏡」（6一〇六六）など「まそかがみ」とするものも多い。「真十見《まそみ》鏡」（13三三一四）の形もあり、この「まそみ」から「まそび」と転じたとみておく。「おしはるかす」は鏡の面を鮮明に見えるように明るく押し拭《ぬぐ》って御覧になりますように、の意。「見そこなはす」は「見《み》し行《おこな》はす」が音の縮約によって「見そこなはす」となる。御覧になる、の意。

一三　**天地日月と共に**――「天地」「日月」は共に永遠・無窮なるものの象徴。

一四　**安らけく平らけく**――以前の祝詞ではすべて「平らけく安らけく」（九例）とあった。ここだけ順序が逆になっている。

一五　**天つ次の神賀の吉詞**――天上から伝わって来た通りの、出雲の神々が天皇を祝福申し上げる吉《よ》き詞《ことば》を、と下に続く。

一六　**白し賜はくと奏す**――奏上申し上げることでございますと申します。

（注1）鎌田純一氏著『先代旧事本紀の研究　校本の部』（吉川弘文館、昭和三十五年三月）による。

（注2）『新編日本古典文学全集　風土記』（一九九七年十月）による。

（注3）この「出雲国造神賀詞」の上代特殊仮名遣が、後にも指摘するように、数文字を除いて正しいことは、小谷博泰氏「祝詞の万葉仮名に関して」（同氏著『木簡と宣命の国語学的研究』（和泉書院、昭和六十一年十一月）、および『本居宣長記念館蔵出雲国造神寿後釈』本居宣長著・粕谷興紀解題（和泉書院、昭和六十年四月）に付した「『出雲国造神賀詞』の本文と訓《よ》み」を参照していただきたい。

（注4）拙稿「『出雲国造神賀詞』考説三題」（『皇学館大学紀要』第二十四輯、昭和六十一年六月）の〔二〕「『加夫侶伎熊野大神櫛御気野命』について」
（注5）三品彰英氏著『古代祭政と穀霊信仰』（『三品彰英論文集 第五巻』（平凡社、昭和四十八年十二月）
（注6）本澤雅史氏「古代における『幣』について」（同氏著『祝詞の研究』弘文堂、平成十八年七月）
（注7）青木紀元氏「出雲国造神賀詞初段の難語」の「天乃美賀秘」（同氏著『祝詞古伝承の研究』国書刊行会、昭和六十年七月）
（注8）和田萃氏「新城と大藤原京—万葉歌の歴史的背景—」（『萬葉』第百九十六号、平成十八年十一月）
（注9）『新編日本古典文学全集 栄花物語』（一九九五年八月）
（注10）『新編日本古典文学全集 神楽歌・催馬楽・梁塵秘抄・閑吟集』（二〇〇〇年十二月）
（注11）「しつおり（倭文）」の一つの見本が、神宮司庁発行『第六十一回 神宮式年遷宮』（カラー写真集、平成六年三月）の「御装束神宝」の項に「倭文御裳《しどりのみも》」（豊受大神宮御料）として載せられていて見ることが出来る。それを見ると、全体として渋い色調であるが、紺の地に白色系の細い縦縞の織柄が筋の文様としてくっきりと美しく等間隔に並んでいる。ここの「倭文の大御心もたしに」という表現を納得させるのではないかと思わせられる。
（注12）本居宣長著『出雲国造神寿後釈』（『全集 第七巻』所収）
（注13）西宮一民氏「祝詞の表記と訓読」（『神道史研究』第十六巻第一号、昭和四十三年一月）

【考】〔出雲国造神賀詞とは〕

出雲国造神賀詞は「いづものくにのみやつこのかむよごと」と訓む。但し、この詞そのものの文中では「神賀吉詞」（二例）と表記されており、これは「かむほきのよごと」と訓む。これがこの詞の具体的な意味内容をよく表わしている。出雲の国の国造が朝廷から新任された時、出雲の国で一定の斎み籠りの斎事をした後、出雲国からの数多くの神宝の奉献と共に国造が奏上する御代祝《みよほ》ぎの賀詞である。

出雲国造の新任式については、『儀式』の「太政官曹司庁任二出雲国造一儀」に詳しく、それに続く儀式として『延喜式』「臨時祭」の「賜二出雲国造一負幸物」があり、これもまた詳しく記述されている。

また、国造の「神賀詞」の奏上については、同じく臨時祭式の「国造奏二神寿詞一」の条に、その詳細が記述されている。

この儀式の歴史上の初見は、『続日本紀』の元正天皇霊亀二年（七一六）二月丁巳（十日）の条に、

出雲国国造外正七位上出雲臣果安、斎竟奏二神賀事一。神祇大副中臣朝臣人足、以二其詞一奏聞。是日、百官斎焉。自二果安一至二祝部一一百一十余人、進レ位賜レ禄各有レ差。

とある記事である。

（付）中臣寿詞

解説

一　「中臣寿詞」とは何か

「中臣寿詞」は「なかとみのよごと」と訓む。天皇の践祚大嘗祭の儀式において、即位された天皇の御世が長くお栄えになりますようにと、中臣氏が申し上げる詞。「よごと」は「よ（吉）こと（言）」の意で、ここでは「祝寿の詞」の意。「天神寿詞（あまつかみのよごと）」と言うのが正式の称し方である。初見は『日本書紀』の持統天皇の即位の記事である。

　四年（六九〇）春正月戊寅朔、物部麻呂朝臣樹㆓大盾㆒。神祇伯《かむづかさのかみ》中臣大島《なかとみのおほしま》朝臣読㆓天神寿詞㆒。畢忌部宿祢《いみべのすくね》色夫知《しこぶち》奉㆓上神璽劔鏡於皇后㆒。皇后即㆓天皇位㆒。公卿百寮、羅列匝拝、而拍㆑手焉。

とある。これは『神祇令』に、

　凡践祚之日、中臣奏㆓天神之寿詞㆒。忌部上㆓神璽之鏡劔㆒。

とあるのに合致する。この規定は、この前年の六月の庚戌（二十九日）に、「班㆓賜諸司令一部廿二巻㆒。」とあり、いわゆる『浄御原令』が班布されているから、その規定に則っての施行であったと思われる。ところが、五年（六九一）に、

　十一月戊辰（一日）、大嘗。神祇伯中臣朝臣大島読㆓天神寿詞㆒。

と見える。これらの記事によると、「天神寿詞」は即位式と践祚大嘗祭の時と二度も奏上されたことになる。最初の儀式とのことで、混乱があったのであろうか。

今日に伝わる「中臣寿詞」は践祚大嘗祭に読まれた内容のものである。『延喜式』の践祚大嘗祭の辰日の儀式として、

辰二点（午前七時三十分）、車駕臨二豊楽院一。御二悠紀帳一。……神祇官中臣執二賢木一副レ笏。入レ自二南門一就二版位一。跪奏二天神之寿詞一。忌部入奉二神璽之鏡劔一。訖退出。〔若有二雨湿一即立奏之。〕

と見える。『儀式』には「跪奏二天神之寿詞一。〔群臣共跪《ニ》。〕忌部奉二神璽之鏡劔一共退出。親王已下共起。」とある。

二　「中臣寿詞」の伝来と校訂諸本

（一）

藤原頼長《ふじわらのよりなが》（保安元年〔一一二〇〕～保元元年〔一一五六〕）の『台記別記』康治元年（一一四二）十一月十六日の条に見える「中臣寿詞」、これは近衛天皇の大嘗祭の辰の日の行事として、大中臣朝臣清親《きよちか》が奏上したものであるが、その「中臣寿詞」を世に紹介したのは本居宣長であった。宣長は『玉がつま』の壱の巻（寛政六年〔一七九四〕十二月版行）の冒頭に「中臣寿詞」と題して、

大嘗会の中臣《ナカトミノ》寿詞《ヨゴト》といふ文あり。宇治ノ左大臣頼長公の台記の、康治元年の大嘗会ノ別記に載せられたり。其文、

として、その全文を片仮名の傍訓を付して掲げ、

これ也。此文、ふるくめでたき事多きを、世にしれる人まれなる故に、今写し出せり。ところどころ文字の誤《リ》おほかるを、今は三四本を合せ見て、たがひによしあしき中に、よしとおぼしきをえらびてしるしつ。されど猶誤《リ》と見ゆる所々なきにあらず。なほ善本《ヨキマキ》をえて正すべき也。

と述べている。そして更に、「さて今古言を考へて、訓をも加《クハ》へたるついでに、いさ、かことの意をもとくべし。」と言って、みずからの考えをも付け加えている。

右の引用文中に「今は三四本を合せ見て」と言っているが、宣長はこの「中臣寿詞」を早くから注目している。後に『本居宣長随筆』（『全集　第十三巻』所収）と名付けられたその自筆本『石上助識篇　乙酉冬』（本居宣長記念館蔵。「乙酉ハ明和二年卅六歳」と本居清造が付箋をつけている）に、「●台記別記第一巻康治元年十一月大嘗会中臣寿詞」と題して、その全文を引用し（傍訓はなし）、他本をもって校合していて、朱筆・墨筆で、約七十の異文の注記をしている。

また、本居宣長記念館において新しくその存在が判明した宣長自筆の「中臣寿詞」一枚がある（傍訓なし）。縦一七・七糎、横四八・七糎のもので、書いた時期等はわからないが、内容から見ると、先の『玉勝間』の冒頭に掲げている「中臣寿詞」の自分の考えにもとづいての丁寧な本文の作成をしていて、宣長の最終的な清書本と見られる。なお、この一枚本の原本を本居宣長記念館で私が初めて目にすることができたのは平成十七年十一月八日のことであった。

（二）

本居宣長の後、西田長男氏はその著『神道史の研究　第二』（理想社、昭和三十二年十二月）に、「中臣寿詞攷—新発見の遺文を中心に—」を発表され、その著のはじめに写真版を公表され、「寿詞文」と題する全文を掲げて紹介された。

氏御自身の紹介文を引用させていただく。

さて、わたしは、今、台記別記のとはまつたく伝来を異にする一つの異本を紹介するであらう。縦二十三糎、横四十七糎の楮紙三枚を横長に継ぎ合せて認めた巻子本で、次の如くにある。但し、ところどころ鼠害のために缺失した部分が存するが、是等の文字には□を以て標し、且つその右傍又は左傍に玉勝間の宣長校訂文による注記を附した。

として、「寿詞文」と題する全文を掲げられた（ところどころ片仮名による振仮名が付されている）。奥書には、

私記

寿詞奏者祭主以素紙書レ也於大極殿

読□也従二公家一不被書下之

伊忠卿之御本於被下書之　守晨之

とある。そして西田氏はその伝来について考証しておられる。それによると、

本書は藤波家○旧子爵即ち神宮祭主大中臣氏の旧蔵本に係り、近年同家より坊間に出されたものの一である。而して書写人は荒木田守晨《モリトキ》で、実にその自写に成る。守晨は文正元年、皇大神宮禰宜同姓守秀の子として生まれ、弟に俳諧の祖として知られる守武がある。初名を経晨といったらしく、文明十年六月十八日、父の卒去の後を受けて、従五位下に叙し、十禰宜に補せられた。次第に昇叙して、従四位上に至り、一禰宜となり、極官の長官に任ぜられたが、永正十三年十一月十七日、執印六日にして、五十一歳を以て自殺した。

という。

また、西田氏はこの守晨自写本の「寿詞文」の内容から、それがまさしく、

天仁元年十一月中の卯の日（実際はその二十二日戊辰の辰日節会）の鳥羽天皇の大嘗祭に於いて、祭主大中臣（朝臣）親定が奏したものであるのを知られる。

ことを述べられ、さらに、

然らば、新たに発見せられた荒木田守晨自写に係る中臣寿詞は、従来知られてゐる唯一の伝本たる台記所載のそれが康治元年に奏せられたものであるのに対し、それより三十四年を溯る天仁元年（一一〇八）に用ゐられたものであるのは、ここに縷説を要しまい。その意味に於いてのみでも、この守晨本は甚だ珍重すべきものであるのを察し得られよう。

と述べられた。

ここに「中臣寿詞」は守晨本というこれまで知られたものとは異る貴重な新資料（古写本）を得て、研究の基礎が一層確かなものとなった。けれども鼠害による欠失部分（私の数えるところでは本文〔大字・小字〕の約五十七字）があることは惜しまれることであった。

（三）

平成四年九月、小松〔藤森〕馨氏が「新発見の藤波家所蔵『中臣秘書（天神寿詞）』の紹介と考察」（『國學院大學日本文化研究所紀要』第七十輯）を発表された。それによると『中臣秘書』というのは、西田氏が紹介された守晨本と同じ大中臣親定《むつさだ》が奏上した寿詞を記録してあるもので、祖本を同じくするものであるという。しかも保存状況も良好で、守晨本では鼠害のために判読不可能な部分も全て判読できるという。氏御自身の説明によると、

本書は表紙の他墨付け四丁の冊子で、縦三〇・八糎、横二二・二糎、料紙は黄色に染めた楮交漉きの生紙であ

る。表紙に「中臣秘書」とあり、奥書には「于時応永八年辛巳十一月三日書写畢」とあることから守晨本より約百年前に書写されたものである事がわかる。

という。

藤森氏は更に『大中臣祭主　藤波家の歴史』（藤波家文書研究会編、平成五年三月）にも、藤波家の歴史と共にこの「天神寿詞」について詳論され、全文を掲げておられる。

この貴重な『中臣秘書（天神寿詞）』はその後、國學院大學図書館の所蔵となっている。

(四)

中臣寿詞の本文校訂に必要な大切なものがもう一本ある。それは青木紀元氏が「中臣寿詞の基礎的資料」（『祝詞古伝承の研究』国書刊行会、昭和六十年七月）に紹介されたもので、神宮文庫蔵の壺井義知《よしちか》（明暦三年〔一六五七〕～享保二十年〔一七三五〕）が校訂した中臣寿詞である。義知は本居宣長より七十三歳年長の有職故実家であった。

青木氏の紹介文を引用する。

墨付三枚の書で、『神階記』と合綴になっている。初めに「林崎文庫」の印と「勤思堂」の印とが押してある。「勤思堂」とは、京都の書肆村井敬義（古巌）のことで、この書は村井敬義が天明四年（一七八四）に皇大神宮林崎文庫に奉納した多数の書物の中の一冊であったことが認められる。

氏は更に詳しい紹介の解説をしておられるが省略する。氏はこの壺井本の「中臣寿記」の全文を原文のままに翻刻しておられる。

題には冒頭に「台別記康治元十一月大嘗会記之中」と記し、第二行に「中臣寿詞」と題して全文の校訂本文を墨書

と朱書で記していて、奥書に、

右中臣寿詞文在台記之中而有或異字
或脱字今以朱補之者皆愚案也強不可
證之云尓　　　　壺井義知　判

とある。この奥書にもとづいて、氏は次のように述べておられる。

この本は、義知の自筆本そのものではないと考える。というのは、巻末奥書の署名に「壺井義知判」とあるからである。もし自筆本ならば、本人の花押を書くとか、印を押すとかするところを、転写本であるが故に、写した人が「判」と書いたわけである。転写本であるとしても、「勤思堂」の印が押されているから、義知の死後五十年以上を下るものでは決してない。朱書の部分があったりするところから推すと、原本の忠実な模写もしくは厳密な転写であったのだろうと想像する。

その後、私も神宮文庫で原本に就いて調べたが、本文（大字・小字）の朱書の箇所が二十八箇所（字数ではない）あり、朱書の傍訓も多くある。義知が「愚案」とするこの朱書の本文・傍訓には、青木氏が指摘されている問題の箇所も含めて本文校訂に役立つ貴重なものがあり、故実家義知の見識を示すものと思われた。

（五）

これまでの「中臣寿詞」研究で、本文の校訂・注釈において、最も完成度が高いと思われるのは、言うまでもなく青木紀元氏の『祝詞全評釈〔延喜式祝詞・中臣寿詞〕』（右文書院、平成十二年六月）である。青木氏晩年の著作で（平成十七年六月二十四日、九十一歳で御逝去）、その成果については直接就いて見ていただきたく、省略する。

凡　例

一　この「(付) 中臣寿詞」は前の「延喜式祝詞」と同じく、「中臣寿詞」(「天神寿詞」)の本文を校訂し、「校訂本文」(右に片仮名で傍訓を付けた)、「訓読文」、「注解」、そして「考」を付けたものである。

二　本文について

1　本文(原文)は、本居宣長の『玉がつま』(『玉勝間』)本(版本)を底本とし、藤波家本(『中臣秘書』)(藤森馨氏の翻刻文による)、壺井義知本(神宮文庫所蔵)、そして部分として(脚注30の後注)、『本居宣長随筆』、本居宣長の校訂稿本(以上二点、本居宣長記念館所蔵)、青木紀元氏の校訂本文(『祝詞全評釈』)などをもって校訂し、校異を脚注に示した。但し、脚注30についてはスペースが不足するので後注(三四八頁)にまわした。

その略号は次のとおりである。

『玉がつま』――玉
藤波家本(『中臣秘書』)――藤
壺井義知本――壺
(部分引用)
『本居宣長随筆』――随筆
本居宣長の校訂稿本――稿本
青木紀元氏の校訂本文――青

2・3・4・5については、前の「延喜式祝詞」の場合と同じ。

三　訓読文について

四　注解について

五　考について

右の三・四・五についても、前の「延喜式祝詞」の場合と殆ど同じであるので、注記を省略する。

なお、この「中臣寿詞」についても、諸先学の書、論文の恩恵を受けていることは言うまでもなく、学恩に感謝する。

○　貴重な所蔵本の使用を御許可下さった本居宣長記念館、神宮文庫に対して、深く感謝申し上げます。

[1]中臣《ナカトミノ》寿詞《ヨゴト》

現御神《アキツミカミ》[2]止《ト》大八島国《オホヤシマグニ》[3]所《シロ》レ知食《シメ》須《ス》大倭根子《オホヤマトネコ》天皇《スメラ》我《ガ》御前《オホマヘ》[4]仁《ニ》、

天神《アマツカミ》乃《ノ》寿詞《ヨゴト》遠《ヲ》称辞《タタヘゴト》定奉《サダメマツ》止《ト》良久《ラク》申須《マヲス》。

高天原《タカマノハラ》[5]仁《ニ》神留《カムヅマリ》[6]坐《マ》須《ス》皇親《スメムツ》神漏《カムロ》[7]岐《キ》・神漏美《カムロミ》乃《ノ》命《ミコト》[8]遠《ヲ》持《モチ》天《テ》、

八百万《ヤホヨロヅ》乃《ノ》神等《カミタチ》遠《ヲ》[9]集《ツド》倍《ヘ》賜《タマヒ》天《テ》、皇孫尊《スメミマノミコト》波《ハ》高天原《タカマノハラ》仁《ニ》事始《コトハジメ》天《テ》、

豊葦原《トヨアシハラ》乃《ノ》瑞穂《ミヅホ》乃《ノ》国《クニ》遠《ヲ》安国《ヤスクニ》止《ト》平《タヒラ》[10]介《ケ》久《ク》所《シロ》レ知食《シメシ》天《テ》、天都日嗣《アマツヒツギ》

乃《ノ》天都《アマツ》高御《タカミ》[11]座《クラ》仁《ニ》御《オハシ》[12]坐《マシ》天《テ》、天都《アマツ》[13]御膳《ミケ》[14]乃《ノ》長御膳《ナガミケ》乃《ノ》遠御膳《トホミケ》

1 中臣寿詞—藤「寿詞文」。

2 止—壺「与」。
3 国—藤「所」。
4 仁—藤「尓」。

5 仁—藤「尓」。
6 坐—藤、ナシ。
7 岐—藤「伎」。
8 遠—藤「於」。藤ハ目的格ノ「遠」ヲ「於」ト書ク。以下注記セズ。

9 集倍—藤「神集メ」。

10 介—壺、ナシ。
11 座仁—藤「食尓」。
12 坐—藤「座」。
13 御—藤、ナシ。
14 乃—玉・壺「遠」。藤「於」。玉ハ「乃」カトス。

止《ト》、千《チ》秋《アキ》乃《ノ》五《イ》百《ホ》秋《アキ》仁《ニ》瑞《ミヅ》穂《ホ》遠《ヲ》平《タヒラ》介《ケ》久《ク》安《ヤスラ》介《ケ》久《ク》由《ユ》庭《ニハ》仁《ニ》所《シ》レ[15]知《ロ》食《シメセ》[16]止《ト》

事《コト》依《ヨサ》志《シ》奉《マツリ》[17]弖《テ》、天《アマ》降《クダリ》坐《マシ》[18]之《シ》後《ノチ》仁《ニ》、中《ナカ》臣《トミ》乃《ノ》遠《トホ》[19]都《ツ》[20]祖《オヤ》天《アマノ》児《コ》屋《ヤ》根《ネノ》

命《ミコト》[21]、皇《スメ》御《ミ》[22]孫尊《マノミコト》乃《ノ》御《ミ》前《マヘ》仁《ニ》[23]奉《マツリ》レ仕《ツカヘ》弖《テ》、天《アマノ》忍《オシ》雲《クモ》根《ネノ》神《カミ》遠《ヲ》天《アマ》乃《ノ》

二《フタ》上《ガミ》仁《ニ》[24]奉《マツリ》レ上《ノボセ》弖《テ》、神《カム》漏《ロ》[25]岐《キ》・神《カム》漏《ロ》美命《ミノミコト》乃《ノ》[26]前《マヘ》仁《ニ》受《ウケ》給《タマ》[27]波《ハ》里《リ》申《マヲシ》[28]弖《テ》、

皇《スメ》御《ミ》[29]孫尊《マノミコト》乃《ノ》御《ミ》膳《ケ》都《ツ》水《ミヅ》波《ハ》、[30]宇《ウ》都《ツ》志《シ》国《クニ》乃《ノ》水《モヒトリ》部《ベ》天《アマ》都《ツ》水《ミヅ》遠《ヲ》

立《タテ》奉《マツラ》牟《ム》止《ト》申《マヲシシ》遠《ヲ》里《リ》、事《コト》教《ヲシヘ》給《タマヒ》志《シ》仁《ニ》[31]依《ヨリ》弖《テ》、天《アマノ》忍《オシ》雲《クモ》根《ネノ》[32]神《カミ》天《アマ》乃《ノ》浮《ウキ》雲《クモ》仁《ニ》

乗《ノリ》弖《テ》、天《アマ》乃《ノ》二《フタ》上《ガミ》仁《ニ》[33]上《ノボリ》坐《マシ》弖《テ》、神《カム》漏《ロ》岐《キ》・神《カム》漏《ロ》美《ミ》[34]命《ノミコト》乃《ノ》前《マヘ》

仁《ニ》[35]申《マヲ》世《セ》波《バ》、[36]天《アマ》乃《ノ》玉《タマ》櫛《クシ》遠《ヲ》事《コト》依《ヨサシ》奉《マツリ》弖《テ》、此《コノ》玉《タマ》櫛《クシ》遠《ヲ》刺《サシ》立《タテ》[37]弖《テ》、自《ヨリ》二

15 知―玉「聞」カトス。
16 止―藤「斗」。
17 弖―藤「天」。藤ハ接続助詞ノ「弖」ヲ「天」ト書ク。以下注記セズ。
18 之―玉・藤、大字。壺、小字。
19 都―藤、大字。
20 祖―藤、「神」。
21 命―藤、コノ下ニ「止」（小字）アリ。
22 孫―藤、ナシ。
23 奉仕弖―藤「奉天仕」。
24 奉上弖―藤「奉天上」。
25 岐―藤「伎」。
26 前―藤、コノ上ニ「御」アリ。
27 里波―藤「利」（小字）。
28 弖―藤「尓」。
29 孫―藤、コノ下ニ「乃」（小字）アリ。
30 「宇都志国……申遠里」ノ校訂ハ、重要ニシテ複雑ナレバ、**後注**ニマワス。
31 依弖―藤、ナシ。
32 根―藤、コノ下ニ「乃」（小字）アリ。
33 上―藤、コノ上ニ「奉」アリ。
34 命―藤、ナシ。
35 申―藤、コノ上ニ「受給」アリ。
36 天―藤、コノ上ニ「皇御孫尊乃」アリ。

夕《ユフ》日《ヒ》一至《イタル》二朝《アサ》日照《ヒノテルニ》一万《マ》弖《デ》、天《アマ》都《ツ》詔《ノリ》[38]戸《ト》乃《ノ》太《フト》[39]詔《ノリ》刀《ト》言《ゴト》遠《ヲ》[40]以《モチ》弖《テ》告《ノ》礼《レ》。如《カ》レ此《ク》告《ノラ》波《バ》、麻《マ》知《チ》波《バ》弱《ワカ》韮《ミラ》仁《ニ》由《ユ》都《ツ》五《イ》百《ホ》篁《タカムラ》生《オヒ》出《イデ》牟《ム》。[41]自《ヨリ》二其《ソノ》下《シタ》一天《アマ》乃《ノ》八《ヤ》井《ヰ》出《イデ》牟《ム》。此《コ》遠《ヲ》持《モチ》天《テ》天《アマ》[42]都《ツ》水《ミヅ》止《ト》所レ聞食《キコシメセ》止《ト》事《コト》依奉《ヨサシマツリ》[43]支《キ》。如《カ》レ此《ク》[44]依奉《ヨサシマツリ》志《シ》任《マニ》任《マ》仁《ニ》、所レ聞食《キコシメ》[45]須《ス》由《ユ》庭《ニハ》乃《ノ》瑞《ミヅ》穂《ホ》遠《ヲ》、[46]四《ヨ》国《クニノ》卜《ウラ》部《ベ》等《ラ》、[47]太《フト》兆《マニ》[48]仁《ニ》卜《ウラ》事《ゴト》[49]遠《ヲ》持《モチ》弖《テ》、奉《マツ》レ[50]仕《ツカヘ》[51]留《ル》悠《ユ》[52]紀《キ》仁《ニ》近江《アフミ》国《クニノ》野《ヤ》洲《スノ》[53]郡《コホリ》、主《ス》基《キ》仁《ニ》丹《タニ》波《ハノ》国《クニノ》氷《ヒ》上《カミノ》[54]郡《コホリ》遠《ヲ》斎定《イハヒサダメ》弖《テ》、物《モノノ》部《フ》乃《ノ》人等《ヒトドモ》、酒《サカ》造《ツ》児《コ》・酒《サカ》波《ナミ》・粉《コ》走《バシリ》・灰《ハヒ》焼《ヤキ》・薪《タキギ》採《コリ》・相《アヒ》[55]作《ヅクリ》・稲《イナ》実《ミノ》公《キミ》等《ラ》、大《オホ》嘗《ニヘノ》[56]会《マツリ》乃《ノ》斎《ユ》場《ニハ》[57]仁《ニ》持《モチ》斎《ユマ》波《ハ》利《リ》参《マヰ》来《キ》弖《テ》、今《コ》

37 弖—藤、ナシ。
38 戸—壺「部」。藤「刀」。
39 詔—藤、ナシ。
40 以弖—藤、ナシ。
41 自其下—藤「自其天下天」。
42 都—藤「津」。
43 支—藤「岐」。
44 依—玉、ナシ。玉、脱トス。
45 須—玉、ナシ。壺・藤「須」。
46 四国—壺「四毛国」、藤「四方乃国乃」、トアリ。
47 太—藤「大」。
48 仁—玉、「乃」ノ誤リカトス。壺・藤「仁」。
49 遠—藤「乎」。
50 仕—壺・藤、ナシ。
51 留—玉、「弖」カトス。壺「留」。藤、ナシ。
52 紀—藤「記」。
53 郡—玉、ナシ。壺「郡遠」。藤「郡」。
54 郡—玉、ナシ。
55 作—玉・壺「候」。玉、「作」カトス。藤「作」。
56 会—玉、「宮」ノ誤リカトス。
57 仁—藤「尓」。

[58]年《トシノ》十《シ》一《モ》[59]月《ツキノ》中《ナカ》都《ツ》卯《ウノ》日《ヒ》[60]仁《ニ》、由《ユ》志《シ》理《リ》伊《イ》都《ツ》志《シ》理《リ》持《モチ》、[61]恐《カシコ》美《ミ》恐《カシコ》美《ミ》毛《モ》[62]清《キヨ》麻《マ》波《ハ》利《リ》仁《ニ》奉《マツ》レ仕《ツカヘ》利《リ》、月内《ツキノウチ》仁《ニ》日《ヒ》時《トキ》遠《ヲ》撰定《エラビサダメ》弖《テ》献《タテマツレ》留《ル》悠《ユ》紀《キ》・主基《スキ》乃《ノ》[63]黒木《クロキ》・白木《シロキ》乃《ノ》大御酒《オホミキ》遠《ヲ》、大倭根子天皇《オホヤマトネコスメラ》我《ガ》天都《アマツ》御膳《ミケ》乃《ノ》長御膳《ナガミケ》[64]乃《ノ》遠御膳《トホミケ》[65]止《ト》、[66]汁《シル》仁《ニ》毛《モ》実《ミ》仁《ニ》毛《モ》赤丹《アカニ》乃《ノ》穂《ホ》[67]仁《ニ》所《キ》レ聞《コ》食《シメシ》[68]弖《テ》、豊明《トヨノアカリ》[69]仁《ニ》[70]明《アカリ》御坐《オハシマシ》弖《テ》、[71]天都社《アマツヤシロ》・国都社《クニツヤシロ》止《ト》称《タタヘ》辞定《ゴトサダメ》奉《マツ》留《ル》皇神等《スメカミタチ》母《モ》、千秋《チアキ》・五百秋《イホアキ》乃《ノ》相嘗《アヒニヘ》[72]仁《ニ》、相宇豆《アヒウヅ》[73]乃《ノ》比《ヒ》奉《マツ》利《リ》、堅《カチ》[74]磐《ハニト》常《キ》[75]磐《ハ》仁《ニ》斎奉《イハヒマツ》[76]利《リ》弖《テ》、伊賀志《イカシ》御世《ミヨ》[77]仁《ニ》栄《サカエ》志《シ》女《メ》奉《マツ》利《リ》、自《ヨリ》二康《カウ》治元年《ヂノハジメノトシ》一始《ハジメ》弖《テ》、与《ト》二天地《アメツチ》[78]日月《ヒツキ》一[79]共《トモニ》照《テラ》志《シ》明《アカ》[80]良《ラ》志《シ》御坐《オハシマス》

58 年―藤、下ニ「乃」（小字）アリ。
59 月―藤、下ニ「乃」（小字）アリ。
60 仁―藤、ナシ。
61 恐美恐毛美―藤「恐利弥也」。
62 清―壺「由」。藤「青」。
63 黒―藤「御膳里」。
64 乃―壺「遠」（小字）。藤、ナシ。
65 止―藤「斗」。
66 汁―藤「知」。
67 仁―壺・藤、下ニ「毛」（小字）アリ。玉、衍トス。
68 弖―藤「須」。
69 仁―藤「尓」。
70 明御坐弖―藤「御座毛」。
71 天都社・国都社止―玉・壺「天都神乃寿詞遠」。藤「天都社・国津社」。意ニヨリテ「止」ヲ入レル。
72 仁―藤「尓」。
73 乃比―藤、小字。壺、大字。玉、「比」ノミ小字。
74 磐―壺「盤」。
75 磐―壺「盤」。
76 利弖―藤「天」一字ノミ。
77 仁―藤「尓」。
78 日月―玉・壺「月日」。藤「日月」。
79 共―壺・藤、下ニ「二」（小字）アリ。
80 良志―壺「良志女」。

事《コト》仁《ニ》、本末《モトスヱ》不《ズ》レ傾《カタブカ》茂《イカシ》[81]槍《ホコ》乃《ノ》中《ナカ》執持《トリモチ》弖《テ》奉《マツ》レ仕《ツカヘ》留《ル》中臣祭主《ナカトミノイハヒヌシ》、
正《オホキ》四《ヨツノ》位《クラヰノ》上《カミツシナ》行《ギヤウ》神祇《カムヅカサノ》大副《オホキスケ》、大中臣《オホナカトミノ》朝臣《アソ》清親《ミキヨチカ》、寿詞《ヨゴト》
遠《ヲ》称辞《タタヘゴト》定《サダメ》奉《マツ》[82]良《ラ》久《ク》止《ト》[83]申《マヲス》。
又《マタ》申《マヲサ》久《ク》、天皇朝廷《スメラガミカド》[84]仁《ニ》奉《マツ》レ仕《ツカヘ》[85]留《ル》親王《ミコタチ》[86]・[87]諸王《オホキミタチ》・諸臣《マヘツキミタチ》・
百官人等《モモノツカサノヒトドモ》、天下《アメノシタ》四方《ヨ》[88]国《モノクニ》乃《ノ》百姓《オホミタカラ》、[89]諸諸《モロモロ》集侍《ウゴナハリハベ》[90]利《リ》[91]弖《テ》、見《ミ》
食《タマ》倍《ヘ》、尊《タフトビ》食《タマ》倍《ヘ》、[92]歓《ヨロコビ》食《タマ》倍《ヘ》、聞《キキ》食《タマ》倍《ヘ》、天皇《スメラガミ》[93]朝[94]庭《カド》仁《ニ》茂《イカシ》世《ヨ》仁《ニ》、
八《ヤ》桑《クハ》枝《エ》乃《ノ》[95]如《ゴト》久《ク》立《タチ》栄《サカエ》奉《マツ》レ仕《ツカヘ》留《ル》倍《ベ》支《キ》禱《ホキ》[96]事《コト》[97]遠《ヲ》、[98][99]恐《カシコ》美《ミ》恐《カシコ》美《ミ》毛《モ》申《マヲシ》
給《タマ》波《ハ》久《ク》[100]止《ト》申《マヲス》。

81 槍—藤、「檜」ニ誤ル。
82 良—玉・藤、ナシ。壺「良」。
83 申—藤、「申天申久」トシ、次ノ「又申久」ナシ。
84 仁—藤「尓」。
85 留—藤、ナシ。
86 王—玉、コノ下ニ「等」ヲ入ル。壺・藤、ナシ。
87 諸王—玉「王等」。壺・藤「諸王」。
88 方—壺、コノ下ニ「津」(小字)アリ。
89 諸諸—藤、「諸」一字
90 利—玉、ナシ。壺・藤「利」。
91 弖—藤、ナシ。
92 歓—壺、コノ下ニ「比」(小字)アリ。
93 朝—玉・壺「明」。玉、「朝」ノ誤リトス。
94 庭—藤「廷」。
95 如久—玉・壺、ナシ。藤「如久」。
96 事—玉・壺、ナシ。藤「事」。壺、「禱」トハ別ニ「称辞」ト書ク。
97 遠—壺、ナシ。藤「於」。
98 恐—玉、コノ上ニ「所聞食止」アリ。壺「竟奉良久登」アリ。
99 恐美恐美毛—壺「恐美」。藤「恐美恐美毛」。
100 止—藤「斗」。

〔脚注30の後注〕

「皇御孫尊乃御膳都水波、」に続く本文

壺｜　宇都志国乃水部《モトリヘ》、天都水遠主《ツカサトリ》奉牟止申遠里、

玉｜　宇都志国乃水了《ウツシクニノミヅニ》、天都水遠加立奉《アマツミヅヲクハヘタテマツラ》牟《ム》止《ト》申《マヲ》遠《セ》里《リ》、

玉｜、「了ノ字ハ、尸とも加ともあり、皆誤也、かならず仁《ニ》なるべし。」

〃、「立ノ字ハ、弖《テ》を誤れる也。」

〃、「申遠里ハ心得ず、かならず申《マヲ》止《ト》世《セ》と有べきところ也。」

『本居宣長随筆』

随筆｜　宇都志国乃水尸《モトリヘ》（アイ）（加イ）天都水（遠）（クイ）（加イ）立奉（主イ）牟止申遠里

「宣長の校訂稿本」

稿本｜　宇都志国乃水仁（加イ）天都水遠。加弖立奉牟止申世止

藤｜　宇都志《ウツシ》国乃水於天津水夜立《タテ》奉《シ》牟止申世利

○『本居宣長随筆』の「中臣寿詞」は三重県松阪市の本居宣長記念館に所蔵する原本による。

○本居宣長の「中臣寿詞」の校訂稿本（一枚）は、本居宣長記念館の二〇〇五年（平成十七年）九月十三日～十二月四日

開催の「秋の企画展」に展示された〝新発見〟○「中臣寿詞」（一枚）の原本による。

「青木紀元氏の校訂本文」

青|宇都志国乃《ウツシクニノ》水部《モヒトリベ》、天都水遠立奉牟止申遠里《アマツミヅヲタテマツラムトマヲシシヲリ》、

○青木紀元著『祝詞全評釈（延喜式祝詞・中臣寿詞）』（右文書院、平成十二年六月）による。青木氏はかつて「宇都志国乃水遠天都水止成立奉牟止申遠里」（うつし国《くに》の水を天《あま》つ水《みづ》と成《な》して立奉《たてまつ》らむと申すをり、）とする本文を提出されたが（『祝詞』（桜楓社、昭和五十年十一月））、『全評釈』で改められた。『全評釈』の本文をたてられたことについて、壺井義知校訂本に、「宇都志国乃水部《モトリヘ》天都水遠主《ツカサトリ》奉牟止申遠里」とあるのに従った。但し「主奉」は、史料大観本・荒木田守晨本の「立奉」によった。玉かつま本に「宇都志国乃水了」とある「了」は、もと「部」の旁《つくり》の「阝」であったのではないかと推測する。「水部《もひとりべ》」は、宮中の飲料水をつかさどった職の者。

と言われた。私もこれでよいのではないかと考えている。なお、「『了』」は、もと『部』の旁《つくり》の『阝』であったのではないか」とのことについては、東野治之氏が『書の古代史』（岩波書店、一九九四年一一月）の「第五章　古代の文字世界」の中で、

「ア」の用例をさかのぼってゆくと、古代朝鮮の金石文にゆきつく。五六六年の高句麗長安城刻石には「後ア」という形で、「部」の略体として使われているのである。「ア」はわが国でつくられた略体ではなく、すでに古代朝鮮で古くから使われていた字体がわが国に入り、さらにうけつがれて仮名の「へ」の源になったわけである。（二一三頁）

と述べておられる。

【訓読文】

中臣寿詞《なかとみのよごと》

[一]現《あき》つ御神《みかみ》と[二]大八島国《おほやしまぐに》知《し》ろし食《め》す[三]大倭根子天皇《おほやまとねこすめら》が御前《おほまへ》に、天《あま》つ神《かみ》の寿詞《よごと》を[四]称《たた》へ辞定《ごとさだ》め奉《まつ》らくと申《まを》す。

高天《たかま》の原《はら》に神留《かむづま》り坐《ま》す皇親神漏岐《すめむつかむろき》・神漏美《かむろみ》の命《みこと》を持《も》ちて、八百万《やほよろづ》の神等《かみたち》を集《つど》へ賜《たま》ひて、「皇孫《すめみま》の尊《みこと》は[五]高天《たかま》の原《はら》に事始《ことはじ》めて、豊葦原《とよあしはら》の瑞穂《みづほ》の国《くに》を安国《やすくに》と平《たひ》らけく知《し》ろし食《め》して、[六]天《あま》つ日嗣《ひつぎ》の天《あま》つ高御座《たかみくら》に御坐《おはしま》して、[七]天《あま》つ御膳《みけ》の長御膳《ながみけ》の遠御膳《とほみけ》と、[八]千秋《ちあき》の五百秋《いほあき》に瑞穂《みづほ》を平《たひ》らけく安《やす》らけく[九]ゆ庭《には》に知《し》ろし食《め》せ」と事依《ことよ》さし奉《まつ》りて、天降《あまくだ》り坐《ま》しし後《のち》に、[一〇]中臣《なかとみ》の遠《とほ》つ祖《おや》[一一]天児屋根命《あまのこやねのみこと》、皇御孫尊《すめみまのみこと》の御前《みまへ》に仕《つか》へ奉《まつ》りて、「[一二]天忍雲根神《あまのおしくもねのかみ》を[一三]天《あま》の二上《ふたがみ》に上《のぼ》せ奉《まつ》りて、[一四]神漏岐《かむろき》・神漏美命《かむろみのみこと》の前《まへ》に受《う》け給《たま》はり申《まを》して、皇御孫尊《すめみまのみこと》の[一五]御膳《みけ》つ水《みづ》は、[一六]うつし国《くに》の[一七]水部《もひとりべ》[一八]天《あま》つ水《みづ》を立奉《たてまつ》らむ」と申《まを》ししをり、[一九]事教《ことをし》へ給《たま》ひしに依《よ》りて、天忍雲根神《あまのおしくもねのかみ》[二〇]天《あま》の浮雲《うきくも》に乗《の》りて、天《あま》の二上《ふたがみ》に上《のぼ》り坐《ま》して、神漏岐《かむろき》・神漏美命《かむろみのみこと》の前《まへ》に申《まを》せば、[二一]天《あま》の玉櫛《たまくし》を[二二]事依《ことよ》さし奉《まつ》りて、「此《こ》の玉櫛《たまくし》を[二三]刺《さ》し立《た》てて、夕日《ゆふひ》より朝日《あさひ》の照《て》るに至《いた》るまで、[二四]天《あま》つ詔戸《のりと》の太詔刀言《ふとのりとごと》を以《も》ちて告《の》れ。かく告《の》らば、[二五]まちば弱韮《わかみら》に[二六]ゆつ五百篁《いほたかむら》生《お》ひ出《い》でむ。其《そ》の下《した》より[二七]天《あま》の八井《やゐ》出《い》でむ。此《こ》を持《も》ちて[二八]天《あま》つ水《みづ》と聞《き》こし食《め》せ」と[二九]事依《ことよ》さし奉《まつ》りき。[三〇]かく依《よ》さし奉《まつ》りし任任《まにま》に、[三一]聞《き》こし食《め》すゆ庭《には》の瑞穂《みづほ》を、[三二]四国《よくに》の卜部《うらべ》等《ら》、[三三]太兆《ふとまに》に[三四]卜事《うらごと》を持《も》ちて、[三五]仕《つか》へ奉《まつ》る[三六]悠紀《ゆき》に[三七]近江《あふみ》の国《くに》の野洲《やす》の郡《こほり》、主基《すき》に[三八]丹波《たには》の国《くに》の氷上《ひかみ》の郡《こほり》を[三九]斎《いは》ひ定《さだ》めて、[四〇]物部《もののふ》の人等《ひとども》、[四一]酒造児《さかつこ》・[四二]酒波《さかなみ》・[四三]粉走《こばしり》・[四四]灰焼《はひやき》・[四五]薪採《たきぎこり》・[四六]相作《あひづくり》・[四七]稲実《いなみ》の公等《きみら》、[四八]大嘗会《おほにへのまつり》の斎場《ゆには》に[四九]持《も》ち斎《ゆ》まはり参来《まゐき》て、[五〇]今年《ことし》の十一月《しもつき》の中《なか》つ卯《う》の日《ひ》に、[五一]ゆしりいつしり持《も》ち、恐《かしこ》み恐《かしこ》みも[五二]清《きよ》まはりに仕《つか》へ奉《まつ》り、[五三]月《つき》の内《うち》に日時《ひとき》を撰《えら》び定《さだ》めて献《たてまつ》れる[五四]悠紀《ゆき》・主基《すき》の黒木《くろき》・白木《しろき》の大御酒《おほみき》を、大倭根子天皇《おほやまとねこすめら》が天《あま》つ御膳《みけ》の長御膳《ながみけ》の遠御膳《とほみけ》と、[五五]汁《しる》にも実《み》にも[五六]赤丹《あかに》の穂《ほ》に聞《き》こし食《め》して、[五七]豊《とよ》の明《あか》りに明《あか》り御坐《おはしま》して、天《あま》つ社《やしろ》・国《くに》つ社《やしろ》と[五八]称《たた》へ辞定《ごとさだ》め奉《まつ》る皇神等《すめかみたち》も、[五九]千秋《ちあき》・五百秋《いほあき》の相嘗《あひにへ》に、[六〇]相《あ》ひうづのひ奉《まつ》り、[六一]堅磐《かちは》に常磐《ときは》に斎《いは》ひ奉《まつ》りて、[六二]いかし御世《みよ》に栄《さか》えしめ奉《まつ》り、[六三]康治元年《かうぢのはじめのとし》より始《はじ》めて、[六四]天地日月《あめつちひつき》と共《とも》に[六五]照《て》らし明《あか》らし御坐《おはし》ます事《こと》に、[六六]本末傾《もとすゑかたぶ》かず茂《いか》し槍《ほこ》の中執《なかと》り持《も》ちて仕《つか》へ奉《まつ》る中臣《なかとみ》の[六七]祭主《いはひぬし》、[六八]正四位上行神祇大副《おほきよつのくらゐのかみつしなぎやうかむづかさのおほきすけ》、[六九]大中臣朝臣清親《おほなかとみのあそみきよちか》、寿詞《よごと》を称《たた》へ辞定《ごとさだ》め奉《まつ》らくと申《まを》す。

[七〇]又申《またまを》さく、天皇《すめら》が朝廷《みかど》に仕《つか》へ奉《まつ》る親王《みこたち》・諸王《おほきみたち》・諸臣《まへつきみたち》・百《もも》の官《つかさ》の人等《ひとども》、天《あめ》の下四方《したよも》の国《くに》の百姓《おほみたから》、諸諸集侍《もろもろうごなはりはべ》りて、[七一]見食《みたま》へ、尊《たふと》び食《たま》へ、歓《よろこ》び食《たま》へ、聞《き》き食《たま》へ、天皇《すめら》が朝庭《みかど》に[七二]茂《いか》し世《よ》に、[七三]八桑枝《やくはえ》の如《ごと》く立《た》ち栄《さか》え仕《つか》へ奉《まつ》るべき[七四]禱《ほ》き事《こと》を、[七五]恐《かしこ》み恐《かしこ》みも申《まを》し給《たま》はくと申《まを》す。

【注解】

一　**現つ御神と**――現世（この世）に姿を現わしておられる神、すなわち天皇。「と」は「として」の意。

二　**大八島国**――「八島国」とは数多くの島からなる国の意で、日本の美称。その上に更に美称の接頭語「大《おほ》」のついた形。

三　**大倭根子**――もとは「倭根子」。「山背根子《やましろねこ》」（神功皇后摂政元年紀）、「難波根子《なにはねこ》建振熊命」（仲哀記）も見え、「地名プラス根子」という語構成をとっているから、その地の根元を支える（支配する）人物の意か。天武紀十二年（六八三）正月丙午の条の詔に「明神御大八洲倭根子天皇」とあり、また『続日本紀』文武天皇元年（六九七）八月庚辰の即位の宣命（第一詔）に「現御神止大八島国所知倭根子天皇命」と見え、これは前天皇の持統天皇のことである。持統天皇は持統紀・文武紀に「高天原広野姫天皇」とあり、大宝三年（七〇三）十二月に「大倭根子天之広野日女尊」と諡《おくりな》されているので、「倭根子」から「大倭根子」へと変更されたのはこの時であったと考えられる。

四　**称へ辞定め奉らく**――「延喜式祝詞」では「称へ辞竟へ奉る」というのが慣用句となっている。ここも元は「称へ辞竟へ奉る」であったであろう。「竟《を》ふ」（下二段。「……をきわめ尽す」の意）という用法が分からなくなったために「定め奉る」となったのであろう。称える言葉を正式に決定して申し上げるの意で、ここは奏上申し上げますの意。「奉らく」は「ク語法」（用言を体言化する接尾語クの語法）で、「申し上げますことには」と訳す。

五　**高天の原に事始めて**――道饗祭祝詞に既出（二三三頁）。『続日本紀』の文武天皇即位の宣命（第一詔）にも同じ句が使われている。皇孫が豊葦原の瑞穂の国を統治することは高天原にその淵源があると表明している。

六　**天つ日嗣の天つ高御座に御坐して**――日継の御子として高天原の一段高い玉座にお着きになりまして。

七　天つ御膳の長御膳の遠御膳と—天上の尊いお食事であって長く遠く召しあがってゆかれるお食事として。この句については大嘗祭祝詞に既述（二四一頁）。後の【考】も参照。

八　千秋の五百秋に—下の「瑞穂」に係るためにその収穫期の「秋」と表現している。「に」は「に至るまで」の意。神代記に「豊葦原《とよあしはら》之《の》千秋《ちあき》長《なが》五百秋《いほあき》之《の》水穂国《みづほのくに》」とある。

九　ゆ庭に知ろし食せ—「ゆ庭」は「斎庭」の意で、斎み浄められた神聖な祭場。ここは大嘗宮をさす。「知ろし食せ」はここでは「聞こし食せ」と同じ意。神代紀第九段一書2の天照大神の天児屋命と太玉命への勅に「以二吾高天原所御《キコシメス》斎庭之穂一、亦当レ御二於《マカセマツルベシ》吾児一。」とある。

一〇　中臣—萬葉集に「奈加等美《なかとみ》」（17四〇三一）とあり、「中《なか》つ臣《おみ》」の縮約形（naka・tu・ömi→nakatömi）。

一一　天児屋根命—春日祭祝詞に「天之子八根命」として既出（九六頁）。

一二　天忍雲根神—記・紀に見えない神名。『尊卑分脈』の「藤原氏系図」に天児屋根尊の子として「天押雲命」が見える。「根」は尊称と考えられるから、なくても同神である。

一三　天の二上—高天原の二つ峯の並び立つ山。神代紀第九段一書4に「日向《ひむかの》襲《そ》之《の》高千穂《たかちほ》槵日二上峯《のくしひのふたがみのたけ》」と見え、萬葉集に筑波山のことを「二神《ふたがみ》の　貴《たふと》き山の　並《な》み立《た》ちの　見《み》が欲《ほ》し山」（3三八二）と歌っている。

一四　神漏岐・神漏美命—高天原の神々の世界の男女一対の主宰神。

一五　御膳つ水—天皇の御食膳の水。供御の水。

一六　うつし国—神の世界でない現実の人間世界の国。神代記に「葦原中国にあらゆる宇都志伎《うつしき》青人草」とある。

一七　水部—『職員令』に、

主水司

正一人。〔掌二樽水、饘粥、及氷室事一〕佑一人。令史一人。水部四十人。使部十人。直丁一人。駈使丁二十人。水戸。

とあり、供御の水・粥《かゆ》・氷室《ひむろ》のことをつかさどった。和名抄に「主水司〈毛比止里乃豆加佐《もひとりのつかさ》〉」とある。水部とは、「もひ」は飲み水のことであり、ここは天皇の飲み水、すなわち供御の水を管掌する部民の意。『常陸国風土記』茨城郡の条に、「昔、倭武《やまとたける》の天皇《すめらみこと》、岳《をか》の上《うへ》に停留《とどま》りたまひて、御膳《みけつもの》を進奉《たてまつ》りたまふ。時に、水部《もひとりべ》をして新たに清井《ゐ》を掘《ほ》らしめたまふに、出泉《いづみ》浄《きよ》く香《かを》り、飲喫《の》むに尤好《いとよ》かりしかば、……」と見える。

一八　**天つ水**―天上界の神聖な水。

一九　**事教へ給ひしに依りて**―皇御孫尊が天児屋根命に、そのようにするがよいとお教えなさったのによって。

二〇　**天の浮雲に乗りて、天の二上に上り坐して**―雲に乗って天に昇るという話は、『常陸国風土記』の信太《しだ》郡の条に、「普都《ふつ》の大神……白雲《しらくも》に乗りて、蒼天《あめ》に還《かへ》り昇《のぼ》りたまひき。」と見える。

二一　**天の玉櫛**―高天原の神聖な玉櫛。「玉櫛」は玉串と同じ。伊勢大神宮式の月次祭の条に、「太玉串《ふとたまくし》〔著二木綿一賢木、是名二太玉串一。〕」とあるように、榊の枝に木綿《ゆう》を結び垂れたもの。

二二　**事依さし奉りて**―「事依さし」は委任する・委《ゆだ》ねるの意であるが、ここは授けるの意。使者である天忍雲根神に授けるのであるが、実は皇御孫尊に授けるのであるから、「奉り」と言うのである。

二三　**刺し立てて**―本来玉串はここに言うように地に刺し立てるものであったから玉串というのであろう。

二四　**天つ詔戸の太詔刀言**―「六月晦大祓」には「天津祝詞乃太祝詞事」とあり、表記は異るが同語である。高天原の宮殿で宣っている神聖な祝詞であって立派な祝詞、の意。

二五　**まちば弱韮に**―下の「ゆつ五百篁」との対で、「真千葉弱韮」と解するのがよい（青木紀元氏説(注1)）。「弱」は弱冠という語があるように「わかい」の意。「韮」は『干禄字書』に「韮韭〈上通下正〉」とある。名義抄に「韮〈コミラ・タダミラ・ニラ〉」とあり、「にら」のこと。「立派な葉がいっぱい茂った若々しいにら」のこと。「に」は添加を示す助詞で、更に加えての意。

二六　**ゆつ五百篁**—「ゆつ」は「斎つ」、神聖なの意。「篁」は名義抄に「篁〈タカムラ、俗云タカハラ〉」とある。具体的には竹の子（筍）のことで、数多くの筍の意。「にら」も「竹の子」も生命力にみちたもの。

二七　**天の八井**—神聖にして水量豊かに湧き出る泉。「八」は「や・いや（弥）」と同根の語。

二八　**天つ水と聞こし食せ**—高天原の神聖な水として召しあがりなさいませ。「聞こし食す」はここでは「飲食する」の尊敬語。名義抄に「聞食〈キコシメス〉」とある。

二九　**事依さし奉りき**—神漏岐・神漏美の命が皇御孫の尊に天つ水をお授け申し上げられた。

三〇　**かく依さし奉りし任任に**—上文の「千秋の五百秋に瑞穂を平らけく安らけくゆ庭に知ろし食せ」と「天つ水と聞こし食せ」とを共に承ける。

三一　**聞こし食すゆ庭の瑞穂を**—天皇が召し上がられる神聖な祭場の瑞々しい稲穂を。

三二　**四国の卜部等**—「六月晦大祓」に既述（二〇五頁）。

三三　**太兆**—古事記上に「布斗麻邇爾《ふとまにに》卜相而《うらなひて》……」とあり、その具体的な方法の記述として、「内㆓抜天香山之真男鹿之肩㆒抜而、取㆓天香山之天之波々迦《ははか》（木名）㆒、令㆓卜合麻迦那波㆒而……」とある。また『魏志』倭人伝に「灼㆑骨而卜、以占㆓吉凶㆒、……視㆓火坼㆒占㆑兆」とある。鹿の肩甲骨《けんこうこつ》や後には亀の腹甲《ふくこう》を「ははか」（朱桜〈かにわざくら〉）で焼いて、ひび割れの入り方を見て、事の吉凶を占うのである。「太兆に」は太兆によって、の意。

三四　**卜事**—卜占《ぼくせん》の術。

三五　仕へ奉る―大嘗祭にお仕え申し上げる……。

三六　悠紀……主基……―「ゆき・すき」の初見は天武紀五年（六七六）九月丙戌の条に、「為二新嘗一卜二国郡一也。斎忌〈踰既《ゆき》〉則尾張国山田郡、次〈須伎《すき》〉丹波国訶沙郡、並食《アヘリ》レ卜《ニ》。」とある記事である。悠紀（yuki）は「斎忌」と表記しているように、忌み清めた聖域の意で、大嘗祭にそこの斎田で取れた稲穂を奉る国郡のことである。主基は「次」と記されているように、悠紀に次ぐ第二の稲穂を奉る国郡の意。第二の「斎忌」である。

三七　近江の国の野洲の郡―和名抄「国郡部」の「近江国」の十二郡の中に「野洲《やす》」がある。

三八　丹波の国の氷上の郡―和名抄の「丹波国」の六郡の中に「氷上〈比加三《ひかみ》〉」がある。

三九　斎ひ定めて―神聖な占いによって定めて。『延喜式』巻第七の践祚大嘗祭の冒頭に、

凡践祚大嘗、七月以前即位者、当年行レ事、八月以後者、明年行レ事。〈此拠二受譲即位一。非レ謂二諒闇登極一。〉其年預令下二所司一卜中定悠紀・主基国郡上、奏可訖即下知、依レ例准擬。又定二検校行事一。

とある。

四〇　物部の人等―物部は萬葉集に「物部」（4五四三）・「物乃布」（1五〇）・「毛能乃布」（18四〇九四）とあり、「もののふ」と訓む。「もののふの　八十伴《やそとも》の緒《を》の」（17三九九一）ともあるように、朝廷に仕える文武百官の人等をいうが、ここでは践祚大嘗祭式に「斎場雑色人等」とある人等のことで、以下に列挙されている「酒造児」以下の人のことをいう。

四一　酒造児―前の大嘗祭式に「造酒児一人〈神語曰二佐可都古《さかつこ》一。以二当郡大少領女未レ嫁卜食者一充レ之。〉」とある。『儀式』に「造酒童女」とあり、「さかつこ」という訓注がある。大嘗祭式によれば、その任務は造酒に限らず諸役にかかわるが、大嘗の黒酒・白酒を造ることに最も重きがあるので、この名で呼ばれる。

四二　酒波―酒造児の下で、酒造りの助手をつとめる女性。大嘗祭式に「御酒波一人……多明酒波一人（已上並女）」とある。「波（nami）」は「並み（nami）」の義であろう。

四三　粉走―大嘗祭式に「篩粉」とある。名義抄に「篩〈フルヒ〉」とある。篩で粉の精粗をふるい分ける役の女性。

四四　灰焼―大嘗祭式に「焼灰一人」とある。同じ式に「凡造酒司酒部一人、率二焼灰一人・駈使一人一、入二卜食山一。先祭二山神一。焼二得薬灰一斛一。……」とある。黒酒・白酒に混ぜる薬灰を作る役の男性。『儀式』践祚大嘗祭儀・中に「其住レ山一宿、焼二得薬灰一斛一、訖以二薬灰一和二御酒一（五斗和二内院白黒二酒一。五斗和二大多米院白黒二酒一。）」とある。

四五　薪採―本居宣長以来「かまぎこり」と訓まれてきたが、萬葉集に「薪代《たきぎこ》る（多伎木許流）鎌倉山《かまくらやま》の……」（14三四三三）とあり、「たきぎこり」と訓む。名義抄に「薪〈タキヽ〉」とある。「こる」は「きる」の古形。大嘗祭式に「採薪四人」と見える。大嘗の神饌を炊ぐ竈で焚く薪を採る者（男性）。

四六　相作―大嘗祭式に「共作」とある。酒波の助手をつとめる女性。

四七　稲実の公―大嘗祭式に「稲実公一人」と見える男性。同じ式の抜穂の条に、「凡抜穂者、卜部率二国郡司以下及雑色人等一、臨レ田抜之。先造酒児、次稲実公、次御酒波、……共抜訖於二斎院一乾収。先割二取初抜四束一（四把為レ束）、擬二供御飯一。自余皆凝二黒白二酒一。……運送。其行列者、御飯稲在レ前。自余物次レ之。稲実公著二木綿鬘一引道。……」とある。稲実公の役は木綿鬘を着けて稲実を背負って、運送する行列の先頭を行く役をする。

四八　大嘗会の斎場―大嘗会はここでは大嘗祭の意。斎場は忌み清めた祭場。

四九　持ち斎まはり参来て―清浄を極めて持ち運んで参りまして、の意。「斎まはる」は「ゆむ→ゆまふ→ゆまはる」と再・再々活用してできた語。その状態が時間的に継続することを表わし、それだけ丁重であるという意をそえる。悠紀・主基の国からの供御飯と黒白二酒の料としての「瑞穂」を持ち運んで来たのである。

五〇　今年の十一月の中つ卯の日に—康治元年（一一四二）十一月中卯の日のことで、近衛天皇が大嘗宮で神祭を行なわれた日。『神祇令義解』に、

仲冬　下卯大嘗祭〔謂、若有二三卯一者、以二中卯一為二祭日一。不三更待二下卯一也。〕

とある。この十一月には卯の日が三日あったので、中の卯の日に斎行されたのである。

五一　ゆしりいつしり持ち—「ゆ」は「斎《ゆ》」、「いつ」は「厳《いつ》」の意で、「しり」は「治《し》り・領《し》り」の意。厳重に清浄を極めて受け持って、の意。

五二　清まはりに仕へ奉り—「清」は壺井義知本に「由」、荒木田守晨本に「青」とある。大殿祭祝詞に「斎玉作等が持ち斎《ゆ》まはり、持ち浄《きよ》まわり、造り仕へまつれる瑞の八尺瓊の御吹きの五百つ御統の玉」とあるので、後の書写者に揺れが生じたのであろう。守晨本の「青」を「清」の誤写とすれば、どちらの表現も可である。清浄を極めてお仕へ申し上げて、の意。

五三　月の内に日時を撰び定めて献れる—「中つ卯の日」の大嘗祭の日より前に献ってあるのでこのようにいう。その日時は卜定するのである。

五四　悠紀・主基の黒木・白木の大御酒—悠紀・主基の稲実をもって在京斎場の黒酒殿・白酒殿でそれぞれ造られた黒酒・白酒のお神酒。ここに「黒木・白木」と表記しているのは実字である可能性がある（木はキの乙類（kï））。『儀式』践祚大嘗祭儀・上に「黒酒殿者構以二黒木一、葺蔀用レ萱、薦為二壁代一。白酒殿者以二白木一、自余同二黒酒殿一。」とある。古事記の歌謡に、御酒のことを「美岐（miki）」（39・40）と表記していて甲類（ki）であるが、『続日本紀』宣命には「黒紀・白紀能（乃）御酒」（第三八・三九詔）、「黒記・白記乃御酒」（第四六詔）と表記していて、紀と記

は乙類（kï）の仮名である。このように仮名違いとなっているのは、『儀式』にあるように「黒木造りの殿で造られる御酒・白木造りの殿で造られる御酒」の意で、表記者の意味の把え方の違いによるものと考えられる。この語については時代によっても混乱が起こったようである。『延喜式』造酒司の条に、「新嘗会白黒二酒料……甕得レ酒一斗七升八合五勺、熟後以二久佐木灰三升一〔採二御生気方木一〕、和二合一甕一。是称二黒貴一。其一甕不レ和。是称二白貴一。」とある。これによれば、久佐木《くさぎ》（臭木）の灰を入れるか入れないかに黒貴と白貴の違いがあるとのことで、先の『儀式』の説明とは異なることになる。萬葉集に、新嘗会の肆宴の応詔歌の一首として、「天地《あめつち》と　久しきまでに　万代《よろづよ》に　仕《つか》へ奉《まつ》らむ　黒酒白酒《くろきしろき》を」（19四二七五）と見える。

五五　**汁にも実にも**――「汁にも穎にも」・「穎にも汁にも」と祈年祭祝詞に見えるが（六四頁・八四頁）、「穎」は稲穂のことで異なる。「汁にも実にも」はこの寿詞に特有の表現。汁は黒酒・白酒をいい、実《み》は御膳の御飯をいう。お酒としても御飯としても、の意。

五六　**赤丹の穂に聞こし食して**――祈年祭祝詞ほかに既出（八六頁）。御酒や御飯を食《め》し上がられて、御顔（竜顔）が赤くなられることをいう。「穂」は「頬《ほ》」の借訓仮名。

五七　**豊の明りに明り御坐して**――大嘗祭祝詞に「豊の明りに明り坐さむ皇御孫の命」とある（二三九頁）。酒宴でお顔を赤くなさいまして、の意。翌々日の午の日に行なわれる「豊明節会《とよのあかりのせちえ》」のことを念頭において表現している。

五八　**称へ辞定め奉る皇神等も**――「称へ辞定め奉らく」は前に既出。ここは「お祭り申し上げている」の意。

五九　**千秋・五百秋の相嘗に**――天皇のこれから長い年月にわたって続く大嘗（新嘗）の祭のお相伴にあずかって。

六〇　**相ひうづのひ奉り**――大嘗祭祝詞に既出（二四一頁）。

六一　**堅磐に常磐に斎ひ奉り**―祈年祭祝詞に既出（七〇頁）。

六二　**いかし御世に栄えしめ奉り**―祈年祭祝詞など多くの祝詞に「茂《いか》し御世に幸はへ奉る……」とあるが（六八頁）、「栄えしめ奉り」という語形はここだけ。「お栄えあらしめ申し上げ」の意。

六三　**康治元年**―日本学士院編『帝室制度史』第四巻の「践祚即位大嘗祭表」に、近衛天皇の践祚は「永治元年（一一四一）十二月七日」、即位礼は「永治元年十二月二十七日」、大嘗祭は「康治元年（永治二年）（一一四二）十一月十五日」、悠紀は「近江」、主基は「丹波」とある。

六四　**天地日月と共に**―斎内親王奉入時の祝詞に既出（二七九頁）。天地日月が長く久しくあるように、天皇も遠く長く御代をお治めになるの意。孝徳紀の大化二年（六四六）八月癸酉（十四日）の詔に、「凡王者之号、将随二日月一遠流、祖子之名、可下共二天地一長往上。」の句があり、漢語の知識による表現。

六五　**照らし明らし御坐す事に**―日嗣の御子の天皇を日にたとえ、天皇が世の中を照らし明かるくしてゆかれます事に、の意。「明らす」は「明らむ」の他動詞形。

六六　**本末傾かず茂し槍の中執り持ちて仕へ奉る中臣**―『中臣氏系図』(注2)に引く天平宝字五年（七六一）撰の「中臣氏本系帳」に、「高天原初而、皇神之御中、皇御孫之御中執持、伊賀志桙不レ傾、本末中良布留人、称二之中臣一者。」とある。立派な槍（桙）の本末が傾くことのないように神と天皇との中を執り持ってお仕え申し上げている中臣、の意。斎内親王奉入時の祝詞に「大中臣茂し桙の中取り持ちて」とある（二七八頁）。

六七　**祭主**―「まつりぬし」と訓むか、「いはひぬし」と訓むか、訓み方に問題がある。「まつりぬし」の用例がなく、従来「いはひぬし」と訓んでいる。神代紀下に「斎主神号二斎之大人一。此神今在二于東国檝取之地一也。」とあり、この神は春日祭祝詞に「香取に坐す伊《い》波《は》比《ひ》主《ぬし》命《のみこと》」とある神であり、固有名詞としての神名である。けれども普通名詞としても神を祭る長の意であって、今は「いはひぬし」と訓んでおく。

六八　正四位上行神祇大副―和名抄に「正四位上、於保伊与豆乃久良井乃加美豆之奈《おほいよつのくらゐのかみつしな》」と見え、また「神祇官〈加美《かみ》豆加佐《つかさ》〉」とある。「行《ぎよう》」は位階と官職とが「相当」せず、位階の方が高い場合に、このように位階と官職との間に入れる。逆の場合は「守《しゆ》」と入れる。神祇大副は従五位下が相当である。

六九　大中臣朝臣清親―『祭主補任』(注3)の「祭主次第」に、「卅九代祭主正三位行神祇大副大中臣朝臣清親卿〈在任廿ケ年。〉件卿者、……神祇大副輔清朝臣一男也。……永治二年（一一四二）正月五日、叙二正四位上一。〈造二伊勢太神宮麻続機殿一院一功也。〉康治元年（一一四二）十一月十四日、近衛院御即位依二大嘗会寿詞奏之賞一、叙二従三位一。又法住寺院〈後白川院〉御代依二御即位一、久寿二年（一一五五）十一月廿六日、叙二正三位一。〈依二寿詞賞一也。〉……保元二年（一一五七）八月七日薨去。〈歳七十三。〉」と見える。

七〇　又申さく―以上の「寿詞」に付け加えての付属文である。結びの「……と申す。」に係る。この文は「寿詞《よごと》」とは言わずに「禱事《ほきこと》」と言い、区別していることに注意を要する。「親王」以下「天の下四方の国の百姓」に至るまでへの呼びかけであるからである。

七一　見食へ、尊び食へ、歓び食へ、聞き食へ―この「食《たま》へ」は祈年祭祝詞に既出（五九頁）。下二段活用の謙譲の補助動詞の命令形で、「……させていただけ」の意。大嘗祭の盛儀を「見させていただけ、尊ばせていただけ、歓ばせていただけ」、そしてこの寿詞を「聞かせていただけ」の意。『古語拾遺』（即位大嘗祭）に、「物部《もののべ》乃《すなは》ち矛・盾を立つ。大伴《おほとも》・来目《くめ》仗《つはもの》を建て、門《みかど》を開きて、四方《よも》の国を朝《まゐ》らしめて、天位《あまつひつぎ》の貴《たふと》きことを観《み》しむ。」とあるのと同じことを、より具体的に語を連らねて表現している。

七二　茂し世に―この立派でおごそかな御代に。

七三　**八桑枝の如く立ち栄え仕へ奉る**―よく茂った桑の若枝のように立ち栄えて（勢いよく）お仕え申し上げる、の意。

七四　**禱き事を**―天皇を祝福申し上げるこの詞《ことば》を。

七五　**恐み恐みも申し給はくと申す**―恐れ慎しんで奏上申し上げることでございますと、申します。

（注1）青木紀元氏「中臣寿詞の『麻知波弱韮』」（『祝詞古伝承の研究』国書刊行会、昭和六十年七月、所収）

（注2）『新校群書類従3』「中臣氏系図」による。五三九頁。

（注3）『神道大系　神宮編四・太神宮補任集成(上)』（昭和五十九年十月）による。一〇五〜一〇七頁。

【考】〔何故「天神寿詞」と言い得るのか〕

「天神寿詞」は何故「天神寿詞」と言い得るのか。「寿詞」の構成は「〔一〕前文（現つ御神と……）・〔二〕本文の前文（高天の原に……）・〔三〕本文の後半（かく依さし奉りし任任に……）・〔四〕後文（又申さく……）」となっている。このような問いを発するのは、〔二〕と〔三〕とが全く関係がなく「木に竹を継いだように並んでいる。[注1]」と言う研究者がいるからである。果たしてそうであろうか。私は、言うまでもないことながら、この「寿詞」には「寿詞」作製者の明確な意図があると考えている。

それは、〔二〕の皇孫　尊《すめみまのみこと》の天降《あまくだ》り（皇孫降臨）に際しての神漏岐・神漏美命からの「事依さし」（委任）である。

皇孫の尊は高天の原に事始めて、豊葦原の瑞穂の国を安国と平らけく知ろし食して、天つ日嗣の天つ高御座に御坐して、天つ御膳の長御膳の遠御膳と、千秋の五百秋に瑞穂を平らけく安らけくゆ庭に知ろし食せ。

との「事依さし」である。この「事依さし」に、後の践祚大嘗祭の根源が述べられていると考えられる。そのことを少し後にまわして、この「事依さし」を受けて皇孫尊が「天降り」をされてすぐ後に、「中臣の遠つ祖天児屋根命」が思い計《はか》ったことが、「天つ御膳」をつくる「皇御孫尊の御膳つ水」は「天つ水」でなければならないということであった。このことを天児屋根命が責任をもって思い計ったのは何故か、ということはこの寿詞には記されていないが、『日本書紀』神代下の天孫降臨章（第九段）一書2に記されているのである。高天原で、天照大神が天孫の天降《あまくだ》りに随伴して降《くだ》る天児屋命と太玉命に対して、「勅《みことのり》」して、「吾《わ》が高天原に所御《きこしめ》す斎庭《ゆにわ》の穂《いなほ》を以て、吾が児《みこ》に御《まか》せまつるべし。」と命じられたのである。この「勅」が前にも引いたように「天つ御膳の長御膳の遠御膳と、千秋の五百秋に瑞穂を平らけく安らけくゆ庭に知ろし食せ」との「事依さし」として表現されているのである。（補注）ただ、神代紀では天照大神が「勅」を下しておられるのに対して、「寿詞」では神漏岐・神漏美命であるという相違はあるけれども。

そこで、皇孫尊に随伴して降った天児屋根命はその子である天忍雲根神に「皇御孫尊の御膳つ水は、うつし国の水部天つ水を立奉らむ」ということを教え、それを受けて天忍雲根神が浮雲に乗って天の二上に上《のぼ》って、神漏岐・神漏美命に申し上げたところ、「天の玉櫛」を授けて、具体的に「天つ水」を得る方法を「事依さし」されたのである。

すなわち神漏岐・神漏美命が高天原の主宰神であるので、この「寿詞」において、この男女一対の神様を「天神」と言っているのである。この「天神」が依《よ》さされたのが、皇孫尊が「天つ御膳の長御膳の遠御膳」として「知ろし食す」（聞こし食す、とも）べき「瑞穂」と、それを炊《た》くべき「御膳つ水」である「天つ水」であったのである。

この「事依さし」を受けて、〔三〕「かく依さし奉りし任任《まにま》に、聞こし食すゆ庭の瑞穂を」と転じて、現在の即位された天皇が践祚大嘗祭を斎行される具体的な叙述へと転じているわけで、「天神」の二つの「事依さし」が前提となって〔三〕の叙述が展開しているのである。すなわち卜定された悠紀《ゆき》の国郡、主基《すき》の国郡から「献《たてまつ》れる悠紀・主基の黒木・白木の大御酒を、大倭根子天皇が天つ御膳の長御膳の遠御膳と、汁にも実にも赤丹の穂に聞こし食して」と受けて叙述がなされていて、〔二〕の「天神」の「事依さし」が〔三〕において、響き合って「本文」（〔二〕・〔三〕）が成り立っているのである。

従って、〔二〕と〔三〕とが全く関係がなく「木に竹を継いだように並んでいる。」との評は当らないと考える。

更に、「天つ社・国つ社と称へ辞定め奉る皇神等も、千秋・五百秋の相嘗に、相ひうづのひ奉り、堅磐に常磐に斎《いは》ひ奉りて、いかし御世に栄えしめ奉り」と、天つ神も国つ神も即位された天皇の御代を繁栄されるようにお守り申し上げることを、大中臣朝臣某が「寿詞を称へ辞定め奉らくと申す。」として、〔二〕・〔三〕の「本文」は終るのである。このように「天つ社・国つ社」にお祭り申し上げている「皇神等も」また祝福しておられるのであるから、「天神寿詞」の「天神」の中に含まれていると解してよいであろうし、また「天神寿詞」というのは代表しての言い方であって、この〔三〕では、「天神・国神寿詞」と言ってもよい表現となっている。

〔一〕から〔三〕までが主文の「天神寿詞」であることは、〔一〕の前文で「天神乃寿詞遠称辞定奉良久止申須。」と言い、〔二〕・〔三〕の本文の終りで神祇大副大中臣朝臣某が、「寿詞遠称辞定奉良久止申。」と言って、首尾が一貫していることでも明らかであろう。

〔四〕は「又申さく」と冠しているように付属文であって、それだけで完結しており、主文の「天神寿詞」には入らないものであったであろう。そこでその終りは「立ち栄え仕へ奉るべき禱《ほ》き事《こと》を、恐み恐みも申し給はくと申す。」として、意を用いて「寿詞《よごと》」とはせず「禱《ほ》き事《こと》」として区別しているのである。

践祚大嘗祭に「天神寿詞」を読んだことの初見は、持統天皇の五年に「十一月戊辰、大嘗。神祇伯中臣朝臣大島読二天神寿詞一。」とある記事であるが、現代に伝わる「天神寿詞」の原文の作製者はこれまでにも指摘されているように(注2)、この中臣朝臣大島であったであろうと私も考える。この「天神寿詞」を本居宣長が『玉勝間』の冒頭に「中臣寿詞」として掲げて以来、今日まで広く「中臣寿詞」と称されているが、これは通称と言うべきもので、正式にはその本文の冒頭に、

現御神止大八島国所レ知食須大倭根子天皇我御前仁、天神乃寿詞遠称辞定奉良久止申須。

とあるように、「天神の寿詞」と称すべきものである。けれども、これを率然と読むと、「中臣寿詞」と言う方が分かりやすいほどに、中臣氏の祖先神の功績(「天つ水」の神話)や、中臣氏の名誉ある職掌が強調された表現がなされている(「本文」の終りに、「(天皇が)与二天地日月一共照志明良志御坐事仁、本末不レ傾茂槍乃中執持弖奉レ仕留中臣……」のように)。けれどもこれは、当時にあっては理解できないことではなく、当然の意識でもあったのであろうと思われる。

(注1)　岡田精司氏「大王就任儀礼の原形とその展開—即位と大嘗祭—(補訂)」(『古代祭祀の史的研究』塙書房、一九九二年十月)

(注2)　青木紀元氏「大祓の詞と天つ神の寿詞」(『祝詞古伝承の研究』国書刊行会、昭和六十年七月)
土橋　寛氏「中臣寿詞と持統朝」(『日本古代の呪禱と説話〈土橋寛論文集　下〉』塙書房、平成元年十月)

(補注)「中臣寿詞」を解するのに外部文献(『日本書紀』神代巻)を持ち出して証拠立てるのはいかがなものか、との批判があるかも知れない。けれども前の(注2)にも引いたように、「中臣寿詞」の作製者は中臣大島であると考え

られるし、私もそのように考えている。そして、日本書紀の天武天皇十年（六八一）三月の条には「丙午（十七日）、天皇御二于大極殿一、以詔二川島皇子・忍殿皇子……大山上中臣連大島・大山下平群臣子首一、令レ記二定帝紀及上古諸事一。大島・子首、親執レ筆以録焉。」という有名な記事が見えて、中臣大島も表われていて、重要な役を果たしていることが明らかである。特に中臣大島はその家系と職掌（神祇伯）からして「神代巻」には深く関与していると私は考えている。

引用文献

個別に引用した論文、また叢書の所収本について、その該当箇所に注記したものについては省く。

○

『延喜式』をはじめとする律令格式関係の書、またよく知られた史書等については、特に挙げるもののほかは『新訂増補国史大系』本による。

『古事記（修訂版）』西宮一民編（おうふう）
『新潮日本古典集成　古事記』（新潮社）
『日本古典文学大系　日本書紀　上・下』（岩波書店）
『卜部兼方自筆　日本書紀神代巻　上・下』赤松俊秀編著（宝蔵館）
『天理図書館善本叢書　日本書紀　兼右本　一～三』（八木書店）
『宮内庁書陵部本影印集成　日本書紀　一～四』（八木書店）
『新日本古典文学大系　続日本紀　一～五』（岩波書店）
『新編日本古典文学全集　萬葉集　①～④』（小学館）
『新編日本古典文学全集　風土記』（小学館）
『古語拾遺』西宮一民校注（岩波文庫）
『新校群書類従1（神祇部㊤）皇太神宮儀式帳・止由気宮儀式帳・二所大神宮例文、ほか』（名著普及会）
『神道大系　朝儀祭祀編一　儀式・内裏式』（神道大系編纂会）
『神道大系　朝儀祭祀編四　江家次第』（神道大系編纂会）
『新訂増補故実叢書31　儀式・北山抄ほか』（同　編集部）
『新撰姓氏録の研究』田中卓著作集9（国書刊行会）
『先代旧事本紀の研究（挍本の部）』鎌田純一著（吉川弘文館）
『日本古典文学大系　日本霊異記』（岩波書店）
『新編日本古典文学全集　古今和歌集』（小学館）
『新編日本古典文学全集　枕草子』（小学館）
『新編日本古典文学全集　栄花物語』（小学館）
『新編日本古典文学全集　神楽歌・催馬楽・梁塵秘抄・閑吟集』（小学館）

○

『新撰字鏡（増訂版）』・『同　国語索引』京都大学文学部国語学国文学研究室編（臨川書店）

『諸本集成倭名類聚抄（本文篇）』・『同　索引篇』京都大学文学部国語学国文学研究室編（臨川書店）

『図書寮本類聚名義抄（本文篇）』・『同　解説索引篇』（勉誠社）

『類聚名義抄　第壹巻（本文篇）』〔観智院本の影印〕・『同　第貳巻（仮名索引・漢字索引）』正宗敦夫編（風間書房）

『古辞書音義集成　新訳華厳経音義私記』（汲古書院）

『漢字入門―『干禄字書』とその考察―』杉本つとむ編著〔官板和泉屋本の影印〕（早稲田大学出版部）

『神宮文庫所蔵南北朝刊本　爾雅』古典研究会（汲古書院）

『広雅疏証』王念孫著（新興書局）

○

『唐令拾遺』仁井田陞《のぼる》著（東京大学出版会）

○

『十三経注疏1～7』（藝文印書館）

『吉川幸次郎全集4　論語』（筑摩書房）

『全釈漢文大系　礼記　上・中・下』（集英社）

『全釈漢文大系　文選　一～七』（集英社）

○

『和刻本正史史記（一・二）』古典研究会（汲古書院）

『和刻本正史漢書（一・二）』古典研究会（汲古書院）

『和刻本正史後漢書（一～三）』古典研究会（汲古書院）

『新訂魏志倭人伝　他三篇』石原道博編訳（岩波文庫）

○

『物類称呼』東條操校訂（岩波文庫）

あとがき

私は今年古稀を迎えた。古い話になるが、昭和三十七年四月に再興されたばかりの皇学館大学の文学部国文学科に入学した。そこで千田憲先生、澤瀉久孝先生、西宮一民先生に上代文学をお教えいただいた。その後、昭和四十八年四月に同大学の専任講師となってからは、神職課程の必修課目の一つの「延喜式祝詞」の講読を担当して来た（平成四年三月、同大学を退職するまで）。同大学のほかでも断続的にではあるが、神社本庁、地方の神社庁の主催する神職の研修会において、その購読を担当して来た。その後、平成十年四月から皇学館大学に発足した神職養成部の春と夏の神職養成講習会においても、同じ課目を担当し、今日に至っている。このようなわけで、私にとって「延喜式祝詞」との御縁は深いと言わなければならない。

私にとって、祝詞に限定して師と思っているのは青木紀元《きげん》先生である。先生は福井県敦賀市のお生まれであり、私は越前市（旧、武生市）の生まれで同郷である。それのみならず、先生は昭和十年三月、神宮皇学館本科の御卒業であり、昭和十五年に国立になった神宮皇学館大学に再入学され、昭和二十年九月、同大学を卒業された。古典専攻科ただ一人の卒業であった、と直話で承っている。従って私の大先輩でもある（年齢では二十九歳年長）。先生は上代文学の全般にわたって広く深い学識をお持ちであったことは、残された御著書でよく判るが、中でも祝詞が一番お好きであったと私は思っている。私は先生の講筵に列したことはないが、講演は三度お聴きした。福井大学教育学部教授でいらっしゃった時、私は数度鯖江市のお住まいにお訪ねさせていただき、ゆっくりとお話を伺わせていただけたことは懐しく良き思い出である。また折折に伊勢に来られた時にはあちこちにお伴をさせていただいたこともある。福井大学を定年退職されて、すぐ群馬県立女子大学教授となられて千葉県佐原市に移られた。そのお住まいにも一度お訪ねさせていただいた。香取神宮の森のすぐ近くのお住まいであった。私を散歩に誘《いざな》われて、利根川のほとりに佇んで、なぜ利根川をはさんで香取神宮と鹿島神宮があるのかについて、興味深いお話をして下さり、伊勢神宮が伊勢にある理由についての御説にも及ばれた。この時の利根川を前にしての光景も忘れ難い。

私は四十歳の時、父を亡くしたので、それ以来、郷里の八社の神主と学徒としての二足の草鞋《わらじ》を履かざるを得なくなった。そして今日に至っている。あまりの忙しさに六十歳で教職を辞して、本書の原稿書きに取組み出したが、田舎の学徒としてはどうしても所蔵資料に限界があった。未見の著書や論文名をノートに記しておいて、必要に応じて伊勢の皇学館大学図書館へ通って、資料を読み、かつ収集に努めて来たが、そんなことでは限界があることは分かっている。言い訳めくが、特に新しいものの見落しが少なからずあるだろうと思う。そのような失礼に対してはお詫びせねばならない。

もう十数年も前に、和泉書院に廣橋研三社長様をお訪ねし、その頃私の考えていた祝詞のテキストづくりの見本を持参して御相談したことがあったので、その後、仕事の遅い私に時時慫慂して下さった。このことは独り原稿書きを進めていた私にとってどれだけ励みになったことか、心から御礼を申し上げたい。本書について、自著を出すなどということは初めてのことで蒙《くら》く不慣れなことは否めなかった。それをカバーし、編集・校正に御尽力下さった廣橋社長様をはじめとして、お世話下さった同書院の皆様に深く感謝申し上げます。

平成二十五年八月十日

粕　谷　興　紀

粕谷興紀（かすや　おきのり）
昭和十八年生まれ。
皇学館大学大学院修士課程修了。
元、日野神社宮司（越前市）。
元、皇学館大学教授。

延喜式祝詞（付）中臣寿詞

平成二十五年十月十五日　初版第一刷発行
令和　四　年四月　五　日　初版第三刷発行

注　解　粕谷興紀
発行者　廣橋研三
発行所　和泉書院
〒543-0037　大阪市天王寺区上之宮町七-六
電話　〇六-六七七一-一四六七
振替　〇〇九七〇-八-一五〇四三

印刷　亜細亜印刷／製本　渋谷文泉閣
装訂　井上二三夫

ISBN978-4-7576-0677-7　C3014